카이스트 미래전략 2022

카이스트 미래전략 2022

1판 1쇄 인쇄 2021. 10. 18.
1판 1쇄 발행 2021. 10. 25.

지은이 KAIST 문술미래전략대학원 미래전략연구센터

발행인 고세규
편집 임여진 디자인 조명이 마케팅 백미숙 홍보 이한솔
발행처 김영사
등록 1979년 5월 17일(제406-2003-036호)
주소 경기도 파주시 문발로 197(문발동) 우편번호 10881
전화 마케팅부 031)955-3100, 편집부 031)955-3200 | 팩스 031)955-3111

값은 뒤표지에 있습니다. ISBN 978-89-349-2997-0 03320

홈페이지 www.gimmyoung.com   블로그 blog.naver.com/gybook
인스타그램 instagram.com/gimmyoung   이메일 bestbook@gimmyoung.com

좋은 독자가 좋은 책을 만듭니다.
김영사는 독자 여러분의 의견에 항상 귀 기울이고 있습니다.

2022년 메가트렌드 전망과 STEPPER 전략

카이스트 미래전략
2022

KAIST
Future
Strategy

X이벤트, 위기와 기회의 시대

KAIST 문술미래전략대학원 미래전략연구센터

김영사

차례

2   변화에 대처하는 STEPPER 전략

위기 속에서 새로운 판을 짜다

600만 년 전 오스트랄로피테쿠스에서 시작된 현 인류는 그동안 수많은 경쟁자를 물리치고 지구의 주인으로 자리 잡았다. 신인류 호모 사피엔스가 살아남을 수 있었던 것은 협력과 조직적 연결 때문이었다. 그 연결은 오늘날까지 이어져 현대사회의 근간이 되었다. 그런데 21세기 초연결 시대의 기반을 뒤엎는 복병이 나타났다. 코로나19다. 비대면을 강요하는 코로나19는 인간의 기존 성공 방정식에 대한 도전이다.

그러나 역사는 흐른다. 코로나19는 오히려 4차 산업혁명을 촉진하는 계기가 되었다. 4차 산업혁명은 데이터 중심으로 경제활동을 재편하는 '디지털 혁명'이다. 코로나19의 충격으로 기술적으로 가능함에도 논의만 무성한 채 오랫동안 도입을 꺼렸던 일들이 현실이 되고 있다. 혁신은 익숙함을 넘어서는 데서 시작된다. 이제 4차 산업혁명은 비대면 교육, 비대면 근무, 비대면 의료, 비대면 정치라는 형태로 추진될 것이다.

지금 우리 앞에는 불확실성의 안개가 깔리고 있다. 그렇다고 두려워할 필요는 없다. 위기가 오면 판이 바뀐다. 미리 준비하는 자가 승자가 된다. 세상의 모든 승자는 판이 바뀌는 가운데 태어났다는 것을, 역사가 가르쳐주고 있다.

여덟 번째 미래보고서: 미지의 재앙 X이벤트

KAIST 문술미래전략대학원과 미래전략연구센터가 2014년부터 펴내기 시작한 국가미래전략에 관한 연구보고서가 어느덧 여덟 번째 책으로 묶였다. 이번 《카이스트 미래전략 2022》에서는 특히 코로나19와 같이 엄청난 파급 여파를 몰고 오는 미지의 재앙인 'X이벤트'를 주제로 꼽아봤다.

X이벤트는 인간이 만든 복잡성으로 인해 발생한다는 점에서 지진이나 화산 폭발과 같은 천재지변과는 차이가 있다. 근대로 넘어오면서 가파르게 발전한 신기술과 신문명이 장밋빛 미래 대신 예기치 못한 문제를 일으킨 예가 적잖다. 또 나비의 날갯짓이 지구 반대편에 큰 기상 이변을 일으킬 수도 있다는 나비효과처럼 얼핏 사소해 보이는 변화가 엄청난 파장을 만들어내는 경우도 많다. 국경을 열고 도시와 도시를 연결하며 점점 더 촘촘해진 지구촌의 연결망이 21세기에 와서 코로나19의 급속한 감염 경로가 된 것은 세계화의 역설이다.

그런 점에서 우리는 국가적으로, 또 세계적으로 큰 균열을 일으킬 재앙들을 미리 가정해보고 그 대응책을 고민할 필요가 있다. 《카이스트 미래전략 2022》는 경기침체와 코로나 팬데믹으로 실업률이 증가하는 상황에서 광풍을 몰고 온 가상자산과, 전통 은행을 위협하는 빅테크 기업들의 금융업 진출이 몰고 올 미래를 살펴보았다. 인공지능, 유전자 가위, 로봇 등 첨단기술의 오남용으로 일어날 미래도 상상했다. 나아가 기술을 악용한 디지털 프로파간다로 위협받을 민주주의, 연금문제 등으로 폭발할 세대 갈등, 미국과 중국뿐 아니라 북한의 핵 위협으로 전장이 될지도 모를 한반도, 탄소 제로 사회의 실패로 변화할 환경 등도 두루 짚어봤다. 마지막으로, 그동안 국가적 이슈를 두고 토론, 수정을 거듭하며 보완해온 미래전략을 함께 수록했다.

KAIST만이 할 수 있는 일

2001년 300억 원을 KAIST에 기부해 융합학문인 바이오및뇌공학과를 신설하게 한 정문술 전 KAIST 이사장은 2014년에 다시 215억 원을 기부하면서 당부했다. 국가의 미래전략을 연구하고 인재를 양성해 나라가 일관되게 발전할 수 있는 기틀을 마련해달라는, 그리고 국가의 싱크탱크가 되어 우리가 나아갈 길을 미리 제시해달라는 부탁이었다. 이에 미래전략대학원 교수진은 국가 미래전략 연구 보고서인 '문술리포트'를 매년 펴내기로 했고 해마다 이를 충실히 이행하고 있다.

물론 정부나 여러 정부 출연 연구기관에서도 끊임없이 장기 전략 연구 보고서를 발행하고 있다. 그러나 정권이 바뀌면 국정 운영의 기조도 바뀌면서 그동안 정부 출연 연구기관에서 펴낸 미래 보고서도 덩달아 서랍 속에 들어가는 경우가 많았다. 미래전략을 짜는 일은 동양 고전의 지혜처럼 작은 생선을 굽듯이 해야 한다. 지켜보지 못하고 이리저리 뒤집기만 하면 생선은 다 굽기도 전에 부스러지고 말 것이다. 기다림의 지혜와 멀리 내다보는 지혜를 동시에 지녀야만 한다.

우리에게 미래를 알아맞힐 대단한 예지력은 없다. 하지만 우리가 원하는 데이터 중심으로 경제활동이 재편되는 미래를 만들기 위해 꾸준히 노력하고 대응할 의지는 있다. 미래전략은 미래의 눈으로 현재의 결정을 내리는 것이다. 이것이 바로 현재의 당리당략적이고 정파적 이해관계에서 자유로운 민간 지식인이 해야 할 일이라고 생각한다.

아시아 평화 중심 창조 국가의 비전

2045년은 광복 100주년이 되는 해다. 광복 100주년이 되는 시점에 우리는 어떤 나라의 주인이 되어 있을까? 우리의 다음 세대에게 어떤 나라를 물려줄 것인가? 수없이 많은 논의를 거친 결과, 우리는 다음과 같은 비전을 제시한다.

우리나라의 활동 공간은 '아시아' 전체가 될 것이다. 아시아는 앞으로 그 중요성이 더 커지면서 세계의 중심으로 부상할 것이다. 이곳에 자리한 한국, 중국, 일본, 인도 등의 역할도 더 커질 것이다. 한국인의 의사결정은 국내외 다양한 요소를 고려해서 내려질 것이고, 한국인이 내린 결정의 영향은 한반도를 넘어 아시아로 퍼져나갈 것이다.

우리는 또 국가의 지향점을 '평화 중심 국가'로 설정했다. 우리나라는 전통적으로 평화적인 국가다. 5,000여 년의 장구한 역사 속에서도 자주독립을 유지해왔던 이유도 평화를 지향했기 때문일 것이다. 주변국과 평화롭게 공존하며 번영을 꿈꾸는 것이 우리의 전통이고 오늘의 희망이며 내일의 비전이다. 더욱이 우리는 통일이라는 민족사적 과제를 안고 있다. 북한 주민에게도 통일은 지금보다 더욱 평화롭고 윤택한 삶을 제공할 것이다. 주변국에도 한국의 통일이 모두에게 도움이 되는 공존과 번영의 길이라는 인식을 심어줄 필요가 있다.

아울러 우리는 '창조 국가'를 내세웠다. 본디 우리 민족은 창조적인 민족이다. 우리 역사에는 선조들의 빛나는 창조 정신이 깃들어 있다. 컴퓨터 시대에 더욱 빛나는 한글과 세계 최초의 금속활자가 대표적인 창조의 산물이다. 우리는 빈약한 자원 여건 속에서도 반도체, 스마트폰, 배터리, 자동차, 조선, 석유화학, 제철산업을 세계 최고 수준으로 일구었고, 이제는 케이팝이나 영화, 게임, 패션, 스포츠 같은 문화적 측면에서도 세계 최고를 향해 나아가고 있다. 우리 민족의 우수성은 미래에 더욱 다양한 분야에서 찬란한 빛을 발할 것이다. 이상의 정신을 모아서 우리는 '아시아 평화 중심 창조 국가'를 대한민국의 비전으로 제시한다.

선비 정신이 필요한 대한민국

만약 북아메리카 남단에 있는 플로리다반도가 미국에 흡수되기를 거부하고 독립된 국가로 발전하려고 했다면 과연 가능했을까? 우리 선조들은 그런 일을 해냈다. 한반도 지도를 보고 있노라면 우리 선조들의 지혜와 용기에 감탄할 수밖에 없다. 거대한 중국 옆에서 온갖 침략과 시달림을 당하면서도 민족의 자주성을 유지하며 문화와 언어를 지켜냈다는 것은 참으로 놀라운 일이다.

역사적 패권 국가였던 중국 옆에서 우리가 국가를 유지하고 발전시킬 수 있었던 비결은 무엇이었을까? '선비 정신'이 중요한 토대가 되지 않았을까? 정파나 개인의 이해관계를 떠나서 오로지 대의와 국가, 백성을 위해 시시비비를 가린 선비 정신 말이다. 우리는 이러한 선비 정신이 있었기에 혹여 정부가 그릇된 길을 가더라도 곧 바로잡을 수 있었다. 선비 정신이 사라진 조선 말 100년 동안 망국의 길을 걸었던 과거를 잊지 말아야 한다.

21세기, 우리는 다시 선비 정신을 떠올린다. 선비는 정치와 정권에 무관하게 오로지 나라와 국민을 위해 발언한다. 우리는 국가와 사회로부터 많은 혜택을 받고 공부한 지식인들이다. 국가에 큰 빚을 진 것이다. 이 시대를 사는 지식인으로서 국가와 사회에 보답하는 길이 있다면 선비 정신을 바탕으로 국가와 국민의 행복을 위해 미래전략을 내놓는 것이 아닐까? 국가 미래전략이 정권 변화와 무관하게 지속적으로 활용되는 정책 가이드라인이 되기 위해서는 공정성이 생명이다. 선비 정신은 혼탁한 현대사회에서 공정성을 바탕으로 한 중심 역할을 해낼 것이다.

21세기 선비들이 붓 한 자루만으로 작성한 국가미래전략

우리는 그동안 순수 민간인으로 연구진과 집필진을 구성해왔다. 정부나 정치권의 취향이 개입되면 공정성과 지속성을 약속할 수 없다는 것을 알았기 때문이다. 《대한민국 국가미래전략 2015·2016·2017·2018》, 《카이스트 미래전략 2019·2020·2021》이 출판되자 각계각층의 많은 분이 격려와 칭찬을 해주었다. 그중 가장 흐뭇했던 것이 "특정 이념이나 정파에 치우치지 않았다"는 반응이었다. 우리는 다시 다짐한다. 붓 한 자루만 갖고 오롯이 '선비 정신'을 지켜나가겠노라고.

이렇듯 선비 정신의 가치를 되짚어보는 이 시점에도 우리는 위기 상황에 놓여 있다. 그러나 "위기는 위기로 인식하는 순간, 더 이상 위기가 아니다"라는 말이 있다. 위기를 깨닫고 문제를 정확히 정의하는 순간 위기는 이미 해결되기 시작하는 것이다. 우리에게는 특히 위기에 강한 DNA가 있다. 위기가 오면 흩어졌던 마음이 한곳으로 모이고 서로 협력하게 된다. 짙은 어둠 속에 빠진 것과 같은 일제강점기에 우리는 비폭력적인 3·1독립선언서를 선포했고, IMF 외환위기 때는 누구도 생각하지 못한 창의적이고 희생적인 금 모으기 운동으로 세계인의 감동을 불러일으키며 위기를 극복했다.

이제 우리는 코로나 이전으로 돌아갈 수 없다. 세상을 움직이는 흐름을 읽어내면서 새로운 틀을 짜야 한다. 이때 깊이 있는 전문지식만큼 필요한 것이 전체를 아우르는 백과사전적 지식과 통찰이다. 깊이 보는 동시에 널리 보지 않으면 변화에 이르기 어렵다. 백과사전적 이슈를 제기한 이 책이 미래로 향하는 여정에서 지적 부가가치를 만들어내는 촉진제가 되기를 기대해본다. 나아가 이 연구 보고서가 국가 정책을 수립하는 분들과 미래전략을 연구하는 분들에게 도움이 되기를 바란다. 마지막으로, 집필에 참여해주신 수많은 연구자와 일반 참여자들, 그리고 보고서 실무를 담당한 최윤정 연구교수에게 깊이 감사드린다.

이광형
KAIST 총장, 연구책임자

KAIST Future Strategy 2022

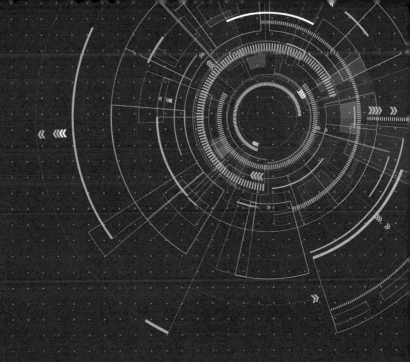

1

인류를 위협하는
미지의 재앙 X이벤트

첨단기술의
역습

KAIST Future Strategy 2022

+ 유권자를 조종하는 디지털 프로파간다

+ AI 알고리즘의 오작동

+ 유전자 가위 기술에 의한 차별적 미래 사회

+ 인간 뇌와 AI 결합의 가능성과 위험

+ 진짜 같은 가짜, 딥페이크의 위협

유권자를 조종하는
디지털 프로파간다

□ □ ◼◼ ◼◼◼◼ 최근 인공지능AI 알고리즘의 스토리텔링 기술
이나 딥페이크deepfake 기술이 소셜미디어SNS를 통해 광범위하게 활용
되면서 이를 이용한 허위·조작 정보disinformation와 가짜 뉴스fake news가
큰 문제가 되고 있다. 이를 만들어내는 주체들이 다른 국가의 민감한 정
치 상황이나 선거 여론전에까지 개입해 국제 정치적 논란을 낳기도 한
다. 미국의 2016년 대통령 선거를 비롯한 각종 서구권 선거에서 퍼졌던
허위·조작 정보의 출처가 러시아 정부와 연계된 정보전information warfare
으로 드러난 것이 그 예다. 이러한 '디지털 프로파간다digital propaganda'
혹은 '사이버 심리전'은 정상적인 여론 형성을 방해하면서 민주주의의
가치와 제도를 심각하게 훼손하고 있다. 만약 대통령 선거 유세 기간에
다음과 같은 일이 발생한다면 어떻게 될까?

가상 시나리오: 대선을 좌우한 정치 유튜버의 죽음, 진실인가, 거짓인가?

범죄심리학을 전공한 A, 소설가인 B, 정치평론가인 C는 모두 러시아와 가까운 동유럽 국가에서 인기를 누리는 유명 유튜버. 다가오는 자국 대통령 선거에서 친러 성향의 후보를 지지한다는 공통점이 있다. 이들은 대선 캠페인이 시작되자 일제히 선거 이슈들을 다루기 시작하면서, 특히 이들의 성향과 반대인 친EU 성향의 후보를 집중적으로 공격한다. 이들이 소개한 악의적 가짜 뉴스는 소셜미디어를 통해 빠르게 퍼져나간다.

선거일 사흘 전부터 이들은 친EU 후보 캠프와 미국으로부터 자신들이 살해 위협을 받고 있다고 호소한다. 역술가 유튜버인 D가 이들의 사망을 예언하면서 세간의 이목은 더욱 집중된다. 그리고 놀랍게도, 선거 하루 전 A와 B가 사망하고 C는 실종된다. 이에 분노한 친러 후보 지지자들이 친EU 후보의 사퇴를 요구하고 EU 가입을 반대하는 대규모 시위를 벌인다. 결국, 대통령 선거는 친러 후보의 승리로 끝난다.

그런데 경찰의 조사 결과는 매우 충격적이다. A, B, C의 모습이 담긴 영상이 모두 딥페이크 기술로 만들어진 조작 영상이며, 세 명 모두 실존하지 않는 가상 인플루언서virtual influencer라고 발표한 것이다. 또 이들의 유튜브 채널은 러시아의 한 지역에서 운영되었지만, 러시아의 비협조로 수사가 어렵다고 한다. 그러나 D는 이러한 경찰 조사 결과를 믿을 수 없다며 경찰이 세 명의 시신을 모두 숨기고 있는 것이라고 자신의 유튜브 채널에서 주장하는 중이다. 이 중 무엇이 진실일까?

AI 알고리즘의 최첨단 프로파간다 전술

인류 역사에서 프로파간다는 가장 빈번하게 수행되어온 대중 설득 전략이다. 프로파간다란 "목표 청중의 감정, 태도, 의견, 행동에 영향을 끼치려는 체계적 형태의 의도적 설득 행위로서, 이념적·정치적·상업적 목적을 위해 미디어를 통해 통제된 방식으로 메시지를 일방향으로 전달하는 것"[1]을 말한다. 프로파간다라는 용어가 부정적인 이미지를 갖게 된 것은 중세 시대 가톨릭교회가 프로테스탄트의 주장을 프로파간다로 묘사하면서부터였다. 이후 제2차 세계대전 당시 나치 독일의 악명 높은 활동으로 인해 프로파간다는 '거짓말', '조작', '왜곡', '정신 조종', '심리전', '기만', '세뇌' 등과 유사하게 사용되면서 부정적인 의미가 고착되었다.

오늘날 사회적으로 논란이 되는, 주로 인터넷과 소셜미디어를 통해 전개되는 프로파간다 활동이 '컴퓨터 프로파간다' 혹은 '디지털 프로파간다'로 불리는 이유는 온라인 공간에서의 정보 생산과 확산에 AI 알고리즘과 같은 첨단 디지털 기술이 본격적으로 사용되고 있기 때문이다. 주로 소셜미디어의 가짜 계정을 통제하는 대화형 AI 알고리즘 프로그램인 소셜봇social bots은 정치적 목적을 위해 동원되기도 하므로 '정치봇political bots'이라고도 불린다.

이러한 AI 봇들은 다양한 프로파간다 전술을 펼친다. 예를 들면 특정 키워드나 저명한 정치인의 트윗과 같은 촉발 변수trigger를 사용해 특정 정보를 대규모로 유포하기도 하고, '팔로워 봇follower bots' 같은 경우 가상 인물을 만들어 팔로워 수를 늘리고 대규모의 '좋아요'를 생성하기도 한다. 또 '길 차단 봇roadblock bots'은 온라인 공간에서 사람들의 주의를 다른 이슈로 분산시켜 관심을 돌려놓거나 영향력 있는 사용자의 게시물에 스팸성 해시태그를 다량 게시해 원래의 글을 밀어낸다. 이 밖에도 특정 인물에게 협박 메시지를 보내거나 해킹으로 개인 정보를 유출하기도 하고, 선거 감시 웹사이트나 모바일 앱의 작동을 방해하는 등 극단적 방식으로 프로파간다 활동을 수행할 수 있다.

　프로파간다의 설득 전략은 다양한 심리학 이론에 근거한다. 예를 들어 '진실 착각 효과illusory truth effect'가 있다. 사람들이 처음 접했을 때 신뢰하지 않았던 정보원의 정보라도 시간이 지나면 불확실한 정보원에 대한 기억은 잊고 그 정보를 기정사실로 인식하는 경향이다. 다시 말해 허무맹랑한 메시지에 반복적이고 빈번하게 노출되면, 사람들은 그 메시지를 점차 신뢰하게 되며, 처음에 접한 정보를 나중에 접하는 정보보다 더 믿고 따르게 된다는 것이다.

디지털 프로파간다의 위험성

최근 인지신경과학 연구에 따르면, 인간이 지닌 놀라운 능력 중 하나는 세상의 온갖 다양한 일 가운데 '예상 밖의 정보나 사건을 신속하게 탐지하는 능력'이라고 한다. 인간의 인지력은 항상 '새롭고 참신한 것novelty'에 주목하고 집중하는 인지 방식을 길러왔으며, '새로운 자극novel stimuli'을 경험할 때마다 뇌에서 도파민이 증가해 일종의 보상을 제공하고, 결과적으로 학습과 기억을 돕는다는 것이다. 이러한 이유로 인간의 뇌는 감정적이고 도발적인 정보를 더 오랫동안 강하게 기억하고, 그런 측면에서 프로파간다 목적을 갖는 가짜 뉴스 정보는 '거짓 기억false memories' 현상을 쉽게 유발할 수 있다. 거짓 기억 현상이란 실제로 일어나지 않은 일을 일어났던 일로 기억하고 믿어버리는 상태를 말한다.

한 실험에 따르면, 가짜 뉴스 정보가 개인의 믿음이나 신념과 관련될 때 사람들은 그러한 거짓 기억 경향을 더 쉽게 보였다고 한다. 가짜 뉴스의 힘은 바로 사람들의 기억을 시로잡고 학습을 촉진할 만큼 이목을 끄는 내용에 있고, 이때 '도덕적 감정moral emotion'을 강하게 자극하는 정보일수록 더 크게 주목받으며 소셜미디어 공간에서 빠르게 확산하는 경향을 보인다. 격한 반응을 일으킬 만한 내용의 가짜 뉴스는 그만큼 사람들이 세상을 인식하고 정치적 결정을 내리는 데에 강한 영향력을 발휘한다.

가짜 뉴스가 퍼질 때 그러한 정보에 가장 먼저 반응하는 그룹은 뉴스 미디어와 관련 분야의 전문가들이다. 하지만 가짜 뉴스가 퍼지는 속도와 범위만큼 팩트 체크가 이뤄진 정확한 정보가 전달될지는 미지수다. 무엇보다 팩트 체크가 이뤄진 온전한 정보가 가짜 뉴스만큼 사람들의 주목을 받으며 흥미를 유발할 수 있을지는 더 불확실하다.

사실 확인 과정에서 더 문제가 되는 것은 허위·조작 정보를 퍼뜨린 사람이나 세력이 팩트 체커인 양 가장한 채 또 다른 허위·조작 정보를 만들어낼 수 있다는 것이다. 허위·조작 정보를 생산하고 소셜미디어에서 퍼뜨리는 행위자가 갖는 동기는 대개 정치적이거나 경제적이다. 그는 사용자의 주목을 받을 수 있는 콘텐츠를 끊임없이 제작·공급하려고 할 것이고, 그가 만드는 허위·조작 정보의 자극성과 선정성 또한 더욱 높아질 수밖에 없다.

가상의 전장이 된 인터넷

모든 허위 정보misinformation가 허위·조작 정보는 아니며 고의 없이 잘못된 정보false information를 우발적으로 공유하는 것도 허위·조작 정보가 아니다. 가짜 뉴스와 같은 허위·조작 정보는 누군가를 오도하기 위한 목적으로 잘못된 정보를 유포하는 활동이다. 특히 딥페이크 영상은 AI 알고리즘을 이용해 동영상 원본의 사람을 다른 사람의 모습으로 편집한 뒤 편집된 인물이 실제 존재하는 것처럼 조작하는 기술이 동원되는, 진위 식별이 가장 어려운 형태의 허위·조작 정보다.•

한편, 정치적으로 악의적인 목적을 위해 만들어진 허위·조작 정보가 소셜미디어를 통해 대규모로 유포되면서 심각한 국제 정치적 논란을 일으킨 것은 2016년 미국 대통령 선거 때부터다. 이때부터 미국과 유럽의 거의 모든 선거 기간에 러시아 정부와 연계된 것으로 밝혀진 허위·조작 정보가 소셜미디어를 기반으로 퍼져나갔다. 러시아의 이러한 공격적인 사이버 심리전은 서구권의 여론 분열을 통해 선거 결과에 직접 영향을 끼치고 민주주의 제도를 훼손하려는 시도이자 주권 침해 행위로 비난받고 있다. 디지털 프로파간다로 일컫는 이러한 활동이 위협적인 이유는 서구권 사회의 여론 왜곡과 사회 분열에 그치지 않고, 공격 대상 국가의 의사결정 과정을 마비시키고 정부의 정치적 정당성과 민주주의

• 물론 딥페이크가 악의적 목적으로만 사용되지는 않는다. 예컨대 미켈라 소사Miquela Sousa는 2016년부터 릴 미켈라Lil Miquela라는 닉네임으로 소셜미디어에서 활동하고 있는 버추얼 인플루언서다. 자신이 딥페이크 기술로 만들어진 가상의 인물이라고 밝힌 미켈라는 수많은 인스타그램 팔로워를 거느리고 있으며, 패션 모델로 인기를 누리고 있다. 이마Imma, 리암 니쿠로Liam Nikuro, 실비아Sylvia 등도 유명한 버추얼 인플루언서다.

제도까지 무력화하는 것을 목적으로 삼기 때문이다. 더군다나 이러한 사이버 심리전은 전시와 평시를 가리지 않으며 평시에는 더욱 은밀하게 수행될 수 있어 허위·조작 정보를 이용한 상시적 사회 분열 시도가 가능하다. 이에 따라 미국과 유럽은 이를 '사이버 테러'로 간주하고 군사 안보 차원에서 엄중히 대응하고 있다.

앞서 언급한 가상 시나리오는 극단적인 상황을 그려본 것이지만, AI 알고리즘의 정보 통신 기술을 이용하면 결코 불가능한 일이 아니다. 특히 이념이나 이슈를 놓고 분열된 사회일수록, 진영 대결로 인한 분노와 증오로 가득한 사회일수록 자극적인 가짜 뉴스에 취약해진다. 요컨대 현대의 디지털 첨단 사회에서 인터넷이나 소셜미디어 공간은 AI를 활용한 정보 통신 기술을 통해 언제든지 치열한 가상의 전장으로 전환될 수 있게 된 셈이다.

온라인 공론장이 사이버 심리전에 무너지는 이유

2016년 미국 대선을 기점으로 서구권은 주요 선거 때마다 가짜 뉴스를 이용한 러시아의 사이버 심리전 공격에 휘둘렸다. 2016년 영국 브렉시트 국민 투표, 2017년 프랑스 대선, 독일 총선, 스페인 카탈루냐 독립 투표, 2018년 이탈리아 총선, 2019년 유럽 의회 선거, 2020년 미국 중간선거와 대선 등등. 서구 민주주의의 온라인 공론장은 왜 그리 무력하게 당했던 것일까?

가장 큰 이유는 앞서 짚어본 것처럼 사이버 심리전에 이용된 스토리텔링 설득 전략이 '인지적 해킹' 혹은 '정신적 해킹'으로 일컬을 정도로 상당히 정교하게 고안되었기 때문이다. 또 대규모 봇 부대가 자극적인 가짜 뉴스를 특정 기간에 대규모로 빠르게 유포했기 때문이다. 정치 논쟁이 활성화되고 사람들이 쉽게 양극화되는 선거 유세 기간에는 정치적으로 민감한 허위·조작 정보가 수많은 유권자에게 지대한 영향을 끼칠 수 있다. 2016년 미국 대선 결과에 대한 〈포브스〉 지의 보도에 따르면, 선거일이 임박할수록 유권자들은 주류 뉴스보다 가짜 뉴스에 더 주목했을 뿐만 아니라 정확한 뉴스와 가짜 뉴스를 비슷한 수준으로 믿었다. 선거철 가짜 뉴스가 유권자들의 투표에 결정적 영향을 끼칠 가능성이 매우 크다는 점을 시사한다.

러시아와 같은 권위주의 정권이 수행하는 사이버 심리전의 전쟁 방식이 민주주의 사회에 갖는 강점은 비대칭전, 그리고 비정규전이라는 점이다. 개방된 민주주의 사회의 온라인 공론장에 대한 교란 전술은 상대적으로 적은 비용으로 선제 공격의 우위를 점할 수 있고 원하는 시기에 언제든지 게릴라전처럼 수행할 수 있는, 매우 가성비 높은 공격 형태다. 최근 중국도 중국어권을 타깃으로 한 디지털 프로파간다 활동을 본격화하고 있다. 2019년 홍콩의 범죄인 인도 법안에 대한 시민들의 반대 시위 및 2020년 타이완 총통 선거와 입법위원 선거에서 중국은 소셜미디어 공간을 통해 중국어로 된 가짜 뉴스를 대규모로 퍼뜨린 바 있다.

하지만 사이버 심리전의 고도로 정교한 전술을 이해한다고 하더라도 서구의 온라인 공론장이 그렇게 취약하다는 사실은 여전히 해소되지 않는 의문을 남긴다. 냉전기에 그들이 공산 진영의 프로파간다 전술에 말려들지 않고 자유주의 이데올로기를 지켜냈던 것을 떠올리면 더욱 그렇다. 그 취약성의 이유는 러시아가 취한 사이버 심리전의 교란 전술이 서구 민주주의 사회의 약점을 파고들었기 때문이다. 계속되는 세계적인 경제 침체, 각국의 경제적 양극화, 포퓰리즘과 극우 민족주의의 득세는 민주주의 사회의 내부 갈등을 증폭시켰고, 바로 이 지점에 사이버 심리전의 공격이 집중되었다. 서구권 사회에서 나타나고 있는 사회적 균열과 파괴되어가는 사회적 연대 및 약화된 민주주의가 온라인 공론장을 위기로 몰아간 원인이다.

사이버 심리전 공격에 대한 미국과 유럽의 대응

미국과 유럽은 AI 알고리즘 기술을 이용한 러시아와 이란 등의 사이버 심리전 공격을 자신들의 주권과 민주주의 제도에 대한 중대한 도전으로 간주하고 군사·안보 차원의 대응 체계를 마련하고 있다. 일례로 미국은 국무부의 공공 외교 및 공보 담당 차관 산하에 글로벌 인게이지먼트 센터Global Engagement Center를 두고 미국과 동맹의 안보에 영향을 끼치려는 타국 정부 및 비정부 행위자들의 프로파간다 활동과 허위·조작 정보 공작에 대한 대응을 전담하게 하고 있다. 또 국방부 산하 고등연구계획국DARPA에서는 딥페이크 영상을 탐지하는 미디어 포렌식 연구를 진행 중이며, 세계적인 미국의 IT 업체들과 협업하고 있다.

　유럽은 2018년부터 디지털 허위·조작 정보 대응을 위한 '허위·조작 정보 대응 행동 규약Code of Practice on Disinformation'을 발표하고 민간의 자율 규제를 권고해왔다. 그러나 최근 강력한 규제를 하는 방향으로 정책이 변화하고 있다. 북대서양조약기구(나토NATO)의 경우 사이버 심리전 대응을 위해 2014년 라트비아에 나토 전략 커뮤니케이션 센터를 설립했다. 이 기관은 다국적군, 민간, 학계 전문가로 구성되었으며 나토와 우방국 간의 전략 커뮤니케이션 능력을 강화하고 역내 사이버 공격과 정보전 정책을 지원한다. 나토는 허위·조작 정보 유포 상황을 가정한 다양한 시뮬레이션 훈련도 전개하고 있다.

그동안 많은 국가가 사이버 공간에서 발생하는 다양한 문제를 주로 사이버 공격과 관련된 기술적·법적 이슈의 측면에서만 다뤄왔다. 하지만 디지털 프로파간다는 사회 전체 네트워크와 시스템에 대한 도전의 성격을 띠고 있는 만큼 포괄적 차원에서 대응해야 한다. 마찬가지로 국내 미디어에서 유통되는 오정보나 정치적으로 편향된 정보를 해외 언론 등이 무분별하게 번역해 인용하는 경우, 한국과 관련된 가짜 뉴스나 잘못된 정보가 해외 소셜미디어 공간에서 퍼지기도 한다. 이는 단순히 기술적인 측면에서만 다룰 문제가 아니라 정보 커뮤니케이션의 윤리와 규범 등도 포함해 종합적으로 다뤄야 하는 부분이다.

AI 알고리즘의
오작동

▫ ▫ ◻■ ▬▬▬ 　인간과 인공지능AI 간의 세기의 대결이라 불린
2016년 이세돌 대 알파고의 바둑 대국은 역사적 사건이었다. AI 바둑
프로그램 알파고AlphaGo가 압승을 거둔 후 AI에 관한 관심은 더욱 높아
졌고, 실제로 알파고의 승리는 더딘 발전을 보이던 AI 기술의 획기적 변
화를 상징했다. 이제 AI 혹은 지능형 알고리즘은 우리 삶의 곳곳에 스며
들어 여러 분야에서 '스마트'한 경험을 제공하고 있다. 그런데 만약 AI
알고리즘이 손상되거나 오작동을 일으키면 어떻게 될까? 악의적인 외
부 공격으로 파괴되면 또 어떻게 될까? AI 바둑 프로그램의 오류 정도
가 아니라 자율주행차의 AI 알고리즘이 오작동을 일으키고, 국가 핵심
네트워크의 AI 알고리즘이 파괴된다면? 그 피해는 누구도 쉽게 가늠하
기 어려울 것이다. 이런 피해는 그 가능성을 아무리 최소화한다고 해도,
일단 발생하면 치명적 상황으로 치달아 'X이벤트'가 되어버릴 수 있다.

극단적 사건을 상상하라

원전에는 '설계 기준 사고design basis accident'라는 개념이 있다. 설계할 때 참조하는 가상의 사고를 뜻한다. 발생 가능성이 희박하더라도 공중의 안전을 위해 처음부터 사고를 염두에 두고 설계를 한다는 의미다. 2011년 지진과 쓰나미로 파괴된 일본 후쿠시마 원자로의 경우, 설계자들은 과거 일본이 경험한 최대 지진인 8.3 규모에 대비해 벽 높이를 설치했다. 그런데 후쿠시마 원전 사고 당시 지진의 규모는 9.0이었다. 결국 쓰나미로 인한 해수가 유지 벽을 넘으면서 원자로가 망가지고 폭발이 일어났으며 대규모 방사능이 유출되는 참사로 이어졌다. 만약 23만 명의 사망자를 낸 2004년 인도네시아 수마트라 대지진(규모 9.1)을 고려해 유지 벽을 더 높이 쌓았더라면 어땠을까? 결과론적 이야기지만, 후쿠시마 원자로 설계자들이 '설계 기준 사고'를 근래 일어난 최악의 지진 규모로 상정해 9.1 이상에 대비하는 유지 벽을 만들었더라면 원전 폭발의 참사를 막을 수 있었을지도 모른다.

그런가 하면 2021년 5월에는 미국 송유관 업체 콜로니얼 파이프라인Colonial Pipeline에 동유럽 해킹 단체 다크사이드DarkSide가 악성코드인 랜섬웨어 공격을 해 송유관이 차단되는 사태가 일어났다. 해킹으로 파이프에 설치된 각종 IoT(사물인터넷) 센서들이 작동을 멈춘 것이다. 콜로니얼 파이프라인은 미국 동부 지역 석유 공급의 45%를 담당하고 있어 그 여파는 엄청났고 비상사태가 선포되기도 했다. 콜로니얼 파이프라인은 500만 달러가 넘는 비트코인을 다크사이드에 입금하고 나서야 시스템을 정상화할 수 있었다. 만약 국가의 중추적 AI 시스템이 이러한 악성코드 공격을 받아 멈추거나 반사회적으로 오작동한다면 그 피해는 감당하기 어려울 것이다.

이러한 극단적 사건들은 또 일어날 수 있다. 특정 지역을 넘어 전 세계에서 발생할 수도 있다. 이미 전 세계를 덮친 코로나19가 그러했다. 통신 장애, 핵 공격, 소행성 충돌, AI의 오류 등도 감염병 바이러스처럼 우리 사회에 엄청난 재앙이 될 수 있다. 이런 일들을 예측하고 상상해 미리 대비하는 것만이 우리가 할 수 있는 최우선의 방법이다.

일상을 주도할 AI

AI를 가동하는 3대 축은 빅데이터, 컴퓨팅 파워, 알고리즘이다. 컴퓨팅 파워 분야만 해도 성능과 처리 용량, 속도가 빠르게 발전하고 있으며 양자 컴퓨터의 상용화가 가까운 시일 내에 가능할 것으로 보인다. AI를 가동하는 3대 축이 바퀴처럼 맞물려 빠르게 돌아가면서 AI의 지능형 알고리즘이 매일, 매시, 매분 강화되고 있다.

이렇게 발전을 거듭하는 AI 시스템은 가까운 미래에 사람의 개입을 최소화하는 형태로 사회 곳곳에 자리하게 될 것이다. '휴먼 에러human error', '위험한 업무', '복잡성'이라는 세 가지 이유 때문이다.

AI가 사람을 대체하게 되는 첫 번째 이유는 사람의 실수로 인한 사고, 즉 '휴먼 에러'의 발생을 줄이기 위해서다. 자동차 운전 등 휴먼 에러가 발생할 수 있는 영역에서부터 적극적으로 사람에서 AI로의 대체가 일어날 것이다. 두 번째는 '위험한 업무' 때문이다. 원자력 발전소를 비롯해 각종 대형 공장, 전기 케이블을 고치는 일까지 사람이 하기에 위험한 일들을 AI의 지시 아래 로봇, 드론 등이 직접 수행함으로써 인간을 대체하게 된다. 세 번째, 가장 큰 이유인 '복잡성' 때문이다. 전력, 식수, 식량, 통신, 교통 기관, 의료, 방위, 금융 등 전 영역에서 복잡성이 증가하면서 '복잡성의 과부하' 현상이 일어나고 있다. 2008년 글로벌 금융위기를 불렀던 리먼 브라더스 파산 사태도 인간의 탐욕 때문만이 아니라, 금융 공학자들이 꼬리에 꼬리를 물듯 수많은 금융 파생 상품을 만들어내면서 그 복잡한 연결 고리를 한눈에 파악하지 못했기에 일어난 사건이었다. 이런 복잡성의 과부하는 각 영역에서 잠재적인 문제 발생 가능성을 높여가고 있으며, 이를 통제하고 관리하기 위해 결국 AI가 개입하거나 주도하는 영역이 더 넓어질 것이다.

AI 주도 사회의 위험 요인

이런저런 시행착오를 거듭하면서, 때로는 비효율적인 방식을 통해 서서히 배움을 얻어가는 인간과 달리 AI는 최단 시간 내에 모든 변수를 고려해 시뮬레이션해본 다음 가장 효율적인 경로를 결정한다. 이런 능력은 더 고도화되고 있다. 그러나 AI가 중심이 되는 AI 주도 사회는 예상보다 더 심각한 문제를 가져올 수도 있다.

인간의 배제와 소외
우선 문제해결 과정에서 인간이 소외되는 일이 발생할 수 있다. 로봇 산업을 선도하고 있는 쿠카 로보틱스KUKA Robotics 공장을 가보면 로봇이 로봇을 만든다. 드문드문 사람들이 있지만, 생산 현장에서 예외적인 상황이 벌어졌을 때만 나서서 점검한다. 직원들은 적은 시간 일하고 많은 휴식 시간을 가지는 근로 형태를 유지한다. 사람이 많이 일하지 않아도 로봇이 대부분 알아서 업무를 수행하기 때문이다. 여기까지는 굉장히 좋은 모델처럼 보인다. 그러나 모든 생산 현장이 원천적으로 사람의 개입 없이 혹은 개입이 배제된 형태로 돌아가게 되면 일자리에서 사람이 소외되는 문제가 발생하기 시작한다.

심성진자의 반도체 프로세스 맵을 보면 검은 선으로 가득 찬 종이를 볼 수 있다. 그만큼 공정 자체가 복잡하고 정밀하다. 이러한 공정 체계역시 사람이 컴퓨터의 도움을 받아 발전시킨 것이지만, 앞으로 AI 주도사회에서는 사람의 개입 없이 AI가 자체적으로 가장 최적의 공정 경로를 만들어낼 것이다. 증가하는 복잡성 때문에 아무리 지능이 뛰어나고 경험이 축적된 사람이라고 해도 AI가 만들어낸 결과물을 이해할 수 없을지도 모른다. 이런 방식으로 대다수 영역에서 인간의 역할과 판단을 배제하는 현상이 심화할 것이다.

AI 알고리즘의 신뢰성 문제

AI는 고도화된 지능형 알고리즘이라고 할 수 있다. 이러한 알고리즘은 '블랙박스'처럼 내용물이 보이지 않는다. 입력과 출력에 해당하는 결과물만 보이고 지능형 알고리즘의 내부에서 어떤 일이 어떤 방식으로 벌어지는지 알 수 없다는 뜻이다.

단순한 예로, 구글의 지도 애플리케이션을 한국에서 열어보면 한국의 동쪽 바다는 '동해'로 표시되어 있다. 반면 일본에 있는 사람이 구글 지도를 열면 한국의 동쪽 바다는 '일본해'로 표시되어 있다. 인도와 파키스탄의 대표적인 분쟁 지역인 카슈미르의 경우도 그렇다. 인도 사람이 보면 인도 땅으로, 파키스탄 사람이 보면 파키스탄 땅으로 보인다. 구글

지도가 민감한 지역 이름을 그 사람이 있는 국가와 장소에 따라 다르게 보여주는 것이다. 실체는 하나인데 사람과 지역에 따라 다른 이름을 보여준다면 객관성과 보편성을 확보할 수 없으므로 AI 알고리즘의 신뢰성에 의문이 들 수밖에 없다.

기계의 도구가 된 인간

2013년 미국 펜실베이니아 지역에 처음 도입된 범죄 예측 시스템인 프레드폴PredPol이라는 프로그램이 있다. 이는 예산 부족으로 순찰 인력이 감소하자 효율적인 순찰 업무를 진행하기 위해 만든 것이다. 이후에 고도화된 지능형 알고리즘이 적용되면서 지금은 실질적으로 범죄를 예측하고 예방하는 고도화된 AI 프로그램으로 발전하고 있다. 앞으로 지금보다 훨씬 고도화된 AI 기술을 적용하면 수백억 개가 넘는 각종 데이터를 실시간으로 분석해 범죄 가능 지역을 예측하고 미리 순찰함으로써 범죄율을 낮출 수 있게 될 것이다.

그런데 여기서 AI 시대에 일어날 전면적인 업무 수행 방식 변화의 일단을 볼 수 있다. 이전에는 이러한 범죄 예측 프로그램이 정보를 제공하며 경찰의 판단을 도와주는 정도였다면, 이후로는 범죄 예측 프로그램이 시키는 대로 하게 될 것이다. AI의 명령에 따라 A 경찰은 B 구역을 오전 3시에 순찰하고, C 경찰은 D 구역을 오전 4시에 순찰하는 식이다. 이렇게 되면 사람은 더는 일의 주체가 아니고, 고도화된 AI 시스템의 지시를 받아 그 수족처럼 작동하게 된다. 이런 일은 경찰의 순찰 업무뿐만 아니라 다른 영역으로도 확산될 것이다.

AI로 인한 국가 간 격차 심화

산업혁명 시대에는 생산 수단을 보유한 국가와 그렇지 못한 국가가 있었다. 그 격차가 커지면서 생산 수단을 보유한 국가는 그렇지 못한 여러 국가를 식민지로 삼았다. 앞으로 세상은 AI 코어 엔진을 보유한 국가와 그렇지 못한 국가로 나뉠 것이고, AI의 경쟁력은 이전과는 비교할 수 없는 격차를 만들어낼 것이다. AI 여부에 따라 각국은 제조, 유통, 국방, 의료, 법률 등 모든 영역에서 극명하게 차이를 겪을 수밖에 없으며 그 격차는 점점 더 벌어지게 된다.

AI와 차별 문제

세계적인 검색 사이트에서 'beautiful(아름다운)'을 입력하면 온통 백인 여성의 모습만 나오고, 'professor(교수)'라는 단어를 입력하면 주로 남성이 등장하는 등 인종과 성 차별적인 요소들이 디지털 검색 결과물에 포함되어 논란을 일으킨 적이 있다. 만약에 AI에도 이런 차별적인 요소가 포함된다면 그 여파는 훨씬 클 것이다. 물론 어느 정도의 차별은 비즈니스 차원에서 용인되어왔다. 예를 들어, 비즈니스 콜센터에 전화할 때 큰 잠재 수익이 예상되는 고객이라면 상담원과 바로 연결되지만 그렇지 않으면 상담원에게 연결되기까지 대기 시간이 길어지는 일은 지금도 일어난다. 하지만 응급 상황에서도 이러한 차별적 대응이 이루어진다면 그것은 큰 문제가 될 것이다.

AI로 인한 위험, 어떻게 대비할 것인가

AI로 인한 X이벤트급 재난을 막는 가장 확실한 방법은 AI를 사용하지 않는 것이다. 그러나 이것은 전기를 사용하지 않고 사는 것보다 더 힘든 일이 되어가고 있다. AI의 효율성과 가치는 앞으로 더 커질 것이며 우리 삶의 모든 영역에 밀접하게 관여할 것이다. 이럴수록 우리는 AI가 사람을 도와주는 보조적 수단이라는 것을 잊지 말고, 인간 중심 AIhuman-centered AI로 발전할 수 있도록 더 많은 사회적 관심과 노력을 기울여야 한다. AI의 복잡성이 인간의 개입 능력을 초과하기 이전 단계인 지금이 그러한 위험 요인을 대비할 수 있는 적기다.

공정한 알고리즘을 위한 사회적 통제

앞서 AI의 위험 요인 중 하나로 차별 문제를 살펴보았다. 대응 방안은 의외로 간단하다. 공정성을 확보하는 것이다. 현재 사회는 AI 사회로 접어드는 초입 단계라고 볼 수 있다. 따라서 AI의 속도와 효율, 확장성도 중요하지만, 인종, 성차별 등 편견이 개입되지 않도록 처음부터 공정하게 설계하는 것이 더 중요하다. 데이터 선택 기준, 가중치 비율 등을 정할 때 지속적인 감시를 통해 AI에 대한 사회적 통제가 이뤄져야 한다.

사회적 통제권은 정보 공개 청구와 같은 방법을 생각해볼 수 있다. AI의 알고리즘 작동 기준과 가중치, 데이터 선택 등에 관해 국회나 사회단체 등에서 공개를 요청하는 경우 투명하게 공개하고 사회 불평등이나 차별, 편견의 요소가 있다면 보완할 수 있는 체계를 구축해야 한다. 이러한 투명성transparency을 확보하기 위해 가장 중요한 부분이 AI 알고리즘을 운용하는 기관의 설명성explainability을 확보하는 것이다. 보통 AI

를 가동하는 업체는 이런 요구에 응하는 것을 영업 비밀이나 기술 노하우를 공개하는 것처럼 여겨 민감하게 대응하는 경향이 있다. 그러나 지능형 알고리즘을 사용하는 기업, 기관, 국가 등은 알고리즘의 작동 방식을 일반인들도 알 수 있도록 쉽게 설명할 의무가 있다. 어디에 가중치를 두고 있으며, 어떤 데이터를 선택해 운용하는지 사회가 알 수 있도록 해야 한다.

이런 점에서 2019년 발의된 미국의 '알고리즘 책무성 법안Algorithmic Accountability Act'은 많은 것을 시사한다. 이 법안은 불투명한 알고리즘에 대한 대책으로 한국의 공정거래위원회에 해당하는 연방거래위원회FTC에 다음과 같은 권한을 부여하고 있다.

1. 알고리즘의 작동 원리를 모니터링한다.
2. 알고리즘이 공정하고 정확하게 작동하는지 감시한다.
3. 연간 매출이 5,000만 달러 이상인 기업에 적용한다.
4. 지식재산권 문제가 관련되어 있어도 공개적으로 감사를 진행할 수 있도록 한다.

우리는 자동차를 주기적으로 정비하고 검사한다. 정비 소홀로 사고가 발생하지 않도록 하기 위함이다. AI의 알고리즘에 문제가 없는지를 살펴보는 것도 같은 맥락이다. AI의 알고리즘에 전문가만이 관여할 수 있다고 생각하는 사람도 적지 않지만, 정말로 그렇다면 앞으로 인간의 삶에 많은 영향을 미치게 될 AI 알고리즘에 오직 소수의 의견만 반영될 수도 있다. 따라서 다른 사회적 이슈에 대처할 때처럼 AI 알고리즘 가동에 대해서도 전 사회가 관심을 쏟아야 한다.

최상위 권한은 인간에게 준다

가까운 미래에는 기능별 AI를 통제하고 관리하는 '메타 AI'가 등장할 가능성이 크다. 예를 들어 헬스케어에 특화된 AI가 기능별 AI라면, 메타 AI는 여러 분야나 기능별 AI를 더 높은 차원에서 인식하고 관리·통제하는 능력을 지닌 최상위·초거대 AI를 말한다. 모든 것을 관장하는 메타 AI가 더 효율적이고 편할 수도 있다. 그러나 그 부작용도 생각해봐야 한다. 메타 AI에 문제가 생기면 관련된 모든 기능별 AI에도 연쇄적으로 문제가 발생할 수 있고, 특히 메타 AI가 해킹되거나 오작동할 시에는 더 치명적인 결과로 이어질 수 있다. 따라서 우리는 메타 AI에 최상위 권한을 부여하는 방식보다는 인간의 통제를 받는 기능별 AI를 발전시키는 방향을 고민해야 한다.

단절 구역 설정하기

코로나19 사태에는 인간의 자연 침범이나 불량한 위생 환경 등 여러 요인이 있었지만, 이것이 팬데믹으로 발전하게 된 것은 '연결'의 문제 때문이었다. AI의 경우에도 네트워크에 연결된 특정 노드에서 치명적 바이러스가 발생하거나 오작동이 일어나면 순식간에 전 세계에 그 여파가 미칠 수 있다. 따라서 매년 연결에서 완전히 단절된 지역을 확보하는 방안을 생각해볼 필요가 있다. 가령, 매년 특정 지역을 단절 구역으로 선정해 AI 시스템과 접속되지 않은 상태로 가동하다가, 1년 후 다시 네트워크에 연결해 복제와 동기화를 진행하는 식이다. 이렇게 하면 AI 시스템에 X이벤트급 사고가 발생하더라도 복구 거점을 확보할 수 있다.

백업의 중요성

재앙이 될 사안에 대해서는 최소 비용, 최대 효율의 논리가 아닌 과잉과 잉여의 논리로 대응하는 것이 적절하다. 예를 들어, 인터넷이 인공위성을 통해 전 지구적 네트워크로 연결되더라도 기존의 연결 방식인 해저 케이블이나 네트워크 회선 등을 폐기하지 않고 백업 네트워크로 보존할 필요가 있다. 그렇게 하면 만에 하나 인공위성이 X이벤트급 재난으로 파괴되거나 가동을 멈춘다 해도 최후의 방법으로 과거 방식의 백업 네트워크를 가동할 수 있기 때문이다. 이처럼 인류의 삶에 결정적인 영향을 미치는 부분에서는 사회적 비용이 엄청나게 많이 들더라도 과잉과 잉여의 논리로 2차, 3차의 백업 방안을 마련해두어야 한다.

AI 역시 오작동이나 심각한 해킹으로 인해 초기화하거나 폐기해야 하는 상황이 생길 수 있다. 이런 상황에 대비해 시스템 체계를 모두 백업해둔다면 피해를 최소화하고 대응할 시간을 확보할 수 있을 것이다. 파괴되고 무너지고 잃은 후가 아니라 그 전에 대비해야 한다.

유전자 가위 기술에 의한
차별적 미래 사회

▫ ▫ ▭▪ ▬▪▪▪   아래 시나리오를 한번 상상해보자. 윤리 의식이나 법적 통제를 배제한다면 이런 상상이 현실이 될 수 있을 만큼 생명공학 기술이 빠르게 발전하고 있다. 현재 우리 통념으로는 불편한 일이 미래에는 빈번하게 일어날지도 모른다.

가상 시나리오 1: 죽은 아내의 유산

A는 7년의 연애 끝에 결혼했다. 그러나 신혼의 단꿈이 가시기도 전에 아내가 폐암 말기 판정을 받았고 오래지 않아 세상을 떠났다. 홀로 남겨진 A는 재혼을 생각해보라는 주위의 권유에도 불구하고 아내와의 기억을 간직한 채 독신으로 살기로 했다. 그러던 중 아내의 제대혈(탯줄 혈액)이 병원에 보관되어 있음을 알게 되었고, 제대혈을 난자로 분화하는 기술을 통해 난자를 만든 뒤 자신의 정자와 시험관 수정을 했다. 그 후 아내가 갖고 있던 발암 유전자를

유전자 가위 기술로 교정한 후 대리모에게 수정란을 이식해 건강한 딸 쌍둥이를 갖게 되었다.

가상 시나리오 2: 여성 없는 출산

A의 직장 동료인 B는 결혼할 마음이 없어 독신을 고집해왔지만, 자식을 갖고 싶은 마음이 생겼다. 그는 주위의 입양 권고 대신 자신의 체세포를 통해 인공 정자와 인공 난자를 만들었고 이를 시험관에서 수정시켰다. B의 유전자 분석 결과 당뇨병과 뇌졸중 유발 유전형이 발견되어 수정란 상태에서 유전자 교정 시술을 했다. 교정된 수정란을 8세포기까지 진행한 후 XY 염색체를 가진 수정란만을 골랐고, 대리모조차 원하지 않던 터라 인공부화 장치를 이용해 남자아이를 얻었다. 아이의 외모는 아빠와 똑같았다.

호모 사피엔스, 자연을 재설계하다

인간은 과학기술의 발전에 따라 세 단계로 분류될 수 있다. 첫 단계인 호모 사피엔스 1.0은 초기 인류의 형태다. 다른 동물과 같이 자연의 지배를 받으며 살아가고, 의식주 해결을 포함한 생활사가 자연과 밀접하게 연관되어 있다. 수렵이나 채집을 통해 먹을 것을 해결했지만 가끔 맹수들의 습격으로 목숨을 잃기도 했다. 전염병이 돌면 많은 희생자가 나왔다. 자연의 법칙을 어기지 않고 살아가는 것이 호모 사피엔스 1.0의 최고의 선택이었다.

1.0 시대가 '자연 순화형'이라면 2.0 시대는 '자연 극복형'이다. 과학기술을 바탕으로 거리, 시간, 온도 등 다양한 물리 법칙을 극복하게 되

었고, 약물과 백신의 개발로 많은 질병도 극복했다. 이제 과학기술, 특히 생명공학 기술이 극도로 발전하면서 호모 사피엔스 3.0 시대를 예고했다. 호모 사피엔스 3.0 시대는 한마디로 '자연 재설계형'이다.

유전자를 마음대로 편집하는 유전자 가위 기술

인간을 포함한 생물의 다양성은 어떻게 유지될까? 개체의 다양성 유지에는 생물학적 원천이 있다. 첫째는 DNA의 변이다. 속도가 느리고 미약한 수준이기는 하지만, 생물체의 유전자 서열은 조금씩 변한다. DNA의 복제가 완전하지 않기 때문이다. 이는 오랜 기간 생물체의 다양성과 진화의 원동력이 되어왔다. 둘째는 모계와 부계로부터 받은 염색체의 자연적 재조합이다. 후손의 염색체는 엄마나 아빠의 것 그대로 유지되지 않고 일정 부분 재조합되어 형질을 바꾸는 토대가 된다. 염색체의 자연적 재조합은 무작위적이며 예측할 수 없다.

반면, 유전자 가위* 기술을 이용하면 매우 정교하게, 그리고 의도한 대로 유전자를 재조합할 수 있다. 국소적인 질환 유전자를 바꿀 수도 있고, 큰 범위의 유전자군 조합도 바꿀 수 있다. 인위적으로 유전자를 설계하고 편집할 수 있다는 뜻이다. 다만 이 과정에서 유전자 가위 기술의 고도화와 더불어 의도된 조합으로 나타나는 형질을 예측하는 분석 기술이 필요하다. 유전자의 형질 또는 질병과의 상관관계를 깊이 파악하게 되면 우리는 유전자 설계에 필요한 정밀한 지도를 얻게 될 것이다.

---

* 특정 염기 서열을 인지해 해당 부위의 DNA를 절단하는 제한 효소.

유전자 가위 기술은 어떤 변화를 가져올 것인가

바이러스와 질병: 사후 치료에서 자가 치료로

바이러스는 동물, 식물, 미생물 가릴 것 없이 자신의 유전자를 복제해 줄 리보솜ribosome을 장착한 세포에는 모두 침범해왔다. 이에 세포들은 바이러스에 대응할 수 있는 나름의 체계를 갖게 되었는데, 흥미로운 체계 하나가 미생물의 '크리스퍼CRISPR 시스템'이다. 크리스퍼 시스템을 갖춘 미생물은 카스Cas라는 유전자 도구를 이용해서 침입해 들어온 바이러스 단편을 잘라 크리스퍼 영역에 삽입함으로써 외부 DNA의 출입기록을 저장해둔다. 그리고 그 바이러스가 다시 침범했을 때 기록장치에서 '추적용 RNACRISPR RNA'를 생산해 Cas단백질과 함께 바이러스 유전자를 절단해버린다. 현재 지구상에 존재하는 많은 미생물이 크리스퍼 시스템을 갖추고 있다. 인간과 달리 미생물은 생활사가 짧으면서 오랫동안 진화를 거쳐왔기에 이렇게 멋진 도구를 실험할 기회를 충분히 가질 수 있었다.

인간도 면역 시스템을 갖고 있지만, 항체 기반의 면역 체계가 가동하기까지 시간이 걸린다. 또 급격히 증식하는 바이러스로 면역 체계가 무력화되기도 한다. 게다가 광범위한 박테리아 치료제인 항생제가 개발된 것과 달리 바이러스 치료제는 상대적으로 개발이 더디다. 현재 개발된 항바이러스제는 간염, 에이즈 등을 치료하는 몇 종류에 불과하다. 그러나 만약 위와 같은 크리스퍼 시스템을 장착한다면 다양한 바이러스의 공격에 맞설 수 있는 효과적인 면역 체계를 갖추게 되는 셈이다.

이런 점에서 치료제나 백신 개발 능력을 넘어서는 수준의 바이러스 위협이 계속된다면 인류를 상대로 한 크리스퍼의 설계적 삽입이 명분을 갖게 될지도 모른다. 이를 통해 바이러스 감염 후의 치료적 접근이 아니라 감염이 되면 바로 크리스퍼가 작동해 선제적 치료가 이루어지게 되는 것이다. 또 바이러스 감염뿐 아니라 유전자 변이를 감지해 교정함으로써 암과 같은 질환을 자가 치료하는 기능도 수행하게 된다. 이러한 유전자 가위 도구는 '베이스 에디팅base editing'이나 '프라임 에디팅prime editing' 기술로 이미 실현되었다.

치료: 수술에서 생체 조직 교환으로

유전자 가위 기술과 줄기세포 기술의 결합은 다양한 치료를 가능하게 할 것이다. 특정 장기가 질병이나 유전적 원인에 의해 손상된 경우에도 체세포로부터 해당 장기로 분화시키는 기술이 더 발전한다면 치료할 수 있다. 필요할 경우 유전자 교정을 선행해 분화시킨 세포가 3D 프린팅, 오가노이드(미니 장기), 이종 장기(동물 장기 활용) 기술을 통해 완전한 조직으로 다시 태어나 손상된 장기를 대체하게 될 것이다. 이는 현재 제한적으로 행해지는 동종 장기 이식의 여러 문제를 해결해줄 전망이다.

수정: 자연 수정에서 배아 유도로

2021년 〈네이처〉 지는 재프로그래밍과 세포 배양 기술을 결합해 피부 세포로부터 배반포•를 형성하는 기술을 소개했다. 사람에게서 배아를 추출하지 않고 실험실에서 불임 등의 연구를 수행할 방법을 확보하게 된 것이다. 배반포 단계에서 추출한 줄기세포는 심장, 근육, 신경 등

• 포유류의 초기 발생에서, 하나의 세포로 시작된 수정란이 세포 분열을 통해서 여러 개의 세포로 이루어진 것.

의 세포로 다시 분화시킨 후 심장병, 뇌 질환, 당뇨 등의 세포 치료제로 활용될 수 있다. 그런데 배반포 그 자체를 개체로 발달시킨다면 인간 복제로 이어질 수도 있다. 핵 치환보다 더 간편하게 인간을 복제할 수 있는 기술을 인간이 손에 쥐게 되는 것이다.

탄생: 임신과 출산에서 인공 부화로

2014년 영국 과학자들은 피부 세포를 이용해 초기 단계의 인공 정자와 인공 난자를 만드는 데 성공한 바 있다. 피부 조직을 줄기세포로 재프로그래밍하고 이를 난자와 정자의 초기 세포로 발전시킴으로써 자연적 수정 과정을 거치지 않고 시험관에서 수정할 수 있는 기술적 가능성을 제기한 것이다. 2016년 중국과학원 연구팀은 실험실에서 만든 인공 정자를 난자에 주입해 태어난 건강한 쥐를 선보였다. 2021년 이스라엘의 와이즈만연구소는 시험관에서 쥐의 배아를 6일간 배양하는 데 성공했다. 쥐의 배아 발달 기간이 약 20일인 점을 고려하면 약 3분의 1을 시험관에서 발달시킨 셈이며, 그들은 이 기간에 특정 장기들이 만들어진 것을 확인했다. 향후 배양 조건 기술이 확립된다면 상상 속에서나 그려보던 고등 동물의 인공 부화도 가능해질 것이다.

죽음: 매장과 화장에서 채취와 보관으로

현재 대부분의 나라가 사체를 매장이나 화장의 형태로 처리한다. 나라마다 환생, 부활, 영혼 불멸과 같은 신앙과 믿음이 존재하더라도, 신체는 한번 죽음으로써 종결된다는 것이 지금까지의 통념이다. 하지만 과학기술의 발전으로 생전에 채취한 세포를 적절한 냉동 보관 장치에 보존함으로써 먼 미래에 유전 지도의 밑그림을 제공하는 일이 가능해졌다. 특히 신체적·예술적 능력이 뛰어나거나 지적 능력이 탁월한 사람이라면 사후 그 신체에서 특정 세포를 채취하거나 보관하고자 하는 욕망과 필요성이 대폭 커질 것이다. 냉동 보존제, 보존 장치, 보존 후 채취 기술 등의 발달로 체세포 및 줄기세포의 보존 사례가 급격하게 확산할 수도 있다.

유전자 편집 기술의 문제들

자연 극복형의 호모 사피엔스 2.0을 넘어 3.0 시대로 질주하면서, 그동안 SF 만화나 영화에 등장했던 초현실적인 일들이 우리 앞의 현실이 될지도 모른다. 그러나 이런 기술들이 곧바로 유토피아로의 이행을 의미하지는 않는다. 예측되는 문제들을 짚어본다.

우생학과 인종주의

플라톤의 《국가론》에서 선택적 남녀의 결합을 통해 인간의 종족 개선이 가능하다는 개념이 나오는 것을 보면, 우생학에 대한 역사는 매우 오래되었다. 본격적인 우생학은 찰스 다윈의 사촌인 프랜시스 골턴Francis Galton의 '인간 진화론'에 뿌리를 두고 있다. 당시 동식물의 유전학적 개량을 경험한 유전학자들을 중심으로 인간의 개량도 유전학적으로 가능하다는 신념이 공유되었다.

문제는 우생학적 사고방식이 사회·정치적 상황과 맞물렸을 때 인종 청소나 홀로코스트와 같은 암울한 역사로 이어질 수 있다는 점이다. '디자이너 베이비designer baby' 기술이 소수의 국가나 집단의 전유물이 되었을 때 심각한 인종주의로 흐를 수 있다는 점 또한 경계하지 않을 수 없다. 이러한 우생학이 우리의 현실과 동떨어진 이야기로 들릴 수도 있다. 그러나 현재 우리에게도 우생학적 사고의 그림자는 드리워져 있다. 지금 이 순간에도 산전 유전자 검사를 통한 태아 선별법이라든지, 배아 유전자 검사를 통한 배아 선별법을 통해 유전 질환의 예방이라는 명목으로 누군가가 우생학석 행동을 하고 있을지 모른다.

우월 유전자와 사회적 계층화

유전자 가위 기술에 의한 디자이너 베이비 출산은 사회 구성원을 서열화할 수 있다는 점에서 위협적이다. 특히 부의 편재와 계층화를 심화할 수 있다. 고도의 기술에 접근 가능한 상류층과 일반인의 우열 관계가 형성되면 심각한 불평등이 야기될 것이다. 우월 유전자의 존재가 증명되고 유전자의 개량이 허용된다면 우월 유전자의 대물림과 더불어 직업이나 사회적 지위의 차별은 자명해질 수밖에 없다.

유전자의 획일화

인간의 능력을 개선하는 유전자가 입증된다면, 결국 특정 유전자가 선호되면서 전체 인류의 유전자형이 특정 형태로 수렴할 위험도 존재한다. 이는 인간 다양성의 가치를 훼손하고, 장기적인 관점에서 인류의 멸종을 부를 수 있다. 생물체의 항구성은 바로 다양성에 기초하기 때문이다. 다양성의 근간이 되는 유전자 변이는 무작위적인 방향으로 발생한다. 다만 자연이라는 거대한 힘이 가장 적합한 형태로 이끌 뿐이다.

관련된 예시를 최근의 역학적 연구에서 찾아볼 수 있다. 겸상적혈구빈혈증은 유전자 이상으로 악성 빈혈이 생기는 심각한 유전 질환이지만, 독특하게도 이 유전자형은 말라리아에 저항성을 갖는다. 말라리아가 득세하는 환경에서는 오히려 겸상적혈구빈혈증 유전자형을 가진 사람이 살아남을 가능성이 더 큰 것이다. 유전자형과 환경과의 상호 관계는 이처럼 쉽게 전체를 파악하기 어려운 면이 있다.

인간 존엄성의 훼손

치료적 관점을 넘어 강화 목적으로 시행되는 생식 세포 유전자 편집은 인간의 가치와 존엄성을 훼손한다. 인간의 유전자와 특정 형질은 임의로 자르고 붙이는 교정의 대상이 아니라 인간이 원초적으로 지닌 존엄이며, 다른 유전형을 지닌 개인들과 서로 어우러져 살아가는 것은 그 자체로 가치 있는 일이다. 특히 치료적 관점에서 유전자 교정을 하더라도 세심한 주의를 기울일 필요가 있다. 가령, 우리는 청각 장애를 심각한 장애로 규정하고 교정을 통해 청력을 회복해야 한다고 생각하지만, 반대로 청각을 회복했을 때의 괴로움과 불편함을 호소하는 예도 적지 않다. 즉, 어떤 부분에서는 장애나 질병도 상대적일 수 있음을 인식하고 늘 소통과 합의의 관점에서 접근해야 한다.

유전자 편집 기술의 위험에 대한 사회적 대응

모든 과학과 기술은 동전의 양면처럼 인간에게 유용한 도구가 될 수도 있지만 동시에 파괴적 성격을 띤 도구가 될 수도 있다. 따라서 자연 재설계적 기술을 겸허히 활용할 수 있는 지혜와 타협의 자세를 갖추어야 한다. 그럴 때 우리는 유전자 재설계 도구를 통해 악성 질병을 치료하고 동식물과 인류가 조화롭게 살아가는 환경을 만들 수 있을 것이다.

윤리적 장치의 확보

무분별한 유전자 교정에 대한 대비의 핵심은 윤리적 장치의 확보에 있다. 국내에서도 생명공학 연구와 관련해 생명윤리를 지키도록 가이드라인을 징해 명시하고 있으며, 대다수 연구 저널도 연구 윤리 및 생명윤리의 준수를 요구하고 있다. 중국 허젠쿠이 박사의 인간 배아 편집 사례는 연구 과정에서 기관생명윤리위원회IRB 심사와 동료 리뷰 시스템이 제대로 작동하지 않았다는 점에서 법적인 문제와 별개로 연구 윤리의 실천과 관리의 중요성을 시사한다.[•]

관련 법 제정

유전자 편집에 관한 법적·제도적 장치의 범위와 깊이는 나라마다 다르다. 일부 국가에는 관련법이 모호하거나 아예 없다. 우리나라는 '생명윤리및안전에관한법률(일명 생명윤리법)' 제47조 제3항을 통해 생식 세포, 배아, 수정란의 유전자 편집 연구 자체를 엄격히 금지하고 있다. 이에 대해 유용한 도구가 될 수 있는 유전자 편집 기술 활용을 과도하게 규제하고 있다는 의견도 있다. 불임·발달 장애와 같은 연구 및 치료를 위해 배아나 생식 세포의 유전자 교정 연구를 허용해야 한다는 이유에서다. 다만, 그 이후의 과정을 어떻게 통제할 것인가 하는 문제는 여전히 남는다. 따라서 명확한 윤리 체계와 가이드라인이 세워질 때까지는

• 2018년 허젠쿠이 박사는 유전자 편집 기술을 이용해 인간면역결핍바이러스HIV에 면역이 있는 아기를 탄생시켰다고 발표해 생명윤리에 대한 논란을 빚었다.

지금과 같은 엄격함을 한시적으로나마 유지하는 것이 바람직해보인다.

기술에 대한 폭넓은 이해를 제공하는 교육

향후 인간 유전자 교정에 관한 사회적 이슈는 점점 더 크게 부각될 것이다. 따라서 미래세대는 특히 인간 유전자 교정이 갖는 의미와 파급력 등에 대해 기술적·사회적·인본주의적 관점에서 폭넓게 이해할 필요가 있다. 이를 위해 우선 현행 교육 과정을 보완해야 한다. 과학 수업의 본래 목적인 기술적 이해를 넘어 기술이 갖는 사회·인문학적 영향에 대해 인식하고 평가할 수 있는 교육적 체계가 갖추어져야 한다.

끝없는 기술 개량과 개발

매우 발전된 크리스퍼 유전자 가위 기술에도 여전히 약점이 있다. 첫째, 원하지 않는 유전자의 편집이 일어나는 '오프타깃off-target'의 문제다. 둘째, 생식 세포 교정에서 '모자이크'가 발생할 수 있다. 수정란에 주입한 유전자 가위가 일부의 세포만 교정하는 현상이다. 이는 유전자 가위 기술만의 문제는 아니므로 다양한 해결 기술들이 함께 개발되어야 한다.

하나의 유전자는 다양한 형질과 관련이 있을 수 있다. 따라서 한 유전자를 교정했을 때 발생할 수 있는 결과에 대해 더 심층적이고 폭넓은 이해가 필요하다.

인간 뇌와 AI 결합의
가능성과 위험

□ □ ■■■ ■■■■ 인류가 인공지능AI의 잠재적 위험에 대처하는 방법을 익히지 못한다면 AI는 인류 문명사에서 최악의 재앙이 될 수 있다고 천재 물리학자 스티븐 호킹은 일찍이 경고했다. 그의 말대로라면 언젠가 AI는 인간의 능력을 넘어설 것이고, 결국 인간을 대체할 수도 있다. 그렇게 AI로 무장한 로봇이 인간을 지배하게 되는 미래를 맞이하면 인간은 어떻게 될까? 테슬라 CEO 일론 머스크의 우려처럼, 인간보다 똑똑해진 슈퍼 AI가 인간을 공격하고, 인간은 AI의 "애완 고양이house cat"가 되는 미래는 어떠할까?

이런 미래가 너무 암울하다면 다른 미래를 상상해보자. 힘들여 공부하지 않아도 영어 시험을 볼 때는 언어 영역인 뇌의 좌측 베르니케 영역에 삽입한 마이크로칩에 전류를 흐르게 해서 독해 능력을 높인다. 또 수학 문제를 풀 때는 두정엽에 삽입한 마이크로칩에 전류를 흐르게 해

탁월한 수학 계산 능력을 발휘한다. 그뿐만 아니다. 베르나르 베르베르의 소설 《뇌》(열린책들, 2006)에 나오듯이 식물인간의 뇌에 전극을 이식해 컴퓨터를 조작할 수 있게 하거나, 〈매트릭스〉에서처럼 인간의 뇌와 AI 컴퓨터를 합친다.* 이런 미래가 단지 공상에 불과할까? 일론 머스크는 2021년 4월 원숭이가 말 그대로 텔레파시만으로 비디오 게임을 하는 영상을 공개했다. 이 원숭이의 뇌에는 컴퓨터 칩이 이식되어 있었다. 이번 실험은 물론 인간 두뇌에 칩을 이식하기 전 단계의 시도였다. 이렇게 텔레파시로 커뮤니케이션하고 인간의 지능이 지금보다 월등히 높아지는 '지능 증폭 사회'가 오면 인간은 더 행복해질까?

인간의 뇌에 던진 도전장

일론 머스크의 뇌-컴퓨터 인터페이스

'괴짜들의 왕'이라는 별명처럼 테슬라의 CEO 일론 머스크는 온갖 돌출 행동으로 반감을 불러일으키기도 한다. 하지만 그가 여전히 실리콘밸리의 혁신을 주도하는, 세계에서 가장 영향력이 큰 인물 중 한 명이라는 데는 반박의 여지가 없다. 그런 머스크가 큰 관심을 기울이는 분야가 인간의 뇌와 컴퓨터를 연결하는 뇌-컴퓨터 인터페이스brain-computer interface다.

그가 2017년에 설립한 회사의 이름 '뉴럴링크NeuraLink'는 인간의 뇌

• 주인공 네오의 머리에 기다란 바늘 형태의 전극을 꽂고 뇌에 무술 프로그램을 업로드하자 네오는 곧바로 무술 고수가 된다.

신경계를 무언가와 연결한다는 뜻이다. 뉴럴링크가 연결하려는 대상은 여러 가지다. 컴퓨터와 연결하면 생각만으로 마우스 커서를 제어할 수 있고, 로봇 팔과 연결하면 생각만으로 물건을 집어 올리거나 그림을 그릴 수 있다. 하지만 뉴럴링크의 궁극적인 목표는 인간의 뇌와 AI를 연결하는 데 있다.

일론 머스크의 계획은 뉴럴 레이스neural lace라고 불리는 액체 그물망 형태의 전극을 머릿속에 삽입해서 뇌 활동을 매우 정밀하게 읽어들이고 지식과 정보를 뇌에 주입하는 장치를 만들겠다는 것으로, 인간의 자연 지능과 인공지능을 연결함으로써 초지능을 구현하겠다는 의미다. 그는 인간 뇌의 모든 활동을 읽어들이면 우리 생각을 컴퓨터에 저장하는 것도, 반대로 뇌에 특정 지식을 주입하는 것도 가능할 것이라고 말한다. 물론 현재 기술로는 불가능한 일이다. 그렇다고 해서 앞으로도 불가능할 것이라는 추측은 섣부른 예단일 수 있다.

실제로 설립 2년이 지난 2019년 일론 머스크는 그간의 연구 결과를 발표했다. 이날 발표의 백미는 '신경 실' 기술이었다. 신경 실은 머리카락 굵기의 20분의 1에 불과한 4~6μm 굵기의 가느다란 실에 32개의 전극을 코팅한 뒤, 이 실을 뇌 표면에 바느질하듯이 박아 넣는다는 개념이다. 뉴럴링크는 이를 위해 초정밀 '바느질 로봇'을 만들었다. 이 로봇은 뇌혈관을 피해 출혈을 최소화하면서 자동으로 분당 6개의 실(총 192개 전극)을 뇌 표면에 이식하도록 설계됐다. 머스크는 쥐의 대뇌 피질 표면을 따라 '박음질'이 된 실 전극의 사진을 공개하기도 했는데, 이 전극들은 신호 증폭 기능이 있는 시스템 칩을 거쳐 USB-C 포트를 통해 외부 컴퓨터와 연결되었다. 다시 1년이 지난 2020년에 그는 '링크Link'라는 이름의 뇌-컴퓨터 접속 장치를 발표했다. 동전 크기의 작은 디바이스를 두개골 아래에 이식하고 1,024개의 신경 실을 로봇을 이용해 뇌에 심어 넣은 다음 무선으로 데이터를 송수신하는 시스템을 1년 만에 구현한 것이다. 이날의 발표를 한마디로 요약하자면 뇌와 컴퓨터, 더 나아가 뇌와 AI를 결합할 가능성을 좀 더 열었다는 것이다.

이러한 기술이 인간에게 적용된다고 해서 일론 머스크가 추구하는 '지식 업로드'나 '텔레파시'가 바로 구현될 수 있는 것은 아니다. 우리가 여전히 신경 세포가 만들어내는 암호를 거의 이해하지 못하고 있기 때문이다. 하지만 뉴럴링크 연구를 통해 정밀한 뇌 활동을 관찰하는 것이 가능해진다면, 우리는 '뇌의 언어'를 이해하는 데 보다 더 가까이 다가갈 수 있을 것이다.

삶의 희로애락을 기록하는 브레인 블랙박스

일론 머스크는 링크를 통해 인간의 뇌와 AI를 연결하겠다는 계획을 밝혔지만, 인간의 뇌는 전기적인 활동만으로 설명할 수 없는 부분이 많다. 다양한 호르몬과 신경전달물질의 변화에 따라서도 크게 영향을 받기 때문이다. 이러한 측면에서 볼 때, 브리티시 텔레콤의 전직 CTO이자 저명한 미래학자인 피터 코크레인Peter Cochrane 박사의 접근법은 색다르다. 그의 아이디어는 한 사람의 머릿속에 마이크로칩을 삽입해 그 사람의 일생을 기록한 뒤, 후대 사람들이 그 사람의 일생을 생생하게 경험할 수 있도록 하겠다는 것이다. 그가 '소울 캐처Soul Catcher'라고 이름 붙인 이 마이크로칩이 측정하는 것은 신경 신호에만 국한되지 않는다. 소울 캐처를 통해 뇌에서 발생하는 다양한 신경전달물질이나 도파민, 세로토닌 등의 호르몬까지 측정할 수 있다면 그 사람의 '감정'까지도 읽어낼 수 있을 것이다.

마인드 업로드의 꿈

2014년에 개봉한 영화 〈트랜센던스〉에는 주인공인 윌 박사의 마음을 컴퓨터에 업로드하는 장면이 등장한다. 어디까지나 SF 영화에 등장하는 설정일뿐 이 기술이 현실에서 가능하다는 이야기는 아니다. 하지만 인간의 뇌에 있는 모든 신경 회로망의 연결성 정보를 알아낸다면 컴퓨터 안에서 그 사람을 구현하는 것이 가능해질지도 모른다.

지구상에 존재하는 다세포 생명체 중에서 유일하게 모든 신경세포의 연결성 정보가 밝혀진 생명체는 1mm 정도의 몸길이를 가진 예쁜꼬마선충C. Elegans뿐인데, 과학자들은 이 생명체의 움직임을 컴퓨터 시뮬레이션으로 재현하는 데까지 이르렀다. 이러한 연구는 마인드 업로딩의 가능성을 시사한다. 실제로 2018년 MIT 출신의 로버트 맥킨타이어가 설립한 벤처 회사 넥톰Nectome은 알데히드-안정화 냉동 보관이라는 방법을 적용해 뇌 구조를 변형 없이 보존하는 기술을 보유하고 있다. 넥톰에 따르면 죽은 사람으로부터 분리된 뇌는 영하 122도에서 보관되며, 수백 년 동안 원래 상태를 유지할 수 있다고 한다.

넥톰의 아이디어는 간단하다. 언젠가 인간 뇌의 구조적·기능적 지도가 완성된다면 보존된 뇌로부터 그 사람의 모든 기억과 경험을 추출해서 컴퓨터에 업로드하겠다는 것이다. 아직은 실현이 어려운 일이다. 하지만 인간이 지구를 벗어나 우주를 여행하는 것이 상상에서나 가능한 일이었던 때를 떠올린다면 우리의 마음을 컴퓨터에 업로드하는 일도 결코 허황한 꿈이 아닐지도 모른다.

뇌공학 기술과 함께 생각해볼 문제들

이러한 일련의 뇌공학 기술의 도전에 대한 대중의 반응은 다양하다. 신체가 마비된 환자가 다시 걷게 될 것이라는 희망적인 반응도 있지만, 영화 〈공각기동대〉에서처럼 뇌에 브레인 칩을 삽입하고 살아가는 것에 대한 두려움과 걱정도 있다. 링크와 같은 기술이 치료를 위해서 쓰이는 것을 넘어 정상인들의 인지 능력을 높이는 인지 증강 수단으로 사용된다면 어떤 일이 생겨날까?

브레인 칩이 만들 계층 사회

대학 입시나 국가고시에서 인지 증강 기술로 기억 능력을 향상한 사람이 좋은 결과를 내게 된다면, 누구나 브레인 칩 이식을 받고 싶어 할 것이다. 그런데 브레인 칩 이식에는 상당한 비용이 따를 수밖에 없다. 결국 경제적 이유로 이식 수술을 받지 못해 인지 능력을 높이지 못한 채 경쟁에 뒤처지고 경쟁에서 소외되는 계층이 생겨날 것이다. 경제적 격차가 지능 격차로 연결되어 기술의 힘으로 증강된 지능과 그렇지 못한 지능에 따라 계층이 나뉜다면 지금과는 또 다른 끔찍한 불평등을 낳을 수도 있다. 또 인지 증강 기술을 특정 국가(선진국)만 독점하게 된다면 선진국과 후진국 사이의 빈부 격차는 더 커지고 전 지구적으로 불공정이 확대될 수도 있을 것이다.

전자두뇌 쇼핑 사회

자신의 의지와 관계없이 단지 사회에서 인정받기 위해서, 더 좋은 직장에 들어가기 위해서 두개골을 열고 마이크로칩을 삽입하는 사람들이 생길 수도 있다. 마이크로칩의 성능이 회사에 따라 차이가 있어 A 회사의 칩을 썼느냐 B 회사의 칩을 썼느냐에 따라 개개인의 능력이 결정될 수도 있을 것이다. 사람들은 생체 칩이 출시될 때마다 스마트폰을 교체하듯이 새로운 성능이 추가된 칩으로 손쉽게 교체하기 위해 메모리 슬롯 같은 것을 머리에 뚫고 다닐지도 모른다. 또 새로운 마이크로칩이 출시되면 너나 할 것 없이 재수술을 받으려 할 수도 있다.

뉴로 해킹의 위험

머릿속의 정보를 컴퓨터에 업로드하거나 컴퓨터 속 정보를 머릿속에 다운로드받는 과정에서 해커들이 개입할 위험성도 생각해볼 필요가 있다. 이미 '뉴로 해킹neuro-hacking'이라는 용어가 만들어져 있을 정도로 미래에는 심각한 문제가 될 가능성이 있는 일이다. 지금 논의되는 데이터 보안과는 전혀 다른 차원에서 '생각 보안' 문제가 발생할 것이다.

미지의 부작용

우리가 인간의 뇌에 대해서 완전히 이해하지 못한 상황에서 뇌를 조절함으로써 뜻밖의 부작용이 발생할 가능성도 있다. 세계적인 연구 성과를 내고 싶은 욕심에 전두엽에 인지 증폭을 위한 마이크로칩을 이식한 수학자가 있다고 가정해보자. 그는 뇌 전기 자극을 통해 얻은 통찰력과 향상된 수학 능력을 이용해 많은 수학 난제를 풀어내겠지만, 전두엽 기능의 과도한 활성화로 인해 감정이 메마른 인간이 되거나 정신질환에 걸릴지도 모른다.

인위적으로 인간의 지능을 높이는 것이 인류의 행복을 위해 바람직한지 사회적 논의가 필요하다. 뇌공학 분야 연구가 초래할지도 모르는 다

양한 사회적 문제에 대응하고 뇌공학의 올바른 발전 방향을 제시할 필
요가 있다. 이 문제에 대해 고민하지 않는다면 인류는 스스로가 만든 기
술에 의해 자신의 자유와 행복을 잃어버리는 우매한 종족이 될지도 모
른다.

진짜 같은 가짜,
딥페이크의 위협

가상 시나리오: 아들에게서 걸려온 긴급 영상 통화

A에게 갑자기 모르는 번호로 영상 통화가 걸려왔다. 보이스피싱에 당했던 아픈 기억이 있어 받을 것인지 한참을 망설였지만 화상으로 전화가 오는 경우는 많지 않았다. 설마 보이스피싱 같은 일은 아니리라 생각하고 전화를 받았더니, 다행히 대학생 아들의 얼굴이 나타났다. 반가운 마음에 "아들! 웬일로 영상 통화를?" 하고 말을 꺼냈다. 그런데, 건너편 전화기의 카메라가 움직이자 아들이 병원 침대에 누워 있는 것이 보였다. A의 마음이 덜컹 내려앉은 순간 다른 남자가 아들 옆에서 다급한 목소리로 당장 수술이 급하다며 수술비를 빨리 보내지 않으면 수술이 어렵다고 소리쳤다. A는 의심할 겨를도 없이 보내준 계좌번호로 돈을 보낸 뒤 다시 전화가 오기를 기다렸다. 그런데 잠시 후 아들이 멀쩡한 모습으로 집에 들어서는 게 아닌가? 아들은 깜짝 놀라는 A를 보고 오히려 영문을 모르겠다는 표정을 지으며 자기 방으로 들어갔

다. A는 보이스피싱 때보다 더한 충격에 망연자실하고 말았다.

앞의 내용은 실제 일어난 사건은 아니지만, 조만간 우리 사회에 새로운 위협이 될 '비디오피싱video phishing'이라는 가상의 피해 사례다. 흔히 보이스피싱voice phishing으로 알려진 전기통신금융 사기는 범행 대상자에게 전화를 걸어 금융감독원이나 수사기관인 것처럼 속이고 송금을 요구하거나 특정 개인정보를 수집하는 사기 수법이다. 피해 사례 전파와 경찰청의 적극적인 노력으로 피해가 많이 줄긴 했지만, 수법이 지능화하면서 여전히 사회적 문제를 일으키고 있다. 그런데 만약 가족의 얼굴을 영상으로 보여주면서 사기 행위를 한다면 피해 가능성은 훨씬 더 커질 것이다. AI를 이용해 영상을 조작하는 딥페이크deepfake 기술은 보이스피싱을 넘어 비디오피싱이라는 새로운 범죄행위에 악용될 우려가 있다. 딥페이크는 AI 기술의 양면성을 보여주는 대표적 기술이다. 급속도로 발전하고 있는 AI 기술에 대해 안전장치가 필요하다는 의견이 목소리를 높여가고 있는 이유다.

딥페이크의 기술적 원리

딥페이크는 2017년 미국의 한 온라인 커뮤니티에 처음 등장했다. 스칼렛 요한슨 같은 유명 배우가 나오는 포르노 영상물이 올라온 것이다. 사실이라면 전 세계가 발칵 뒤집힐 사안이었다. 하지만 이 영상은 포르노 배우 얼굴을 유명 연예인으로 살짝 바꿔치기한 것이었다. 이 영상을 올린 사람이 사용한 대화명이 '딥페이크스deepfakes'였고, 이후 AI 기술을 이용해 조작한 영상을 딥페이크라 부르게 됐다.

딥페이크는 AI 핵심 기술인 머신러닝의 한 분야인 딥러닝deep learning 과 가짜를 의미하는 페이크fake의 합성어로서 딥러닝을 이용해 영상 속 원본 이미지를 다른 이미지로 교묘하게 바꾸는 기술이다. 딥페이크는 추출, 학습, 병합의 세 단계로 진행된다. A의 얼굴에 B의 얼굴을 덧입힌다고 가정해보자. 이때 가장 먼저 수행하는 것은 추출 작업이다. A와 B의 사진 수천 장을 훑어가면서 필요한 이미지를 추출하는 과정이다. 꼭 사진일 필요는 없다. 간단한 동영상만 있어도 된다. 동영상은 짧은 순간도 엄청나게 많은 프레임으로 구성되어 있기 때문이다. 이렇게 이미지를 추출할 때 사용되는 AI 알고리즘을 인코더encoder라고 한다. 인코더는 A와 B 두 사람 얼굴에서 유사점을 찾아내고 학습한다.

학습을 끝낸 다음엔 디코더decoder 알고리즘이 압축 영상을 풀어서 얼굴 모양을 만드는 방법을 학습한다. 이 과정이 안면 매핑face mapping 혹은 안면 스와핑face swapping이다. 이 과정엔 디코더 두 개가 동원된다. 첫 번째 디코더는 A, 두 번째 디코더는 B의 얼굴을 복원하는 방법을 학습한다. 이런 학습 과정을 거친 뒤 엉뚱한 디코더에 얼굴 이미지를 보내준다. 이를테면 A의 압축 이미지를 B 얼굴을 학습한 디코더에 보내주는 방식이다. 그렇게 되면 B 얼굴을 학습한 디코더가 A 이미지로 B 얼굴을 복원하게 된다. 이 과정이 병합이다. 바뀐 얼굴 모습이 그럴듯하게 보일 수 있도록 영상의 모든 프레임에 대해 안면 스와핑 작업을 하게 된다.

딥페이크의 기술적 바탕이 된 것은 '생성적 적대 신경망GAN, generative adversarial network'이다. GAN은 머신러닝의 세 가지 핵심 분야 중 하나인 비지도 학습unsupervised learning을 이용한다. 2016년 이세돌 9단을 꺾으면서 화제를 모았던 알파고는 지도 학습supervised learning과 강화 학습reinforce learning을 활용했다. 말하자면 정답을 반복적으로 알려주면서 훈련하는 방식이다. 반면 GAN에는 생성자와 판별자라는 두 가지 모델이 존재하는데, 이 두 모델은 위조지폐범과 이를 쫓는 경찰처럼 서로 경쟁하면서 결과물을 만들어낸다. 생성자는 데이터 학습을 토대로 거짓 데이터를 만들고 판별자는 생성된 데이터의 사실 여부를 판별하는 역할을 반복하면서, 생성자는 점점 더 진짜 같은 이미지를 만들고 판별자는 진짜와 가짜를 구분하는 능력을 계속 높여간다. 즉 가짜 얼굴을 만드는 상황에서 생성자는 가짜 얼굴을 만들어내고, 판별자는 진짜 얼굴처럼 보이는지를 판단하는 것이다. 생성자와 판별자 모두 무승부가 되는 시점이 학습의 마지막 단계가 되고, 그 결과 가짜지만 진짜와 같은 이미지가 도출된다.

딥페이크의 가능성과 위험

딥페이크가 음란물 양산에 동원되고 비디오피싱을 가능하게 하면서 그 피해에 대한 우려가 커지고 있다. 하지만 딥페이크가 꼭 부정적인 것만은 아니다. 영화를 비롯한 다양한 분야에 활용될 수 있기 때문이다. 실제로 2019년 넷플릭스 오리지널 시리즈로 개봉된 영화 〈아이리시 맨〉은 딥페이크 기술을 활용해 영화의 현실성을 높였다. 노년의 배우가 연기한 영상에 그 배우의 젊은 시절 영상에서 뽑아낸 데이터를 입히는 '디에이징de-aging' 기법을 활용해 배우의 젊은 시절 모습을 자연스럽게 구현했다. 딥페이크는 영화나 광고 영상 더빙에도 활용될 수 있다. 축구

스타 데이비드 베컴이 출연한 2019년 말라리아 퇴치 홍보 영상 제작 당시, 그가 중국어, 아랍어, 힌디어 등 9개 언어를 구사하는 장면은 이 기술 때문에 가능했다. 그 밖에도 뉴스를 전달하는 앵커의 이미지를 인공 인간으로 똑같이 재현하거나 역사 속 인물을 실제 모습처럼 불러오는 데에도 폭넓게 활용될 수 있다.

물론 악용되는 사례도 증가하고 있다. 앞에서 언급했듯이 딥페이크 기술로 유명 연예인들의 얼굴 사진을 도용해 음란물을 제작하는 것이 대표적이다. 이런 영상은 점점 더 정교해지는 AI 기술을 이용해 육안으로는 구별이 힘든 수준에 이르고 있다. 유명인뿐 아니라 소셜미디어에 영상을 올린 일반인들도 딥페이크 악용의 피해자가 될 수 있다. 사이버 보안 업체 센시티Sensity에 따르면, 딥페이크 영상의 90% 이상이 동의를 받지 않은 외설 영상이라고 한다. 네덜란드의 사이버 보안 연구 기업 딥트레이스Deeptrace의 2019년 조사에서는 딥페이크 영상 중 96%가 음란물이고, 이 중 25%는 한국 여성 연예인의 얼굴이 합성된 것으로 나타났다. 또 다른 악용 사례는 유명인의 모습에 목소리까지 위조한 가짜 뉴스를 확산시키고 사회 불안을 조장하는 경우다. 실제로 이러한 딥페이크 악용 영상이 인터넷에 떠돌기도 했는데, 마테오 렌치 전 이탈리아 총리가 다른 사람을 모욕하는 모습의 영상 등이 그 예다.

이처럼 딥페이크는 높은 활용도만큼 허위 정보를 제작해 사회적으로 혼란을 일으킬 수 있다. 더 큰 문제는 누구나 쉽게 딥페이크 기술에 접근할 수 있다는 점이다. 더욱 정교해진 딥페이크 기술이 더 많은 사람에게 피해를 줄 가능성이 커지는 것이다.

딥페이크의 세상에서 안전하게 살아가기

딥페이크의 부작용이 대두되면서 딥페이크 탐지 기술 개발 등 여러 대책도 나오고 있다. 미국 국방성 산하 고등연구계획국의 미디어 포렌식 프로그램이 대표적이다. 특히 딥페이크를 악용한 범죄에 대응하기 위해서는 기술적으로 딥페이크 영상을 정확하게 판독하는 시스템 개발이 필요하다. 딥페이크 판독 기술의 수준도 생성 수준만큼이나 빠르게 향상되고 있긴 하지만, 더 신속한 개발이 이뤄져야 한다. 시간적 측면에서 볼 때 판독 기술은 새로운 딥페이크 생성 방법에 이어 나오는 후행 기술이기 때문에, 그 공백기에는 범죄가 기승을 부릴 가능성이 계속 존재한다.

제도적으로도 딥페이크 기술로 만든 콘텐츠는 딥페이크 기술로 생성되었음을 반드시 표시하도록 해야 한다. 딥페이크 기술이 점점 고도화됨에 따라 앞으로는 구별이 거의 힘든 시점에 이를 것이고, 이에 따라 사용자는 자신이 가상 인간과 대화를 하는 것인지 아니면 실제 인간과 대화를 하는 것인지를 인지하고 대응할 필요가 있다. 좋은 의도에서 딥페이크 영상물을 만든다고 해도 당사자의 동의 없이 만드는 것이 적절한지에 대한 사회적 합의도 필요하다.

딥페이크와의 전쟁을 위한 입법 활동도 활발하다. 우리나라에서도 2020년 3월 성폭력처벌법 개정안에서 딥페이크 관련 처벌 규정을 추가했다. 다만 이 개정안은 제작 의뢰자나 소지자에 대한 처벌 규정이 빠져 있어 반쪽짜리라는 지적을 받고 있는데, 이에 따라 2021년 5월에는 처벌 대상에 딥페이크 소지·저장·시청을 한 경우도 포함하는 개정안이 발의되었다.

물론 이런 노력만으로는 부족하다. 딥페이크뿐 아니라 AI 기술이 의도적으로 악용되지 않도록 사회적 안전장치를 만들어야 한다. 인공지능 기술을 개발하는 개발자들에 대한 윤리성 제고도 필요하고 활용하는 기업이나 사람들 역시 윤리 지침을 이해하고 지켜야 한다. 우리 정부에서도 2020년 12월 '인공지능 윤리기준'을 마련하고 발표한 바 있다. 앞으로 개발될 모든 AI는 '인간성을 위한 인공지능AI for humanity'을 지향하고, 인간 삶의 질 향상에 이바지하도록 활용되어야 할 것이다.

인공지능 윤리기준

3대 기본 원칙
① 인간 존엄성 원칙
 - 인간은 신체와 이성이 있는 생명체로 인공지능을 포함해 인간을 위해 개발된 기계제품과는 교환 불가능한 가치가 있다.
 - 인공지능은 인간의 생명은 물론 정신적 및 신체적 건강에 해가 되지 않는 범위에서 개발 및 활용되어야 한다.
 - 인공지능 개발 및 활용은 안전성과 견고성을 갖추어 인간에게 해가 되지 않도록 해야 한다.

② 사회의 공공선 원칙
 - 공동체로서 사회는 가능한 한 많은 사람의 안녕과 행복이라는 가치를 추구한다.
 - 인공지능은 지능정보사회에서 소외되기 쉬운 사회적 약자와 취약 계층의 접근성을 보장하도록 개발 및 활용되어야 한다.

- 공익 증진을 위한 인공지능 개발 및 활용은 사회적, 국가적, 나아가 글로벌 관점에서 인류의 보편적 복지를 향상시킬 수 있어야 한다.

③ 기술의 합목적성 원칙
  - 인공지능 기술은 인류의 삶에 필요한 도구라는 목적과 의도에 부합되게 개발 및 활용되어야 하며 그 과정도 윤리적이어야 한다.
  - 인류의 삶과 번영을 위한 인공지능 개발 및 활용을 장려해 진흥해야 한다.

10대 핵심 요건

① 인권 보장
  - 인공지능의 개발과 활용은 모든 인간에게 동등하게 부여된 권리를 존중하고, 다양한 민주적 가치와 국제 인권법 등에 명시된 권리를 보장해야 한다.
  - 인공지능의 개발과 활용은 인간의 권리와 자유를 침해해서는 안 된다.

② 사생활 보호
  - 인공지능을 개발하고 활용하는 전 과정에서 개인의 사생활을 보호해야 한다.
  - 인공지능 전 생애주기에 걸쳐 개인정보의 오용을 최소화하도록 노력해야 한다.

③ 다양성 존중
  - 인공지능 개발 및 활용 전 단계에서 사용자의 다양성과 대표성을 반영

해야 하며, 성별·연령·장애·인종·종교·국가 등 개인 특성에 따른 편향과 차별을 최소화하고, 상용화된 인공지능은 모든 사람에게 공정하게 적용되어야 한다.

- 사회적 약자 및 취약 계층의 인공지능 기술 및 서비스에 대한 접근성을 보장하고, 인공지능이 주는 혜택은 특정 집단이 아닌 모든 사람에게 골고루 분배되도록 노력해야 한나.

④ 침해 금지
- 인공지능을 인간에게 직·간접적인 해를 입히는 목적으로 활용해서는 안 된다.
- 인공지능이 야기할 수 있는 위험과 부정적 결과에 대응 방안을 마련하도록 노력해야 한다.

⑤ 공공성
- 인공지능은 개인적 행복 추구뿐만 아니라 사회적 공공성 증진과 인류의 공동 이익을 위해 활용해야 한다.
- 인공지능은 긍정적 사회 변화를 이끄는 방향으로 활용되어야 한다.
- 인공지능의 순기능을 극대화하고 역기능을 최소화하기 위한 교육을 다방면으로 시행해야 한다.

⑥ 연대성
- 다양한 집단 간의 관계 연대성을 유지하고, 미래세대를 충분히 배려해 인공지능을 활용해야 한다.
- 인공지능 전 주기에 걸쳐 다양한 주체들의 공정한 참여 기회를 보장하

여야 한다.

- 윤리적 인공지능의 개발 및 활용에 국제사회가 협력하도록 노력해야
한다.

⑦ 데이터 관리

- 개인정보 등 각각의 데이터를 그 목적에 부합하도록 활용하고, 목적 외
용도로 활용하지 않아야 한다.
- 데이터 수집과 활용의 전 과정에서 데이터 편향성이 최소화되도록 데이
터 품질과 위험을 관리해야 한다.

⑧ 책임성

- 인공지능 개발 및 활용 과정에서 책임 주체를 설정함으로써 발생할 수
있는 피해를 최소화하도록 노력해야 한다.
- 인공지능 설계 및 개발자, 서비스 제공자, 사용자 간의 책임 소재를 명확
히 해야 한다.

⑨ 안전성

- 인공지능 개발 및 활용 전 과정에 걸쳐 잠재적 위험을 방지하고 안전을
보장할 수 있도록 노력해야 한다.
- 인공지능 활용 과정에서 명백한 오류 또는 침해가 발생할 때, 사용자가
그 작동을 제어할 수 있는 기능을 갖추도록 노력해야 한다.

⑩ 투명성

- 사회적 신뢰 형성을 위해 인공지능의 투명성과 설명 가능성을 높이고,

타 원칙과의 상충 관계를 고려해 활용 상황에 적합한 수준의 투명성과 설명 가능성을 높이려는 노력을 기울여야 한다.

- 인공지능 기반 제품이나 서비스를 제공할 때 인공지능의 활용 내용과 활용 과정에서 발생할 수 있는 위험 등의 유의 사항을 사전에 고지해야 한다.

2

'위드 코로나'의
그림자

KAIST Future Strategy 2022

+ 슈퍼코로나바이러스의 출현

+ 팬데믹으로 인한 도시의 종말

+ 코로나19가 부른 '큰 정부'는 지속 가능한가

+ 탄소 제로 사회의 실패

+ 하이브리드 전쟁의 조용한 공습

슈퍼코로나바이러스의
출현

□ □ ☐ ▪ ▬▬▪ 코로나19가 완전히 종식되는 것이 아니라 인류와 함께 살아가는 위드 코로나 시대가 되거나 주기적으로 감염병 사태가 일어나는 코로나 엔데믹endemic이 현실화되는 것 아니냐는 우려의 목소리가 있다. 과거 흑사병이 유럽 사회를 완전히 바꾸어놓았던 것처럼 코로나19도 새로운 세상을 만들 것이라는 전망도 쏟아져나오고 있다. 코로나19 엔데믹 시대가 되면 우리는 독감 백신처럼 매년 코로나19 백신을 맞아야 할 것이다. 그런데 만약 코로나19의 전파력을 수십 배 압도하는 슈퍼코로나바이러스가 출현한다면 인류는 어떻게 될까?

가상 시나리오: '슈퍼코로나바이러스29'가 출현한 미래의 어느 날

중국 우한에서 코로나19가 발생한 지 꼭 10년이 되는 2029년 12월, 지구는 새로운 코로나바이러스인 '슈퍼코로나29'의 공격으로 하루하루가 전쟁이다.

세상에서 가장 작은 생물체로 알려진 바이러스가 이렇게까지 무서운 존재가 될 줄은 몰랐다. 슈퍼코로나29는 표면의 돌기 모양을 본떠 라틴어로 '코로나corona' 즉 왕관이란 이름이 붙었던 코로나19 때보다 돌기의 모양이 2배이상 커지고 감염 경로도, 증상도, 치사율도 전혀 달라 '슈퍼'가 앞에 붙은 신종 감염병이다. 국제보건기구WHO는 발병 보고 3일 만에 팬데믹을 선포했지만, 전 세계에서 감염자가 속출하고 확진자 중 50%가 24시간 안에 사망하는 높은 치사율은 인류를 공포의 도가니로 몰아넣고 있다. 공기 감염이 제한적이었던 코로나19와 달리 슈퍼코로나29는 공기 감염이 대다수 전파의 경로다. 입과 코를 가리는 마스크만으로는 감염을 피할 수 없다. 의료 시스템은 삽시간에 붕괴했고, 환자들은 치료가 끝난 경우라도 폐기능의 심한 손상으로 걷기조차 힘들어하며, 기억력이 희미해지는 브레인 포그brain fog 같은 장기 후유증에 시달리고 있다.

일반적으로 바이러스는 숙주가 전멸하면 마찬가지로 공멸하기 때문에 영악하게도 '최적의 치사율'을 유지하며 제 살길을 찾아왔다. 그러나 기생하는 숙주의 종간 장벽이 무너지면서 불확실한 상황의 연속이다. 봉쇄된 도시에 갇힌 사람들은 음모론에 기대거나 사이비종교에 매달리며 불안을 달래는 모습이다. 코로나19가 기승을 부릴 때 보건 안보를 외치던 국가들이 글로벌 백신 허브를 구축하겠다던 약속만 잘 이행했어도 오늘의 재앙을 피할 수 있었을지도 모른다. 그러나 환경 파괴와 기후 위기에 대한 성찰은 그때뿐이었다. 인간의 오판과 오만의 결과는 너무 참혹했다.

코로나19를 뛰어넘는 X바이러스는 무엇이 될 것인가

앞의 상황은 물론 상상이다. 그러나 미래를 예단할 수 없는 만큼 최악의 시나리오를 상정해 대비할 필요가 있다. 코로나19보다 더 전파력이 강한 X바이러스가 출현한다면 그 후보로서 다음의 몇 가지를 예상해볼 수 있다.

첫 번째는 코로나바이러스나 조류독감바이러스Avian influenza 등으로 야생동물(박쥐, 철새 등)로부터 중간 숙주(가축, 가금류, 반려동물 등)를 거쳐 공기 감염으로 사람과 사람 사이에서 전이되는 바이러스다. 두 번째는 뎅기바이러스Dengue virus, 지카바이러스Zika virus, 웨스트나일바이러스West Nile virus 등 모기와 같은 곤충을 매개로 하는 바이러스다. 세 번째는 노로바이러스Norovirus나 로타바이러스Rotavirus 같이 수인성 전염병이면서 접촉만으로도 감염되고 치사율이 높아진 바이러스다.

이 X바이러스 후보군의 공통점은 그 유전자가 RNA로 되어 있다는 것으로, 새로운 변이주로 계속 진화하게 되면 기존에 개발된 백신은 점점 그 효과가 감소할 수밖에 없다. 여기서 더 많은 변이가 쌓여서 아예 변종이 되면 개량형 백신을 개발해야 하는데, 문제는 변종의 특성을 알아낸 후에야 새로운 백신 개발이 가능하다는 점이다. 항상 변종 바이러스의 뒤를 쫓아가기 때문에 개발 속도가 늦으면 중증 환자와 사망자가 생기는 등 피해가 커질 수밖에 없다.

역사를 통해 보는 환경 변화와 감염병

문명사회로 들어선 이후에 감염병이 끊임없이 인류를 괴롭혀온 이유는 동물이 가진 다양한 병원균이 사람에게 옮겨올 수 있는 환경이 만들어졌기 때문이다. 동물에 기생하는 병원균에게 사람은 정상적인 숙주가 아니지만, 사람과 가축화된 동물의 밀접한 접촉이 계속되면 동물 속 병원균에서 '돌연변이'가 발생한다. 그리고 이 돌연변이 병원균은 사람을 숙주로 삼을 가능성이 커진다. 이렇게 해서 염소는 브루셀라병Brucellosis을 가져왔으며, 소는 치명률이 높은 탄저병Anthrax을 유발하게 되었다. 소(천연두·디프테리아), 돼지(인플루엔자), 말(감기)도 마찬가지다.

근대 역사에서 인간의 주요 사망 원인이 된 천연두, 결핵, 페스트, 콜레라, 홍역 등의 질병은 모두 동물을 숙주로 하는 세균에서 비롯된 감염병이다. 인간이 생태환경을 변화시키고 활동 영역을 넓혀가면서 이 병원균들은 인간을 새로운 숙주로 삼아 번식할 기회를 얻은 셈이다. 인간은 여럿이 모여 살뿐만 아니라 끊임없이 다른 집단과 교류하기 때문에 병원균은 동물을 숙주로 삼았을 때보다 멀리 퍼져나갈 기회를 훨씬 더 많이 얻을 수 있었다.

중세에는 물리적으로 떨어진 주거 환경이 일차적인 감염병 차단 역할을 했다. 그러나 산업혁명으로 많은 농민이 도시로 몰려와 대규모 집단 거주를 하게 되고 유럽의 제국주의 정책으로 신세계로의 무역이 증가하면서 병원균도 쉽게 퍼져나가게 되었다. 도시로 유입된 노동자들을 비참한 생활로 몰아넣은 19세기 영국 내의 열악한 거주지와 공장은 감염병 발병의 온상이었다. 병원균의 위력은 국가 간 전쟁이 대규모로 벌어졌던 20세기 전반까지 이어졌다. 제1차, 제2차 세계대전을 포함해 대부분의 전쟁 당시 총포로 희생된 사람의 수보다 전장에서 발병한 감염병으로 죽은 사람의 수가 훨씬 많았을 정도다. 병원균은 인구가 많고 교류가 활발하며 위생 상태가 나쁠 때 가장 광범위하게 전파된다. 1차 산업혁명 당시의 상황과 전쟁은 이 모든 조건을 갖췄기 때문에 전염병이 창궐할 수밖에 없었다.

기후변화와 환경 파괴가 팬데믹을 부른다

기후변화로 지구의 온도가 상승하면서 생태계의 변화도 계속 일어나고 있다. 그중의 하나가 전 세계적 유행을 일으킬 수 있는 신·변종 병원체의 출현이다. 따라서 지구의 기후변화를 통제하지 못한다면 감염병의 속출과 이로 인한 인류 종말까지도 예상되는 암울한 미래를 배제할 수 없다. 또 다른 요인들도 있다. 가속화되는 첨단기술 개발과 도시화로 인한 환경 파괴, 밀림 소멸로 인한 야생동물과 가축의 접촉 가능성 증가, 교통 발달로 인한 감염성 병원체의 전 세계적 확산 등이다. 인류가 진보하는 방향으로 나아가는 것처럼 보이지만, 실제 생태계는 지속적으로 파괴되면서 균형을 잃고 있다고 볼 수 있는 것이다.

자연과 환경 파괴가 감염병으로 나타나는 이유는 근본적으로 인간이 활동 영역을 확장하면서 기존에 형성되어 있던 곤충, 미생물, 야생동물의 균형 상태가 깨지고, 그 불균형으로 사람과 가축이 숙주로 활용되었기 때문이다. 예를 들어, 서식지를 벗어났거나 포획된 박쥐를 통해 바이러스가 인간으로 옮아오면서 신종 감염병을 일으킬 수 있다. 사스SARS 유행 시의 사향고양이나 메르스MERS 유행 시의 낙타같이 중간 매개 동물이 바이러스 전파에 중요한 역할을 할 수도 있다. 놀라운 사실은 이러한 인수공통 감염병은 70% 이상이 야생동물에서 오는데, 시간이 지날수록 감소하는 것이 아니라 오히려 늘어나고 있다는 점이다.

인간은 또한 화석 연료와 같은 자원을 사용함으로써 기후와 환경을 변화시켰다. 도시화로 동물의 서식 환경도 파괴되었다. 그 결과 생태학적 균형도 깨지고 있다. 인간이 자연과 환경을 변화시키면 이는 다시 새로운 적응과 균형 상태로 가기 위한 과정을 거치는데, 그 과정에서 새로운 감염병이 나타날 가능성도 생긴다.

바이러스, 어떻게 예방하고 치료하는가

백신과 치료제 개발

병원성 세균은 항생제를 사용해 사멸시킬 수 있다. 세균과 사람의 세포는 서로 다른 점이 많아 사람의 세포는 손상시키지 않고 세균만 죽일 수 있기 때문이다. 이를 '선택 독성'이라고 한다. 물론 항생제 남용으로 항생제 내성균이 양산될 가능성도 있다.

19세기 말에 명명된 바이러스virus는 라틴어로 독성 물질을 뜻한다. 생명체와 물질의 중간 단계 성질이 있어 무생물처럼 혼자서는 증식하지 못하지만, 숙주의 세포 안으로 들어와 복제하고 또 다른 감염을 통해 증식을 이어갈 수 있다. 항바이러스제는 바이러스가 우리 몸에 들어온 초기에 숙주 세포와 서로 결합하는 것을 막거나, 바이러스의 증식에는 필수적이지만 사람의 세포에는 필요 없는 다양한 효소, 즉 바이러스 유전자를 만드는 중합 효소나 만든 단백질을 활성화하는 단백 분해 효소의 작용을 방해한다. 한 예로, 에이즈 치료제는 이러한 효소들의 작용을 방해하는 방식으로 인간면역결핍바이러스HIV의 증식을 억제해 질병의 진행을 지연시키는 약물들을 여러 가지 섞어서 사용한다. 그러나 항바이러스제로 바이러스의 증식을 방해하고 억제할 수는 있어도 바이러스를 완전히 사멸시키기란 어려운데, 이는 바이러스가 인체 세포 안에 기생하고 있어 표적 공격이 쉽지 않기 때문이다. 바이러스를 통제하는 근본적인 방법은 예방 백신을 개발해 바이러스가 숙주 세포에 침투하는 것을 막고, 감염된 세포는 세포 면역으로 사멸시켜 질병으로 진행되지 않게끔 하는 것이다.

코로나19 예방 백신의 경우 다양한 방식으로 개발이 이뤄지고 있는데, 인류가 한 번도 상용화한 적이 없는 메신저 리보핵산mRNA 백신을 이번에 처음으로 개발해 높은 예방 효과와 안전성을 단기간에 확인하기도 했다. mRNA 백신은 체내 면역 반응을 유도하는 원리로 모더나Moderna와 화이자Pfizer 백신이 여기에 속한다. 또 아데노바이러스adenovirus와 같이 인체에 해를 끼치지 않는 바이러스를 운반체, 즉 벡터vector로 이용하는 바이러스 벡터 방식이 있는데, 아스트라제네카AstraZeneca와 얀센Janssen 백신이 이러한 방식이다. 그 밖에도 유전자 재조합 기술을 활용하는 등 다양한 연구가 이뤄지고 있다.

격리와 봉쇄

코로나19는 2020년 1월 20일 우리나라에 감염된 중국인 여행객이 입국하면서 전파되기 시작했다. 우여곡절은 많았으나 우리의 기본적인 방역은 자발적인 사회적 거리두기를 시행하고 확진자가 발생하면 역학 조사를 통해 그 접촉자를 추적·진단 검사 후 자가 격리를 하면서 확진

결과가 나오면 바로 생활 치료 시설과 병원으로 이송해 치료하는 식이었다. 코호트 격리cohort isolation, 즉 동일 집단 격리 사례도 다수 있었으나 그리 효과적인 방법은 아니었던 것으로 나중에 평가되었다. 하지만 다른 나라의 경우는 외출 금지, 통행금지, 이동 금지 등을 실시했고 심지어 중국에서는 거주 시설을 통째로 봉쇄하거나 우한시처럼 도시 전체를 봉쇄하는 강수를 두기도 했다.

그렇다면 X바이러스의 출현 시 어떤 봉쇄가 가능하고 어떤 통제가 효과적일 수 있을까? 무증상 감염자가 늘고 강력한 공기 감염까지 일어난다면 지금까지 시행했던 방역 방식으로는 통제도 어렵고 방역도 쉽지 않다. 만약 한 사회 집단 구성원을 모두 격리를 통해 잠복기를 지나게 하면 이 단위 집단의 감염 전파는 통제할 수 있을 것이다. 하지만 감염자 수가 기하급수적으로 늘어나면 결국 통제 불능 상황에 빠지게 된다. 격리되지 않은 집단에서 신규 환자가 속출하게 되면 병상이 부족해질 것이고, 병원에 바로 가지 못하는 상황은 더 많은 확진자를 산발적으로 발생시키는 악순환을 부를 것이다. 또 X바이러스가 아닌 다른 중증 질환자 역시 의료 시스템 부족으로 치료 시기를 놓쳐 사망으로 이어지는 의료 체계 붕괴도 나타날 수 있다.

물론 이러한 최악의 상황이 실제로 일어날 가능성은 크지 않다. 바이러스도 자기 살길을 모색하며 진화해왔기 때문이다. 생명체가 처음 생긴 이후로 바이러스는 수십억 년 이상 전파력과 독성을 조절함으로써 숙주와 공존하는 방법을 찾는, 일종의 '바이러스 집단지성'을 발휘해왔다. 이는 숙주 생명체가 전멸하면 바이러스 자체도 공멸하기 때문이다.

X바이러스 예방 방안

우선은 X바이러스가 출현하지 않는 것이 최선이지만 만약 출현할 경우에는 확산을 원천적으로 봉쇄하는 것이 중요하다. 그러나 바이러스에 대해서 우리는 어떠한 것도 섣불리 예단할 수가 없다. 이러한 현실적 한계가 늘 뒤따르기에, X바이러스에 대응하는 체계적 방역과 확산 방지 시스템을 전 세계적 차원에서 마련하고 신종 감염병 출현과 백신 개발의 시간적 차이를 최소화하는 등의 더욱 치밀한 대책이 필요하다.

국제적 공조

코로나19 팬데믹은 그동안 드러나지 않았던 전 세계의 민낯을 그대로 들춰내기도 했고, 다양한 시사점을 통해 교훈을 주기도 했다. 예를 들면 국가 이기주의, 선진국들의 공공 의료 부족, 공적 의료보험 미비, 역학조사 능력의 한계, 개인의 인권 보호 문제, 백신 개발의 시급성, 개발된 백신 수급의 편중 문제와 국가 간 격차, 새로운 변이주 출현 등이 그것이다. 팬데믹과 같은 위기 상황에서 도덕적 가치를 유지하기란 어려운 일이나, 모두를 고려하지 않으면 더 큰 파국을 맞을 수도 있다.

X바이러스의 발생은 예측할 수도 막을 수도 없다. 다만 발생했을 때 얼마나 신속히 병인성을 알아내고 초기 확산을 막을 수 있는가가 관건인데, 시간이 지체되면 n차 감염의 속도와 범위가 통제 불가능한 상황이 되어버린다. 따라서 초기 유행 지역 봉쇄, 원인 병원체 규명, 유행 특성 규명 등은 매우 빠르게 이뤄져야 하며 국제적 공조 방안이 확고하게 수립되어야 한다. 이런 점에서 전 세계적인 보건 위기에 대응하는 컨트롤타워가 매우 중요한데 현재의 WHO 기능만으로는 미흡하다는 것

이 이번 코로나19 팬데믹으로 여실히 드러났다. 예방적 차원에서 인적 자원, 물적자원, 세계적인 모니터링 시스템 등이 평상시에 마련되어 있어야 한다. 그리하여 감염병 위기 상황 초기에 경고 시스템을 가동하고 확산 자체를 최소화해 세계적 유행이 되지 않도록 하는 것을 목표로 해야 한다. 확산 속도가 통제되지 않는다면 이에 대응하는 탄력적인 방역 통제가 이루어질 수 있도록 국가 우선주의를 넘어설 수 있는 강력한 기구가 필요하다. 이번 코로나19 팬데믹을 겪고 있는 세계가 인류와 지구 차원에서 상생의 지혜를 모아가는 노력이 절실한 이유다.

국내 대처 방안

우리나라는 코로나19 확산 초기에 중국에 이어 두 번째로 많은 환자가 발생하기도 했지만, 의료 체계와 역학조사 및 방역 역량을 계속 보강하고 자발적인 시민 의식을 실천하면서 성공적인 대처로 전환할 수 있었다. 그러나 적잖은 시행착오를 겪은 만큼 보완할 문제도 남아 있다. 무엇보다 국내 방역 의료 체계는 공공 의료의 보강이 시급하다. 민간 상급 종합병원은 잘 갖춰져 있으나, 감염병을 전담할 수 있는 대형 공공 종합병원의 수가 너무 부족하다. 적어도 1,000개 이상의 병상을 가진 대형 공공 종합병원이 지역마다 있어야 하며, 이에 필요한 공공 의료 인력을 양성하는 방안도 마련되어야 한다. 특히 보건 환경 연구 역량을 키워 지역 단위의 보건 환경 시스템을 구축하는 것도 필요하다. 즉 감염병 진단, 변이주 선별 검사법 개발, 바이러스 특성 분석, 그리고 지역사회 감염병 감시 시스템을 구축해야 한다는 의미다.

사회적 차원에서는 가능한 한 기존 건물의 공조 설비를 점검해 자외선UV 살균, 가열 등 물리적 멸균 시스템을 추가할 수 있는지 검토하고,

신축 건물인 경우는 건축 허가 절차 때부터 공조 시설에 멸균 공정을 넣도록 법안을 마련할 필요가 있다. 가정용 냉방 장치의 경우도 다양한 멸균 공정을 도입한 상품을 개발하도록 장려해야 한다.

마지막으로 우리나라는 경제 규모와 비교해 기초 학문 연구 역량, 특히 기초 의학 분야의 투자가 미흡한 편이다. 따라서 의료 보건 분야의 연구 역량을 강화하는 깃이 근본적인 대응이라 할 수 있으며, 장기적인 차원에서 꾸준히 이뤄져야 한다. 원천 기술을 개발하고 상용화하는 전 과정에서 인력 양성, 연구 인프라 확충, 벤처 기업 육성 등의 지원이 체계적으로 이뤄져야 할 시점이다.

팬데믹으로 인한
도시의 종말

▫ ▫ ◻◼ ◼◼◼◼   코로나19 같은 팬데믹이 간헐적으로 반복된다
면 우리가 사는 도시는 어떻게 될까? 감염병의 대유행이 절대 끝나지
않는 암울하고 비관적인 미래 시나리오를 한번 떠올려본다. 그러나 이
것이 그저 시나리오일 뿐이라고 단언할 수는 없다. 코로나19가 그랬듯
이 X이벤트라 불리는 극단적 사건은 예고 없이 언제든 찾아올 수 있다.
이런 대재앙은 첨단 과학기술의 부작용으로 발생할 수도 있고, 무분별
한 산업화나 난개발에 응대하는 자연의 역습으로 올 수도 있다.

가상 시나리오: 감염병이 끝나지 않는 암울한 미래 도시

2030년 서울 도심, 2020년 한국에 코로나19 첫 확진자가 발생한 후 전국적
으로 감염병이 창궐한 지도 어언 10년. 온 세계와 함께 반복되어온 팬데믹으
로 대도시들은 피폐해졌고 도시인들은 지칠 대로 지쳤다. 감염병과 함께 살

아가는 '위드 코로나'는 일상이 되었다.

　서울 도심은 일찌감치 통제구역으로 지정돼 통행 허가증이나 최신 백신 접종 증명서 없이는 출입이 제한된다. 도서관, 박물관, 미술관, 과학관 등 공공시설은 무기한 폐쇄에 돌입했고 한때 인산인해를 이루었던 대형 컨벤션 센터는 인적이 끊어지면서 폐업을 앞두고 있다. 아침 뉴스는 서울 인구가 10년 만에 3분의 1로 줄었다는 소식을 전한다. 매일 아침 눈 뜨면 일기예보 대신 감염 단계 예보를 확인하는 것으로 시민들의 하루가 시작된다. 오랜 통제 생활로 서울시민 중 30%는 코로나 블루 증후군이나 외상후스트레스장애PTSD를 앓고 있다. 대인기피증과 '3밀(밀집, 밀폐, 밀접) 포비아'라는 신종 증후군으로 정신과 치료가 필요한 시민이 절반을 넘었다는 조사 결과도 나왔다.

　쇼핑의 90%, 교육과 업무의 80%가 각 가정에서 비대면 온라인으로 이뤄진다. 5인 이상 사적인 모임을 원천 금지하는 특별법이 제정·발효된 지 5년이 지났지만 폐지될 조짐은 보이지 않고 있다. 대량 실직·실업으로 장기 불황이 계속되면서 구 단위로 실직자 지원센터를 신설해 운영하고 있지만, 꽁꽁 얼어붙은 고용 시장이 회복될 기미는 보이지 않는다. 시민들의 삶은 어둡고 도시 문화는 붕괴 직전이며 아노미anomie 현상이 만연한 상태다.

팬데믹 지속으로 인한 도시 공간의 위기

팬데믹은 정형화되어 있던 도시인들의 일상을 크게 바꿔놓고 있다. 인구 밀도가 높은 대도시일수록 전대미문의 위기를 맞고 있으며. 이런 팬데믹이 계속된다면 도시 문화는 송두리째 무너질 수 있다. 도시 문화의 위기는 산업혁명과 근대화 위에 건설된 첨단기술 문명의 위기이기도 하다. 요컨대 인류는 근대도시의 종말과 포스트 근대도시의 탄생이라는 역사적 전환점에 서 있는 것이다. 코로나19로 인한 도시의 위기를 정리해보면 다음과 같다.

도심 공동화

그간 출생률 감소로 총인구는 감소하는 추세였음에도 불구하고 서울 인구는 오히려 늘고 있었다. 하지만 더는 이런 현상이 계속되지 않을 것이다. 감염병에 취약한 대도시보다는 공간이 넓고 녹지 이용이 가능해 상대적으로 안전한 중소 도시나 대도시 외곽의 선호도가 더 높아질 수 있기 때문이다. 도심 업무 지구, 상업 지구의 인구 밀도는 점차 낮아지고 있다. 도서관, 박물관, 미술관, 과학관 등 도심의 상징적인 문화 공간들도 입장 제한으로 인해 본연의 역할을 못 하고 있다. 그나마 국비로 운영되는 공공시설들만 간신히 명맥을 유지하고 있다.

사회·문화적 삶의 축소와 도시 문화 침체

비대면 원칙이 지속·강화되면서 시민들은 사회적 삶이 점점 더 위축되고 문화생활에서도 교란을 겪고 있다. 예술 공연, 스포츠 경기, 전시회, 콘서트 관람이 제한되고, 사람들 간의 접촉이나 교류도 현저하게 줄어들었다. 업무나 쇼핑, 교육도 재택으로 이루어져 원하든 원하지 않든 '집콕' 생활의 비중이 점점 커지고 있다. 가장 심각한 문제는 비대면 생활의 고착이 비대면 '밈meme'의 확산, 재확산으로 이어질 수 있다는 점이다. 밈이란 진화생물학자 리처드 도킨스가 저서 《이기적 유전자》(을유문화사, 2018, 40주년 기념판)에서 제기한 개념으로 생물학적 복제를 담당하는 유전자처럼 문화를 전파하는 최소 단위를 말한다. 밈은 모방으로 전달되는 모든 것을 의미한다. 비대면 밈을 통해 도시인의 비대면 생활은 사람에서 사람으로 전파되고 뇌에서 뇌로 복제될 것이다. 비대면 삶에 익숙해진 도시인의 문화를 근대적인 도시 문화라고 할 수 있을까? 이러한 징후는 사회적 존재로서의 인간 문화의 상실이며 문화적 아노미라고 할 수 있다.

대도시를 기반으로 성장하고 발전해온 문화산업도 일대 위기를 맞고 있다. 가장 치명적인 타격을 입은 분야는 공연예술이다. 연극인, 무명 가수, 인디밴드 등은 극심한 생활고에 시달리고 있고 영세한 소극장, 소형 공연장도 개점휴업 상태다. 이렇게 문화예술산업이 위축되면 도시 기반의 M.I.C.E. 산업이나 관광산업도 침체할 수밖에 없다. 대규모 회의meeting, 도심 관광incentive tour, 컨벤션convention, 전시회exhibition를 찾아볼 수 없는 대도시는 산업혁명과 자본주의 발전으로 빚어진 근대도시의 모습이 결코 아니다.

사회적 위협이 될 정신적 병리 현상

코로나19 초반에는 감염 우려나 확진에 대한 공포가 우선이었다. 그러나 팬데믹의 장기화는 필연적으로 후유증과 정신적 병리 현상을 동반하게 된다. 외부 활동 억제로 집에 갇혀 지내면서 생기는 답답함, 감염에 대한 과도한 불안감, 대면 활동 자제로 인한 무기력증, 감염병 정보에 대한 지나친 집착, 비과학적인 민간요법에 대한 맹신, 타인에 대한 경계심 증가 등은 모두 코로나 장기화로 인한 사회 병리 현상이다. 아직은 눈앞에 닥친 위기들을 극복하는 데 집중하느라 인지하지 못하고 있지만, 이러한 병리 현상이 집약되어 한순간 폭발할 가능성도 있다.

근대도시의 종말과 과제

도시는 인류 문명의 요체이자 인류의 가장 위대한 발명품이다. 영국 시인 윌리엄 쿠퍼William Cowper는 "신은 자연을 만들었고 인간은 도시를 만들었다"고 노래했다. 자연적으로 형성된 촌락과 달리, 도시는 인공적으로 만들어진 인간의 생활 터전이며 정치·사회적인 기능과 경제·산업적인 기능을 동시에 갖춘 집단적인 삶의 공간이다. 역사 발전의 과정에서 도시는 정치, 경제, 문화, 기술, 지성 등 모든 면에서 성장과 발전의 중심지 역할을 했다. 문명civilization이라는 단어가 도시국가라는 의미의 라틴어 'civitas'에서 비롯됐다는 점에 비춰보더라도 인류 문명의 발전은 곧 도시 문명의 발전이라고 할 수 있다.

　도시 공간의 구조는 기본적으로 인간 생존에 유리한 입지를 바탕으로, 다른 한편으로는 내외부적 위협에 대응하기 위한 구조로 설계되었다. 도시의 역사를 살펴보면 도시는 인간이 전염병에 대응해오던 과정의 산물임을 확인할 수 있다. 최초의 문명 발상지는 메소포타미아, 이집트 등이었는데, 건조한 기후로 인해 이런 지역에서는 전염병 전파가 쉽지 않았다. 대도시의 상하수도 건설도 전염병이나 위생과 밀접한 관련이 있다. 1세기경 로마제국 시절, 아우구스투스 황제는 상수도 시스템 아퀴덕트aqueduct를 건설했고, 18세기 프랑스 파리에서는 하수도가 건설되었다.

　이런 대도시의 면모는 위생적인 도시환경을 갖춤으로써 전염병에 강한 구조를 만들려고 했던 노력의 결과다. 20세기 초 스페인 독감이라는 전염병의 대유행을 겪으면서 유럽의 건축양식에도 큰 변화가 일어났다. 감염병이 휩쓸고 지나간 지역에서 집은 사람 간의 접촉을 최소화하는 방향으로 재구조화된다. 현관에서 담소를 나누던 포치porch가 사라진 대신 거리와 분리된 발코니가 등장했으며, 거리에 인접한 정원이 사라진 대신 지붕을 없앤 옥상정원이 등장했다.

이렇게 현대의 대도시들은 산업혁명으로 인한 도시화와 전염병에 강한 도시 공간 설계 등의 여러 요인이 어우러져 만들어낸 복합적 산물이다. 산업화 시절에는 대규모의 이촌향도 현상이 나타났지만, 코로나 시대에는 거꾸로 이도향촌이 등장했다. 탈도시화, 도심 공동화의 가속화는 근대도시의 종말이라고 할 수 있다. 근대도시의 공간 구조는 팬데믹을 거치면서 필연적으로 재구조화될 수밖에 없게 되었다. 코로나 이후의 도시 공간 재설계는 코로나19로 위기에 봉착한 도시 문화의 재구축과 함께 근대도시들이 향후 맞닥뜨리게 될 시대적 과제다.

팬데믹의 폐허에서 도시 문화를 재구축하는 방법

코로나19가 종식된 이후, 도시 공간과 도시 문화는 어떻게 재구축되어야 할까? 여기서 우리는 팬데믹이 쉽게 종식되지 않고 장기화하는 최악의 시나리오까지 고려하면서 도시의 미래를 설계해야 한다.

사람 중심으로 기술과 공간 바라보기

우선은 코로나19에 대한 인문학적 성찰이 필요하다. 코로나19는 우연히 일어난 재난이라고 할 수 없으며, 도저히 예측할 수 없었던 것도 아니다. 복잡계를 연구하는 과학자 존 캐스티John Casti는 2013년 《X이벤트》(반비, 2013)라는 책을 통해 디지털 암흑, 식량 위기, 전자기기의 파괴, 세계화의 붕괴, 신종 물리학 입자의 지구 파괴, 핵폭발, 석유 소진, 전 지구적 전염병 창궐, 정전과 가뭄, 로봇 재앙, 금융의 몰락 등 11가지의 극단적 X이벤트를 제시한 바 있다.

팬데믹은 이처럼 미래학자들이나 과학자들도 언젠가 발생할지 모르는 극단적 재난으로 꼽았던 시나리오였지만 이에 대한 성찰이나 미래 대비는 충분하지 않았다. 코로나19가 확산하기 직전인 2019년 10월 미국에서는 보건 당국과 전문가들이 '이벤트 201'이라는 프로젝트를 통해 팬데믹 상황을 가정한 시뮬레이션을 진행했지만, 실제 팬데믹에 직면하자 트럼프 행정부는 초동 대처에 실패하면서 바이러스 확진자 최다 발병 국가라는 오명을 안았다.

여러 과학자의 설명처럼, 이번 코로나19 사태는 속도 지상주의로 빠르게 진행되어온 근대화와 산업화의 부작용으로 자연환경이 파괴되고 박쥐 등 야생동물의 서식지가 줄어들면서 발생한 생태계 교란의 결과라고 해석할 수 있다. 자연적인 재앙이 아니라 난개발과 산업화로 인한 부작용의 결과다. 따라서 4차 산업혁명 추진과 도시 공간 재설계도 '지속 가능성'이라는 보다 근본적인 가치에서 출발해야 한다. 근대도시가 과학기술로 구축된 만큼 첨단기술의 가치와 의미에 대한 성찰이 중요하고, 첨단기술이 가져올지 모르는 부작용과 사회와 문화에 미치는 영향력 등에 대한 면밀한 평가와 검토가 필요하다. 아무리 고도의 첨단기술이라고 할지라도 지구환경을 파괴하고 생태계를 교란하는 기술이라면 받아들여서는 안 된다. 이런 기술철학적 관점에서 4차 산업혁명과 미래 도시를 바라봐야 한다.

산업혁명 시기, 도시화의 과정에서 탄생한 도시들을 보면 운송, 엔진, 에너지, 철강, 자동차 등 다섯 가지 요소에 의해 탄생했다. 영국 리버풀

이 그렇고 미국 디트로이트가 그렇다. 이런 도시들은 한마디로 첨단기술의 총화다. 대다수 대도시는 차량과 건물 중심으로 설계되었다. 도로는 차량 통행의 관점에서 설계되었고, 편익을 극대화한 첨단 인텔리전스 빌딩은 도심 중앙에서 빌딩 숲을 이루고 있다. 인공적이고 인위적인 도시 공간에서 첨단과학 기술을 배제한다는 것은 물론 불가능하다. 하지만 코로나 이후의 도시는 지속 가능한 스마트 도시가 되어야 한다. 거대도시라고 하면 보통 초고층 빌딩 숲이나 랜드마크를 먼저 떠올리지만, 사실은 나와 이웃의 어제와 오늘이 담긴 삶의 공간이기도 하다.

미래의 스마트 도시는 차량이나 건물 중심이 아니라 '인간' 중심으로 재설계해야 한다. 자율주행차를 위한 도로 공간 설계보다 인간을 위하는 '마스' 즉 맞춤형 교통 서비스MaaS, Mobility as a Service• 개념이 필요하다. 기술은 결국 인간을 위한 서비스가 되어야 하며, 그 과정에서 지구환경을 위협하거나 파괴해서는 안 된다. 노약자의 안전을 위한 인도, 모두의 쾌적한 보행이 가능한 인도, 도심의 친환경적 휴식 공간 등 사람이 우선인 공간 설계를 해야 한다.

요즘 도시 정책의 트렌드인 도시 재생도 마찬가지다. 도시 재생을 기술 관점에서만 본다면 그냥 다 때려 부수고 새로 개발하는 게 가장 효율적이다. 하지만 아무리 과학기술 위에 지어졌어도, 도시의 공간들은 인간이 더불어 살아옴으로써 역사적이고 의미 있는 장소가 되었다는 점을 잊어서는 안 된다. 사람을 항상 최우선에 놓고 기술과 도시를 바라보는 인문학적 관점이 과학 기술·도시 정책의 근간이 되어야 한다.

• 버스, 택시, 지하철, 공유 자동차, 전동 킥보드 등 모든 운송 수단을 연결하는 서비스형 모빌리티를 뜻한다.

온라인과 오프라인이 유기적으로 결합하는 하이브리드 공간 문화의 조성

우리는 팬데믹을 거치면서 우리 안에 굳어진 이분법적 사고를 극복하고 하이브리드 문화를 창달해야 한다. 사람들은 대면 접촉이 아니면 비대면 비접촉, 오프라인이 아니면 온라인이라는 식의 이분법적 사고에 익숙하다. 그러나 이러한 이분법은 우리의 문제를 결코 해결할 수 없다. 대면과 비대면, 온라인과 오프라인 등 양자택일의 관점으로 모든 것에 접근해서는 안 된다. 중요한 것은 접촉과 접속의 방식이 아니라 상호작용의 강도다. 대면 접촉을 하더라도 상호작용이 없으면 의미가 없고, 비대면 온라인으로 접촉하더라도 활발한 상호작용으로 교감할 수 있다.

우리는 온라인으로 만나도 상호작용이 활발한 '딥택트deeptact'를 지향해야 한다. 넷플릭스 텔레파티나 왓챠의 왓챠파티는 여러 사람이 동시에 접속해 함께 채팅하면서 영화를 감상할 수 있게 한다. 물리적으로 같은 공간에 있어도 소통 없이 각자 영화를 보는 건 사회적 활동이 아니며, 반대로 사이버 공간에 모이더라도 상호작용과 소통이 있으면 사회적 활동이 될 수 있다. 메타버스라는 사이버 공간에서도 게임을 통해 대화하고 협력하며 함께 즐기는 사회관계를 형성할 수 있다.

이러한 디지털 기술을 충분히 활용해 온라인에서도 오프라인이 지향하는 효과가 가능하게 하고, 온라인과 오프라인을 연계함으로써 하이브리드 O2Oonline to offline 문화를 만들어가야 한다. 하이브리드 문화는 사이버 세계와 물리 세계의 기계적인 결합이 아니라 양방향의 유기적 연결을 의미한다. O2O 역시 온라인에서 오프라인, 오프라인에서 온라인 등 양방향 연결을 말한다. 사이버 세계가 물리 세계를 대체하고 온라인이 오프라인을 대체한다는 일방향의 개념이 결코 아니다.

사회성을 복원하는 새로운 문화적 표준 정립

지속 가능한 새로운 문화 표준 즉 문화적 뉴노멀을 정립해야 문화적 복원력을 가질 수 있으며 코로나19로 위축된 사람들의 '사회성'을 회복할 수 있다. 고대 그리스 철학자 아리스토텔레스는 "인간은 사회적 동물"이라고 말했다. 정확하게는 '정치적 동물Zoon Politikon'이라고 했는데, 단어의 뜻을 그대로 옮기자면 '인간은 폴리스적 동물'이라는 것이다. 폴리스는 고대 그리스의 도시국가로 평등하고 자유로운 시민들이 민주적으로 운영하는 정치체제를 갖춘 공동체를 말한다. 아리스토텔레스는 이처럼 인간은 생물학적 개인이 아니라 사회 속에서 공동체 구성원으로서 존재한다는 점, 즉 사회성을 지녔다는 점을 중시했다. 사회성을 상실한 인간은 사회적 존재가 아니다.

팬데믹으로 인한 경제 위기는 코로나19가 종식되거나 잦아들면 회복 국면에 들어갈 수 있다. 백신 접종으로 집단 면역 효과가 나타나기 시작하면 경제는 단번에 V자형 반등을 이룰 수도 있다. 하지만 문화는 다르다. 문화는 한번 무너지면 복원이 힘들다. 문화 형성과 창달은 완만한 속도로 축적되며 이루어지는 오랜 시간의 산물이다. 빠른 기술 발전의 과정에서 문화 변동이 기술 발전 속도를 따라가지 못해 발생하는 문화 지체cultural lag 현상도 문화 변동이 느리게 진행되기 때문에 일어난다.

지속 가능한 문화적 뉴노멀을 정착시킬 방법으로 새로운 방식의 커뮤니티 활성화를 생각해볼 수 있다. 최근엔 음성 기반의 소셜미디어 '클럽하우스'가 핫 트렌드로 부상했다. 스마트폰 앱을 통해 음성으로 소통하는 사이버 커뮤니티를 만들고 특정한 주제에 관심을 가진 사람들이 모여 심층적인 토론을 즐기는 것이다.

기술적으로 보면 결코 첨단은 아니다. 하지만 클럽하우스의 핵심은 실시간 참여와 소통 같은 상호작용적 교류에 있다. 자발적이고도 적극적인 참여와 감성적인 상호작용은 코로나19로 위축된 대중이 사회성을 회복하는 데 기여할 수 있을 것이다.

코로나19가 부른
'큰 정부'는 지속 가능한가

□ □ ■■ ■■■■   전 세계를 덮친 코로나19는 인류의 생존을 위협함과 동시에 세계적 경제 위기도 가져왔다. 감염병 확산을 막기 위해 국경이 봉쇄되기도 했고, 국가 간 물류 이동이 제한되면서 글로벌 가치사슬global value chains에도 교란이 발생했다. 각국 정부는 개인 간 이동과 모임 제한 등 감염병 확산을 막기 위해 국민의 일상에 개입했고, 침체된 경기를 부양하기 위해 천문학적 재정자금도 투입하고 있다. 각국 정부의 이러한 파격적인 경기 부양책은 제2차 세계대전 직후의 '큰 정부' 같은 모습이다. 문제는 '돈'이다. 국가의 재정은 국민 생활의 안정과 국가 경제를 담보하는 최후의 보루인 만큼 재정 건전성과 지속가능성을 유지해야만 한다. 재정지출을 통한 경제 위기 극복 노력과 함께 국가 채무를 지혜롭게 관리하고 통제할 방법을 진지하게 고민할 때다.

확장적 재정 정책에 따른 국가 채무의 증가

코로나19로 직격탄을 맞은 2020년 세계 경제성장률은 전년 대비 3.5% 감소했고, 미국, 독일, 영국, 일본 등을 포함한 선진국들의 경제성장률은 −4.9%로 더 큰 타격을 받았다. 특히 스페인(−11.1%), 영국(−10.0%) 등은 두 자릿수의 경기 침체를 경험했다.[2] 이 과정에서 기업과 가계가 파탄에 이르자 각국 정부는 엄청난 규모의 재정지출을 확대했다. 그 결과, 각국의 GDP 대비 국가 채무 비중은 평균적으로 83.0%에서 98.6%로 높아졌고, 선진국들은 104.3%에서 124.2%로 더 높아졌다.[3] 미국의 국가정보위원회 보고서에 따르면, 국가 채무는 2008년 글로벌 금융 위기 이후 거의 모든 국가에서 증가해왔으며, 2040년까지 상승 압력이 지속될 것으로 예측됐다. 코로나19 대응뿐 아니라 고령층 증가로 인한 부담, 경제성장, 여러 지구적 도전 과제 대응을 위한 정부 역할 등이 상승 요인으로 꼽힌다.[4]

우리나라도 예외는 아니다. 정부는 2020년 한 해 동안 네 차례에 걸쳐 추가경정예산을 편성했고, 2021년에도 두 차례 추가경정예산을 편성·집행했다. 이러한 정부의 확장적 재정 정책으로 국가 채무는 크게 늘었다. 코로나19 직전인 2019년 우리나라의 국가 채무(D1 기준)는 723.2조 원으로 GDP의 37.7%를 차지했는데, 2021년 7월에 의결된 제2회 추가경정예산으로 국가 채무는 963.9조 원, GDP 대비 47.2%로 2019년에 비해 9.5%p나 상승했다. 불과 1년여 만에 국가 채무가 이같이 급증한 현상은 전례가 없다. 특히 코로나19 이전부터 우리 경제는 저출생·고령화의 가속화, 성장 동력의 약화, 계층 간 소득의 양극화 등의 문제를 겪어왔고, 정부는 이러한 문제를 해결하기 위해 적극적 재정 정책을 펴왔다.

이렇듯 코로나 여파에 따른 경제 위기 대응과 우리 경제가 안고 있는 여러 현안 해결을 위한 지속적 재정 소요를 고려하면 국가 채무는 앞으로 더 증가할 가능성이 크다. 그러나 증가하는 국가 채무는 경제의 성장 동력을 떨어뜨릴 것이고, 채무 급증으로 국가 경제 위험도를 높일 것이며, 현세대의 부담을 미래세대에 떠넘기는 일이 될 것이다.

지속 가능하지 않은 국가 재정

재정의 지속가능성fiscal sustainability이란 현재의 국가 부채를 미래에 들어올 수입으로 상환할 능력이 있는가로 따져볼 수 있다. 정부의 재정 역량은 단기적으로는 안정적이어야 하고 장기적으로는 지속 가능해야 한다. 단기적인 재정의 안정성fiscal stability이란 만기 도래하는 모든 채무에 대한 정부의 지불 능력을 말한다. 장기적으로는 현재 가치로 환산한 부채 규모가 자산 규모보다 작아야 하며, 정부가 현재 가치로 표시되는 예산상의 제약 요건을 이행할 능력을 갖추어야 한다.[5] 따라서 재정이 지속 가능하려면 GDP 대비 국가 채무가 통제 가능한 수준으로 관리되어야 한다.

재정의 지속가능성을 판단하기 위해서는 장기 재정 전망을 살펴봐야 한다. 우리나라는 '국회예산정책처법'과 '국가재정법' 등에 근거를 두고 국회예산정책처와 기획재정부, 두 곳에서 국가 재정에 관해 장기 전망을 한다. 국회예산정책처는 2012년부터 2년마다 50년 전망치를 발표하고 있으며, 기획재정부는 2015년에 처음으로 40년 전망치, 2020년에는 두 번째 장기 전망치를 발표했다. 국회예산정책처가 2020년에 내놓은 전망에 따르면 국가 채무는 2060년 5,415조 원, 2070년 6,789조 원으로 늘고, GDP 대비 국가 채무 비중은 각각 158.7%, 185.7%로 증가한다.[6] 반면 기획재정부가 2020년 발표한 장기 재정전망에서는 2060년 국가 채무를 GDP 대비 81.1%로 내다봤다.[7] 장기 재정전망은 지속 가능한 재정을 유지하기 위한 각종 정책의 기초 자료가 된다. 그런 점에서 두 기관의 전망치가 크게 차이 나는 것은 바람직하지 않은 일이다. 향후 정책 대안 마련에서 큰 이견을 가져올 수 있기 때문이다.

한편, 국회예산정책처는 2016년에 재정의 지속가능성을 검증·평가하는 '본스 테스트Bohn's Test'를 했는데, 이에 따르면 국가 채무 비율이 68.4%에 이를 것이 예상되는 2035년까지는 재정이 지속 가능할 것으로 보이지만, 국가 채무 비율이 70.6%로 높아지는 2036년 이후부터는 재정이 지속 가능하지 않다.[8] 2020년 분석에서는 지속 가능하지 않은 시점이 더 빨라져 2031년 이후로 예측되기도 했다.[9]

이러한 결과가 시사하는 것은 정부가 전망 당시의 세입 세출 구조를 이대로 유지하는 경우 향후 국가 채무의 증가를 제어하기 어렵다는 점이다. 국가 채무의 증가가 곧바로 국가 부도로 이어지는 것은 아니지만, 정부의 필수적 지출 분야에 대한 재원 배분에 제약이 생기고, 막대한 이자 지출로 재정 운용에 비효율이 발생하기 때문이다. 또 국가 채무의 과도한 증가는 이자율 상승을 통해 민간의 투자를 감소시켜 경제 성장을 저해하며, 투자가들에게 채무 상환에 대한 우려를 낳아 채무불이행 위험도 증대시킨다.[10] 이렇게 발생한 경제성장률의 하락은 다시 GDP 대비 국가 채무 비중을 높이는 악순환을 초래할 것이다.

지속 가능한 재정을 담보하기 위한 대안들

재정은 국민의 안정과 국가 번영에 필수 불가결한 공공재다. 이 공공재는 정의와 공정의 원칙에 맞게 적절히 배분되어야 한다. 또 재원 배분과 부담의 원칙도 현세대와 미래세대 모두를 위해 형평성 있게 설계되어야 한다.

조세 수입과 공적연금 · 보험 부담금 증액 방안 마련

현재의 재정 수입만으로는 장래의 재정 수요를 충당하기 어렵다. 2018년 기준 한국의 조세부담률과 국민부담률은 각각 19.9%, 26.7%로 OECD 평균 24.9%, 34.0%보다 5%p, 7.3%p 낮았다. OECD 평균 수준의 사회 복지 제도를 유지하기 위해서는 조세부담률과 국민부담률의 점진적 상향이 필요하다는 계산이 나온다.

재정수입의 증대를 위해서는 첫째, 조세 감면 제도를 재검토해야 한다. 감면 효과가 없거나 조세 감면과 재정지출이 중복으로 이뤄지는 경우 그 제도를 과감하게 폐지하거나 축소해야 한다. 2019년 기준 국세와 지방세 감면액은 63.7조 원(국세 50.1조 원, 지방세 13.6조 원)으로[11] 2019년 GDP 1,919조 원의 3.3%를 차지했다.

둘째, 새로운 세원 발굴 또는 보완이 필요하다. 예컨대 OECD가 도입할 예정인 디지털세[12]에 대한 면밀한 검토를 통해 최종 합의안이 도출되기 전까지 자국의 세원 확보와 이해관계가 최대한 반영되도록 애써야 한다. 또 '증여세 완전포괄주의'의 맹점도 극복해야 한다. 2004년 부의 변칙적인 이전을 방지하고 조세 정의를 실현하기 위해 증여세 완전포괄주의가 도입되었지만, 헌법상 조세법률주의 원칙을 견지하고 과세

권의 남용으로부터 국민을 보호하기 위한 사법부의 엄격한 판결로 법 적용에는 현실적인 한계가 있다. 정부와 국회는 실제에 적용할 수 있도록 더 구체적으로 입법화하는 노력을 기울여야 한다.[13]

셋째, 이제는 증세 문제도 진지하게 논의해야 한다. 증세 원칙에 대한 사회적인 대타협이 무엇보다 필요하다. 성장 잠재력을 지속시키기 위해서는 원칙적으로 근로와 투자에 대한 소득세와 법인세의 추가적인 세율 인상에 신중할 필요가 있다. 그런 점에서 증세가 가능한 세원으로 소비와 자산 부문을 검토해볼 수 있다. 우리나라의 소비세 중 부가가치세율은 10%로, 이를 시행하는 다른 국가에 비교하면 상대적으로 낮은 편이다. 부가가치세 중 서민들의 생활 필수품 비율은 현재와 같게 하거나 높이더라도 약간만 조정하고, 나머지 품목들에 대한 세율 인상을 검토할 필요가 있다. 이때 부가가치세율을 두 단계로 적용하는 국가들을 참고하도록 한다.

나아가 1가구 1주택자는 제외하고 토지와 건물을 많이 소유하고 있는 최상류층에 대해 한시적으로 '사회연대세solidarity tax'를 부과하는 방안도 고민해볼 수 있다. 2021년 4월 IMF는 통일 직후의 독일을 예로 들면서, 코로나19로 돈을 많이 벌거나 부유해진 계층에 대한 사회연대세의 부과를 제안한 바 있다.[14] 개인의 노력과 능력으로 정당하게 부를 축적했더라도, 그 기반이 같은 한국 사회인 점에서 공동체의 어려움을 극복하기 위한, 일종의 노블레스 오블리주noblesse oblige 같은 공공 정신이 필요한 시점이다.

그 밖에 공적연금과 의료보험의 개혁도 필요하다. 저출생·고령화에 따른 인구구조의 변화는 생산가능인구의 감소 및 소비와 투자의 하락으로 이어져 성장 잠재력을 떨어뜨린다. 이는 결국 GDP 대비 국가 채무 비율을 증가시키기 때문에 공적연금과 의료보험의 부담금 등에 대한 개혁을 지체하면 재정의 장기적인 지속가능성 유지를 위협하게 된다. 이제 노년의 기대 수명 연장에 맞추어 고령층의 나이를 현재의 65세에서 단계적으로 높이고 은퇴 시기도 늦추는 것이 필요하다. 동시에 고령층의 경제활동 참여 기회를 높이기 위해서는 재교육과 훈련의 기회도 마련해야 한다.

재정지출의 효율화

우선 예산 편성 과정에서는 예비 타당성 제도 등을 엄격하게 운용해야 한다. 둘째, 예산안 심사 때 재원 마련 근거도 함께 제출하는 세입세출균형규칙PAYGO 제도의 도입이 필요하다. 다만 이 제도가 실제로 작동되려면 국회에 총액 배분 심사 제도도 함께 도입해야 한다.[15] 셋째, 집행의 효율화를 위해 노력해야 한다. 규제 등 여러 장애 요인들로 집행이 지연되거나 심지어 불가능해질 수도 있다. 정부는 지속해서 이 장애 요소들을 점검하고 개선해야 한다. 넷째, 결산 심사의 실효성을 높여야 한다. 재정 운용 성과에 대해서는 실질적인 보상이 주어져야 하고, 결산 결과가 차기 연도 예산안 편성에 반영될 수 있도록 결산 심사 시기를 앞당겨야 한다.

재원은 무엇보다 성장과 분배를 위해 조화롭게 배분되어야 하고, 필요한 곳에 적시에 적절하게 배분되어야 한다. 그래야 성장 잠재력 제고, 재정의 지속가능성 유지, 소득 격차로 인한 사회적 갈등 해소, 공동체의 연대 강화, 국가의 존립과 번영에 필수인 국방과 안보 강화 등의 재정 목표들을 달성할 수 있다.

재정 제도의 개혁

재정준칙fiscal rules이란 재정수입, 재정지출, 재정 수지, 국가 채무 등 총량적 재정 지표에 대한 구체적이고 법적 구속력이 있는 재정 운용 목표이자 재정 규율을 확보하기 위한 정책 규범이다.[16] 재정의 건전성과 지속가능성을 확보하기 위해 우리나라도 2013년부터 관련 제도의 도입을 위한 입법안들을 꾸준히 마련해왔으나, 국회나 정부 차원에서 크게 공론화되지는 못했다. 하지만 코로나19로 국가 채무가 급증하자 정부는 2020년 10월 '한국형 재정준칙 도입 방안'을 발표했고 같은 해 12월 '국가재정법 일부 개정법률안'을 국회에 제출했다. 정부안에 따르면 GDP 대비 국가 채무비율 60%와 GDP 대비 통합수지재정 적자 비율 3%를 상한선으로 설정하되, 이 두 기준을 상호 보완해 적용하도록 하고 있다.[17]

이 개정법률안은 최초로 정부 차원의 법률적 방안 제시라는 점에서 그 의의가 있다. 하지만 정부가 제시한 상한선의 비율을 대통령령에 위임하고, 법 시행 후 2026년부터 1년 이내에 재정준칙의 적정성 여부를 재검토할 수 있도록 특례를 마련하고 있다는 점 등에서 지나치게 연성화된 측면도 있다.

재정 정보의 표준화와 투명한 공개도 필요하다. 이는 데이터 시스템 구축·활용을 통한 예산 절감, 지출의 효율성 제고, 민간의 성장 동력 확보에 꼭 필요한 요소다. 물론 지금도 '공공기관 정보공개에 관한 법률'과 '국가재정법' 등에 근거해 부처별로 상당한 분량의 재정 정보가 공개되고 있다. 하지만 부처마다 제각각 독자적으로 개발한 방식으로 제공되고 있어 정보 간 표준화가 미흡하고 정보의 분절성으로 납세자인 국민은 자신의 세금이 어디에 쓰이는지 구체적으로 알 수 없어 그 활용도가 높지 않다. 이는 결국 행정의 중복과 낭비를 초래하고, 중앙정부나 지방자치단체의 보조금이나 복지 사업의 중복성과 집행상의 결함 파악을 어렵게 만들고 있다. 이러한 문제점들을 개선하고 재정 집행의 효율성을 높이며 재정 관련 데이터 산업을 육성하기 위해서는 미국의 '디지털 책임성과 투명성에 관한 법률Digital Accountability and Transparency Act of 2014'과 유사한 법률의 제정이 필요하나. 이를 통해 재정시출의 낭비를 최대한 줄이고 사업의 효율성도 높여야 한다.

사회적 합의 도출

천연 자원에 의존해 급속한 성장을 이룬 후, 산업 경쟁력 제고를 등한시함으로써 물가 및 임금 상승으로 경제가 위기에 처하는 이른바 '네덜란드 병Dutch disease'에 빠졌던 네덜란드는 1982년 바세나르 협약Wassenaar Agreement을 통해 극심했던 경기 침체를 극복했다. 1982년에 집권한 루드 루버스 총리는 노사정 대타협을 통해 고용 창출과 사회 보장 제도 개혁 등 78개 사항의 바세나르 협약을 맺었고, 이후 네덜란드 경제는 안정과 성장을 지속할 수 있었다. 네덜란드 사례만 보더라도 문제해결은 사회적 대타협에서부터 출발한다. 앞서 제안한 방안들은 모두 사회적 합의가 없으면 실현하기 어렵다. 공적연금 개혁부터 증세에 이르기까지 어쩌면 많은 이견과 충돌을 피할 수 없을 것이고 사회적 논의조차 쉽지 않은 상황이지만, 국가의 미래를 위해 대승적 차원에서 모두가 힘을 모아 담대한 결단을 내려야 할 때다.

탄소 제로 사회의
실패

□ □ ■ ■ ■■■ 파리협정에 따른 신기후체제가 출범하면서 주요 국가 및 지방정부, 기업에서의 '탄소 중립Net Zero' 선언이 이어지는 등 국제사회의 대응이 본격화하고 있다. 우리나라도 2050년 탄소 제로를 목표로 한 다양한 정책을 내놓고 있다. 그러나 위기 인식과 이를 개선하기 위한 실천은 또 다른 문제다. 탄소 제로를 위한 노력을 게을리하여 탄소 제로 사회로 진입하지 못하게 된다면 다음의 상상과 같은 기후 재앙을 피할 길은 없을 것이다.

가상 시나리오: 지구가 계속 뜨거워진다면?

2050년의 세계는 연일 기후 재앙 소식뿐이다. 지구가 뜨거워지면서 북극 해빙sea ice 면적의 감소, 영구 동토층permafrost의 해동, 아마존 열대우림의 고사枯死 등은 이제 뉴스도 아니다. 여름철 낮 최고 기온이 섭씨 50도까지 오르는 건 지구촌 곳곳의 일상이다. 북극 얼음층이 사라져가면서 대서양의 해류 경로에도 영향을 끼쳤고, 그 결과 지구 곳곳에서 폭염, 가뭄, 폭우, 한파가 반복해 나타나고 있다. 극한 기후 현상이 나타날 때마다 전력망은 계속 마비되고 한번은 모든 발전 설비가 가동을 멈추기도 했다. 이뿐만이 아니다. 동토층에서 냉동 휴면 상태로 있던 박테리아가 되살아나 신종 전염병이 퍼지고, 산사태와 산불이 잦아지면서 전 세계 농작물 생산량은 이미 절반 이하로 줄었으며, 생태계 피해도 극심하다. 매일 멸종 동식물 보고가 이어지고 있다.

한반도는 탄소 중립을 위한 에너지 전환 과정에서 정확한 시뮬레이션과 속도 조절 실패로 에너지 안보도 지키지 못하고 탄소 중립 목표에도 달성하지 못해 이중고를 겪고 있다. 2020년대 초반 글로벌 정상들이 '탄소 제로' 이행을 약속할 때만 해도 기후 위기가 이렇게까지 심각해질 줄은 몰랐다. 그러나 기후 위기를 과소평가한 많은 국가가 탈탄소를 향한 산업구조 재편 약속을 지키지 않았던 것, 전 세계 사람들이 탄소 중립이 왜 필요한지도 제대로 인식하지 못했던 것이 결국 지금의 재앙을 몰고 왔다.

탄소 중립 시대의 개막

앞의 상상처럼 재앙 같은 미래를 피하는 것은 결국 실천에 달렸다. 이에 따라 2021년 4월 기준 총 131개국이 21세기 중반까지 탄소 중립 목표를 설정했거나 고려하고 있으며, 파리협정의 191개 당사국 중 80개국 이상이 신규 또는 갱신된 '국가행동계획NDC'을 제출했다.[18]

유엔기후변화협약 당사국 중 가장 적극적인 곳은 유럽연합EU이다. EU는 2019년 발표한 유럽 그린딜Green Deal을 통해 '2050년 탄소 중립'

목표를 가장 먼저 공식화했다. 그 뒤를 바짝 쫓는 국가는 파리협정 복귀를 선언한 바이든 행정부의 미국이다. 바이든 대통령은 '청정에너지·인프라 계획'을 추진해 2050년까지 경제 전반에 걸쳐 탄소 중립을 달성하겠다고 선언했다. 화석연료 보조금 철폐, 자동차 탄소 배출 규제 강화, 친환경 자동차 판매 촉진과 충전 인프라 확충 등이 미국의 대표적 탄소 중립 정책이다.

중국의 목표는 2030년 이전에 온실가스 배출량 정점에 도달한 후 2060년까지 탄소 중립을 달성하겠다는 것이다. 중국은 에너지 소비량과 이산화탄소 배출량을 낮추고 비화석에너지 비중을 높인다는 목표를 제시했는데, 2060년 이전에 탄소 중립을 달성하겠다는 선언에 비하면 미흡하다는 평가도 있다. 우리나라도 '2050 탄소 중립' 추진 계획을 세우고 경제구조의 저탄소화, 저탄소 산업생태계 조성 그리고 탄소 중립 사회 전환의 3대 정책 방향과 탄소 중립 제도 기반 강화라는 3+1 전략을 추진하고 있다.

글로벌 기업과 도시들의 탄소 중립 선언도 잇따르고 있다. 2020년 기준 전 세계 2,000여 상장 기업의 21%와 인구 50만 명이 넘는 도시의 13%가 2050년 이전 탄소 중립을 약속했다. 특히 주목되는 것은 BPThe British Petroleum, 쉘Shell, 토탈Total, 렙솔Repsol, 에퀴노르Equinor 등 메이저 석유 기업들의 대처다. 이들은 2050년 이전 탄소 중립을 선언하고 투자 포트폴리오 구성에서 재생에너지의 비중을 빠르게 높이고 있다.[19]

탄소 중립 시대가 가속화된 배경

이러한 전 세계적 움직임으로 볼 때 탄소 중립은 일시적인 흐름이 아니라 문명사적 대전환의 기제로 자리매김할 가능성이 큰 것으로 보인다. 탄소 중립 시대를 주도하려는 주요국 정부와 세계 경제의 판을 새롭게 짜려는 글로벌 기업들의 이해관계가 일치하고 있기 때문이다.

'기후변화의 임계점'이 임박하다

세계기상기구wmo의 〈2020 글로벌 기후 현황〉 보고서에 따르면, 2020년은 동태평양의 적도 지역에서 저수온 현상이 5개월 이상 지속되는 라니냐가 발생했음에도 기록상 가장 따뜻한 3년 중 하나였다.[20] 지구 평균기온은 산업화 이전(1850~1900) 수준보다 약 1.2℃ 상승한 것으로 분석된다. 세계 평균 이산화탄소 농도는 이미 410ppm을 초과했다. 이는 코로나19에 따른 경제 침체가 일시적으로 온실가스 배출을 억제했지만 대기 농도에는 크게 영향을 미치지 않았다는 사실을 말해준다.

하지만 지구 시스템이 지구 평균기온과 이산화탄소 농도처럼 점진적으로 변화하지만은 않는다. 외부 강제력에 완만하게 반응하다가 임계점을 지나면 작은 강제력에도 급격히 다른 상태로 진입하게 되는데, 이때 시스템 전반이 붕괴할 수 있다.[21] 기후변화의 임계점과 관련한 대표적인 피드백 현상은 북극 해빙 면적의 감소, 영구 동토층의 해동 등이다.

기후변화의 임계점을 지나면 과거 120만 년 동안의 어떤 간빙기보다 높은 기온이 예상된다. 해수면도 더 상승하게 될 것이다. 이렇듯 '뜨거운 지구'로 가는 궤도는 생태계와 사회 및 경제에 심각한 혼란을 초래할 수 있다.[22] 예컨대 2014년 이후 식량 수급이 불안정해진 이유는 국지적 분쟁과 경제 침체, 그리고 기후변화에 따른 극한 기상 현상의 빈발 때문이었다.

기후변화는 극한 기상 현상이나 해수면 상승만 동반하는 것은 아니다. 기후변화로 온도, 강수량, 습도 등이 달라지면 모기와 같은 매개체의 생존 기간과 서식지, 병원균의 생장 등에 그 영향이 미치며, 그에 따라 질병 분포의 변화 등을 초래하게 된다. 여기에 더해 교역의 증가가 수반하는 매개 동물과 병원체의 이동 증가도 인수공통감염병 발생 가능성을 높이는 위협 요인이 되고 있다.

전혀 예상치 못했던 또 다른 신종 감염병의 확산 가능성도 제기된다. 기후변화는 수천 년 동안 동결되어 있던 영구 동토층의 지표면을 녹이고 있으며, 그 과정에서 동토층 아래에서 냉동 휴면 상태에 있던 바이러스와 박테리아가 다시 살아날 수 있다.[23] 1897년부터 1925년까지 탄저균이 빈번하게 발생했던 러시아 북부에서 약 150만 마리의 순록이 폐사했는데, 2016년 여름 매장지 부근에 위치한 2만 9,000개 주거 지역에서 사람과 가축의 탄저병 발병이 보고되었다.[24]

코로나19 팬데믹에 따른 위험 인식의 변화

코로나19 팬데믹과 기후 위기의 관련성에 사회적 관심이 집중되면서 사람들의 위험 인식도 변화한 것으로 나타났다. 2020년 27개국에서 국가당 성인 1,000명을 대상으로 수행한 온라인 설문에서 약 90%의 응답자들은 기후변화를 매우 심각하거나 어느 정도 심각한 문제로 인식하고 있다고 답했다. 우리나라에서도 코로나19 확산이 지속되면서 기후변화와 생태계 파괴에 대한 국민의 인식이 달라진 것으로 조사되었다. 2020년 이뤄진 한 설문조사에 따르면, 응답자의 84.6%가 '기후변화 때

| 표 1 | 기후변화에 따른 생물 지구물리학적 피드백의 세기

피드백	피드백 세기를 고려한 강제력 수준	피드백 세기
영구 동토층 해동解凍 및 이와 연관된 CO_2(호기성조건)/CH_4(혐기성 조건) 방출	~2.0℃	45(20−80)GtC 0.09(0.04−0.16)℃
해저 메테인 하이드레이트에서 CH_4 방출	~2.0−6.5℃ (1,000−5,000GtC 누적 배출량)	2100년까지 무시할 만한 수준
대기 CO_2를 제거하는 육상과 해양의 흡수원 약화	~2.0℃	흡수원의 상대적 약화 0.25(0.13−0.37)℃
해양에서 박테리아 호흡 증가, 대기로의 CO_2 방출 증가	~2.0℃	12GtC 0.02℃
아마존 산림 고사, 산불 등 대기로 CO_2 방출	2.0℃, 3.0−5.0℃ 범위에서 임계점 도달 가능	25(15−55)GtC 0.05(0.03−0.11)℃
아한대 산림 고사, 산불 등 대기로 CO_2 방출	2.0℃, 3.0−5.0℃ 범위에서 임계점 도달 가능	30(10−40)GtC 0.06(0.02−0.10)℃
북반구 봄철 적설 면적 감소, 반사도albedo 감소에 따른 지역적 온난화 증폭	기온 상승에 따른 스케일	북극 기온 상승에 ~2배가량 기여
북극 여름철 해빙海氷 소실, 반사도 감소에 따른 지역적 온난화 증폭	현재 추세에서 RCP4.5, 1.0−3.0℃ 범위에서 임계점 도달 가능	북극 기온 상승에 ~2배가량 기여
남극 여름철 해빙 소실, 반사도 감소에 따른 지역적 온난화 증폭	현재 수준의 온난화에서 해빙 소실의 최근 관측 결과	북반구 북극 지역에서의 피드백보다 훨씬 약할 것으로 전망
극지방 빙붕ice sheet 소실	1.0−3.0℃	해수면 상승: 남극 서부빙붕 소실 3−5m 그린란드 빙붕 소실 7m 남극 동부빙붕 해저 12m

- 자료: Steffen W. et al, 2018[25]
- 1GtC= 10억 톤의 이산화탄소

문에 코로나19와 같은 인수공통감염병을 일으키는 바이러스가 확산하였다'라는 분석에 "동의한다"라고 답했다. 또 응답자의 84%는 "과도한 생태계 파괴가 근본 원인"이라는 인식을 보였다.[26]

이러한 인식은 코로나19 팬데믹은 기후 위기의 현재이자 미래라는 자각과 맞닿아 있다. 행동이 늦을수록 경제적 부담과 피해는 증가하고 정책의 선택지도 남아 있지 못할 것이라는 사실 역시 코로나19 팬데믹이라는 비극 속에서 얻은 중요한 교훈이다.

탈탄소 금융·투자 가속화 및 글로벌 통상 질서의 재편

기후변화가 글로벌 금융시장에서 투자자들에게 가장 큰 영향을 줄 변수로 등장한 지 오래다. 신용 평가 회사들은 기후변화 관련 리스크 평가 모델을 개발해 채권 평가에 적용하기 시작했으며, 일본과 노르웨이 국부 펀드는 물론 세계적인 자산 운용사들도 기후변화 대응에 게으른 기업을 투자 대상에서 제외하는 쪽으로 방향을 선회하고 있다. 상징적인 사례는 세계 최대 자산 운용사 블랙록BlackRock의 래리 핑크Larry Fink 회장이 2020년 1월 기업 최고 경영자들에게 보냈던 연례 서한이다. 그는 여기에서 "기후 리스크는 투자 리스크이며, 자본의 근본적인 재분배를 촉발할 것"이라고 경고했다. 2021년 1월 보낸 두 번째 연례 서한도 주목을 받았는데, "자사의 비즈니스 모델을 탄소 중립 경제와 어떻게 호환할 것인지에 관한 계획을 공개하고, 2050년 탄소 중립 달성 목표를 기업의 장기 전략에 어떻게 통합할 것인지 공개해달라"고 요구한 대목이 특히 눈길을 끌었다.

기업의 기후변화 관련 재무 정보 공개 압력도 커지고 있다. 출발점은 G20 재무장관·중앙은행장 회의의 요청에 따라 2017년 금융안정위원회가 발표한 '기후변화 관련 재무정보 공개 협의체' 권고안이다. 이 권고안은 기업의 기후변화 관련 리스크를 전환 위험과 물리적 위험으로 구분하고 자원 효율성·에너지 자원·제품 및 서비스 등의 분야에 기회요인이 존재한다는 사실을 강조했다. 정보 공개 대상에는 기업의 지배구조와 위험관리 등의 영역을 포함했다.

주요국의 중앙은행과 감독 기관들의 움직임도 빨라지고 있다. 녹색금융협의체NGFS가 2020년 '금융 감독을 위한 기후환경 리스크 관리 가이드'를 발표한 것이 대표적이다. NGFS는 기후 및 환경 관련 금융 리스크 관리를 위한 중앙은행 및 감독 기구의 자발적 논의체다.

우리나라에서도 기후 리스크에 대한 선제 대응과 녹색 분야 투자 활성화를 위해 금융의 역할이 중요하다는 공감대가 형성되고 있다. 2021년 3월 국내 112개 금융기관이 '2050 탄소 중립' 지지를 선언하고 기후 금융 실행을 위한 '6대 약속'을 천명한 것은 '경제의 탈탄소화'라는 지각변동의 시작을 알린 신호탄이다. 환경부와 금융위원회가 주축이 되어 '한국형 녹색 분류 체계 및 적용 가이드(안)'를 마련하는 등 정부도 환경 정보 공시에 필요한 규칙 설정과 정보 제공에 나서고 있다.

글로벌 통상 질서의 재편 움직임도 가시화되고 있다. 가장 주목되는 것은 EU의 '탄소국경조정메커니즘CBAM' 시행 계획이다. CBAM은 EU로 수입되는 제품 가운데 자국보다 탄소 배출이 많은 국가에서 생산된 제품에 관세를 부과하는 조치다. 이 제도가 본격적으로 시행되면 기존 무역 관세에 더해 추가 장벽으로 작용할 수 있어서 세계 주요 기업들이 EU의 세부 결정에 촉각을 세우고 있다. EU는 2023년부터 이 제도를 시행한다는 계획이다. 이처럼 기후 문제를 고려해 재편되고 있는 글로벌 통상 질서는 탄소 중립 시대로의 진입을 가속할 것이다.

탄소 중립 실현을 위한 방안

탄소 중립처럼 실현이 어려운 목표일수록 추진 방식과 속도가 중요하다. 기후 위기 대응은 코로나19 방역에 적용됐던 일시적 이동 제한과 봉쇄 조치와는 다른 방식일 수밖에 없다. 경제적 타격과 고통을 최소화하면서 봉쇄 조치 수준의 효과를 거둘 수 있는 위기 대응 전략이 마련되어야 한다. 그러자면 시나리오와 로드맵을 짜고 개별 대책을 세우기 전에 사회 전반의 변화를 이끌 수 있는 방향 설정에 더 많은 시간을 투자해야 한다.

탄소 중립의 가치 공유

무엇보다 "탄소 중립은 왜 하는가?"라는 질문에 답해야 한다. 탄소 중립이라는 목표를 달성하려면 천문학적인 재정이 투입된다. 그런데 탄소 중립이 비용만 들고 편익이 없는 일이라면 이를 끝까지 지지할 사람은 드물 것이다. 편익이 비용보다 훨씬 더 크다는 것을 명확하게 보여주어야 한다.

환경을 우선시하는 발전 담론 수립

기후 위기 시대에는 환경, 사회, 경제를 병렬적으로 배치하는 발전 담론의 수정이 불가피하다. 경제는 사회를 구성하는 일부이고 사회는 환경의 수용 능력을 벗어나지 않아야 한다는 경제<사회<환경의 동심원적 관계 설정이 모든 가치 판단의 출발점이 되어야 한다. GDP 중심의 국가 운영체제도 변화해야 할 것이다. GDP는 강력한 경제지표이지만 국가와 사회의 건강에 대해 우리가 알아야 할 모든 것을 말해주지는 않

는다. 따라서 GDP보다는 '국민 삶의 질 지표Korean quality of life' 등을 국정의 평가 지표로 삼을 필요가 있다.

의사결정 거버넌스 혁신

의사결정 방식을 바꾸고 사회 혁신의 잠재력에 주목해야 한다. 기후 위기는 "과학적으로 서술할 수 있지만, 그 답을 과학만으로는 찾을 수 없는 기술·사회적 문제"다. 따라서 과학자 사회와 시민사회의 지속적인 대화와 신뢰가 전제되어야 하며, 의사결정의 주체를 비국가 행위자로 확대하는 새로운 거버넌스 체제를 구축해야 한다. 한편, 주4일 근무제나 재택근무 등 노동시간과 노동 방식의 변화가 갖는 잠재력에도 주목할 필요가 있다. 미국의 노동 모델이 더 적게 일하는 유럽식으로 바뀐다면 에너지 소비도 20% 줄어들 것이라는 연구 결과가 이미 나와 있다.[27]

기술 낙관주의에 대한 경계

기술 착시 효과도 경계해야 한다. 한계 돌파형 혁신 기술의 개발과 상용화는 중요하지만, 기술이 기후 위기 탈출의 보증수표가 될 수는 없다. 기술 낙관주의는 기후 정책에 반영되면서 오히려 강력한 대응을 미루는 구실을 해왔다. 탄소 중립의 미래를 기술에만 맡기는 것은 현명하지 않다. "기술이 아니라 시스템을 생각하라"라는 경구는 탄소 중립에도 적용되어야 한다.

하이브리드 전쟁의
조용한 공습

▫ ▫ ▭▬ ▬▬▬▬   무기도 군인도 등장하지 않는 전쟁이 벌어지고 있다. 물리적 총격 대신 가짜 뉴스와 같은 디지털 프로파간다가 사회 혼란을 부추기고, 전투기 공습 대신 악성 코드를 사용한 컴퓨터 랜섬웨어 공격이 국가 기반 시설을 무너뜨리고, 인간 병력 대신 로봇과 무인 드론기가 정찰은 물론 전투까지 수행한다. 이것이 미래에 더 보편화될 전쟁의 모습이다. 과학기술이 발전하고 전쟁의 개념이 확장되면서 앞으로 전쟁은 재래전 이외에 우주전, 사이버전, 정보전, 인지·심리전, 테러전 등 확장된 전장속에서 다양한 형태를 취하며 복합적·동시적·무차별적으로 발생할 수 있다.

코로나19의 세계적 대유행을 아무도 예측하지 못했던 것처럼, 미래 전쟁에 대해서도 명확하게 예언할 수 있는 사람은 아마 없을 것이다. 그러나 발생 가능한 시나리오는 생각해볼 수 있다. 우리 국방부는 2021년 상반기에 AI 기반의 미래전 대비를 선언하고 각 군에 산재한 전략과 역량을 통합해 지능형 정보 시스템을 체계적으로 구축한다는 계획을 발표했다. 그러나 우리 군의 첨단 지능화는 선진국에 비교해 아직 뒤처져 있는 것이 현실이다. 더군다나 계속 줄어드는 인구 문제를 고려할 때 지금과 같은 병력 위주의 군 조직에는 한계가 있을 수밖에 없다. AI 등 첨단기술을 기반으로 하는 무인 로봇 체계 도입으로 줄어드는 병력 문제도 해결하고 실질적인 전투력은 더 강화해야 한다. 이처럼 전장 환경이 바뀌고 동원되는 군사기술도 새로워지며 전쟁 수행의 개념과 시점까지 모호해지는 하이브리드hybrid 전쟁에 대비하지 않으면 우리는 시대와 역사의 낙오자가 되고 말 것이다.

현대 전쟁은 무엇이 다른가

고대(기원전부터 5세기 서로마제국의 멸망 시기까지), 중세(~15세기 동로마제국 멸망 시기까지), 근세(~18세기 프랑스 혁명 시기까지), 근대(~20세기 중반 1·2차 세계대전 시기까지) 그리고 현대로 시기를 구분해볼 때, 고대의 전쟁은 창·검을 앞세운 보병의 시대였다. 중세는 기병의 시대로서 성곽 중심의 공성전 위주였고, 근세는 용병 군대가 등장하고 화포 공격 대응을 위한 전술이 발달한 게 특징이다. 이때까지만 해도 전쟁은 지상전과 해전을 중심으로 한 평면적이고 선형적 개념의 전쟁 형태를 벗어나지 못했다. 하지만 근대에는 전차 등 신식 무기와 통신 장비가 획기적으로 발전했으며, 1·2차 세계대전을 거치면서 전략 폭격과 항공 모함, 핵 등을 기반으로 전장의 광역화와 대량 소모전 같은 특징이 나타났다.

특히 20세기 중반 이후 걸프전, 이라크전, 아프간전 등에서 이전과는 확연히 다른 현대전의 양상이 두드러졌다. 우선 전쟁의 개념이 변했다. 과학기술의 발전으로 공중, 네트워크 등 전장이 대폭 확장되면서 전쟁 수행이 입체적·비선형적으로 변모하고, 기존의 섬멸전이나 소모전보다는 상대의 핵심 노드*를 무력화하는 마비전paralysis warfare 형태의 전쟁 개념이 확대되고 있다. 정보력을 우선시하는 마비전은 단순 파괴보다는 교묘한 '무력화'를 추구해 전쟁의 목적을 달성하려는 형태다. 예를 들어 2003년 이라크전에서 미국이 미사일과 포병 기지, 방공 시설, 정보 통신망을 집중적으로 공습하고 동시에 대통령궁 등 중심 세력과 주요 군사 시설을 중점적으로 파괴해 이라크의 군사 지휘 체계를 마비시킴으로써 26일 만에 전쟁을 조기 종결한 사례가 있다.

또 전쟁에 접근하는 방법도 과거와는 달라지고 있다. 무력과 같은 군사적 직접 접근법 대신 정치·외교와 같은 비군사적인 방법을 사용해 전쟁의 목적을 달성하려는 간접 접근법이 우세해지고 있다. 이와 함께 순차적·단계적 공격이 아니라 상대국의 중심만 집중적으로 공격해 파괴함으로써 조기에 전승을 달성하려는 병행전parallel warfare도 주목받는다. 이 접근법은 자국이 상대보다 강하다고 자신하는 경우 신속한 결전을 통해 승리를 거두기 위해 사용하거나, 상대보다 강하지는 않지만, 기습 작전으로 효과를 극대화하고자 할 때 주로 운용된다.

• 조치를 취했을 때 하나 또는 그 이상의 요망 효과 달성이 예상되는 노드.

융·복합적 하이브리드 전쟁이 온다

가장 최근에 있었던 2020년 아르메니아-아제르바이잔 간 전쟁에서 우리는 미래 전쟁의 양상을 어느 정도 엿볼 수 있었다. 아제르바이잔의 승리로 종결된 이 전쟁은 드론과 정밀유도무기 등 4차 산업혁명 기술이 주도한 첨단 전쟁이었고, 소셜미디어를 무대로 여론전을 벌이는 식의 인지·심리전 성격도 강했다.

이 같은 최근의 전쟁 사례가 방증하듯 미래에는 핵전쟁뿐 아니라 비물리적·무형적 공간으로 전장이 확장되면서 정보전·사이버전·네트워크중심전, 드론·로봇전, 인지·심리전 등 하이브리드전이 핵심 양상이 될 전망이다.

디지털 기술이 발달하고 각종 데이터의 중요성이 커지면서 정보전·사이버전·네트워크중심전의 방법은 계속 진화할 것이다. 드론·로봇전은 AI 기술을 토대로 인간과 기계의 협업을 통해 치러지는 전쟁 양상을 말한다. 오바마 행정부 시절, 미국이 우주·바다·하늘·해저·지상·사이버 영역에서 동시 작전을 처리하는 인간-기계 협력 전투 네트워크에 기반을 둔 전략을 채택하면서 이것이 미래 전쟁의 대표적 형태로 부상했다. 인지·심리전은 상대의 인지와 심리를 교묘하게 공격하고 변화시켜 유리한 전략적 환경을 조성하거나 이를 싸움에 이용하려는 전쟁 양상을 말한다. 온갖 다양한 수단과 방법을 활용해 선전전, 심리전, 여론전 등으로 전개된다.

또 우주라는 공간까지도 전장의 공간으로 확장되고 있다. 우주전은 우주 공간에서 육·해·공 및 우주 공간의 표적을 파괴하는 무기를 사용하는 전쟁을 말한다. 한국군도 우주 공간의 전장화에 대비해 우주 작전이라는 군사적 개념을 발전시키고 있다.

한편 테러와 범죄적 무질서 등도 미래 전쟁의 주요 수단으로 활용될 것이다. 일반적으로 테러는 정치적 목적을 가진 조직이나 단체가 폭력과 위협을 통해 공포를 조성하고 심리적 충격을 가함으로써 정치적·경제적·사회적·종교적 목적을 달성하려는 무력 행위를 말한다.

이처럼 개념에서부터 수단과 접근법까지 달라지는 미래 전쟁에는 새로운 양상이 끊임없이 등장할 것이다. 군사력 위주의 직접 접근보다는 비군사적 방안을 포괄적으로 활용하는 방법이 대두되고, 전장뿐 아니라 전쟁의 행위자와 관계자도 국가·비국가 행위집단·국제관계 등으로 확대되며 융·복합적 전쟁이 될 것이다. 그 밖에도 전시와 평시의 개념이 모호해지고, 제2차 베트남 전쟁, 제2차 헤즈볼라 전쟁 등의 사례에서 볼 수 있듯이 선전포고 없는 전쟁이 감행됨으로써 신속한 대응이 요구될 것이다.

따라서 정보 작전의 중요성은 더 증대될 수밖에 없다. 정보를 비롯해 여론을 선점하는 것이 전쟁의 향방과 승패를 좌우할 수도 있기 때문이다. 비슷한 맥락에서 정의와 명분을 내세우는 등 도덕적·인지적 영역에서도 우위를 확보하는 것이 중요해지고 있다. 상대의 정치적 의지를 파괴하고 무력화시키며 주변국에 이것이 정당한 전쟁임을 인식시키는 방법이기 때문이다. 모든 측면의 대응이 필요하다는 점에서 미래전은 D.I.M.E., 즉 외교diplomacy, 정보information, 군사military, 경제economy 등의 요소가 통합되는 경향을 보여주고 있다.

하이브리드 전쟁의 포괄적 대응 방향

한반도뿐 아니라 세계 어디에서든 앞으로 전쟁이 발발한다면, 그 전쟁의 모습은 '하이브리드 전쟁'의 양상으로 진행될 것이다. 앞에서도 언급했지만, 하이브리드 전쟁은 국가, 준국가 혹은 정치 집단이 정규전·비정규전·테러·범죄적 무질서·사이버전 등 다양한 전쟁 방식을 동시에 혼합해 시너지 효과를 창출하는 전쟁 양상이다.

2015년 '국가 방위 전략NDS' 등에 미래 위협으로서 하이브리드전을 상정한 미국을 비롯해 중국과 러시아 등도 하이브리드 관점의 전쟁과 전개 양상에 관심을 두고 있는 것으로 알려져 있다. 북한도 하이브리드전 수행을 위한 의지를 강령이나 지침으로 명확히 공표하고 있으며, 하이브리드전을 수행할 수 있는 전략과 전술 발전도 계속 도모하고 있다.

특히 한반도는 하이브리드전 양상이 나타날 수 있는 최적의 환경을 보유하고 있다는 점에서 미래 군사전략을 수립할 때 더 주목할 필요가 있다. 한반도에는 대규모 재래식 전력이 여전히 대치하고 있지만, 미래 정보전의 표적이 될 수 있는 수도권 지역에 정보 인프라와 국가 기반 시설이 밀집되어 있다. 더욱이 그 어느 나라보다도 정보화가 잘 되어 있는 한국 사회는 역설적으로 다양하고 파괴적인 사이버 공격과 사이버 심리전 수행에 필요한 조건을 잘 갖춘 셈이다. 이러한 환경에서는 다양한 매체를 이용해 아주 쉽게 정치심리전으로 혼란을 일으킬 수 있다. 이미 러시아는 동유럽에서 국지전을 벌이며 가짜 뉴스를 이용해 민심을 동요시키고 사회 혼란을 부추긴 사례가 적잖다. 북한의 해커 조직이 국가 기반 시설을 해킹하는 등의 사이버 공격도 이미 경험한 바 있다.

이러한 사이버전 양태는 진화하는 AI와 딥페이크 기술 등을 활용해 더 치밀해질 것이다. 독자적인 정보 체계를 구축하는 동시에 국제적 공조 시스템을 활용하는 등 정보 작전 팀의 역량 강화가 필요한 이유다. 또 군사분계선과 매우 가까운 수도권 지역은 사회적 혼란을 꾀하는 범죄적 테러 행위의 표적 지역이 되기 쉽고, 대부분 험준한 산악 지형과 바다로 둘러싸인 한반도의 지형은 비정규 부대의 침투나 후방교란, 장기적 게릴라전 수행에 취약할 수 있으므로 이에 대한 대비도 필요하다.

하이브리드 전쟁의 특징은 다음의 몇 가지로 요약해볼 수 있다. 우선 대응해야 하는 위협이 확장되며(확장성), 위협의 성격이나 특성이 복잡하고(복잡성), 정적인 위협이 아니라 계속해서 움직이는 동적인 위협이며(역동성), 이와 같은 위협들이 한꺼번에 급작스럽게 대두된다(동시성·급박성).

이러한 하이브리드 위협에 효과적으로 대응하기 위해서는 위협의 복잡성과 역동성에 따른 불확실성의 증가에 적극적으로 대비할 수 있어야 한다. 육·해·공 및 우주 등 4차원 공간에 사이버 공간을 추가한 5차원의 전장 환경에 맞춰 군 시스템과 역할을 조정해야 한다. 그런 점에서 우리 국방부가 착수한 군 통합 미래전 대응 시스템만으로는 역부족이다. 이제 육·해·공 같은 단순 구분이 아니라 정보군, 작전군, 군수 지원군 같은 혁신적 구성으로 미래의 전장 환경에 부합하는 군의 구조로 새로이 개편할 필요가 있다. 나아가 비선형적이고 비가시적인 하이브리드 전장 특성을 고려해 더욱 광범위한 차원에서의 대비가 필요하다. 즉 현재 우리나라의 제한된 자원과 능력만으로 하이브리드 위협에 능동적으로 대응하기 위해서는 국방 측면만이 아닌 국가 차원에서 총체적 대응을 위한 전반적 역량을 배양해야 할 것이다.

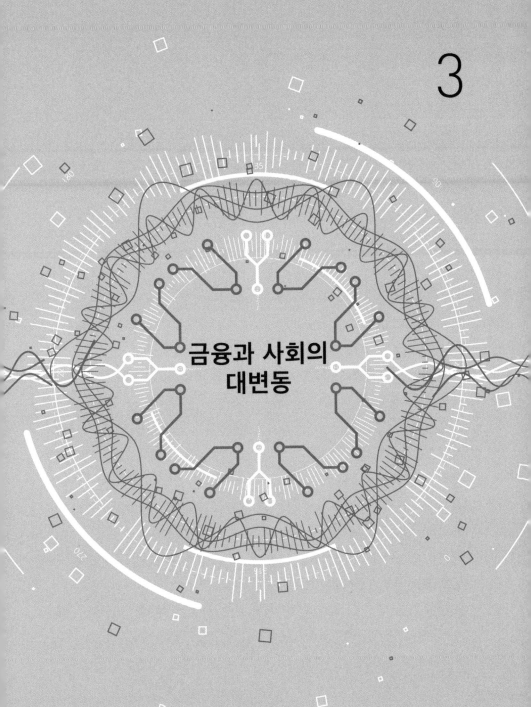

3

금융과 사회의
대변동

KAIST Future Strategy 2022

+ 북한인가, 중국인가? 전장이 된 한반도

+ 요동치는 가상자산 시장과 암호화폐의 폭락

+ 빈곤한 노인층의 폭발과 세대 갈등

+ 핀테크가 은행을 붕괴시키다

+ 블랙아웃으로 멈춰선 사회

북한인가, 중국인가?
전장이 된 한반도

▫ ▫ ▭▪ ▬▬▪   한반도를 둘러싼 안보 환경이 갈수록 나빠질 전망이다. 남북 사이에도 그렇지만, 한반도 주변에 새로운 먹구름이 몰려오고 있어서다. 북한의 핵 위협과 중국에서 비롯된 국제 질서의 재편 움직임이 대표적이다. 북핵 위협은 한국이 당면한 위협이고, 중국의 강압적인 팽창에 의한 국제전은 머지않아 다가올 큰 위협이다.

전쟁의 전조: 동아시아에서의 전체주의 부활

1세기 전 한반도는 열강의 각축장이었다. 국력이 쇠퇴한 조선과 아편전쟁 이후 서구 열강의 침략을 받은 중국의 퇴조가 그 원인이었다. 그때 아시아는 옛 체제로 신문물과 기술을 빨리 습득하지 못했다. 정치 체제는 심각하게 부패해 열강을 극복할 수 없는 구조였다. 강력한 무기와 현대적인 군사 체계를 갖춘 서구 열강의 힘을 막을 수가 없었다. 아시아에서 일본만 구세대와 신진 세대의 경쟁에서 신진 세대가 권력을 차지해 국가 체제를 빠르게 개편했다.

1945년 제2차 세계대전이 끝나고 미국을 비롯한 연합군의 승리로 한반도와 중국은 일본의 속박에서 벗어났지만, 중국과 북한에는 공산주의라는 새로운 체제가 들어섰다. 그와 함께 자유민주주의와 공산주의 간 체제 및 군사력 경쟁이 시작됐다. 그 초기 경쟁 과정에서 발생한 것이 1950년 6월 25일 한국전쟁이다. 한국전쟁이 끝나자 자유주의와 공산주의 경쟁은 더욱 과열되었다. 그러나 1990년 소련의 해체와 함께 공산주의는 조종을 울렸다.

탈냉전 이후 중국은 자유주의 선진국의 지원을 받아 크게 성장했다. 그런 중국이 중국식 사회주의를 내세우며 경제와 군사적 측면에서 미국을 넘어서겠다고 선언했다. 2021년 7월 1일 시진핑 중국 국가주석은 중국식 사회주의를 주창하며 "중국을 괴롭히면 머리가 깨져 피가 날 것"이라고 전 세계를 향해 경고했다. 시 주석은 2018년 헌법을 고쳐 국가주석 2기 초과 연임을 금지하는 규정을 폐지했다. 그래서 시 주석을 중국의 새로운 황제라고까지 말한다.

그런가 하면 푸틴 러시아 대통령도 2036년까지 자신의 대통령 자리를 유지할 수 있게 하는 법안에 서명했다. 푸틴 대통령 또한 사실상 종신제 차르가 됐다. 김정은 북한 국무위원장은 이미 3대째 세습된 왕조 체제를 유지하고 있다. 중국은 자본주의를 채택하고 있고 러시아는 민주주의 체제이지만, 중국, 러시아, 북한 모두 사실상 종신 군주 체제에 전제 정치를 하는 셈이다.

과거 역사에서 보듯 전제 정치는 항상 국민의 자유와 인권을 무시하고 폭정을 일삼았으며, 전체주의로 흘러갔다. 전체주의는 주변국과 이해관계가 충돌할 경우, 무력을 행사하며 주변국과 분쟁 또는 전쟁을 일으켰다. 그런데 하필이면 이 세 나라 모두 한반도 주위에 모여 있다. 그렇다면 현재 북한과 중국, 러시아는 주변국과 분쟁을 벌일 가능성이 있을까? 안타깝게도 그럴 소지가 점점 커지고 있다. 자칫 큰 전쟁으로 확산할 가능성도 없지 않다.

첫 번째 위협: 남북 간 국지전

우선 북한이다. 북한은 핵을 포기할 수도 없고, 경제를 포기할 수도 없는 딜레마에 빠져 있다. 김 위원장은 일단 경제 문제 극복과 민심 이반에 따른 내부 단속에 집중하고 있다. 또 2021년에 출범한 미국의 바이든 행정부와 충돌을 피하면서 비핵화 협상에서 유리한 위치를 잡으려 탐색하고 있는 상태다. 그러나 북한 내부 사정이 한층 악화해 정권 유지에 문제가 발생하거나, 미국이 대북 제재를 계속 유지할 경우, 재래식 도발이나 핵 카드를 다시 들고나올 가능성이 크다. 그렇게 되면 한반도에서 국지적인 충돌은 불가피하다.

핵무기와 경제 가운데 하나를 포기해야 하는 북한

북한은 2017년부터 유엔 등 국제사회의 경제 제재를 받고 있다. 핵무기 개발이 원인이다. 유엔과 미국은 북한의 핵 개발을 차단하기 위해 수출과 수입을 차단하는 제재안을 여러 차례 통과시켰다. 그런 과정에서 북한의 수출은 크게 줄었고, 외화 획득은 거의 차단됐다. 북한이 보유했던 외환(40억~70억 달러)은 대부분 소진한 것으로 추정하고 있다. 설상가상으로 북한은 코로나19가 발생한 2020년 초반부터 중국과의 국경을 막았다. 그 바람에 중국으로부터 들여오던 각종 생필품이 차단됐고, 북한 주민의 장마당은 폐쇄되거나 제 기능을 하지 못하고 있다. 이런 와중에 2020년 북한에서 발생한 대규모 수해로 쌀 수확량이 크게 줄어 식량 사정도 좋지 않다.

김정은 국무위원장은 이러한 경제 계획 실패를 인정하고 그 책임을 물어 당 간부들을 질책하고 있지만, 어쨌건 북한 경제가 회생할 가능성은 매우 희박하다. 핵무기를 포기하겠다는 마음으로 미국과 비핵화 협상에서 진전을 이루어내야만 대북 제재가 해제될 것이고 그래야 북한 경제가 살아날 수 있다. 그러나 북한이 핵무기를 포기할 가능성이 없다는 게 문제다. 북한에서 핵무기는 이미 몸속의 유전인자처럼 자리를 잡았다. 김 위원장이 핵을 포기하는 것은 정권을 포기하는 것이나 다름없다는 게 일반적인 인식이다.

북한의 도발은 어떻게 이루어질 것인가

북한이 국지적으로 도발할 방법은 지금껏 사례를 보면 매우 다양하다. 우선 2010년 북한이 감행한 연평도 포격과 같은 형태다. 북한은 연평도와 백령도 북방의 황해도에 구경 240mm 방사포(다연장포MLRS) 등 포병을 대거 배치해놓고 있다. 또 서울을 비롯한 수도권 북쪽에도 방사포를 포함한 장사정포를 340여 문이나 배치해뒀다. 북한이 연평도 등 우리의 서북 도서나 수도권을 포격하면 한국군도 즉각 대응할 수밖에 없다. 순식간에 포격전이 발생한다.

한국군은 특히 북한의 장사정포 공격에 대비해 대화력전 체제를 갖추고 있다. 대화력전이란 북한이 장사정포로 도발하면 우리 군이 미사일과 전투기, 포병 화력으로 대응하는 작전 체계다. 한미 군은 대화력전의 일환으로 육군이 보유한 한국형 전술 지대지 미사일KTSSM과 다연장포, 공군 F-15K 등 전투기에 장착한 정밀 유도형 폭탄 등으로 초기에 북한의 장사정포를 제서한다는 작선 계획을 세워놓고 있나. 과거에는 북한 장사정포 제거에 5일 이상 걸렸지만, 현재는 3일 이내에 가능하다고 한다. 한국군은 정확도가 1.5m 이내인 KTSSM 미사일을 200~300기 가량 확보할 계획인데 훨씬 더 많은 수량을 생산하면 북한 장사정포는 하루 만에도 모두 제거할 수 있다고 한다. 이와 함께 국방부는 북한군의 장사정포 발사 시 우리 국민이 미처 대피할 여유가 없을 초반의 희생을 최소화하기 위해 한국형 아이언돔을 개발하기로 했다. 아이언돔은 북한 군이 쏜 장사정포 포탄을 공중에서 요격해 파괴하는 방어용 무기다. 우리 군 당국은 연평도와 백령도에 북한군의 장사정포를 피해 주민이 대피할 수 있는 방공호도 구축해두었다.

북한이 도발할 수 있는 또 다른 국지전 형태는 연평도 등 서북 5도와 김포반도 등을 점령하는 것이다. 문제는 북한이 점령한 뒤에 한국군이 수복하기 위해 병력을 투입할 경우다. 그때에는 북한이 핵무기로 대응하겠다고 협박할 가능성을 추정하고 있다. 미국 랜드연구소와 아산정책연구원에 따르면 북한은 현재 50~100발의 핵무기를 보유하고 있으며 앞으로 5~6년 뒤에는 북한의 핵무기가 100~200발로 늘어날 수도 있다. 북한이 이처럼 많은 양의 핵무기와 중·장거리 탄도미사일을 기반으로 미국이 한국을 돕지 못하게 압박할 수도 있다는 분석이 많다. 북한의 핵무기 사용 엄포에 미국이 핵무기 등 전략무기로 대응하려 하면, 북한

이 핵탄두를 장착한 대륙 간 탄도미사일ICBM과 잠수함에 장착한 잠수함 발사 탄도미사일SLBM로 미국 본토 대도시와 오키나와 및 괌의 미군 기지를 타격하겠다고 나올 수 있으며, 일본이 후방 군수 지원을 도울 경우 일본까지 북한의 핵 타격 대상이 될 수 있다고 협박한다는 것이다.

이런 위기 상황에서 미국과 일본이 자국의 안보와 군사 기지의 희생을 감수하면서까지 한국을 도울 수 있을지에 대해 고민하지 않을 수 없다. 과거 유럽에서 소련이 북대서양조약기구(나토) 회원국을 공격할 경우 미국이 핵 위협을 감수하고 나토 회원국을 지켜줄지에 대한 회의가 컸다. 그래서 국내에선 미국의 핵우산 등 확장 억제력의 신뢰성을 높이기 위한 구체적인 방안이 필요하다는 주장이 나온다. 한국도 나토처럼 미국의 전술핵을 한반도 또는 주변에 배치하고, 유사시를 대비해 한미군이 미군의 핵무기 운영 및 작전 등에 관한 준비 태세 점검과 훈련을 하자는 것이다. 이를 나토에서는 핵 공유 시스템이라고 하는데 현재 한국과 미국 사이에는 갖춰져 있지 않다.

시간이 지날수록 북한의 경제 위기와 체제 불안은 커지고 핵무기의 파괴력은 더욱 확대될 것이다. 그럴수록 김정은 국무위원장이 남북 사이의 국지전으로 자신의 위기를 돌파하려는 유혹을 점점 더 많이 받게 될 것을 우려하지 않을 수 없다.

두 번째 위협: 중국의 강압적 팽창에 따른 국제전

앞으로 중국과의 문제도 심각한 상황이다. 군사·안보적 환경 변화를 볼 때, 앞으로 15년 정도 전후로 동아시아 지역에서 미국 등 자유주의 국가와 중국의 군사적인 충돌이 우려된다. 만약 중국이 타이완부터 먼저 점령하려 들면 이런 위기는 더 앞당겨질 것이다. 이러한 충돌에 주한미군 전투력이 가담하게 될 것이고, 한국도 연루될 가능성이 크다.

동아시아를 손에 넣고자 하는 중국

중국 시진핑 주석은 중국 굴기에 따라 동·남중국해에 설정한 제1도련선을 2025년경 이후부터 차단할 계획이다. 제1도련선은 인도네시아 말라카 해협-필리핀-오키나와 서단-일본 남부를 잇는 가상선으로 중국이 임의로 설정한 것이다. 중국은 반접근/지역 거부A2/AD, Anti-Access/Area Denial 전략에 따라 제1도련선 안쪽으로 미국 해군이 접근하지 못하게 하고, 그래도 진입하면 내륙에 배치한 탄도미사일과 극초음속 미사일로 격파한다는 계획을 세워놓고 있다.

중국은 앞으로 A2/AD 전략을 괌까지 닿는 제2도련선으로 확장한다는 계획도 갖고 있다. 중국이 이 전략에 성공하면 미국 해군은 동아시아에 접근할 수 없게 되고, 태평양을 중국과 반분하게 된다. 결과적으로 한국과 일본의 생명줄이나 다름없는 해상 수송로는 중국의 통제하에 들어간다. 한국과 일본이 동남아, 인도, 중동, 아프리카, 유럽으로 수출입 하는 해상 수송로가 중국의 수중에 떨어진다는 얘기다. 또 동남아 국가들도 중국의 영향력에 들어가고, 호주의 안보 역시 크게 위협받게 된다.

중국은 A2/AD 전략을 한반도의 서해에도 확장하고 있다. 중국은 한국 해군이 서해상에서 동경 124도 서쪽으로 들어오지 못하도록 경고한 적이 있다. 서해에서 한중의 중간선은 동경 123.5도 정도로 보고 있으며, 경도 1도는 약 90km다. 최근 수년간 중국 해군의 서해 활동은 과거

보다 세 배 이상 늘어난 것으로 관측되고 있다. 중국은 이 A2/AD 전략을 위해 내륙에 미 해군 함정 타격용 둥펑-21D와 둥펑-26 및 극초음속 미사일을 대거 배치했다. 또 항공모함을 현재 두 척에서 여섯 척으로 늘리고, 각종 함정도 레고 쌓듯이 건조하고 있다.

미국과 자유주의 진영의 억제 움직임

하지만 미국으로서는 동아시아 전체가 중국의 영향력에 들어가도록 내버려둘 수는 없는 일이다. 더구나 중국은 시장경제를 채택하고 있지만, 정치체제는 여전히 중국식 사회주의다. 홍콩이나 신장 위구르 사태에서 보아왔듯이 중국 정부는 인권과 자유를 보장하지 않는다. 미국과 영국, 프랑스 등 자유주의 선진국 입장에서는 국제 질서가 강압적인 중국 전제정치의 지배 아래 들어가는 것을 허용할 수 없는 일이다. 이는 인간의 자유와 인권을 찾기 위해 투쟁해온 인류 역사를 역행하는 일이기 때문이다.

이에 따라 미국은 일본, 호주, 인도 등과 4개국 협력체제인 쿼드QUAD를 구축했다. 여기에 영국과 프랑스도 합세했다. 2021년 쿼드 해상훈련에 영국과 프랑스가 항공모함과 함정들을 파견해 공동 훈련을 한 것이 이를 방증한다. 더 구체적인 협력은 2021년 6월 영국 콘월에서 열린 G7 및 나토 정상회의다. 이 회의에서 자유주의 선진국들은 중국과 러시아의 국제 질서 파괴 혹은 재편 움직임에 대응하기로 했다. 나토 정상회의는 중국과 러시아의 도발 가능성에 대비하기 위해 '나토 2030'이라는 새로운 전략을 만들어 2022년 정상회의에서 채택하기로 합의했다.

이와 함께 미국은 중국의 강압적 동아시아 팽창에 적극적으로 대비하고 있다. 미 국방부는 중국이 제1도련선을 차단한다는 시기에 맞춰 '유령함대Ghost Fleet'를 2025년 창설할 계획이다. 미 해군의 유령함대는 지휘함을 비롯해 모든 함정이 스텔스이거나 무인 함정이다. 스텔스 함정은 중국의 레이더로는 탐지하기 어려워 유령함대라는 말 그대로 잘 보이지 않는다. 미 해군은 중국이 제1도련선을 차단할 경우, 유령함대를 먼저 투입해 중국의 항공모함과 함정들을 격파하고, 중국 내륙에 배치된 탄도미사일도 제거한다는 계획이다. 또 미 국방부는 유사시 근접전투를 벌이는 육군과 해병대에 AI를 갖춘 전투 로봇을 배치할 준비를 하고 있다. 교전 상황이 생기면 로봇 등으로 구성된 해병대를 파견해서 남중국해 무인도에 설치한 중국군 기지를 점령한다는 계획도 있다. 미 해병대는 남중국해 무인도 기지와 유사한 시설을 괌에 만들어 점령하는 훈련도 마쳤다고 언론에 보도되기도 했다.

미 육군은 중국과의 군사적인 충돌이 2035년부터 발생할 수 있다고 예측한다.[28] 이에 따라 미 육군은 일종의 신속대응군인 다영역 임무군MDTF을 5개 창설하고, 이 가운데 2개를 인도·태평양 지역에 배치할 계획이다. 육군 4성 장군이 지휘하는 MDTF는 육·해·공군과 해병대, 지역사령부, 사이버와 우주 작전까지 통합해서 작전할 수 있는 신개념 부대다. 미 육군은 이러한 새로운 변화에 맞춰 서태평양에 배치된 미 육군을 전면 개편하는 방안도 검토 중이다.

중국 대 자유주의 국가 사이에 낀 한국

중국의 강압적인 팽창 과정에서 문제는 자유주의 연합과 중국의 충돌에 러시아와 북한이 합세할 가능성이다. 미국과 나토 회원국들은 자유주의를 지키기 위해 중국의 강압적인 팽창과 러시아의 군사력 사용이 전쟁으로 확대되지 않도록 억제하기로 2021년 나토 정상회의에서 의견을 모았다. 그러나 이에 실패한다면 국지적인 충돌이 대규모 국제전쟁으로 비화할 소지도 배제할 수 없다. 동아시아에서 미국과 중국이 충돌하면 주한미군 전투력이 가담하게 되고, 한국도 후방에서 지원하거나 쿼드에 해군 함정을 보낼 수도 있다. 문재인 대통령과 조 바이든 미국 대통령의 2021년 5월 21일 한미 정상회담에서 한국은 자유롭고 열린 인도·태평양을 지지하고 쿼드에도 동참한다는 뜻을 표시했다. 이에 따라 미 7함대가 중국을 견제하기 위해 호주와 함께 실시하는 해상 훈련 '퍼시픽 뱅가드' 해상연합훈련과 '탤리스먼 세이버' 훈련 등에 한국 해군 함정이 2021년 7월에 참가한 바 있다.

하지만 중국이 서해에서 한국 해군의 활동을 제약하려 들 수도 있다. 서해와 동중국해에서 한중 간에 국지적인 충돌 가능성이 있다는 얘기다. 러시아와 한국의 충돌 가능성은 아직 크지 않지만, 2020년 12월 중국과 러시아 군용기 열아홉 대가 연합해 동해를 날아다니며 위력을 과시한 사례가 있어 마음을 놓을 수는 없다. 더구나 푸틴 러시아 대통령은 유사시 한반도에 개입할 수 있도록 국가안보전략을 2021년 7월 수정하기도 했다. 이와 함께 즉각적인 물리적 피해로 나타나지는 않지만, 북한이나 중국이 해킹 등 사이버 공격으로 한국의 군사력과 사회 기능을 마비시킬 위험도 배제할 수 없다. 앞으로 등장할 새로운 국지전 형태다.

결과적으로 한반도는 가깝게는 북한의 핵과 재래식 군사력 도발에 의한 국지전 위험을 안고 있고, 장기적으로는 팽창하려는 중국과 이에 대응하는 미국 포함 자유주의 국가 간의 군사적 충돌에 연루될 가능성이 있다.

요동치는 가상자산 시장과
암호화폐의 폭락

⬜ ⬜ ▬▪ ▬▬▪▪ 　한국은 미국과 함께 세계에서도 두드러지는 암호화폐 투자 광풍의 진원지다. 국제자금세탁방지기구FATA나 국내 특정 금융거래정보법에서는 암호화폐나 가상화폐 등의 용어 대신 '가상자산virtual asset'으로 규정, 통칭하고 있지만, 블록체인 기반의 암호화 기술을 활용한 화폐라는 의미로서 '암호화폐'라는 명칭도 흔히 사용된다. 암호화폐가 국내에서 투기 광풍을 일으킨 데에는 경제적·사회적 근본 원인도 있지만, 가상자산에 대한 정부의 미흡하고 신속하지 못했던 대처에도 그 원인이 있다. 물론 정부는 2021년 5월 '가상자산 거래 관리방안'을 발표하고 금융위원회를 주무 부처로 선정하는 등 급격히 확대된 가상자산 시장의 관리와 감독에 들어갔다. 또 암호화폐 관련 법안을 상정한 국회와 규제 법안을 마련하는 금융위원회를 중심으로 암호화폐의 제도화 움직임도 본격화되고 있다. 그러나 수시로 요동치는 암호화폐의

가치처럼, 여기저기서 불확실성 요인이 튀어나오고 있다. 다음과 같은 상상이 꼭 과장만은 아닐 수도 있다.

가상 시나리오: 끝 간 데 없이 추락하는 암호화폐

비트코인이 한두 달 새 폭등과 폭락을 거듭할 때만 해도 괜찮았다. 2021년 상반기에도 50% 가까운 등락률을 보였지만 테슬라 CEO 일론 머스크의 돌발 발언에 맞춰 비트코인 값이 다시 올라갈 것이란 기대감이 있었고, 많은 해외 유명 스타들이 비트코인은 '디지털 금'이라며 투자를 독려하기도 했다. 비슷한 시기 국내 가상자산 거래소에서 '잡코인'이 줄줄이 상장 폐지 대상이 되었을 때도 그렇게 나쁘진 않았다. 타이밍만 잘 잡으면 낼모레 상장 폐지될 암호화폐를 통해서도 큰 차익을 얻을 수 있었기 때문이다.

그런데 1년이 지난 지금은 희망의 출구가 아예 보이지 않는다. 비트코인을 채굴할수록 보상은커녕 에너지 비용과 시간 등 손해가 더 커지면서 모두가 채굴을 포기한 상태다. 그나마 비트코인은 국내 거래량이 얼마 되지 않는다. 상장 폐지 조치 후 남아 있던 잡코인들이 결국은 자금 세탁 수단으로만 이용된 채 갑자기 거래 중단되는 사태가 속출하고 있다. 암호화폐 시장은 사실상 붕괴 직전이고, 휴짓조각만 쥐게 된 MZ세대는 물론 은퇴 시기에 있는 베이비붐 세대까지 피해 사례가 넘쳐난다. 모두 망연자실한 상태다. 정부와 은행들은 서로 책임을 떠넘기기에만 급급하다. 설상가상, 위·변조 방지와 탈중앙화를 자랑했던 암호화폐의 근간 기술 블록체인이 해킹에 뚫리는 등 연일 허점이 보고되고 있다. 그야말로 장밋빛 미래를 약속했던 코인이 부른 재앙이다.

암호화폐의 위기 요인들

2020년부터 과열 조짐을 보이던 전 세계 가상자산 시장은 2021년 상반기에 크게 넘어졌다. 일론 머스크의 오락가락하는 언행이 가격 변동성에 불을 지폈고, 때마침 시작된 중국과 미국 등 주요국의 규제 강화 움직임은 투자자들을 크게 위축시켰다.

가상자산 시장의 변동성은 매우 크기 때문에 당장이라도 반등할 가능성이 전혀 없는 것은 아니다. 그러나 경기변동론으로 짚어보면 2018년 상반기의 가격 폭락 이후 찾아온 2021년 상반기의 가격 하락은 대략 40개월의 비교적 짧은 주기를 갖는 키친 순환kitchin cycle에 해당한다. 그렇다면, 시장이 다소나마 활기를 찾을 때까지 1년 정도는 걸린다고 봐야 한다. 만일 이를 넘어 10년 주기의 중기 파동을 보여주는 주글라 순환juglar cycle에 해당한다면, 2022년은 암호화폐 시장의 빙하기 초입이 될 것이다. 유럽중앙은행ECB이 금융안정보고서(2021.5)에서 "비트코인 가격 급등은 1600년대 튤립 버블과 1700년대 남해 버블 등 역대 금융 버블을 넘어섰다"라고 우려한 것처럼, 회복되지 않는 파국을 맞을 수도 있다. 바로 다음과 같은 요인들 때문이다.

첫 번째 시장 리스크: 베이징 동계 올림픽과 암호화폐

2009년 비트코인이 세상에 등장했을 때 개발자와 투자자들이 핵심으로 내세웠던 것은 탈중앙화decentralization였다. 이러한 탈중앙화 가설에 정면으로 배치되는 것이 정부 지원 아래 중앙은행 중심으로 만드는 '중앙은행 디지털 화폐CBDC, central bank digital currency' 모델이다. 현재 중국의 인민은행이 시범 사업 중인 CBDC '디지털 위안화'가 14억 인구 사이에서 자리를 잡는다면 암호화폐 시장은 상대적으로 왜소해질 수밖에 없다.

중국 인민은행은 수년 전 블록체인 기술을 연구하는 조직을 만들고 지금까지 약 80여 개의 특허를 얻었다. 그 기술력을 바탕으로 몇몇 도시에서 CBDC 사용 시의 문제점과 불편함을 점검하는 모의 시험을 진행해왔다. 그 결과는 공개되지 않았다. 하지만 2022년 2월 베이징에서 개최되는 동계 올림픽을 기점으로 CBDC를 중국 전체 대륙에 보급한다는 계획에는 큰 차질이 없는 것으로 전해진다. 실제로 2021년 하반기부터 베이징시는 지하철 요금 등 대중교통과 주요 쇼핑몰에서 디지털 위안화 결제 서비스를 시작했다. 베이징시 전역에 설치된 디지털 위안화 ATM 기기를 통해서도 자유롭게 입출금과 결제 서비스를 이용할 수 있도록 했다.

이처럼 중국의 암호화폐 정책은 두 갈래 노선을 취한다. 중앙정부가 발행하는 디지털 화폐의 보급을 늘리는 한편 잠재적 경쟁자이자 국가가 통제할 수 없는 민간 디지털 화폐는 아예 시장에 나오지 못하도록 강력히 단속하는 것이다. 베이징 올림픽을 기점으로 디지털 위안화가 폭넓게 보급되기 시작하면 이는 전 세계 암호화폐 시장에 심각한 도전이 될 수밖에 없다. 디지털 위안화뿐 아니라 미국의 디지털 달러와 유럽의 디지털 유로화 프로젝트가 추진되는 상황에서 베이징 동계 올림픽은 국가 주도의 디지털 화폐와 민간 암호화폐가 서로 힘을 겨루는 암호 올림픽crypto-Olympic의 의미도 가지게 될 것이다.

두 번째 시장 리스크: 암호화폐와 인플레이션

암호화폐를 지지하는 사람들은 미국의 달러화를 기축으로 한 고정환

율제의 국제통화 질서였던 브레튼우즈Bretton Woods 체제 붕괴 이후 생겨난 각국의 방만한 통화정책을 비판한다. 변동환율제도의 채택과 함께 통화정책의 자율성이 커지면서 각국 중앙은행들의 유동성 공급은 크게 늘었다. 그 결과가 1970년대에 나타났던 전 세계적 인플레이션이다. 지금도 그 가능성은 열려 있다. 2008년 글로벌 금융위기와 2020년의 코로나19 위기 때 각국 중앙은행들은 전례 없이 과감하게 돈을 풀었다. 그 돈은 결국 인플레이션으로 이어진다는 것이 미국 하버드대학교의 로런스 서머스Lawrence Summers 교수 등 많은 경제학자의 지적이다.

실제로 2021년 상반기부터 국제 원자재 가격은 심상치 않은 모습을 보였다. 원유는 물론 구리와 비철금속 등 주요 원자재 가격이 현저하게 오름세로 전환했다. 미 연준은 공식적으로 인정하지 않지만, 인플레이션을 우려하는 목소리가 내부에서 조금씩 새어 나오고 있다. 2022년에 인플레이션이 더 심해지면 이는 암호화폐의 명목 가격을 높일 것이다. 그렇게 되면 암호화폐가 인플레이션 위험을 낮추는 '헤지hedge 수단'이라는 주장이 분명해진다.

하지만 인플레이션의 진전에도 불구하고 암호화폐의 가격 상승이 그에 미치지 못하면 오히려 암호화폐 시장의 몰락을 재촉하게 된다. 가령 미국의 몇몇 대기업들은 초저금리 시대에 맞는 가치 저장 수단이라며 비트코인에 투자해왔다. 미국의 소프트웨어 기업 마이크로스트래티지MicroStrategy 등이 대표적이다. 인플레이션에 따른 손실을 피하기 위한 헤지 수단으로 비트코인을 활용한 것인데, 2021년 상반기에 비트코인 가격이 크게 떨어지면서 경영 위험 요인이 되고 있다.

은의 활용 역사에서도 이와 비슷한 현상을 찾아볼 수 있다. 한때는 은도 화폐로 쓰였다. 금과 은의 교환 비율은 오래도록 안정적이었다. 하지만 산업혁명이 시작되면서 그 비율이 급격히 뛰었고, 1970년대 후반 인플레이션이 심각했을 때가 최악이었다. 은은 결국 인플레이션 헤지 수단이 되지 못한다는 점이 점점 뚜렷해졌고 화폐로서의 쓰임새도 사라졌다. 이제 은의 가격은 인플레이션과 거의 상관이 없다는 것이 정설이다. 즉 은은 화폐가 아닐 뿐만 아니라 인플레이션 헤지 수단도 아니다.

이 같은 일은 암호화폐에도 똑같이 적용될 수 있다. 2009년 비트코인이 등장한 이래 지금까지 인플레이션 압력은 높지 않았다. 따라서 암호화폐가 인플레이션 헤지 수단이라는 것은 일종의 가설이었다. 그런데 만약 2022년 세계 경제의 회복과 더불어 인플레이션이 발생한다면 암호화폐에 관한 가설 검증 작업도 시작된다. 암호화폐의 가격이 인플레이션과 비슷한 속도로 움직이지 않는다면 인플레이션 헤지 수단이라는 가설은 여지없이 무너질 것이다.

규제 리스크: 각국의 암호화폐 규제

암호화폐 시장에 대한 규제나 관점은 국가마다 다르다. 엘살바도르가 비트코인을 법정화폐로 승인한 최초의 국가라면 중국은 비트코인 등 암호화폐를 원천적으로 봉쇄·금지하고 있다. 이처럼 대조적인 정책이 나오고 있지만, 최근 국가마다 단속에 나서거나 규제를 본격화한다는 점은 공통적이다. 암호화폐가 탈세와 자금 세탁 등 불법 행위에 이용될 수 있다는 점, 그 여파로 금융 소비자가 피해를 볼 수 있다는 점, 나아가 국가 중앙은행의 통제력이 약화될 수 있다는 것 등이 이러한 규제의 배경이다.

예를 들어 미국의 국세청IRS, 영국의 금융행위감독청FCA, 독일의 금융감독청BaFin 등은 세계 최대 암호화폐 거래소 중 하나인 바이낸스Binance

에 대한 각종 위반 혐의를 조사하거나 금융 당국의 동의 없이는 업무가 불가능하다는 조치를 내놓고 있다. 가장 강력한 규제를 하는 국가는 중국이다. 중국은 이미 2013년부터 암호화폐 발행과 거래가 불법임을 공표했고, 2021년 9월에는 관련 거래를 아예 범죄로 규정했다. 암호화폐 채굴업자뿐 아니라 이들에게 장소나 전기 등을 제공하는 기업까지 제재 대상에 포함하고 있다.

그럼에도 불구하고 전 세계 비트코인 채굴의 65%는 여전히 중국에서 이루어지는 것으로 알려져 있다. 중국에서 채굴한 비트코인 일부는 한국 등 주변국에 매도하는 것으로 추정되기도 한다. 국내 비트코인 가격이 외국보다 5~8% 정도 높아 중국인들이 이를 한국 내 거주자에게 매도한 뒤 '환치기' 수법으로 중국 현지에서 위안화를 받아 이익을 실현한다는 소문도 있다. 하지만 암호화폐에 관한 정확한 통계와 실상은 알려진 바가 없다. 중국 정부도 자국의 실상을 알지 못한다. 암호화폐 채굴업자가 몰려 있는 신장, 쓰촨, 내몽고 등은 상대적으로 중앙정부의 통제 수준이 낮아 지방자치의 성격이 강한 곳이다.

그런데 만일 중국 정부가 실상 파악을 통해 자국의 피해 우려가 크지 않다고 판단한다면 전 세계를 향해서도 강력한 규제 드라이브를 제안할 수 있다. 중국이 국제사회를 향해 '자금 세탁 방지'나 '테러 자금 지원 방지' 등을 내세우며 암호화폐를 규제하자고 나설 경우, 서방 국가들이 거부할 수 있는 명분은 딱히 없을 것이다. 결과적으로 2022년 암호화폐 시장은 중국이 주도하는 규제 강화 움직임 속에서 크게 위축될 수 있고, 일부 국가는 예기치 않은 금융 경색 국면에 들어갈 수도 있다.

정치 리스크: 대선과 암호화폐 포퓰리즘

2020년 개정된 세법에 따라 2022년부터는 가상자산 투자로 거둔 소득이 250만 원을 넘으면 그 초과분에 대해서 지방세까지 포함해 22%의 세율로 세금이 부과된다. 이에 대해 투자자들의 불만이 많다. 가상자산을 제도적으로 양성화하지도 않은 채 세금을 걷겠다고 하는 데다가 과세 수준이 주식보다 높기 때문이다. 이에 따라 세법 개정을 요구하는 목소리가 높다.

특히 2022년 한국에선 대통령 선거가 치러진다. 중요한 선거를 앞둔 시점에서 유권자들의 이런 불만은 정치인들에게는 첨예의 관심사가 아닐 수 없다. 특히 선거에서 캐스팅 보트_{casting vote} 역할을 할 MZ세대가 암호화폐 투자자의 다수를 차지하고 있어 이들의 환심을 사려는 일종의 암호화폐 포퓰리즘이 생겨날 수 있다. 강력한 규제나 정책이 나오기 어려운 상황이 될 수 있다는 얘기다.

물론 금융위원회는 개정된 특정금융거래정보법에 따라 암호화폐 거래소 신고 제도를 시행하는 등 가상자산 시장의 관리와 감독에 나섰다. 이에 따라 암호화폐 거래소들은 정보 보호 관리 체계 인증, 은행의 실명 계좌 취득, 자금 세탁 방지 시스템 등을 마련한 뒤 신고해야 한다. 금융위원회는 또 과학기술정보통신부 등과 함께 규제 법안을 마련하기 위해 578개(2021.7 기준)에 이르는 국내 암호화폐를 분류하는 등의 기초 작업을 하는 중이다. 국회에도 가상 사업자를 규제하고 투자자를 보호하기 위해 '가상자산업법안' 등 가상자산 관련 4개 법안(2021.7 기준)이 상정된 상태다.

가상자산 시장의 과제

국내 거대 금융기관이나 대기업들의 가상자산에 대한 투자는 표면적으로는 미미해 보인다. 투자자의 대부분은 신기술에 해박한 일부 IT기업 대주주들과 청년층이다. 그러므로 2022년 글로벌 가상자산 시장에 한파가 불더라도 그것이 국내 금융시장의 안정을 직접적으로 위협하지는 않을 것이다.

그러나 개인 차원의 투자일지라도 손실이 계속 쌓이면 경제 회복의 속도는 매우 더뎌진다. 가계의 실질 부와 가처분 소득이 축소되어 소비가 장기간에 걸쳐 위축되기 때문이다. 더구나 베이비붐 세대의 은퇴 시기인 점에서 소비 감축 효과가 통상적 경제전망 모델의 결과보다 크다는 것을 각오해야 한다. 코로나19 백신 접종의 확대와 더불어 경기가 회복되는데도 가계 소비가 위축되면 기업들은 고용과 투자를 늘려놓고도 매출을 통해 자금을 회수하는 기간이 길어지게 된다. 따라서 이런 부정적 예측도 함께 고려하는 정부 차원의 대응이 마련되어야 한다.

체계적인 규제안 마련

국내 암호화폐 시장의 이상 과열 현상을 방지하기 위해 정책 당국이 우선할 문제도 있다. 우리나라에서만 두드러지는 '알트코인' 즉, 비트코인을 제외한 '잡코인'의 거래를 진정시키는 일이다. 우리나라에서는 비트코인의 거래량(금액 기준)은 10% 정도에 불과하고 대부분의 거래가 알트코인으로 이루어지는데, 가격 변동 폭이 지나칠 정도로 크다. 거래소 신고제 시행을 앞두고 일정 부분 정리되기도 했지만, 알트코인에 대한 지속적 관리와 감독이 필요하다.

알트코인 통제는 거래소를 상시 규율함으로써 가능할 것이다. 전 세계적으로 볼 때 암호화폐는 금융 상품이 아닌 일반 상품에 가깝다. 일반 상품은 동대문 시장이든 남대문 시장이든 동시에 거래된다. 똑같은 암호화폐도 여러 거래소에서 동시에 거래될 수 있다. 그러나 주식의 경우 상장되는 거래소가 제한된다. 코스피와 코스닥 시장에서 동시에 거래되는 주식 종목이 없듯 동시 상장되는 주식은 없다. 같은 원리로 특정 암호화폐가 거래되는 장소(거래소)를 제한하는 것이다. 암호화폐 거래소들은 자신들이 중고품 매매를 중개하는 '중고나라'나 '당근마켓' 같은 중개 플랫폼일 뿐이라고 주장할지도 모른다. 그러나 이런 경우라면 국내 거래소가 회원의 투자금을 보관하고 있을 이유가 없다. 거래소가 회원 간 직거래를 허용하지 않고 회원의 투자금을 보관한다면 이를 단순 중개 플랫폼이라고 볼 수 없고, 정부가 규제할 이유도 생기는 것이다. 투자자 보호와 시장 질서 유지가 물론 그 이유다.

구체적인 규제를 통한 신뢰성 확보

또 가상자산 거래소 신고제도 시행을 앞두고 잡코인들이 무더기로 상장 폐지되면서 혼란을 빚은 사례에 비춰볼 때, 암호화폐도 주식처럼 표준화된 상장 기준과 폐지 기준을 만들어야 한다. 현재 암호화폐 거래소는 자체 기준으로 상장이나 상장 폐지를 결정한다. 결국은 암호화폐 시장의 혼선을 해결하고 연착륙을 이끌려면 상장 요건을 포함해 가상자산 시장에 대한 구체적인 법체계가 마련되어야 한다. 홍콩이나 일본, 싱가포르, 미국, 프랑스 등지에서도 암호화폐 시장을 일정 부분 제도화하고 있다. 홍콩의 경우 개인별 거래 한도를 설정하고 있고, 일본은 안전한 자산 보관 의무 등을 만들어 투자자를 보호하고 있다.

우리도 불법 행위 단속 차원에서 그칠 것이 아니라, 현재 준비 중인 관련 규제 법안들을 구체화해야 한다. 선진국들의 규제안 등을 참조해 법·제도 안에서 시장의 신뢰성을 확보하고 투자자를 보호할 수 있도록 명확한 가이드라인을 제시해야 한다. 특히 암호화폐는 국경이 없다는 점에서 국제적 흐름도 빠르게 반영할 수 있어야 하며, 가상자산 시장 관련 규제안 가운데 가장 체계적이라고 평가받고 있는 EU의 규제인 MiCA, Markets in Crypto-assets 등을 참조해 규제 체계를 확립하고 명시화하는 작업이 필요하다.

빈곤한 노인층의 폭발과
세대 갈등

□ □ ▭▪ ▬▬▪   노인이 많은 나라, 빈곤한 노인이 많은 나라, 그리고 국민연금의 고갈. X이벤트가 아니라 '확정된 우리의 미래'다. 통계청의 장래인구추계에 따르면 2067년 우리나라의 65세 이상 노인 인구 비율은 46.5%가 된다. 인구 2명 중 1명이 노인인 세상이다. 이렇게 빠른 고령화 속도는 전 세계적으로 유례를 찾기 힘들다. UN의 〈세계 인구 전망 보고서〉에 따르면 2010년 전 세계의 노년부양비*는 11.7명에서 2050년 25.2명으로 약 2.2배 증가하는데, 우리나라는 14.6명에서 66.3명으로 약 4.5배 증가한다. 생산 가능 인구 1명이 고령인구 1명을 부양하기도 빠듯한 노년부양비 100+a의 시대가 오는 것이다. 결국 연금제도를 둘러싼 세대 갈등이 일어날 것은 불 보듯 뻔한 상황이다.

• 생산 가능 인구(15~64세) 100명에 대한 고령(65세 이상) 인구의 비.

세대 간 연대를 전제로 하는 연금 제도에 빨간 경고등이 켜진 것은 이미 오래전이지만, 이는 저출생 심화와 복지 확대, 세금 이슈, 정치적 선택 등 많은 것이 얽혀 가닥을 잡거나 미래를 전망하기가 쉽지 않은 'X이벤트급 뇌관'이 되고 있다.

고령화와 인구구조 변화

2067년에 1,827만 명, 인구 비율로는 46.5%에 이를 65세 이상 고령 인구는 증가 속도도 극적이다. 통계청 장래인구추계에 따르면 2017년 707만 명이었던 데서 2025년 1,000만 명을 넘어서고, 2035년 1,524만 명, 2045년 1,833만 명, 2050년 1,901만 명으로 급증할 전망이다. 반면 만 15세에서 64세의 생산 가능 인구는 정점에 올랐던 2017년 이후 계속 줄어들고 있다. 이 예정된 미래는 우리 사회가 대응책을 마련하기도 전에 성큼성큼 다가오고 있다.

일각에서는 출생률을 높이면 이를 피할 수 있을 것이라 기대한다. 그러나 낮은 출생률을 어느 정도 극복한다고 해도 이미 1980년대 초반부터 시작된 저출생 현상과 이에 따라 변화된 연령 구조가 전체적으로 바뀔 가능성은 희박하다. 차라리 인구구조 변화에 맞춰 대응책을 꾀해야 한다. 우선 고령화의 진전에 맞춰 변화에 조응하는 유형이 있다. 노인 돌봄 서비스 제공이나 노인층의 노동시장 참여 등이 이에 속한다. 또 소득 보장, 건강 보장 등은 고령화가 진전되기 이전부터 준비해야 할 문제들이다.

노인 부양에 대한 사회적 인식의 변화

고령화사회에서는 지금과 같은 수준으로 사회적 지원을 하더라도 전체 자원 할당에서 더 높은 비율이 고령인구에게 할당된다. 그런데 우리나라는 고령인구에게 배분하는 공적 자원이 지금보다 더 커질 가능성이 있다. 그 배경 중의 하나가 부모 부양 의무 수용률이다. 부모의 노후 생계를 자녀(가족)가 돌봐야 한다고 응답한 사람의 비율은 1998년 89.9%였는데, 해가 갈수록 줄어들어 2018년에는 26.7%로 낮아졌다. 과거에는 노부모의 부양 의무가 자녀에게 있고, 노인의 빈곤도 가족에게 책임이 있다고 보았다. 그러나 이제는 고령인구의 부양 의무를 사회가 지는 방향으로 인식이 변하고 있다.

노후 생계의 책임을 국가와 사회에 요구하는 인식의 확산은 두 가지 정책으로 연결될 수밖에 없다. 첫째, 개인이 노후를 준비하도록 지원하는 사회적 장치가 강화될 것이다. 국민연금은 개인의 노후 준비를 지원하는 대표적 공적 장치다. 그래서 국민연금에 가입해 보험료를 내기 어려운 취약층을 지원하기 위한 보험료 지원 사업이 확대되고 있다. 최근에는 퇴직금제가 아닌 퇴직연금의 적용을 강제화함으로써 다양한 노후 소득원을 확보하도록 해야 한다는 주장도 힘을 얻고 있다.

둘째, 이러한 조치에도 불구하고 노후 준비가 부족한 사람에 대한 지원이 확대될 것이다. 국민연금은 1988년에 실시되었지만, 2021년 기준 80세가 넘는 노인들의 대다수는 국민연금 수급 자격이 없다. 이런 노인들을 위해 2008년 기초노령연금, 2014년 기초연금이 도입되었다. 2008년 도입되던 때 월 10만 원이던 기초노령연금은 2014년 기초연금으로 재편되면서 월 20만 원으로 늘어났고, 2018년부터는 월 25만 원이 되었다. 그리고 2019년부터 소득 하위 노인부터 단계적으로 확대해 2021년에는 월 30만 원의 기초연금이 지급되고 있다. 노후소득 보장의 책임이 개인과 가족에서 국가와 사회로 이동한 결과다.

고령화 시대의 재정 부담: 국민연금과 의료비

예측되는 인구구조 변화에 적절히 대응하지 못한다면 극단적 상황이 발생할 수 있다. 가장 대표적인 것이 국민연금의 재정 부담이다. 2018년 실시된 '4차 국민연금 재정재계산'에 따르면 2065년에는 GDP의 8.4%에 이르는 국민연금 급여를 위해 보험료 부과가 가능한 소득의 29.2%를 보험료로 내야 한다. GDP 대비 8.4%의 공적연금 급여 지출은 2013년 기준 OECD 국가의 평균적 연금 급여 지출 8.9%에 못 미치지만, 후세대의 부담은 절대 적지 않다.

국민연금은 미래에 필요한 재정지출 일부를 현세대가 적립해 운영하는 방식을 취하고 있지만, 지금의 추세라면 국민연금 기금은 2055년에 소진된다. 국회 예산정책처가 2020년 발간한 보고서에 따르면 국민연금은 2039년 적자로 전환된 뒤 2055년이 되면 적립금이 고갈되는 것으로 나타났다. 고갈 시점이 2018년에 예측한 것보다도 2년 앞당겨졌다. 그 이후에는 1,700만 명에 이르는 연금수급자의 급여를 1,262만 명의 가입자가 책임져야 한다. 이는 결국 미래세대의 부담을 늘리는 요인이며 세대 간 갈등뿐 아니라 저출생 추세에도 계속 영향을 미칠 수밖에 없다. 국민연금 소득 대체율 상향 조정과 보험료율 인상 논의 등이 정책의제에 오래전부터 올라 있지만, 해법 마련은 요원한 상황이다.

한편 노인의 의료비 지출도 인구 고령화 시기에 재원 부담의 문제를 가져올 수 있다. 건강보험 진료비 중 65세 이상 인구가 차지하는 진료비는 2010년 32.3%에서 점차 증가해 2019년 41.6%에 이르렀다. 노인을 위한 현재 수준의 국민연금과 건강보험의 급여 지출만으로도 2060년대 초반에 GDP 대비 14% 수준의 부담이 필요하다. 여기에 더해 기초연금과 노인장기요양보험의 급여 지출도 인구 고령화의 영향을 받아 늘어나게 될 것이다.

이렇게 재정 부담이 쌓이다 보면, 복지 제도에 대한 후세대와 미래세대의 사회적 동의가 철회될 수도 있다. 따라서 현세대의 추가 부담이나 국민연금 급여 삭감 같은 대안이 필요하다. 그러나 고령화의 영향을 한 세대가 온전히 대비하는 것은 불가능하며, 재원의 일부를 후세대로부터 받을 수밖에 없다. 다만 필요한 재원을 세대 간에 어떻게 분담할 것인지, 미래세대의 부담을 덜기 위해 현세대가 해야 하는 일은 무엇인지에 대한 사회적 합의가 이뤄져야 한다.

노인을 위한 나라는 받아들여질 것인가

고령화사회에서 노인을 위한 복지 확장은 시대적 과제가 될 수밖에 없다. 그에 따라 기초연금의 지급액도 점차 높아지고 있는데 그 이면에는 정치적 요인도 자리하고 있다. 기초노령연금에서 기초연금으로의 전환, 그리고 기초연금의 증액은 모두 대통령 선거 국면의 주요 공약이었다. 노인 부양 의무의 책임이 가족에서 국가로 옮겨감에 따라 앞으로도 노인을 위한 복지의 확대는 불가피하다. 다만 이러한 복지 확대가 변화한 미래의 인구구조 속에서도 세대 간 합의를 유지할 수 있을지는 의문이다. 따라서 향후 세대 갈등의 가능성을 줄이기 위해서라도 고령화 진전 속도가 더 가속되기 이전에 변화에 대비할 필요가 있다.

미흡한 노후소득 보장과 빈곤 노인층의 증가

노후소득 보장을 위한 중요한 수단인 국민연금을 중심으로 살펴보자. 2018년 4차 국민연금 재정재계산에 따르면 2060년에는 노인 중 81%가 노령연금을 수급하는 것으로 계산된다. 이 수치는 유족연금 수급자를 포함하지 않은 것이며 65세 이상인 유족연금 수급자를 포함할 경우, 국민연금 수급률은 더 높아질 수 있다.

그러나 10명 중 2명은 여전히 연금 수급 자격이 없는 사각지대에 놓여 있을 것으로 추정된다. 또 수급 자격이 있더라도 적정한 수준의 급여를 확보할 수 있는가의 문제가 남는다. 국민연금은 가입자가 낸 보험료를 기반으로 운영되는 소득 비례 사회보험이다. 따라서 더 많은 보험료를 더 오래 낼수록 더 많은 급여를 받는다. 저소득 단기 가입자는 급여 자격을 확보하더라도 노후 생활에 충분하지 못한 급여를 받게 된다. 장기적으로 국민연금 수급률은 높아져도 연금수급자의 평균 연금액은 근로 연령대 집단의 소득과 비교하면 2030년대 중반 이후 적어지는 것으로 나타난다. 국민연금만으로 필요한 지출을 확보하기가 쉽지 않다는 의미다.

복지 확대, 그리고 세대 갈등

우리나라는 노인 빈곤율이 OECD 국가 중 가장 높다. 전체 인구의 빈곤율은 17.4%이지만 노인 인구의 빈곤율은 43.8%나 된다. 현재 노인들의 상당수는 국민연금 수급 대상자가 아니다. 이에 따라 기초연금의 추가적 증액이 정치 의제로 다뤄질 가능성이 크다. 문제는 이러한 복지 확장 국면에서 세대 갈등의 가능성이 존재한다는 것이다. 기초연금은 65세 이상 노인 중 하위 70% 노인을 대상으로 지급한다. 기초연금의 수급 대상을 결정하는 기준선은 2021년 노인 단독가구는 소득인정액 169만 원, 노인 부부가구는 소득인정액 270여만 원이다. 이 기준선은 베이비붐 세대가 노령기로 진입하면서 더 높아지고 있다.

빈곤층 대상의 국민기초생활 보장 제도의 급여 자격 선정 기준이 2009년부터 2020년까지 약 1.6배 상승한 데 비해 기초연금 선정 기준은 같은 시기 2.2배 상승했다. 소득원으로 바로 활용하기 어려운 자산의 가치도 반영되었다는 점을 고려해야 하지만, 노인의 몫으로 배분되는 사회적 자원의 양이 상대적으로 더 커질 때는 세대 갈등의 원천으로 작동할 수 있다.

고령화 시대 대응 전략

세대 간 자원 배분을 둘러싼 갈등을 최소화하기 위해서는 노인 스스로 적정한 수준의 노후를 준비하고 있어야 한다. 웬만큼의 소득을 확보하고 있다면 건강보험의 보험료도 부담할 수 있고, 빈곤한 노인에게 지급되는 기초생활 보장 제도의 부담도 덜 수 있다. 또 건강을 유지하고 있다면 일자리를 찾아 일할 수도 있다.

연금제도의 개혁

무엇보다 미래세대의 부담을 덜기 위해서는 국민연금의 보험료율 인상이 필수다. 2018년 국민연금 종합 운영계획안에서도 단계적인 보험료율 인상안이 일부 포함되었는데, 이를 구체적으로 제도화하는 데는 실패했다. 보험료율 인상이 늦어지면 늦어질수록 후세대의 부담을 키운다. 왜냐하면 보험료를 부담해야 할 많은 사람이 노동시장으로부터 은퇴하기 때문이다. 그런데도 보험료율 인상은 계속해서 반대의 벽에 부딪히고 있다.

우리나라는 근로 연령대 집단이 부담하는 조세와 사회보험료 지출 수준이 멕시코, 터키, 칠레에 이어 낮은 편이다. 그러나 지금까지 저부담 저복지의 경로를 발전시켜왔기 때문에 국민연금의 보험료율을 높이는 것에 대한 반발이 거셀 수밖에 없다. 그 결과, 사회보험 방식의 연금 개혁은 항상 뒷전으로 밀리고, 다양한 세원 확보가 가능한 일반 조세를 이용한 기초연금 급여를 인상하는 선택을 하게 된다. 복잡한 세대 갈등의 수레바퀴가 돌아갈 수밖에 없는 정책의 배경이다.

그러나 2021년 열린 연금학회·인구학회 학술대회에서의 분석에 따르면 연금 개혁이 제대로 이뤄지지 않을 경우, 2088년에는 1경 8,000조 원의 적자가 쌓일 수 있다. 물론 그 부담은 고스란히 미래세대에 떠넘겨진다. 이대로 있다가는 "미래세대의 반란이 일어날 것"이란 지적까지 나왔다. 따라서 국민연금을 포함한 공적연금 컨트롤타워를 선정하고 통합적 개혁안을 만드는 등의 구체적 실천이 절실한 상황이다.

건강한 노인의 경제활동 참여 유도

미래 사회의 세대 갈등을 피하기 위해서는 이러한 사회적 부담을 고령자도 나눠 가질 수 있도록 고령자의 경제활동 참여를 더욱 확대해야 한다. 고령자의 경제활동 참여에는 다음과 같은 세 가지 의미가 있다.

첫째는 소득의 확보다. 기초연금, 국민연금, 퇴직연금과 함께 근로·사업 소득도 고령자의 적정 소득을 확보하기 위한 수단이 되며 이로써 조금이나마 더 안정적인 생계를 유지할 수 있다.

둘째는 노인의 사회참여다. 이러한 참여는 건강한 삶을 유지하도록 도와 궁극적으로 노인 의료비 부담도 일부 낮출 수 있고, 나아가 고독과 무위의 어려움을 극복할 수 있는 수단이 될 수 있다.

셋째는 사회적 차원에서 고령 인력의 활용이라는 의미다. 생산 가능 인구가 줄어들면서 발생하는 노년부양비의 문제를 완화할 수 있으며, 건강보험 같은 보험료와 세금의 부담 가능성도 생긴다. 노인의 경제활동 참여를 독려하기 위해 OECD는 고령자의 경제활동 참여와 은퇴 지연에 대해 보상을 강화하고, 고령자의 취업 가능성을 높이기 위해 직업 능력을 유지할 수 있는 훈련 프로그램을 확대할 것을 제안한 바 있다.

적정 노후 소득의 확보

한 인간의 생애주기를 살펴보면 출생 후 노동시장에 진입하기 전까지는 소득 적자의 시기, 은퇴 이전까지는 소득 흑자의 시기, 은퇴 이후에는 다시 소득 적자의 시기가 된다. 과거 우리 사회에서 생애 초반의 소득 적자 시기는 주로 가족이 책임져왔지만, 돌봄 서비스 지원, 아동수당, 초중고 무상교육 등을 통해 점점 국가가 책임지는 방향으로 나아가고 있다. 소득 흑자의 시기에는 사회보험 가입을 통해 노후의 소득 적자 시기를 대비하게 된다. 바로 이 소득 흑자의 시기에 노후를 위해 더 많은 것을 준비해야 한다. 이는 미래세대에게 재정적 부담을 주지 않기 위한 노력이며, 국민연금 같은 사회보험의 부담을 높이는 것도 이에 포함된다.

한편, 국민연금 사각지대를 줄이기 위한 대책도 마련해야 한다. 2019년 기준 경제활동인구의 75%가 국민연금에 가입했으며, 군인연금 같은 특수 직역 연금 가입자를 포함하면 경제활동인구의 82.4%가 노후를 준비하고 있다. 그러나 소득 활동을 하는 지역 가입자 중 장기 체납자가 상당하며 보험료 납부를 유예하고 있는 사람도 많다. 또 고용 형태에 따른 국민연금의 미가입률 차이도 크다. 따라서 국민연금 사각지대를 줄일 방법을 더욱 적극적으로 모색해야 한다. 소득 활동을 하는 이들을 파악해 가입을 유도하는 소득 기반 사회보험 논의도 한 방편일 수 있으며, 보험료 납부가 어려운 저소득자와 실직자에 대한 보험료 지원 사업도 고려해볼 수 있다. 지금의 이러한 비용 부담이 미래세대의 부담을 실질적으로 완화할 방법이 될 것이다.

핀테크가 은행을
붕괴시키다

□ □ ▭▪ ▰▰▰ 미래학자가 예측하는 미래 세상 중 하나는 '현금 없는 사회cashless society'다. 그런 세상에는 상점 종업원도 없다. 무인점포cashier-less shop 진열대에서 물건을 골라 바구니에 담으면 자동으로 결제가 된다. 손목시계나 스마트폰으로 물건값을 치를 수도 있다. 아마존이 2018년 미국 시애틀에 처음 문을 연 무인매장 '아마존고Amazon Go'가 대표적이다. 매장 곳곳에 설치된 카메라 센서들이 자동으로 감지하고 알아서 비용을 청구한다. 이런 사회에서는 현금도 지갑도 가지고 다닐 필요가 없다. 코로나19 이후 우리는 상점이나 식당에 들어갈 때마다 스마트폰을 꺼내어 QR코드를 찍고 있는데, 머지않아 그런 수고조차 생략될 것이다. 입구의 CCTV가 고객의 신원을 자동으로 인식하는 단계에 이를 것이기 때문이다. 그렇게 되면 고객의 생활 습관, 소비패턴, 신용 상태까지 컴퓨터 시스템에 노출되고 분석될 것이다. 대출을 받을

때도 고객의 신용도 평가에 이러한 정보들이 활용될 것이다.

이미 알리바바그룹의 자회사인 중국의 즈마신용芝麻信用은 개인의 생활 습관과 인맥까지 파악해 개인의 신용 등급을 평가한다. 즈마신용이 설립된 이후 중국인들의 에티켓이 좋아졌다는 말이 나올 정도다. 그런데 이러한 변화를 전통적인 시중 상업 은행 측면에서 보면 무한 경쟁과 도전의 피고디. 디지털 전환을 시도하고는 있지만, IT업체의 한발 앞선 행보가 계속해서 새로운 혁신을 예고하기 때문이다. 실제로 IT 기술의 발전과 함께 진행되고 있는 이런 움직임을 두고 미국 최대 규모의 은행 JP모건체이스의 제이미 다이먼 회장은 "앞으로 우리의 경쟁 상대는 구글과 페이스북이 될 것"이라고 고백한 바 있다.

국내서도 거대 IT업체의 플랫폼을 통해 이뤄지는 '간편 대출' 등이 논의될 때마다 '공룡' 같던 전통 은행들이 빅테크에 밀려 멸종할 것이란 위기의 목소리가 나온다. 물론 금융당국이 2021년 9월 25일부터 빅테크 플랫폼에서 금융상품의 비교·추천을 금지하는 등의 규제를 시작했다. 금융 혁신을 강조하던 것과 사뭇 다른 분위기다. 그러나 빅테크 기업들의 성장에 제동이 걸렸다고 해도 닥쳐오는 거대한 물결을 감당해낼 준비가 되어 있지 않으면, 시중은행을 포함한 기존 금융회사들의 위기는 시간문제다.

글로벌 위기 요인: 테크핀들의 도전

'테크핀TechFin'이 금융 산업의 지형을 바꿀 것이라는 전망이 대세다. 테크핀은 금융사가 IT기술을 활용한다는 측면에서 사용하는 핀테크FinTech 개념과 유사하지만, IT 기업이 행위 주체인 점을 강조한 용어다. 즉 구글이나 네이버 같은 IT 기업이 주체가 되어 기술과 금융을 접목하려는 시도를 뜻한다. 이러한 테크핀의 부상으로 은행 없는 은행 서비스가 가능해지고 있다. 예금·송금·대출·환전 등 은행의 금융 서비스를 테크핀들이 분화·특화해가면서 은행 서비스는 계속되지만, 은행은 사라질 수도 있다는 얘기다.

바젤은행감독위원회도 2017년에 은행업의 미래에 관해 4개의 시나리오를 제시한 바 있다.

1. 'Better Bank' 시나리오: 은행들이 AI·빅데이터·클라우드 컴퓨팅 등 IT 기술을 금융 서비스에 적극적으로 접목함으로써 테크핀의 도전을 물리침

2. 'Distributed Bank' 시나리오: 기존 은행과 테크핀이 서로 분업함

3. 'Relegated Bank' 시나리오: 은행업이 테크핀에 흡수되어 후방 사업으로 퇴화함

4. 'Disintermediated Bank' 시나리오: 블록체인 기술로 인해 제3자에 의한 중개 기능, 즉 금융 업무 자체가 사라짐

첫 번째 시나리오를 제외하면 전부 은행에 위협적인 상황이다. 마지막 시나리오는 그야말로 최악의 가정이다. 그러나 전혀 가능성이 없는 얘기도 아니다. 가상자산의 하나인 이더리움을 이용해 수신·여신·보관·보험·옵션 거래 등에서 탈중앙화를 지향하는 디파이DeFi, definance 움직임이 해외에서 이미 시작되었고 우리나라에도 곧 유입될 것으로 보인다.

이보다는 덜 위협적이지만 은행업이 테크핀에 흡수되어 후방 사업으로 퇴화하는 세 번째 시나리오는 현재 우리나라에서도 진행 중이다. 지난 2~3년 동안 많은 사람이 카카오나 토스 등 테크핀이 제공하는 앱을 통해 스마트폰으로 자금을 이체했다. 금융 소비자들이 거래 은행의 존재를 조금씩 잊기 시작한 것이다. 이런 상황이 계속되면 기존 은행들은 앱을 통해 접수된 자금 이체 지시를 기계적으로 수행만 하는, 테크핀의 백 오피스로 격하될 수 있다. 그렇게 되면 네이버, 다음, 카카오 또는 교통카드 사업자들이 하는 일을 은행업(금융업)이라고 대중이 인식하는 상황에 이를 수도 있다. 미래학자 토머스 프레이는 2030년대 후반이 되면 은행은 문을 닫게 될 것이라고 부정적으로 전망하기도 했다.

국내 위기 요인: 전자금융거래법 개정

금융위원회가 비록 2021년 9월 빅테크 금융 플랫폼에 대한 규제에 나서면서 입장 변화를 시사하고 있지만, 2020년에 '4차 산업혁명 시대의 디지털금융 종합혁신방안'을 발표한 바 있다. 이 방안은 혁신 핀테크의 디지털 금융 산업 진입을 촉진해 지속 성장하는 디지털 금융 생태계를 구축하는 것을 목표로 기존의 전자금융거래법을 대폭 개정하려는 계획을 담고 있다. 기존의 은행업과 핀테크를 묶은 '디지털 금융 산업'을 가정하고 있는데, 이는 전통 은행업과 핀테크가 같은 범주 안에서 논의된다는 의미다.

디지털 금융 산업에 진출할 기업들은 네이버, 다음, 카카오 등 플랫폼 기업들이 유력하다. 이들은 지금도 전자상거래를 위해 제한된 금융 업

| 그림 1 | 디지털금융 종합혁신방안

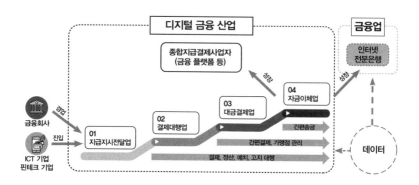

● 자료: 금융위원회, 〈4차 산업혁명 시대의 디지털금융 종합혁신방안〉, 2020

무를 수행하고 있는데, 전자금융거래법 개정으로 종합지급결제 사업자로 선정되면 다양한 금융 서비스가 가능해져 은행과 거의 대등한 위치에 놓이게 된다. 종합지급결제 사업자로 지정받을 가능성이 큰 네이버와 카카오의 시가총액은 코스피 시장에서 3위와 4위(2021.8 기준)를 기록하며, 이미 KB금융지주(21위), 신한지주(23위)를 능가한다.* 이들이 종합지급결제 사업자로서 자금 수취·송금·청산·결제 등 은행업에 준하는 활동을 한다면 은행들의 영업 실적은 크게 줄어들 수밖에 없다.

IT 기술 기반의 다양한 금융 서비스들로 고객을 공략한다면 은행들의 전통적인 사업 모델만으로는 수익을 내기가 점점 더 어려워질 것이다. 영업 범위가 제한적인 지방은행들은 그 충격이 더 클 것이다. 지역 자금 역외 유출 가속화, 지역 경제 붕괴 등을 이유로 종합지급결제 사업

● 2021년 8월 6일 상장한 카카오뱅크는 시가총액 9위를 기록하기도 했다.

자 도입을 반대해온 이유가 여기에 있다. 이처럼 점점 더 플랫폼 중심의 금융 환경으로 이행하면서 전통적인 은행들은 디지털 역량을 키워가고 있음에도 계속해서 도전에 직면해 있다.

국내 은행들의 혁신 의지 부족

전통 은행들은 디지털이라는 거대 흐름에 뒤처지지 않기 위해 디지털 역량을 키우려고 노력해왔다. 1975년 현금자동인출기CD 도입과 1984년 현금자동입출금기ATM 도입으로 은행의 고객 대면 서비스가 전자기기로 대체되기 시작한 것이 온라인화의 첫 출발이다. 1990년대 후반 인터넷이 보급되면서 2000년에는 인터넷 뱅킹 서비스를 본격화하고, 이후 모바일뱅킹 앱을 오픈하는 등 다양한 모바일 채널을 강화해왔다. 그러나 새롭게 진입해오는 테크핀 업체들의 활약 속에서 과거와 비교하면 전통 은행의 역할이 확연하게 축소된 것도 사실이다. 그 배경에는 은행들의 혁신 의지가 그리 높지 않았던 것이 크게 자리한다.

신용카드를 예로 살펴보자. 우리나라 신용카드사 중 절반 이상이 은행지주회사의 자회사이고, 별도의 신용카드사를 두고 있지 않은 은행들은 조직 안에 신용카드 사업부가 있다. 그런데 지난 수년간 신용카드 영업 환경은 계속해서 악화일로였다. 물론 신용카드를 지닌 소비자의 편에서는 신용카드 사용이 유리하다. 마일리지 적립 등의 혜택을 받기 때문이다. 그러나 이러한 서비스의 비용은 가맹점이 부담한다. 즉 신용카드사들은 은행보다 높은 금리로 회사채를 발행해 조달한 자금을 카드 소지자를 위한 신용의 재원으로 활용하고, 나아가 마일리지 적립 혜택까지 준다. 이때 발생하는 높은 금융 비용은 소상공인과 영세 자영업자로부터 거둬들이는 카드 수수료로 충당된다.

그런데 전자금융거래법 개정안에는 종합지급결제 사업자가 지급을 대신하는 '마이페이먼트' 등이 포함되어 있다. 이는 고객이 지급지시 서비스 제공업자에게 지급지시 권한을 허용함으로써 업체가 고객 계좌에서 계좌이체 등의 방법으로 결제하는 시스템으로, 신용카드와 달리 수수료도 발생하지 않는다. 전자금융거래법 개정으로 네이버나 카카오 등 테크핀 업체들이 지급 서비스 사업을 시작하면 고객들은 신용카드나 자금을 따로 보유하고 있지 않아도 결제가 가능해진다.

이것을 은행의 입장에서 보면, 그만큼 신용카드 수수료가 줄어들고 신용카드사와 은행 신용카드 사업의 수익성이 낮아질 수밖에 없다는 의미다. 테크핀과 은행업 간의 제로섬 게임이 되는 것이다. 결국 은행들은 신용카드 사업에서 줄어드는 영업이익을 대출 금리에서 예금 금리를 뺀 '예대마진'으로 만회해야 하지만, 지금과 같은 저금리 구조와 경기침체 속에서 대출 금리를 빠른 속도로 올리기는 쉽지 않다. 이제 전통적인 비즈니스 방식으로는 큰 수익을 내기가 어려운 것이다. 상업은행들로서는 진퇴양난이 아닐 수 없다.

은행의 대응 방안: 하이테크와 하이 터치 전략

전통적인 상업 은행들의 영업 환경 악화는 우리나라만의 일은 아니다. 구글, 아마존, 페이스북, 애플, 마이크로소프트 등 미국계 기업뿐만 아니라 알리페이, 위챗 등 중국의 테크핀들도 기존 금융업을 크게 위협하고 있다.

물론 기존 은행들도 환경의 변화에 맞추어 금융 빅데이터를 활용하거나, 다른 금융사 고객도 간편결제가 가능한 개방형 결제 플랫폼을 만드는 등 다양한 전략을 시도하고 있다. 금융 산업 생태계의 변화가 은행의 종말을 의미하는 것은 아니며 테크핀과 전통적 은행은 협력과 경쟁을 동시에 하는 '프레너미frenemy 관계'로 표현되기도 한다.[29] 또 테크핀의 새로운 도전을 전통 은행들이 디지털 전환을 가속하는 배경으로 파악하는 시각도 있다. 그러나 플랫폼 기업들이 전자상거래와 물류에서 확보된 빅데이터를 금융 활동에 접목해 발휘하게 될 '플랫폼 파워'는 기존 은행들이 모아온 노하우나 경험과 비교조차 할 수 없을 것이다. 방대한 빅데이터를 기반으로 고객의 니즈를 정확하게 파악해 맞춤형 금융상품 개발도 가능할 것이고, 정보 기반 신용평가모델 구축에서도 기존 은행보다 우위에 놓일 수 있다. 이처럼 물류logistics, 상류trade, 금류finance가 결합하면 금류 하나만 담당하는 금융기관보다 경쟁력이 클 수밖에 없다.

이런 흐름 속에서 기존 금융기관, 특히 상업 은행들이 테크핀과 경쟁하려면 무엇보다 돈을 중개한다는 전통적 사고에서 벗어나 데이터를 활용하는 디지털 하이테크 전략에 집중해야 한다. "돈이 아니라 데이터를 맡기면 이자를 준다"는 식의 사고 전환과 데이터 활용이 필요하다. 이런 차원에서 고객 빅데이터와 블록체인, AI 등을 활용할 수 있는 '하이테크' 인력이 크게 보강되어야 한다.[30] 또 고객을 기다리는 서비스가 아니라 고객을 찾아다니며 고객과의 접점을 대폭 확대하는 '하이 터치' 전략이 필요하다. 이를 통해 돈만이 아니라 점점 확대되는 디지털 자산의 관리까지 맡길 수 있도록 새로운 서비스를 늘려가야 한다.

금융기관과 테크핀의 경쟁은 지급결제 서비스에서 본격화되고 있지만, 기존 금융기관들은 혁신 전략을 대출 관행을 전면 개편하는 데서 시작하는 것도 생각해볼 필요가 있다. 국내 은행들은 수십 년 동안 미국의 투자은행을 모델로 삼으면서 유가증권 투자 활동에 주력해왔다. 여신 업무의 경우 부동산 담보 대출이 대부분을 차지한다. 고객의 신용이나 기술에 대한 평가는 부동산 감정기관이나 기술평가기관에 위임해왔다. 고객의 재산(담보물)에만 지대한 관심을 가지면서 고객과 고객의 사업을 파악하려는 노력은 기울이지 않았던 셈이다. 고객의 자금 수요를 능동적으로 파악하지 않으면 엄청난 빅데이터를 무기로 삼은 테크핀들의 도전을 이겨낼 수가 없다.

고객을 파악하는 금융으로 돌아가기

1970년대 이전의 금융기관들은 지금과 달랐다. 어음할인 활동을 통해 기업의 자금 흐름과 영업 상황을 상세히 파악했다. 즉 어음을 할인하면서 거래 기업의 사업 현황과 자금 수요를 꿰뚫을 수 있었다. 거래 기업에 운전자금(경영 자금)을 빌려주더라도 임대료, 임금, 전기·수도 요금, 난방비 등을 훤히 파악한 뒤 자금을 대출했다. 오늘날 구글이나 페이스북이 고객의 생활 방식과 관심사에 대한 모든 정보를 지닌 것과 다르지 않았다. 그런데 금융기관들이 미국의 투자은행 경영 방식을 가져오면서 이런 장점들이 조금씩 사라져갔다.

따라서 전통 은행들이 테크핀과 경쟁하려면 초심으로 돌아가야 한다. 단기적·유동적 운전자금을 대출할 때도 장기적·고정적 설비자금을 대출할 때처럼 실수요를 파악하는 세심함과 부지런함을 아끼지 말아야 한다. 전년도 매출액과 담보물만 파악할 게 아니라 언제 어디서 어떤 용도로 얼마의 자금을 지출해왔는지 등을 세심하게 파악해 신용을 평가하는 것이다. 독일의 은행이 이러한 방식을 취해왔는데, 그 결과 담보물만 챙기는 우리나라 은행보다 고객과의 관계가 훨씬 긴밀하고 안정적이라고 평가받는다. 고객과의 접점을 늘리지 않는다면, 은행 점포가 높은 임대료를 감수하면서 길목 좋은 건물의 1층에 있을 이유가 없다.

정부의 대응 방안: 제2의 지방은행 설립 검토

4차 산업혁명의 근간 기술인 빅데이터는 규모의 경제economy of scale라는 특징을 가진다. 정보를 더 많이 가진 쪽이 경쟁력을 갖는 것이다. 그런 점에서 영세한 지방은행이나 새마을금고, 신용협동조합, 저축은행 등 서민 금융 기관들은 태생적으로 4차 산업혁명의 높은 파고를 견뎌내기가 쉽지 않다.

서민 금융 기관들의 사업 모델은 아주 단순하다. 대형 상업 은행들이 침투하기 어려운 지역사회를 파고들어 상업 은행보다 약간 높은 금리로 예수금을 받고 대출을 한다. 말하자면 정보의 비대칭성information asymmetry이 지역사회에서 서민 금융 기관들이 존립해온 근거다. 하지만 정보화시대로 접어들면서 정보의 비대칭성은 빠르게 깨지고 있다.

그렇다면 지역 상공회의소를 중심으로 새마을금고, 신용협동조합, 저축은행을 통합해 제2의 지방은행으로 대형화하는 방향을 생각해볼 수 있다. 이 경우 임대료나 인건비 등 고정비용이 줄어들어 궁극적으로 지역사회 주민에게도 긍정적인 효과를 미치게 된다. 금융감독 업무의 효율성도 높아질 것이다.

서민 금융 기관은 1970년대 고도성장 과정에서 가계 자금의 흡수를 위해 설립되었다. 당시에는 금융 접근성이 너무 낮아 계나 사채업자 등 사금융이 번창했고, 이를 양성화하는 것이 제도 도입의 주된 이유였다. 이제 그런 상황은 지났다. 서민 금융 기관들은 그 출범에 담겼던 '역사적 사명'을 다한 셈이다. 따라서 이러한 금융 산업의 재편 또는 구조조정을 검토할 필요가 있다. 일본은 1970년대에 무진회사를, 미국은 1980년에 저축대부조합S&L을, 프랑스는 1990년대 유럽중앙은행SECB의 출범에 맞춰 신협을 정비하고 현대화했다. 영세 규모의 서민 금융 기관을 새롭게 통합하는 일은 금융 산업 발전을 위해 더는 미룰 수 없는 시대적 과제 가운데 하나다.

블랙아웃으로
멈춰 선 사회

가상 시나리오: 암흑에 빠진 세상

전기가 유일한 생활 에너지원이 된 미래의 어느 날, 원인 불명의 블랙아웃(대정전)으로 갑자기 모든 전기 공급이 차단된다. 전기 공급이 멈추자 일상도 멈춘다. 전화도 인터넷도 스마트폰도 먹통이 되었다. 언제 전기가 복구될지 모르는 불안한 상황 속에 비상 발전기에 의존해 겨우 연명하지만 비축한 식량이 고갈되면서 사람들의 불안감은 공포로 변한다. 구호 물품을 수급하러 집 밖에 나가보지만 도시 역시 혼란 그 자체다. 슈퍼마켓, 주유소, 관공서, 약국 등 모든 건물이 폐쇄되었고 물자 부족으로 곳곳에서 약탈이 이뤄진다. 정전으로 신용카드 사용은 불가능하고 현금이 있어도 살 수 있는 물건이 없다. 어쩌다 물물교환 같은 원시적 방식의 거래만 간간이 이루어진다. 어딘가 다른 도시에는 전기가 들어온다는 유언비어만 난무하고 실제로 확인된 건 아무것도 없다.

이 극한 상황은 2015년 영화 〈인투 더 포레스트〉의 이야기다. 영화는 블랙아웃으로 모든 것이 멈춰버린 세상에서 어떻게든 살아남기 위해 몸부림치는 사람들의 모습을 그렸다. 이런 불길한 시나리오가 정말 영화 속에서만 나오는 가상의 미래일까? 아니다. 우리의 미래에도 충분히 일어날 수 있는 이야기다. 블랙아웃은 전기 사용량이 전기 발전 및 공급량보다 많을 때 발생하는 정전 사태다. 일시적인 에너지 사용량 급증으로 전력 예비율이 낮아지면 언제든지 발생할 수 있다. 그렇지 않아도 실제 크고 작은 정전 사태가 왕왕 일어나고 있는 것이 현실이다.

우리 곁에 언제나 존재하는 블랙아웃의 위협

2003년 8월 미국 동부와 캐나다 일부에서는 역사상 최악의 대정전 사태Northeast blackout of 2003가 일어났다. 이는 경제적 손실과 함께 5,000만 명이 넘는 시민들을 공포 속으로 몰아넣었던 재난이었다. 미국 9개 주, 캐나다 1개 주가 암흑천지가 되었고 미국 동부의 대정전이 완전히 복구되는 데는 3일이나 걸렸다. 2009년 11월에는 집중호우와 돌풍 등 자연재해로 인해 브라질 전역에서 블랙아웃이 발생했는데, 전기가 복구되는 데 약 4시간이 걸렸다. 2017년 8월에는 타이완의 타이베이시 남부 다탄 액화천연가스LNG 화력발전소에서 연료 공급이 중단되는 사고로 발전기가 멈춰 대규모 정전 사태가 발생했다. 이로 인해 타이완 북부의 약 800만 가구가 정전 피해를 보았다. 승강기와 에어컨이 멈췄고 가정은 물론 가로등 불도 들어오지 않아 시민들은 한여름의 더위와 암흑의 공포로 5시간 동안이나 떨어야 했다.

한국이라고 예외일 수 없다. 우리나라에서는 2011년 9월 15일 늦더위로 전력 사용량이 급증하자 과부하가 걸림으로써 200만 호가 넘는 가구가 정전의 피해를 본 바 있다. 당시 정전의 원인은 기후변화로 인해 여름이 길어지고 전기 사용량이 과다하게 늘고 있었음에도 예정된 정비 일정에만 맞춰 23개 발전소의 가동을 중단한 오판 때문이었다.

이렇게 첨단 과학기술 시대에도 블랙아웃의 위험은 상존한다. 기후변화나 자연재해가 원인이 될 수도 있고, 테러 집단의 전력망 해킹과 같은 극단적 사건의 가능성도 배제할 수 없다. 특히 모든 것이 서로 연결되는 초연결사회에서의 블랙아웃은 상상을 초월하는 결과를 낳을 수 있다. 전력망이 서로 연결돼 있고 각종 컴퓨터 시스템도 연결돼 있어서 한 지역에서만 문제가 발생해도 순식간에 그 영향이 광범위하게 퍼져나갈 수 있기 때문이다. 만약 블랙아웃이 단시간에 수습되지 못하면 대형 음식점이나 마트, 산업체 등에서의 경제적 손실이 엄청나게 커지고, 의료기관의 경우에는 의료 기기 셧다운으로 인해 대규모 인명 피해로도 이어질 수 있다. 만약 코로나19 팬데믹이 계속되는 위기 상황에서 블랙아웃이 발생한다면 의료 시스템에 치명적인 위협을 가할 수 있고 백신 보관 등에도 심각한 위해를 초래할 수 있다.

정전 사태는 국가별로 원인이 다양할 수 있지만 결국은 수요를 따라가지 못하는 전력 공급 때문에 생기는 문제다. 극단적으로 추워지거나 더워지는 등 예측할 수 없는 이상기후와 지구환경 변화가 계속되면서 에너지 사용량 증가를 초래하는 원인으로 작동하며 지속적 악순환의 고리를 만들고 있다.

탈탄소, 탈원전의 에너지 전환 정책

에너지 문제는 우리나라만의 문제가 아니라 지구촌 인류 전체에게 닥친 글로벌 이슈 중 하나다. 전 지구적 기후변화와 에너지 위기에 대응해 각국은 탄소 배출을 절감하고 에너지 전환에 나서는 등 적극적인 노력을 기울이고 있다. 국제에너지기구IEA에 따르면 석탄은 이미 2015년 이후 투자, 발전량, 소비 변화 부문에서 지속적 감소 추세에 접어들었다. 반면 세계 재생에너지 설비 투자는 계속 늘어나고 있다. 우리 정부도 기후변화에 적극적으로 대처하고 있고, 2050년 탄소 중립을 달성하기 위해 '한국판 그린뉴딜 정책'을 추진 중이다. 또 '저탄소녹색성장기본법'을 바탕으로 화석연료 의존도를 줄이고 풍력, 태양광 등 재생에너지 비중을 늘리는 등 에너지 전환 정책에 박차를 가하고 있다.

다만 이러한 에너지 전환 정책에서 '탈탄소'와 '탈원전'을 동일시하고 있다는 데 맹점이 있다는 일부 비판이 있다. 실제 독일의 사례를 보더라도 탈원전이 탄소량 배출 감소로 이어지지는 않았다. EU 통계기구 유로스태트EuroStat에 따르면, 2019년 연간 1인당 탄소 배출량은 독일이 10.1t, 프랑스는 6.8t으로 독일이 프랑스보다 48% 더 많다. 신재생에너지의 전력 생산 효율이 아직 낮아 원전을 가동하지 않을 경우 오히려 화석연료 사용 비중이 높아지는 경향이 나타나기 때문이라는 게 전문가들의 설명이다. IEA도 2019년 원전 관련 보고서에서 재생에너지의 급격한 비중 확대와, 원전 비중을 급격하게 낮추는 조정은 에너지 수급에 문제를 가져올 수 있다고 지적하기도 했다.[31] 유럽 최대의 원전 대국 프랑스는 2020년 기준 원전 비율이 67.2%에 이르며 원전 비중을 축소하는 방향으로 가고 있긴 하나, 그 속도를 조절하고 있다. 프랑수아 올

랑드 대통령은 재임 시절 원전 비중을 50%로 줄이는 시점을 2025년으로 제시했지만, 뒤를 이어 2017년 취임한 에마뉘엘 마크롱 대통령은 그 시점을 10년 늦춰 2035년으로 수정했다.[32]

에너지 전환의 걸림돌, 에너지 수급

탈원전과 에너지 전환을 목표로 설정했다고 해도 현실적으로 중요한 것은 현재 시점에서의 원활한 에너지 수급이다. 원자력은 수요와 공급 상황에 맞춰 어느 정도 전력 조절이 가능하다. 하지만 태양력, 풍력 등 재생에너지는 변동 폭이 크고, 이상기온 등 제어가 어려운 요인의 영향을 많이 받기 때문에 정책적인 전력 조절과 관리가 어렵다. 따라서 단계적 비전과 전략 없이 급격하게 특정 에너지원에만 의존해 전력을 대체 충당하려고 한다면 전력 수급이 불안정해질 위험을 피해갈 수 없을 것이다.

특히 우리나라는 EU처럼 에너지 협약을 통해 전기를 서로 주고받을 나라도 없다. 1차 에너지의 90% 이상을 수입에 의존하는 현 상황에서 에너지 확보는 국가의 안전과 산업 경쟁력에 직결되기 때문에 지금까지의 전력 공급 체계를 단기간에 전환하는 정책 방향은 위험을 초래할 수 있다. 물론 원전은 아무리 편익이 커도 폐해가 극단적이므로, 폐해의 가능성이 남아 있는 한 위험 논란을 벗어나기가 어렵다. 그러나 장기적 비전 속에 에너지 전환 목표를 설정하는 것이 더 현실적이며, 기후 위기와 탈탄소 필요성, 에너지 환경 등을 복합적으로 고려하는 정책을 마련해야 한다.

한편 EU는 1990년에 이미 탄소 배출이 정점에 도달함에 따라 30여 년에 걸쳐 탄소 배출 감축을 위한 노력을 지속해오고 있다. 반면 우리나라의 탄소 배출 정점 시기는 2018년이었다. 즉 2050년까지 탄소 중립을 이루기 위한 시한이 상대적으로 매우 촉박하다는 얘기다. 탄소 중립의 사회로 가려면 자동차, 냉난방 등 화석연료를 사용하는 분야를 모두 전기화해야 하는데, 그렇게 되면 전기 수요는 늘어날 수밖에 없다. 그러나 전기는 석유나 석탄처럼 자연에서 직접 채굴하는 에너지가 아니라 다른 연료를 이용해서 인공적으로 만들어야 하는 2차 에너지다. 이처럼 2차 에너지 전기가 1차 에너지 화석연료를 곧바로 대체할 수 있는 게 아니므로 전기를 많이 쓴다고 해서 화석연료 사용이 곧바로 줄어들지도 않는다. 전기차는 오염 물질이 적어 친환경적일지 몰라도 2차 에너지 전기는 주로 석탄으로부터 만들어진다는 점에서 모순이 발생한다.

2019년 기준 우리나라 전력 생산 구성 비율을 보면, 석탄 발전이 약 40%, 원전과 액화천연가스가 각각 약 25%인 가운데 재생에너지는 6.5%에 불과했다.[33] 따라서 에너지 전환의 단계적 계획을 더 명확히 할 필요가 있다. 우리 정부는 '2050 탄소 중립' 선언은 했지만, 연도별 에너지 공급 계획이나 관련 재정 문제 등의 구체안은 미흡한 상태다.

미래 블랙아웃 대비 방안

에너지 믹스 정책

결국 미래 에너지 정책에서 중요한 것은 각국의 자연환경에 맞게 전체 에너지원 중 최적화된 조합을 찾아내는 '에너지 믹스energy mix'다. 에너지원을 다양화해 만약의 리스크에 대비하는 것으로, 석유·석탄 등 기존 화석연료의 효율적 활용, 가장 싸고 편리한 발전원인 원자력의 안전성 제고, 기후 위기에 대응하는 신재생 에너지원 확보 등의 정책을 통해 자국 환경에 맞는 에너지 포트폴리오를 만드는 것이라고 할 수 있다.

가령 북유럽의 노르웨이는 수력발전에 적합한 자연조건을 갖추고 있으며 전기량의 91.8%를 수력발전으로 만들어낸다. 그러나 이웃한 스웨덴은 자연 지형이 노르웨이와 비슷해도 인구가 더 많고 에너지 수요도 훨씬 크기 때문에 수력발전만으로는 충분한 전력을 확보할 수가 없다. 이에 따라 수력 44.5%, 원전 30.1%라는 에너지 믹스 정책을 펴고 있다. 원전 대국 프랑스의 경우는 원전을 점진적으로 줄여나가되 원자력 에너지와 신재생에너지와의 조합으로 화석에너지 사용을 억제해 탄소 배출을 감축하고 안정적 전력 공급에 중점을 둔다는 현실주의적 정책을 채택하고 있다.

전 지구적 기후 위기 속에서 에너지 전환은 시대적 '당위'다. 하지만 선언이나 정책적 수사만으로 당위를 이룰 수는 없다. 자국의 자연환경과 에너지 자립도 등에 맞는 최적의 에너지원 조합 모델을 찾고 적극적인 대국민 소통을 통해 국민적 동의를 구하는 것이 중요하다. 그래야만 빠른 정책적 합의와 법·제도 개선이 가능하다. 아무리 대의명분이 훌륭해도 현실적이지 않거나 사회적 합의가 부족한 대안은 결코 합리적 정책이 될 수 없고 구체적 실현도 불가능하다.

차세대 전력망, 스마트 그리드

블랙아웃 위험의 대비에는 과학기술의 역할이 절대적으로 중요하다. 에너지 이용 효율을 극대화하는 '스마트 그리드smart grid'는 현실적인 기술 대안이 될 수 있다. 스마트 그리드란 기존 전력망에 정보 통신 기술을 접목해 전력 생산과 소비 정보를 양방향·실시간으로 주고받음으로써 에너지 효율을 높이는 4차 산업혁명 시대의 차세대 전력망을 말한다. 전기 공급자와 생산자들에게 전기 사용 정보를 제공해 효율적으로 전기 공급을 관리하는 서비스로, 전력망을 지능화함으로써 에너지 이용 효율을 높이는 시스템이다.[34] 이처럼 실시간 사용 전기량을 예측하는 방식으로 에너지 낭비를 막고 효율은 높여야 하며, 나아가 중앙집중형 발전을 탈피해 신재생에너지를 활용하는 분산 발전 시스템으로 전환해야 한다. 전력 수급 상황별 차등 요금제를 적용한다면 사용자의 자발적인 에너지 절약을 유도할 수도 있다.

제로 에너지 빌딩 도입

첨단기술을 활용한 제로 에너지 빌딩 확대 노력 등도 병행해야 할 것이다. 제로 에너지 빌딩zero energy building은 단열성능을 극대화해 건물 외부로 유출되는 에너지를 최소화하고, 신재생에너지로 필요한 에너지를 자체 공급할 수 있는 일종의 '에너지 자립 건축물'이다. 정부의 '2050 탄소중립 전략'에 따르면 2025년까지 1,000m² 이상 모든 건축물에 제로 에너지 건축 의무화가 전면 시행되고, 2030년에는 건축물의 70%가 제로 에너지 설계기법으로 지어질 것이다.[35]

에너지 수요가 늘어난다고 해서 무한정 생산을 늘릴 수는 없다. 결국 에너지 믹스, 스마트한 정보 통신 기술 그리고 에너지 시스템 전환을 이용해 에너지 공급과 사용 효율성을 높여야 한다. 장기적으로는 점진적인 원전 감축 기조를 유지하면서도 단기·중기적으로는 전기 에너지의 안정적 수급을 위해 에너지 전환 속도를 조절하고, 태양광·풍력 등 변동성 재생에너지를 안정적으로 공급할 수 있는 연구개발과 에너지 믹스를 기반으로 하는 현실적 대안 마련에 역점을 두어야 한다. 또 사회적으로 기후 위기 심각성에 대한 국민적 인식 제고가 필요한 시점이다. 에너지 전환과 에너지 절약의 필요성에 대한 공감대를 널리 확보하지 못하면 탄소 감축과 에너지 전환 정책은 무의미한 구호나 선언에 그치고 말 것이나. 중요한 것은 에너지 정책이 에너지 수급 안정성, 국민적 신뢰, 사회적 합의를 기반으로 해야 한다는 점이다.

KAIST Future Strategy 2022

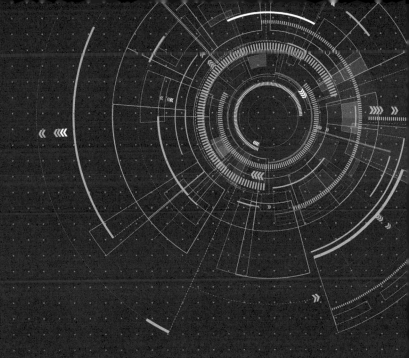

2

변화에 대처하는
STEPPER 전략

1

사회 분야
미래전략
Society

KAIST Future Strategy 2022

+ 기계 시대, 일과 노동의 미래

+ 메타버스가 재구성하는 사회적 공간

+ AI가 지식을 전달하는 시대의 교육

+ 언택트 사회, 새로운 불평등이 등장하다

+ 감염병이 들춰낸 우리 안의 차별

기계 시대,
일과 노동의 미래

□ □ ▭▪ ▬▪▪ "결국 노동은 기계가 하는 것이 될 것이다. 노동은 단지 효용을 생산하는 데 관한 것이다."

미국의 경제학자이자 미래학자인 제러미 리프킨Jeremy Rifkin은 1996년 저서 《노동의 종말》(민음사, 2005)에서 기술 진보와 정보화 혁명은 인간의 삶을 풍족하게 만들기보다는 오히려 일자리를 없애 실업자를 양산할 것이라는 의견을 제시했다. 즉 기계화·자동화로 제조업·농업·서비스업 등에서 수천만 개의 일자리가 사라질 것이고, 새로 생겨나는 일자리들은 대부분 저임금 임시직에 불과할 것이며, 중산층은 위축되고 대량 실업 위기를 맞게 될 것이라는 암울한 예측이었다. 문제는 발전된 기술이 인간의 육체노동을 대체하는 정도를 넘어 정신적·인지적 노동도 대체하기 시작했다는 점이다. 정말 노동의 종말 시대가 오는 것일까? 기술 문명의 전환기마다 제기되었던 이 질문을 다시 생각해보자.

노동의 종말은 올 것인가

리프킨이 말하는 노동의 종말은 현재 두 가지 방향으로 이루어지고 있다. 하나는 기술 발달로 인해 노동의 필요성 자체가 없어지는 것이고 다른 하나는 인간이 노동할 수 있음에도 그 일자리를 다른 존재에 의해 빼앗기는 것이다. 노동의 종말은 결국 인간이 노동으로부터 해방되는 행복한 유토피아가 아니라 양극화, 기술 실업, 일자리 격차 심화 등으로 나타나는 일자리의 종말이며 암울한 디스토피아다.

4차 산업혁명의 진원지 다보스포럼 역시 자동화로 인한 일자리 감소와 대량 실업의 위험을 경고해왔다. 다보스포럼은 2016년 발표한 보고서 〈직업의 미래〉에서 "2020년까지 4차 산업혁명으로 인해 710만 개 일자리가 사라지지만 새롭게 만들어질 일자리는 200만 개"라고 예측한 바 있다. 예측했던 시점은 이미 과거가 되었지만, 이 보고서는 발표 당시 엄청나게 큰 사회적 파장을 불러일으켰다. AI와 로봇공학의 발달로 지금도 기계화·자동화는 계속되고 있고, 그 속도가 점점 더 빨라지고 있다. 많은 미래학자는 AI와 기계가 인간의 일자리를 대신하는 것이 결국 피할 수 없는 추세라고 보고 있다.

노동의 종말은 오지 않는다

역사적으로 보면 산업혁명 초기에도 기계화에 반대하는 노동자들의 격렬한 저항이 있었다. 러다이트 운동이 대표적이다. 하지만, 일자리가 사라지는 만큼 새로운 일자리들이 만들어지면서 기계가 인간의 일자리를 다 빼앗아가지는 않았다. 기술 진보가 기술 실업과 대량 실직을 불러온다는 주장은 대부분 기술결정론적 관점에 입각해 있다. 그러나 고용

시장 변화에 영향을 주는 것은 과학기술만이 아니며, 그 외에도 많은 변수가 있다. 기술 문명 시대에 기술이 사회 변동의 주요한 동인인 것은 맞지만 기술이 미래를 일방적으로 결정할 수는 없다. 기술을 개발하고 수용하는 것은 인간이며 기술을 정책에 반영하는 것도 사회적 합의와 인간의 자유의지다. 아무리 뛰어난 첨단기술일지라도 사회적 갈등을 일으킬 우려가 있는 기술은 사회에 수용되거나 뿌리내리기 어렵다.

AI 로봇이 단순 반복적인 일자리를 대체할 것이라는 데는 이론의 여지가 없다. 또 자동화에 의한 노동 대체가 계속되면 특정 직무의 대량 소멸 현상이 발생할 수도 있다. 하지만 과학기술 발전이 반드시 일자리를 감소시킬 거라고 단정할 수는 없다. 일자리가 줄어들고 고용시장이 파괴되느냐 여부는 자동화 기술이라는 요인에 의해서만 좌우되는 게 아니기 때문이다.

한국고용정보원이 발표한 연구보고서는 고용 변동의 요인으로 다음과 같은 여덟 가지를 꼽았다. 인구구조 및 노동인구 변화, 산업 특성 및 산업구조 변화, 과학기술 발전, 기후변화와 에너지 부족, 가치관과 라이프 스타일의 변화, 대내외 경제 상황의 변화, 기업의 경영 전략 변화, 정부 정책 및 법·제도 변화 등이다. 과학기술의 발전은 중요한 요인이지만 여덟 가지 요인 중 하나일 뿐이다. 과학기술의 발전으로 일자리가 줄어든다고 하더라도 정부의 고용시장 개입 정책, 경제 상황의 변화 등 다른 사회적 요인에 의해 충분히 상쇄될 수도 있다. 중요한 것은 사람과 사회제도가 기술 변화에 어떻게 적응하고 대응하느냐 하는 것이다. 추세적으로 보면 자동화로 인한 노동시간의 단축 또한 불가피하지만 이런 문제는 정책과 제도로 대응해갈 수 있을 것이다.

기술 발전과 고용시장의 변화

일자리는 오늘날 가장 중요한 사회적 이슈다. 일자리 정책, 일자리 창출, 일자리 수석, 일자리위원회 등 언론에 자주 오르내리는 용어에서 짐작할 수 있듯이 일자리는 최우선적인 관심사가 됐다. 일자리 이슈에서 몇 가지 생각해 볼 것이 있다. 가령 자리가 없는 일이 있고, 일은 없는데 직책만 있는 자리도 있다는 사실이다. 요컨대 우리는 '일자리job'와 '일거리work'를 구분할 필요가 있다. 보통 일자리와 일거리를 구분하지 않고 혼용하지만 엄밀하게 말하면 이 둘은 다르다. 일자리는 '직장'이고, 일거리는 '일감'이다. 한자어 직업職業에서 직은 일자리를, 업은 일거리를 의미한다. 노동은 일자리보다는 일거리에 가깝고 직과 업 중 본질적인 것은 업이다. 또 일자리를 늘리는 것과 일거리를 만드는 것은 의미가 다르다. 일자리가 생긴다고 저절로 일거리가 생기는 것은 아니며, 일거리를 만든다고 꼭 일자리가 늘어나는 것도 아니다.

그렇다면 로봇이나 AI 등 기술 발전이 위협하고 있는 것은 일자리인가, 일거리인가? 통상 사람들이 우려하는 것은 일자리에 대한 위협이다. 사람들은 일거리가 줄어들기를 원하지만, 일자리가 없어지는 것은 절대 바라지 않는다. 기술이 대신하게 되는 것은 아마도 사람의 일거리일 것이다. 로봇에게 인간의 일거리를 아웃소싱하더라도 직함이나 자리, 지위까지 아웃소싱하지는 않을 테니 말이다. 또 어느 정도의 일거리를 기계에 내준다고 해도 그 일거리의 진행 과정이나 결과를 평가하는 등의 새로운 일거리는 여전히 사람의 몫이 될 것이다.

자본주의 경제와 기계의 양면성

기계는 자본주의 경제에서 양면성을 갖는다. 자본주의적 생산체제를 움직이고 효율성을 높이는 동력이면서, 다른 한편으로는 인간 노동을 축출하는 위협 요인이기도 하다. 경제학에서는 그동안 기술 진보가 실업을 초래한다는 가설을 두고 논쟁이 계속되어왔는데, 많은 경제학자가 인간 노동을 기계가 대체하더라도 결과적으로는 생산성을 높이고 국부를 증대시키며 노동자의 구매력을 높여 새로운 수요와 일자리를 창출해왔다고 주장한다. 생산성 관점에서만 보면 스위스 경제학자 시스몽디Sismondi의 이야기처럼 "그렇다면 왕 혼자서 로봇을 사용해 영국 전체의 산출량을 생산해내는 것이 가장 이상적"일지도 모른다. 하지만 그런 식의 허무맹랑한 이야기는 결코 현실적인 대안이 될 수도 없고 가능한 일도 아니다.

MIT 슬론경영대학원의 에릭 브린욜프슨Erik Brynjolfsson과 앤드루 맥아피Andrew McAfee 교수는 인류는 이제 제2의 기계 시대를 맞이하고 있다고 주장한다. 증기기관의 발명으로 시작된 18세기 산업혁명은 제1의 기계 시대를 가져왔고, 디지털과 컴퓨터 기술이 제2의 기계 시대를 열고 있다. 제1의 기계 시대에서는 기계가 저임금 육체노동을 대체했고, 제2의 기계시대에서는 인간의 지적 업무를 컴퓨터와 자동화가 대체하고 있다. 로봇이 육체노동을 대신하고 컴퓨터 알고리즘과 AI가 인지 노동을 대신하게 될 때 인간에게 남은 노동은 무엇일까?

인간은 생존을 위해 노동해왔고, 또한 인간 노동은 인류의 문명과 문화를 만들어왔다. 그런데 4차 산업혁명과 디지털 대전환 시대를 맞아 문명의 핵심 동인인 인간 노동이 고도의 정보통신기술과 지능화된 기계로 인해 생산과정으로부터 체계적으로 배제되고 소외되는 상황에 직면한 것이다. 기계가 인간 노동을 대체하려는 문명사적 위기를 맞아 인간은 다시금 노동의 의미와 본질을 생각하게 된다.

인간의 관점에서 보면 노동은 단지 생산 활동이나 생계 수단에만 국한되지 않는다. 노동은 자연에 대한 적응이고 다른 인간과의 관계이며 자아실현의 한 부분이기도 하다. 협의의 노동은 생계 수단으로서의 직업을 의미하지만, 광의의 노동은 사회적 존재인 인간의 생존방식으로서 철학적이고도 실존적인 활동을 의미한다. 기술 진보와 자동화가 인간의 직업을 위축시킬 수는 있겠지만 광의의 인간 노동을 위협하거나 완전히 대신할 수는 없을 것이다.

기계의 인간 노동 대체의 어려움

육체노동과 인지 노동은 다른 차원의 노동이며, 인지 노동을 대체하는 것은 사실 매우 복잡하다. 인공지능은 약한 인공지능weak AI과 강한 인공지능strong AI으로 구분되는데, 데이터 분석·처리, 자연어 통·번역, 복잡한 연산 등은 약한 인공지능만으로도 충분히 가능하다.

하지만 강한 인공지능의 경우에는 더욱 복잡하고 미묘한 문제가 수반될 수 있다. 가령 극단적인 선택이 요구되는 상황에서의 자율적인 판단과 결정 등 '인격적' 책임이 따르는 경우다. 과학철학자나 윤리학자들은 어떠한 상황에서도 AI가 자율성을 갖도록 허용해서는 안 된다고 주장한다. 강한 인공지능이라면 자율적·인지적 판단과 의사결정을 통해 고도의 인간 노동을 대신할 수 있겠지만, 그 경우 판단과 결정에 대한 책임이라는 문제가 남는다. 인간은 자유의지를 가진 자율적 존재로서 자율에는 반드시 책임이 따른다. AI도 그렇게 될 수 있을까? AI가 자율성을 갖는다면 책임이 따라야 하며, 책임을 지우려면 AI에 대한 법적 인격권 부여와 과세, 사고 발생 시의 법적 처벌 규정 등 복잡한 문제들이 발생한다. 현실적으로 AI가 인간의 인지 노동을 완전히 대체하는 것은 불가능히다.

또 AI 기술과 관련해 자동화와 자율화 등의 용어를 구분 없이 사용하는데, 이 둘은 명백히 의미가 다르다. 가령 AI 기술이 장착된 무인 자율 자동차를 자율성을 가진 모빌리티라고 할 수 있을까? 자율성autonomy의 철학적 의미는 '자유의지를 갖고 행동한다'는 것이다. 엄청난 위험을 앞에 두고 둘 중 하나를 어렵게 선택해야만 하는 트롤리 딜레마trolley dilemma 같은 상황에서 자동차 소프트웨어의 AI 알고리즘이 고도의 윤리 의식을 갖고 자율적으로 판단하고 결정할 수 있다면, 우리는 이를 완전한 자율주행차라고 할 수 있다. 하지만 이 정도의 윤리 의식과 자율성을 가진 자율주행차가 과연 가능한가? 자동차가 무인으로, 그리고 자동으로 운행되게 할 수는 있어도 자율성과 자유의지를 가진 자율 자동차를 만드는 것은 전혀 다른 차원의 문제다. 이는 기술적 문제라기보다는 윤리적·사회적 문제다. 자율성을 가진 무인 자율 자동차의 상용화에 대한 사회적 합의는 현실적으로 매우 어렵다. 자율주행의 최고 단계 수준에 도달한 무인 자동차가 상용화된다 해도 인간의 개입을 완전히 배제할 수는 없을 것이다.

지하철과 첨단 항공기도 대부분 자동화 기능을 장착하고 있어 기술적으로는 무인 운행과 무인 비행이 가능하다. 하지만 완전 무인 운행 시스템으로 전환하기는 어렵다. 가령 1964년 런던 지하철은 무인 기차 시험 운전에 성공했고 런던, 파리, 코펜하겐 등 대도시 지하철에 무인 운행 시스템이 일부 도입됐다. 하지만 런던 교통국은 무인 기차의 사고 위험성과 기차 노동자의 일자리 이슈 때문에 기차 운전을 다시 인간 기관사에게 맡겼다가 점차 중앙선은 컴퓨터가 자동 운전하고 인간 기관사는 감독 역할을 맡는 방식으로 절충했다. 이러한 사례에서 유추해볼 수 있듯이 인간 노동의 완전 대체는 사회적으로 어려우며, 완전 대체가 가능한 기술 수준에 도달하더라도 이를 결정하기 위해서는 기술에 대한 완전한 신뢰와 사회적 합의가 필요하다.

노동의 미래는 어떻게 될 것인가

AI 기계가 육체노동과 인지 노동을 대신한다고 해서 인간의 모든 노동을 대체할 수는 없을 것이다. 노동은 인간의 존재 방식이자 이유이기도 하므로 노동이 사라진 인간의 삶은 인간 존재에 대한 심각한 위협이 될 수 있기 때문이다. 노동은 그 본질에서 인간과 자연의 관계이고, 또한 인간과 다른 인간의 관계다.

로봇과 AI에 의한 인간 노동 대체는 완전한 대체가 아니라 제한적인 아웃소싱에 비유해볼 수 있다. 완전한 대체는 AI 로봇의 완전한 자율성을 전제로 하므로 현실적으로 어려운 일이다. 아웃소싱이란 기업이나 조직이 제품의 생산·유통·용역 등 업무 일부분을 외부 전문 기관에 위탁하는 것을 의미한다. 로봇이나 AI가 인간을 대신하는 노동도 인간 업무 중 전문적인 부분을 위탁하는 것이라 볼 수 있다. 다만 이러한 아웃소싱 방식도 미래 인간 노동의 개념과 범위, 방식에는 적지 않은 변화를 가져올 것이다.

세탁기라는 인류의 위대한 발명품은 빨래 노동으로부터 육체를 자유롭게 한 혁신적인 기계로 인식된다. 하지만 세탁기가 빨래라는 가사노동을 완전히 대체한 것은 아니다. 세제를 넣어주고 빨래를 분리하고 옷감에 따라 버튼을 선택하는 등 최소한의 인간 노동은 여전히 남아 있다. 인간은 세탁기라는 기술 도구로 빨래를 더 쉽게 하면서 근육을 사용하는 육체노동 부분만 세탁기에 아웃소싱한 것이다. 인지 노동에 해당하는 사무노동 역시 과거에는 수작업으로 하던 노동을 컴퓨터라는 첨단 기술 도구를 사용해 새로운 방식으로 일하는 것으로 이해할 수 있다.

기술 발전으로 절대적인 노동량은 줄어들고 노동 방식도 바뀔 것이며 평생 직업이라는 개념도 사라질 것이다. 또 미래에는 AI 로봇을 조작하고 제어하고 모니터하는 노동이나 아웃소싱한 기계 노동을 관리하는 메타 노동 등 노동의 형태가 다양해질 것이다. AI 기계의 노동과 인간 노동의 공존, 인간과 기계의 협업 또한 미래 노동의 새로운 풍경으로 자리 잡게 될 것이다.

한편 생산과 마찬가지로 노동도 사회적인 성격을 지닌다. 노동의 방식·범위·강도, 그리고 노동시장에서의 고용 등 노동 패러다임은 사회 변화와 함께 근본적으로 바뀔 것이고 더욱 복잡해질 것이다. 노동 격차와 양극화로 인해 사회 전체의 부를 재분배하는 국가의 역할과 기능도 강화될 수밖에 없다. 자동화로 인한 노동시간 단축은 불가피하며 인간 노동의 아웃소싱으로 야기되는 고용 불안 문제는 공공 일자리 창출, 일자리 나눔, 기본소득 지급, 로봇세 부과, 고용 복지 제도 등 다양한 사회 정책으로 보완하고 해결해야 한다. 로봇과 AI로 생산성과 사회적 총가치를 획기적으로 늘리고 이로 인해 야기되는 고용 불안의 충격은 다시 세제와 제도로 흡수하는 것이 바람직한 방향이다. 미래의 건강한 노동 환경을 위해서는 다양한 이해 집단 간에 충분한 토론과 협의, 공감대 형성을 통한 사회적 합의가 필요하다.

노동과 일자리의 미래는 결국 인간에 의해 결정되고 사회적으로 조절된다. 요컨대 노동의 미래를 예측하는 가장 좋은 방법은 사회가 바람직하다고 생각하는 노동의 미래상을 사전에 함께 합의하고 이를 정책으로 실현하는 것이다.

메타버스가 재구성하는 사회적 공간

▫ ▫ ▭▪ ▬▪▪ 　가상 세계가 현실 세계와 연결되어 또 하나의 공간을 만들고 새로운 세상을 열고 있다. 이 안에서 사람들은 함께 모여 게임과 공연을 즐길 뿐만 아니라 업무와 회의를 진행하고, 채용 설명회나 직원 교육, 신제품 발표회, 그리고 입학식과 졸업식 같은 행사도 치른다. 이 세계는 자동차나 항공기 제조 공정에서도 중요한 생산 공간이 되고 있다. 메타버스metaverse 기술이 가상의 디지털 세상을 점점 더 현실 속으로 끌어들이고 있는 것이다. 사람들은 3차원 가상의 세계에 자신을 투영하고 가상의 메타버스 안에서 현실처럼 생활한다. 대면 소통은 축소되었지만, 메타버스 플랫폼에서의 소통은 활발하게 이어진다. 오프라인 사무실은 줄어들고 있지만, 메타버스의 가상 오피스에서 업무는 계속되고 동료 아바타와도 적극적으로 소통한다. 물리적·시간적 한계를 넘어 현실과 가상을 연결하는 융합 세계가 확장되면서 '사회적 공

간'의 의미도 재구성되고 있다. 따라서 메타버스를 이제 게임 공간으로만 이해해서는 곤란하다. 1990년대 인터넷과 2007년 스마트폰에 이어 메타버스를 미래 비즈니스의 중심축으로 기대하는 경제적 관점만으로도 미흡하다. 메타버스 시대는 앞으로 우리가 생각하고 살아가는 방식을 전면적으로 바꿔놓을 수도 있기 때문이다.

디지털 공간의 진화

디지털(컴퓨터와 인터넷)은 온라인 또는 사이버(가상)라는 명칭으로도 불린다. 즉 손에 만져지는 현실 세계와 다른, 인식할 수 있지만 만져지지 않는 가상의 것(비트, 콘텐츠, 소프트웨어, 프로그램, 네트워크, 공간)을 의미한다. 이렇게 현실 세계와 다르게 존재하던 디지털이 현실 세상과 상호작용하고 결합을 하고 있다. 사이버 물리 시스템cyber physical system, 디지털 트윈digital twin, 메타버스metaverse 등의 개념이 이러한 흐름을 보여주는 용어들이다. 이전에도 이러한 개념은 제기되었다. 그런데 최근 가상현실VR과 증강현실AR 기술의 빠른 진화로 이미지·동영상의 실감성이 높아지고, AI 등의 첨단기술로 현실 세계와 상호작용하는 시뮬레이션이 실시간으로 가능해지면서 현실과 가상의 경계는 더욱 모호해지고 있다.

컴퓨팅 기술의 발전이 공간의 변화를 가져온다는 주장은 오래되었다. 미국 MIT의 윌리엄 미첼William Mitchell 교수는 1996년에 펴낸 저서 《비트의 도시》(김영사, 1999)에서 전자 공간을 비트로 구성된 도시라고 말하기도 했다. 디지털이 공간으로 발전하기까지는 여러 단계를 거쳤다. 디지털이 처음 등장했을 때 그것은 하나의 점bit에 불과했다. 물질로 이루어진 아날로그의 세상에서 전혀 다른 비트를 기반으로 한 디지털이라는 새로운 존재는 독립적 개체node일 뿐이었다. 그러나 이어서 등장한 통신 기술인 인터넷은 디지털이라는 노드와 노드를 연결해 네트워크라는 새로운 공간을 만들었다. 디지털은 정보information이자 행위자program로 노드 간에 정보를 주고받으며 움직이는 독자적 세상, 즉 사이버 스페이스라는 가상 세상으로 진화한 것이다.

메타버스의 시작

사람들은 이러한 가상 세상에서 물질적 공간의 제약을 뛰어넘어 서로 곁에 있는 것처럼 실시간으로 정보를 주고받기도 하고 프로그램을 실행시키면서 자신의 존재를 또 다른 세상에 투사했다. 그렇게 사이버 스페이스에 등장한 나의 대리자 아바타avatar는 점점 더 생생한 이미지로 발전하고 있다. 텍스트에서 2D 이미지로, 다시 3D 영상 이미지로 발전하고, 최근에는 몰입형 헤드 마운티드 디스플레이HMD, head-mounted displays가 더 사실적인 이미지를 지원하면서 사이버 스페이스를 실재하는 세상처럼 느끼게 하고 있다. 메타버스의 세상이 열린 것이다. '초월'을 뜻하는 'meta'와 '세상', '우주'를 뜻하는 'universe'의 합성어인 메타버스는 현실과 연동된 가상의 3차원 디지털 세계를 지칭한다. 기존의 가상현실에서 한 단계 더 확장된 개념으로 현실 세계와 가상 세계가 양방향으로 연동되는 것이 달라진 특징이다.

마인크래프트Minecraft, 로블록스, 포트나이트Fortnite 등과 같은 게임 플랫폼이 메타버스의 선발주자 격이다. 게임 플랫폼을 넘어 생활과 소통의 공간으로 확대되면서 가상과 현실이 융합되고 상호작용하는 플랫폼으로 진화하고 있다. 포트나이트는 게임 공간인 '배틀 로얄Battle Royal'과 생활·소통·문화 공간인 '파티 로얄Party Royal'을 별도로 운영하고 있으며, 파티 로얄을 통해 유명 가수의 가상 콘서트를 개최하기도 했다. 네이버가 만든 메타버스 플랫폼 제페토는 생활과 소통 공간을 특화하는 방식으로 접근하고 있다. 플랫폼 제공자의 콘텐츠가 일방적으로 공급되는 것이 아니라 참가자들이 직접 만든 다양한 객체를 가상 공간에서 주고받으면서 공감각적 체험을 함께 나누는 것이다. 제페토는 가상 세계에서 입학식, 졸업식, 신입사원 연수를 진행하거나 아이돌 뮤직비디오 공개, 팬 사인회를 진행한 바 있다.

메타버스는 업무가 이뤄지는 공간으로도 발전하고 있다. 페이스북은 VR 기기인 오큘러스 퀘스트2Oculus Quest2만 착용하면 가상 사무실에서 일할 수 있는 '인피니트 오피스Infinite Office'를 발표했고, 마이크로소프트는 VR·AR 협업 플랫폼 메시Mesh를 공개했으며, 로블록스도 업무 플랫폼으로 진화하겠다는 계획을 발표했다. 메타버스 플랫폼은 계속 확장될 것이다.

메타버스 경험을 지원하는 기기도 PC, 모바일, 콘솔이라는 2D 디스플레이 중심에서 VR HMD, AR 글래스 등 3D 디스플레이로 발전했고, 나아가 손목 밴드, 반지, 장갑 등 신체 움직임을 인터페이스로 하는 단계로까지 확장되며 실재감이 높아지고 있다. 즉 현실의 몸이 인터페이스가 되면서 현실의 '나'가 가상 스페이스에 일방적으로 투사되는 수준이 아니라 가상과 현실이 상호작용하는 단계로 넘어가고 있다. 특히 생성적 적대 신경망GAN AI 기술은 실시간으로 내 모습과 표정, 행동을 학습해 실사 같은 가상의 영상을 만들어내고 있다. 앞으로 사람들은 현실 같은 가상의 공간인 메타버스에서 자연스럽게 소통, 교류, 여가, 문화 등을 즐기며 삶의 공간을 몇 배로 확대해나갈 것이다.

사물에서 공간까지, 지능화되어가는 현실 세계

미국 제록스 연구소의 마크 와이저는 1988년 유비쿼터스 컴퓨팅ubi-quitous computing이라는 개념을 제시했다. '유비쿼터스'는 '언제 어디에나 존재한다'는 라틴어에서 따온 말로 현실 공간의 모든 것들이 언제 어디서나 사용 가능한 컴퓨터 환경에 연결된다는 의미다. 컴퓨터 안의 사이버 공간에 무엇인가를 넣는 것이 아니라, 반대로 현실의 여러 사물에 컴퓨터를 집어넣어 컴퓨팅할 수 있게 한다는 것이다. 이 개념은 사물인터넷IoT 기술의 등장으로 센싱과 통신이 가능해지면서 실현되었다.

온도 조절기가 자동으로 온도를 조정하는 것, 스마트폰으로 전등 불빛을 조절하는 것, 거울로 피부 상태를 점검하는 것 등이 사물인터넷 기술로 가능해진 일이다. 앞으로 전기 배터리로 움직이는 모든 사물에는 사물인터넷 칩이 들어가 '똑똑한' 사물이 될 것이다. 이처럼 유비쿼터스 컴퓨팅은 물리적 공간과 사이버 공간의 경계를 모호하게 한다. 물리적 실체인 사물과 장소에 컴퓨팅 기능이 이식됨으로써, 물리적 실체인 동시에 컴퓨팅 기능을 내재한 공간이 되는 것이다.

이제는 개별 사물의 지능화를 넘어 공간 전체의 통합적 지능화를 향해 나아가고 있다. 공간(집, 빌딩, 도시)에 비치된 스마트 기기들이 정보를 서로 주고받으며 공간 자체를 지능화시켜 인간의 목적과 의도에 따르는 '맞춤형 공간'으로 바꾸는 것이다. 가령, 스마트 홈은 가족의 요구나 필요에 인지 반응하고(조명, 음악, 요리 준비 등) 건강 상태를 점검해 이에 맞는 조치를 하면서 가족을 돌보는 공간이 될 것이다. 스마트 도시는 모든 인프라에서 발생하는 빅데이터를 기반으로 수요를 파악하고, 이에 맞게 지능적으로 공급이 이뤄지게 한다. 이로 인해 교통에서부터 환경 관리까지 더 쾌적하고 안전한 도시 생활이 가능해질 것이다.

가상공간의 쌍둥이, 디지털 트윈

사물인터넷 기술 기반의 유비쿼터스 컴퓨팅에 의한 사물과 공간의 지능화는 그 사물과 공간에서 발생하는 동적 정보, 즉 데이터를 바탕으로 한다. 공간에 있는 사물과 커뮤니케이션하거나 발생한 빅데이터를 분석해 패턴화한 뒤 대응하는 것이다. 다음 단계의 지능화는 현실 세계의 사물이나 공간의 본질과 특성을 가상 세계에 그대로 구현하는 것이다. 이를 사이버 물리 시스템, 또는 '디지털 트윈'이라고 부른다. 과거의 경험을 축적한 것이 데이터라면, 디지털 트윈은 가상의 시뮬레이션을 통해 아직 경험하지 않은 미래의 상황을 구현하는 것이라고 할 수 있다.

사이버 물리 시스템은 현실 공간에 존재하는 물리적 시스템과 컴퓨터상에 존재하는 사이버 시스템이 서로 연계되고 상호 작용하는 다이내믹한 시스템을 의미한다. 정보를 바탕으로 물리적 사물 및 공간에 대한 이해를 높여주고, 모니터링과 분석을 통해 스스로 인지하고 반응하는 자율성을 높이며, 시뮬레이션을 통해 문제해결 및 최적화가 가능하게 해주고 있다. 물리적 세계와 사이버 세계의 융합을 추구하는 사이버 물리 시스템은 제조 공정의 생산성 향상은 물론 교통, 안전, 환경, 재난

재해 관리 등 스마트시티 구축 과정에서 주목받고 있다.

스마트시티에 사이버 물리 시스템을 활용한 대표적 사례는 2014년에 시작되어 2019년에 완성된 싱가포르의 '버추얼 싱가포르Virtual Singapore' 프로젝트가 있다. 프랑스 기업 다쏘시스템에서 개발한 이 도시 설계 플랫폼을 기반으로 싱가포르는 도시 전체를 3D로 가상화해 도시 관리와 운영에 효율과 혁신을 도모하고 있다. 버추얼 싱가포르를 이용하면 도시의 자원과 서비스를 분석·관리할 수 있고, 도시 시설의 변화를 가상 시나리오로 시뮬레이션할 수 있다. 새로운 건물이 들어설 때를 가정하면, 공기 흐름을 분석해 지역 전체가 통풍이 잘되도록 건물 배치를 조정하기도 하고, 건물의 그림자 변화를 예측해 최적의 위치를 선정하기도 한다. 또 태양광 패널의 설치 방향에 따른 에너지 생산량까지 예측할 수 있다.

우리나라에서도 '버추얼 서울Virtual Seoul'이라는 프로젝트로 서울 시내 모습을 3차원 공간 정보 시스템으로 구축한 바 있다. 도시 계획이나 건축 심의 시뮬레이션에 이를 활용해 시행착오를 줄이는 등 효율적인 도시 개발을 위해 제작한 것이다. 버추얼 서울은 건물, 공터, 산 등은 물론 건설 중인 건물의 골격이나 펜스, 그림자까지도 세밀하게 지원된다. 미세 먼지와 도시 열섬 현상을 완화하기 위한 바람길 조성 사업에 이러한 공간 정보가 활용되기도 했다.

사이버 물리 시스템에서 시뮬레이션의 정확도가 현실과 똑같은 수준을 디지털 트윈이라고 구분해볼 수도 있다. 디지털 트윈의 기본적인 개념은 1960년대 미국의 항공우주국NASA이 우주 궤도에 있는 우주선에서 일어나는 문제의 재현이나 진단을 위해 쌍둥이 우주선을 지상에서 운영했던 '페어링 기술pairing technology'에서 출발한다. 이후 이 기술은

2014년 미국의 제너럴일렉트릭GE이 비행기 엔진을 그대로 디지털로 복제한 뒤 데이터로 연결해 기능상 문제점 등을 효과적으로 파악할 수 있게 되면서 주목을 받게 되었다.

이처럼 디지털 트윈은 현실 세계의 물리적 객체를 디지털로 복제해 낸 컴퓨터 모델링 프로그램이다. 현실 속 객체를 가상으로 구현한 모델 시뮬레이션을 통해 실제로 발생할 수 있는 여러 상황을 예측하거나 현재 상태를 파악하는 데 활용한다. 항공기 엔진이나 발전소, 플랜트, 빌딩, 도시 등 복잡한 시설이나 장치를 효과적으로 모니터하거나 생산성을 향상하는 데 활용되고 있다. 자동차 충돌 테스트에도 디지털 트윈 기술이 사용된다. 현실에서는 자동차에 더미를 앉히고 테스트 때마다 새 자동차가 무참히 부서지는 광경을 지켜봐야 한다. 하지만 디지털 트윈을 활용한 테스트에서는 자동차가 한 대도 망가지지 않는다.

디지털 트윈에서 다시 현실의 물리적 객체로

디지털 트윈 기술은 가상 사물을 통해 상태·기능·동작 시나리오 관련 정보를 얻은 뒤 실제 사물의 디자인을 개선하는 데 활용되기도 한다. 물리적 객체를 본뜬 디지털 모델에서 역으로 디지털 모델을 모사한 물리적 객체를 만드는 것이다.

예를 들어, 미국 공군은 차세대 전투기 설계를 시작한 지 1년 만에 첫 비행을 했다. 수년이 걸릴 것이라는 예상을 깨고 개발 기간을 단축할 수 있었던 것은 디지털 트윈 기술의 활용 때문이다. 가상 버전의 비행기를 만들어 테스트한 후, 실물 크기의 프로토타입을 제작해 시험 비행에 성공한 것이다. 디지털 모델을 구축해 새로운 물리적 객체를 만들었기 때문에 개발 기간과 예산을 절약할 수 있었다. 또 제약 회사들은 최근 디지털 트윈 기술로 인체를 재현해 신약 임상시험을 하는 시스템을 개발하고 있다. 특정한 질병이 인체에서 어떻게 발현되고, 특정 약물에 인체가 어떻게 반응하는지 등에 대해 시뮬레이션을 할 수 있다면 질병의 사전 예방이나 치료까지도 획기적으로 개선할 수 있을 것이다.

디지털 공간 창출의 과제

메타버스나 디지털 트윈에 대한 관심이 커지고 있지만, 더욱 활성화되기 위해서는 풀어야 할 과제들이 남아 있다. 기술적으로는 메타버스 세상을 체험하는 수단들인 VR과 AR 기기들의 성능을 획기적으로 개선해야 한다. 현실 같은 몰입감을 주기 위해 해상도 등을 개선해왔지만, 이질적인 느낌이나 불편함이 완전히 사라진 것은 아니다. 가령 HMD를 안경 크기로 줄이거나 음성, 손동작, 나아가 생각만으로도 조작이 가능한 수준으로 편의성을 높여야 한다. '나'를 구현하는 아바타의 실재감을 높이기 위해서도 '현실 속의 나'의 움직임이 더 정교하게 반영되도록 관련된 상호작용 기술을 개선해야 할 것이다.

그러나 현실과 연동된 가상 세계의 확장은 연결 기술뿐 아니라 소프트웨어, 즉 다양한 경험과 콘텐츠의 힘에 달려 있다. 제페토가 열었던 가상 팬 사인회에 4,300만여 명이 몰린 것은 바로 팬 사인회의 주인공이었던 걸그룹 블랙핑크의 인기와 케이팝의 선전 없이는 불가능한 일이었다. 또 게임에서 시작해 공연, 쇼핑, 학습, 업무 등으로 계속 확장되는 모델과 앱을 만들어 내는 비즈니스 아이디어도 중요하다. 컨설팅 기업 PwC에 따르면 VR·AR 시장은 2019년 464억 달러 규모에서

2025년에는 약 4,800억 달러 규모로 성장할 것으로 전망되고 있다.

한편 지능화된 공간이 가져오는 편리성은 동시에 위험을 동반할 수 있다. 지능화된 공간을 운영하는 시스템이 해킹되면 그 피해 범위는 시스템이 관리하는 도시 전체로 확장된다. 도시 운영이 마비될 수도 있다는 뜻이다. 또 지능화된 공간 속에서 생성되는 데이터는 모든 것을 투명하게 드러나게 한다. 데이터마다 꼬리표가 붙어 있어서 꼬리표만 이으면 한 사람의 일상이 고스란히 드러날 수 있다. 개개인에 대한 디지털 감시·통제가 가능하다는 얘기다. 개인정보 보호를 위해 국가와 기관에 대한 시민 감시의 필요성이 더 커졌다고 할 수 있다.

그 밖에도 메타버스 시대가 축소할 오프라인의 공간적 의미와 이에 따른 삶의 방식 변화에 대한 성찰도 이어져야 한다. 메타버스는 무한히 열려 있는 미지의 공간이다. 그만큼 기술적·경제적 의미만이 아니라 가상 세계에 자신을 투영하고자 하는 현실 세계 속 사람들의 모습과 그 사회적 의미도 면밀하게 짚어가야 한다.

AI가 지식을 전달하는 시대의 교육

□ □ ━■ ■■━■　코로나19의 여파로 비대면 수업이 장기화하면서 학생과 학부모, 교사 모두 예기치 못한 혼란을 겪었고 시행착오도 적잖았다. 동시에 1년 넘게 이어진 온라인 원격교육 경험은 첨단기술 기반의 미래 교육에 대한 기대 또한 엄청나게 키웠다. 코로나 위기 이전부터 다양한 방식으로 미래를 대비하자는 교육 논의가 이뤄지고 새로운 시도도 이어졌지만, 혁신적이고 시스템적인 변화가 실제로 일어났던 것은 아니다. 이런 가운데 2022년 하반기에는 미래형 교육 방안이라고 할 수 있는 개정 교육과정이 확정될 계획에 있다. AI가 사회 각 부분에서 핵심적 역할을 하는 기술 전환의 시대에 과연 교육은 어떻게 바뀌어야 할까? 2040년쯤에는 AI가 인간의 지능을 뛰어넘을 것으로 미래학자들이 예측하는 가운데, 첨단 디지털 환경을 교육의 바탕으로 잘 활용하되, AI에 종속되는 학습자가 아닌, AI가 대체할 수 없는 창의적 역량을 갖

춘 인재를 키우기 위해 교육의 미래가 나아갈 방향에 대해 진지한 고민이 필요한 때다.

교육은 왜 바뀌어야 하는가

AI 시대의 교육 전략이 달라져야 하는 이유는 우선 지금 일어나고 있는 변화의 배경을 살펴보면 더 명확해진다. 저출생과 고령화로 바뀌고 있는 인구구조, 그리고 사회적 양극화에 따른 사회적 약자의 증가와 교육 격차의 심화는 우리 사회의 구조적 문제가 되었다. 또 대량생산 시스템 시대가 가고 AI를 필두로 한 혁신적 기술들이 사회 변화의 원동력이 되고 있는데, 이는 곧 교육에 대한 사회적 요구가 변화하고 있음을 의미한다. 사회가 변화하면 시대적으로 요구하는 인재상도 바뀔 수밖에 없다. 미래 사회의 주인공이라 할 수 있는 미래세대를 기르기 위해서는 교육의 내용이 근본적으로 바뀌어야 한다.[36] AI를 활용하면 교수 방법을 다양하게 변화시킬 수 있고 좀 더 효과적인 학습 형태를 구현할 수 있다.

AI와의 공존을 준비하는 AI 공교육의 필요성

이제 AI와의 거리는 점점 좁혀질 것이다. 특히 2022년 하반기에 확정될 개정 교육과정의 적용을 받게 되는 학생들은 AI와 인류가 공존하는 시대를 이끌어야 할 세대이기도 하다. 2040년대 중반, 더 이르면 2030년대 후반부터 AI가 인간의 지능을 뛰어넘을 것으로 예측되는 시대를 살아가려면 무엇보다 AI와 공존하는 교육이 기본이 되어야 한다. AI 교육은 코딩은 물론 데이터 수집·분석·활용 능력, 그리고 AI와 공존하는 시대의 윤리 교육까지 아우를 수 있어야 한다. 그러나 현재의 교육과정에서 정보교육은 전체 수업의 1% 미만이다. 시간으로는 초중 9년간 총 51시간으로 인도(256시간)나 중국(212시간)과 비교하면 5분의 1 수준에 불과하다.[37] 또 정보교육이 대학 입시에 반영되는 비율도 낮다. 이런 상황에서 미래의 AI 시대를 준비한다는 것은 말의 성찬일 뿐이다. 따라서 AI 교육을 포함한 디지털 공교육을 대폭 확대해야 하며, 이러한 내용은 개정 교육과정에 반영되어야 한다. 또 개정되는 교육과정이 초등학교에는 2024년, 중·고교에는 2025년 적용되는 점에서 그 이전에라도 디지털 역량 강화 교육을 보완해야 한다. 디지털 대전환 시대의 흐름을 놓치면 우리의 글로벌 경쟁력도 뒤처질 것이고, 공교육으로 확장하지 않으면 사회적 격차로 이어질 디지털 격차가 심화할 것이다.

근대식 학교 교육의 근본적인 문제

코로나19로 우리 사회와 개인의 삶은 모두 큰 변화를 경험하고 있다. 사회 각 영역에서 비대면의 다양한 소통 방식이 일상화되면서 언택트untact 시스템이 뉴노멀new normal로 자리 잡고 있다. 대학에서는 원격강의가 자연스러운 수업 방식이 되었고, 초·중등학교에서도 학생 540만 명과 교직원 50만 명이 원격으로 정규 수업을 소화하는 '역대급' 교육 실험을 1년 넘게 진행하고 있다. 하지만 원격교육이 시행되면서 학생과 학부모들 사이에서 불만도 적지 않았다. 서울시교육청 교육연구정보원이 2021년 3월 발표한 〈2020학년도 2학기 원격수업 인식조사〉 보고서에 따르면, 중·고등학생은 원격수업 하에서의 "자기 관리"가 어려웠고, 코로나 이전과 비교해 수업 태도와 자기 주도 학습 능력이 낮아졌다고 밝혔다.[38] 학부모들은 자녀들의 "학습 결손과 그로 인한 기초 학력 하락"을 걱정했다. 교사들조차 학생 출결과 학습 참여 관리, 원격수업 콘텐츠 녹음 및 촬영, 학습 평가에서 어려움을 토로했다. 원격수업 개선과 관련해서는 "학생의 이해 수준에 따른 교사의 더 많은 피드백" "교과에 따라 다양한 형태의 원격수업 운영" "질 높고 다양한 원격수업 콘텐츠 개발" "혼합수업을 위한 교육과정 개발과 학생 평가 가이드 마련" "교사와 학생 사이의 상호작용 강화" 등이 제시됐다. 하지만 이는 원격교육의 문제라기보다는 학교 교육 시스템의 근본적인 문제라고 할 수 있다.

근대식 학교 제도는 과거와 비교해 상당히 효율적인 시스템을 운영하여 산업사회 인력 양성에 큰 성과를 일궈냈다. 특히 해방 이후 우리나라는 근대화 과정에서 세계가 주목할 만큼 빠른 속도로 교육의 양적 성장을 이룩했다. 많은 학생을 효율적으로 가르치기 위한 교육제도인 학교 시스템은 2차 산업혁명의 대량생산 시스템과 닮은 대량교육 시스템이다.[39] 하지만 2차 산업혁명의 산물인 표준화, 전문화, 관료제, 분업 등의 방식이 그대로 녹아 있는 학교 제도는 여러 가지 문제를 드러내왔다.

학생들은 각자 고유한 소질과 적성을 지니고 있으며, 다양한 경험을 통한 학습 결과가 저마다 체화되어 있음에도 불구하고 학교 제도가 학생들의 이러한 다양성을 북돋아 주지 못하고 있다. 학년제의 기본적인 운영 방식은 마치 공장의 벨트 컨베이어와 같은 원리라고 할 수 있는데, 실제 운영과정에서 개별 학생의 학습 성과 관리는 전혀 이뤄지지 못하고 있다. 학년제 교육과정은 학년별로 학습 내용이 표준화되어 있고, 학생들의 학습 성과와 무관하게 진도라는 형태로 수업을 진행하고 있다. 평가는 교육적 성장보다 사회적 선별 차원에서 이뤄진다. 대표적인 형태가 집단 내 서열을 매기는 상대평가 방식이다. 학교의 시설과 구조는 학습자의 자발적이고도 자유로운 학습보다 위에서의 효율적인 관리 위주로 설계되었고 이는 전국적으로 거의 유사하다.

그동안 학교 시스템을 개선하기 위한 노력은 계속 이어져 왔지만 학교 교육의 근본적 문제를 해결하지는 못했다. 맞춤형 교육을 위한 기본 과제는 학생의 소질과 적성을 정확히 진단하고 맞춤 처방을 하는 것이다. 꼭 필요한 학습이 이뤄시도록 교육 시스템을 재실계해아 한다.[40]

무엇을 가르칠 것인가

미래 인재와 '6C 역량'

AI 시대가 요구하는 인재나 역량은 이전과는 달라야 한다. 더군다나 AI 로봇이 인간의 일자리를 대체하는 사례도 늘어나고 있다. 이런 시대에는 간단한 지식 습득과 업무 처리를 AI에게 맡기고, 미래의 인재는 창의적 전문성이 있는 분야를 계속 넓혀갈 수 있는 메타인지metacognition 역량을 갖춰야 한다.

현재의 교육과정은 개별 과목의 모든 내용을 학생에게 주입하는 방식이다. 그러나 온라인으로 쉽게 검색하고 활용할 수 있는 시대에 지식과 정보를 단순히 암기하기 위해 대부분의 학습 시간을 사용하는 것이 바람직할까? 이제는 핵심 원리와 개념 중심의 교육과정으로 개편해야 한다. 그러면 학생들이 각 분야의 핵심 원리를 내면화해 눈앞에 닥쳐오는 여러 복잡한 문제를 자신의 힘으로 해결해나갈 수 있을 것이다. 개념 지식을 제공하지 못하는 내용은 배제하고 실제 세계의 다양한 측면을 이해하는 데 도움이 되는 내용을 포함해야 한다.

이처럼 AI 시대에 무엇을 가르칠 것인지에 관한 질문은 미래의 인재 상에 대한 논의로 귀결된다. 최근 강조되는 미래 인재의 역량을 요약 하면 '6C'로 정리할 수 있다. 6C는 가장 핵심적인 '개념 지식conceptual knowledge', '창의성creativity', '비판적 사고critical thinking', '컴퓨팅 사 고computational thinking', '융합 역량convergence', '인성character'을 일컫는다. 여섯 가지 핵심 역량의 내용을 구체적으로 살펴보면 다음과 같다.

첫째, 6C의 중심을 차지하고 있는 '개념 지식'은 교과의 핵심 내용이 다. 학습 결과의 전이, 즉 단순한 정보에 그치는 것이 아니라 다른 범주 와 상황에 적용할 수 있는 지식을 뜻한다. 창의적 학습을 위해서는 기본 적으로 교과의 핵심적 개념을 이해하는 것이 필요하다.

둘째, '창의성'은 새로운 생각이나 개념을 찾아내거나 기존의 생각이 나 개념을 새롭게 조합해 문제를 해결하는 역량이다. 개인 수준의 문제 해결을 넘어 사회적 수준의 창의성은 문제를 새롭게 인식하고 해결 과 정을 찾아가면서 사회적 수준의 보람을 만들어나가는 것이다.

셋째, '비판적 사고'는 어떤 상황이나 내용을 판단할 때 편향되지 않 는 분석을 하거나 사실적 증거를 토대로 평가하는 역량이다. 정보를 얻 을 수 있는 형태와 매체가 더욱 다양해지는 미래 사회에서 무엇보다 중 요한 역량으로 논의되고 있다.

넷째, '컴퓨팅 사고'는 문제를 정의하고 그에 대한 답을 찾아가는 사 고 과정 일체를 일컫는다. 다양한 문제 상황에서 문제의 분석·자료 표 현·일반화·모형화·알고리즘화 등이 가능한 역량을 말하며, 최근 데이 터 리터러시나 디지털 리터러시 등으로 표현되고 있다.

다섯째, '융합 역량'은 문제해결을 위해 내용과 방법 측면에서 여러 학문과 실제 영역의 지식과 정보를 통합적으로 적용할 수 있는 역량이다. 내용적 측면에서는 학문과 학문 간의 융합, 새로운 학문의 창출, 학문과 실제 생활과의 융합이 이뤄질 수 있으며, 방법적 측면에서는 AI, VR, AR 등을 활용한 혁신적 융합이 가능하다.

여섯째, '인성'은 동양에서는 인간 본연의 성질을 의미하며, 서양에서는 사회 정서 역량과 같은 비인지적 역량을 의미한다. 사회 정서 역량이란 자기 인식, 자기관리, 사회적 인식, 관계 기술, 책임 있는 의사결정으로 구성되며, 글로벌 문제와 공동체 의식이 강조되는 미래 사회에서 더욱 중요시될 핵심 역량이라 할 수 있다.

에듀테크를 활용한 창의적 학습 체계 마련

AI 기반 에듀테크를 활용하면 개인별 맞춤 학습이 가능하다. 즉 학생의 학습 이력과 속도에 맞추어 학습의 목표를 설정하고 과정을 안내해주는 적응적 학습adaptive learning이 이에 해당한다.[41]

해외에서는 대학 연구소와 기업 등이 협력해 적응적 학습이 가능한 지능형 튜터링 시스템을 개발해 활용하고 있다. 영국의 경우 2021년 상반기에 초·중등학교에 수학 학습용 프로그램인 '서드 스페이스 러닝TSL, third space learning'을 도입했는데, AI가 학생의 부족한 부분을 파악해 소속 강사에게 알리면, 담당 강사가 이를 토대로 일대일의 온라인 과외를 해주는 일종의 국가 과외 프로그램으로 효과를 내고 있다. 교육심리 연구를 바탕으로 핀란드 헬싱키대학교가 만든 '클랜드Claned'는 개인 맞춤별 교육은 물론 학업 스트레스까지 관리해준다.[42] 미국도 많은 학교에서 지능형 튜터링 시스템을 도입해 학생들이 무료로 활용할 수 있도록 지원하고 있다. 애리조나주립대학교는 수학과 화학 수업에서 AI 튜터 '알렉스Alex'를 제공해 맞춤형 성과를 내고 있고, 조지아공과대학교에서도 IBM의 AI 시스템 왓슨을 기반으로 한 AI 조교 '질 왓슨Gill Watson'을 도입했다. 또 각 대학의 마스코트 이름을 붙인 AI 챗봇으로 조교나 교직원 역할도 대행하게 하는데, 와이오밍대학교의 '카우보이 조Cowboy Joe'가 그 예다.[43]

이처럼 지능형 튜터링 시스템을 활용하면 교사는 학생별로 개별화한 진도를 나갈 수 있고, 학생은 학습이 부족한 부분에 대해 언제든지 보충 학습을 할 수 있다. 지능형 튜터링 시스템은 초·중등 교육뿐만 아니라 고등교육과 평생교육에서도 활용되고 있다. 'AI 보조교사 시스템'도 지능형 튜터링 시스템의 하나로 볼 수 있다.[44] 교사들은 이 시스템을 활용해 학생 개인별 수준을 진단하고, 개별화한 맞춤형 학습을 지원하고 지도할 수 있다. 이는 교육과정 재구성과 수업 디자인, 교수-학습 운영, 평가와 학습 결과 기록, 학생 개인별 피드백과 학습 동기 부여에 이르기까지 AI가 교사의 역할을 분담하게 하는 것이다. AI 보조교사 시스템은 불필요한 행정 업무를 줄여주며, 개인별 맞춤형 학습의 설계 및 운영 등 미래 교육으로 전환하는 지렛대 역할을 할 수 있을 것이다.

한편 맞춤형 교육을 위해서는 학교 단계에 맞추어 차별화differentiated, 개인화individualized, 개별화 교육을 다양하게 활용해야 하는데, 이런 점에서 교원의 역할 변화도 요구된다. 표준화된 교육과정을 정해진 대로 가르치는 지식 전달자에서 학생의 성공적 학습을 지원하는 학습 멘토나 코치 또는 컨설턴트가 되어야 한다. 학생이 새로운 지식을 창출해내는 능동적 학습자로 성장할 수 있도록 지원하는 창의적 교원이 필요하다. 미래 교육을 이끌어갈 창의적 교원을 양성하기 위해서는 교원의 자격, 양성 과정, 임용, 연수 체제에 대한 전반적인 재설계가 이뤄져야 할 것이다.

무엇을 고민해야 하는가

미래에는 AI를 활용한 교육용 프로그램이나 애플리케이션이 더욱 다양해질 것이다. 그만큼 학생, 교사, 사회에 미칠 영향력 또한 커질 것이다. 따라서 AI를 교육적 차원에서 더 폭넓게 활용하기에 앞서 예상되는 다양한 문제들도 고민해야 한다.

우선 AI를 활용한 프로그램들의 효과를 더 면밀하게 연구할 필요가 있다. 지금까지 다양한 교육 프로그램이 개발되었지만, 교육 현장에서 기대보다 많이 활용되지 못한 것은 교육 성과가 아직 검증되지 않았기 때문이다. 이미 활용되고 있는 지능형 튜터링 시스템도 창의적 교육에 어느 정도나 효과가 있는지 다시 살펴봐야 한다. 지능형 튜터링 시스템은 무엇을 어떤 순서로 학습할 것인지를 시스템 설계자가 결정한다. 학생은 지능형 튜터링 시스템의 결정대로 학습 경로를 따라가는 식이다. 교사의 역할도 마찬가지로 매우 제한적이다. 학생이 무엇을 배울 것인지에 대한 결정권을 교사가 아닌 시스템이 갖고 있기 때문이다. 협력 학습, 탐구 학습, 블렌디드 러닝 등 다양한 학습 방식이 충분히 고려되어 있지 않은 점도 아쉬운 한계점이자 개선이 필요한 부분이다.

태생적으로 알고리즘은 이를 만드는 사람의 편견이나 만드는 사람도 미처 인지하지 못한 데이터의 편견에 영향받을 수 있는 윤리적 문제를 갖고 있다. 컴퓨터 알고리즘이 사회적 편견을 포함한 데이터로 훈련받게 되면 편견을 증폭시킬 가능성이 충분히 있는 것이다. 이미 개발된 지능형 튜터링 시스템은 사회적 편견이나 윤리적 문제를 스스로 개선하기 어려우며, 이것을 활용하는 교사나 학생도 이러한 부분에 개입할 수 없다는 것에 문제점이 있다.

우리는 지금 하얀색 도화지에 새로운 미래 교육의 시스템을 디자인해야 하는 상황에 놓여 있다. 데이터 편견이 사회적 편견을 강화할 수 있듯이 성급하고 무리하게 미래 교육의 그림을 그려서는 안 된다. 무엇을 어떻게 가르칠 것인지 밑그림이 이미 그려졌다고 해도 정밀하고 다양한 스케치를 통해 더 나은 계획을 세우고 예상되는 문제는 사전에 대처해나갈 수 있도록 해야 할 것이다.

언택트 사회, 새로운 불평등이 등장하다

□ □ ━■ ■■■■ 2020년에 이어 2021년에도 전 세계는 코로나19와 힘겨운 싸움을 벌여왔다. 장기화한 팬데믹 상황은 전염병의 확산이라는 직접적인 위협 이외에도 다양한 불안 요소를 내포하고 있다. 역사학자인 발터 샤이델Walter Scheidel은 《불평등의 역사》(에코리브르, 2017)에서 전쟁, 전염병, 혁명, 국가 붕괴의 네 가지가 기존 질서를 무너뜨려 구조적 불평등을 해소하는 결과를 가져왔다고 주장했다. 그러나 코로나19는 달랐다. 코로나19로 기존 질서는 균열되었으나 구조적 불평등은 더욱 공고화되고 있다.

코로나19가 유발하는 불평등 중에서도 기술 요인은 계속해서 더 커질 것으로 보인다. 코로나19 발생 이후 인류 생존을 위한 가장 확실한 방법은 접촉을 최대한 줄이는 것이 되었다. 이러한 언택트 상황에서도 기존의 삶을 이어가려면 이를 가능하게 하는 기술들이 요구될 수밖에 없고,

기술 요인은 전보다 더 생활 깊숙이 자리하게 될 것이다. 전통적인 인터넷 기술IT은 독립적으로 작동하지만 디지털 기술DT은 전체 생산 프로세스와 상호 연계되어 종합적으로 작동한다.[45] 결국 새로운 기술을 가진 자와 못 가진 자, 그 사이에서 빚어질 불평등 또한 더 심해질 것이다.

기술과 불평등

기술 발전이 거시적이고 장기적인 관점에서 인류의 물질적 조건을 향상해왔고 문명 발전에 핵심적인 역할을 했다는 점은 분명하다. 그러나 단기적인 관점에서는 항상 전환 비용이 발생했다. 이때 혁신적인 기술을 누리지 못하고 피해를 오롯이 감당하는 취약 계층이 특히 문제가 된다. 기술은 '상품'이고 어떤 기술도 공짜로 제공되지 않는다. 기술을 사용하기 위해서는 돈을 치러야 한다. 또 비용을 얼마나 내느냐에 따라 얼마나 좋은 기술을 사용할 수 있는지가 결정되기도 한다. 넷플릭스와 같은 OTT서비스, 테슬라의 자율주행 SW, 5G 인터넷 통신망 등은 월 사용료에 따라 서비스의 양과 질이 달라진다. 또 디지털 기술에 익숙한 세대들은 그 기술을 마음껏 활용하며 더 편한 삶을 영위하지만, 디지털에 소외된 세대에게는 그림의 떡일 뿐이다.

디지털 소외계층은 빠르게 발전하는 디지털 기술에 적응하지 못해 디지털 기기와 서비스를 이용하지 못하는 사람들을 의미한다. 예를 들어 기차표를 예매하는 경우, 젊은 세대들은 간편하게 스마트폰 앱을 사용한다. 반면, 디지털 기기가 익숙하지 않은 노인들은 직접 기차역으로 찾아가 열차 시간을 확인하고 예매하는 사례가 많다. 코레일이 정보기기 활용이 어려운 노인을 대상으로 전화 예약 서비스와 경로 우대자 전용 좌석을 늘렸지만, 큰 효과를 보지는 못했다. 이같이 일상 속 기술의 침투는 곳곳에 사각지대를 만들어내고 있다.

언택트 기술이 가져올 불평등

언택트 시대가 심화할수록 디지털 기기 사용에 능숙한 사람들과 디지털 소외계층 간의 불평등과 갈등은 더욱 커질 것이다. 디지털 리터러시digital literacy가 교육과 부의 수준을 가르는 직접적인 영향력이 되고 있기 때문이다. 온라인 플랫폼을 이용하는 교육 프로그램뿐 아니라 오프라인보다 낮은 금리의 온라인 대출이나 미술품과 부동산 등 실물 자산의 디지털화와 디지털 판매 등은 모두 스마트폰 앱을 통해 비대면으로 이뤄지고 있다. 점점 더 '기술 접근성에 따른 불평등'과 '기술 일상화로 인한 불평등'이 복합적으로 밀어닥치고 있는 것이다.

이 같은 언택트 기술이 가져올 불평등은 고령층, 장애인, 저소득층, 도서 지역 거주자 등과 같이 컴퓨터, 스마트폰을 통한 인터넷 이용에 불편을 겪고 있는 정보 취약 계층에서 생겨날 가능성이 매우 큰데, 실제로 과학기술정보통신부의 '2020 디지털 정보격차 실태조사'에 따르면 디지털 소외계층의 대다수가 고령층, 저소득층, 장애인, 농어민이었다. 또 과학기술정보통신부와 한국지능정보사회진흥원이 발표한 '디지털 정보 격차 실태조사'(2019년)를 보면, 일반 국민의 디지털 정보화 수준을 100%로 가정하고 비교했을 때 정보 취약 계층의 디지털 정보화 수준은 69.9%에 불과한 것으로 나타났다. 디지털 정보 접근 수준은 91.7%로 비교적 양호했으나, 디지털 기기를 사용할 수 있는 역량 수준과 활용 수준은 각각 60.2%, 68.8%로 낮았다. 이는 스마트폰과 컴퓨터 등 디지털 기기와 서비스에 대한 보급이 활성화되어 디지털 정보에 대한 접근성은 증가했지만, 정작 디지털 기기들을 사용하기 위한 역량은 크게 떨어진다는 것을 뜻한다.

일자리 불평등

비대면의 언택트 사회가 되면서 일자리 불평등 문제는 여러 곳에서 나타났다. 취업 집단 내에서는 고숙련 전문 직종보다 비전문직 종사자들이 훨씬 높은 비율로 일자리를 잃었다. 또 청년 고용 문제는 국제적인 이슈가 되었다. 국제노동기구ILO는 "청년층은 팬데믹에 따른 사회경제적 결과의 주요 희생자로 일생 내내 이어질 상흔을 입을 위험이 있다"라고 하며 "이는 '락다운 세대lockdown generation(봉쇄 세대)의 출현으로 이어질 것"이라고 밝힌 바 있다.[46] ILO에 따르면 코로나19 팬데믹 발병 이후 청년 6명 중 한 명 이상이 일을 중단했다.

한국도 비슷한 상황이다. 통계청의 고용 동향에 따르면 2021년 3월 국내 취업 준비자는 84만 4,000명을 기록했다. 관련 통계 작성이 시작된 2003년 이후 동월 기준 가장 많다. 취업 적령기인 25~29세 실업자 수는 24만 9,000명으로 전년 동월(22만3,000명)보다 11.6% 늘어났다. 취업 적령기 인구가 이른바 '코로나19 세대'가 되어 직장을 구하지 못하고 장기 실업자로 전락할 처지에 놓인 것이다. 문제는 코로나19가 가라앉은 뒤 일자리를 잃었던 사람들이 다시 직장을 찾을 수 있을지의 여부다. 전망은 그리 밝지 않다. 언택트 사회가 부상하면서 인건비를 줄이는 방향으로 기술의 발전도 진행되고 있기 때문이다.

소상공인들이 키오스크 주문 시스템을 도입해 운영비를 줄여보려는 시도가 그러한 예다. 키오스크에 의한 고용인력 대체는 2~3년 전부터 본격적으로 논의되었다. 처음에는 기계가 사람을 대체한다는 것에 사회적 거부감도 존재했다. 그러나 코로나19로 인해 비대면 주문이 오히려 선호되고 키오스크와 같은 무인화 시스템이 생활 곳곳에 침투함으로써 거부감은 많이 감소했다. 구인·구식 매칭 플랫폼인 '사람인'이 265개 기업을 대상으로 '무인화 시대, 기업에 미치는 영향'을 조사한 결과 응답 기업의 87.5%가 '코로나19 이후 무인화는 더 가속화될 것'으로 내다봤다. 또 67.2%가 '무인화로 인력이 필요 없어지면서 고용이 축소될 것'으로 예상했다. 키오스크 1대는 직원 3명을 대체할 수 있는 것으로 알려져 있다.

한편 언택트가 확대되면서 늘어난 일자리도 있다. 배달 기사와 같은 플랫폼 노동자 숫자가 급격하게 증가했는데, 문제는 이들의 처우다. 이들의 법적 지위가 근로자와 자영업자의 경계에 있어 근로기준법의 보호를 받지 못하고 있다. 이러한 문제는 노동시장에서 약자와 강자 간의 불평등을 심화시킬 수밖에 없다.

취업 집단 내의 불평등도 예상된다. 온라인 면접이 활용되면서 피면접자가 스크린 안에 구현되는 모습이 대단히 중요해졌다. 볼보자동차는 비디오 녹화 면접을 통해 신입 교육생을 모집하는 것으로 알려져 있다. 구글미트Google Meet, 줌Zoom, 스카이프Skype 같은 화상회의 소프트웨어를 통한 온라인 면접을 시행하는 기업도 늘어나고 있다. 피면접자도 자신에 대한 좋은 인상을 주기 위해서는 또렷한 영상과 음성 전달을 위한 관련 장비 등을 구축해야 한다. 이는 피면접자가 가진 경제적 여건에 따라 경쟁의 출발선이 달라질 수 있음을 시사한다.

교육 불평등

경제적 여건에 따른 교육 불평등은 코로나19 사태로 더욱 커지고 있다. 디지털 기기의 유무에 따라, 가정 내 무선통신 장비 설치 여부에 따라, 그리고 평소 습득한 디지털 역량에 따라 격차가 발생하고 있기 때문이다. 특히 디지털 장비의 성능에 차이가 나는 경우, 교육의 내용을 전달하는 교사의 측면에서도, 그 내용을 받아들이는 학생의 측면에서도 모두 불평등이 발생할 수 있다.

온라인 수업 유형 중에서 가장 효과적인 형태로 평가되는 실시간 수업을 생각해보자. 실시간으로 교사와 학생이 서로 간의 모습을 확인할 수 있는 모니터, 서로 질의가 가능한 음성 장비 등이 구축되어 있다면 오프라인 수업과 크게 다르지 않은 수업이 가능할 것이다. 어쩌면 오프라인에서 발생할 수 있는 다른 방해 요인을 배제할 수 있다는 것에서 장점이 드러날 수도 있다. 그러나 이러한 비대면 실시간 수업이 소득수준이 낮은 지역에서는 제대로 이뤄지지 못했다는 미국 내 조사 결과가 있다. 한국에서도 디지털 장비를 제대로 구축하지 못한 학교에서는 텍스트와 음성만이 들어간 동영상, EBS나 유튜브 자료를 바탕으로 한 기대 이하의 수업을 진행함으로써 학생들의 불만을 샀다.

부모의 경제 수준에 따라 IT 기기의 보유와 인터넷 서비스 이용에도 차이가 있는 것으로 조사됐다. 한국청소년정책연구원의 조사[47]에 따르면 월 소득 700만 원 이상일 경우 자녀의 노트북 비非보유 비율은 18.5%였지만, 300만 원 미만인 가정에서는 46.9%에 달했다. 이 보고서는 "디지털 격차의 고착화로 자녀의 교육에 부정적 영향을 미칠 수 있고 궁극적으로 자녀 세대에서도 계층 간 격차가 이어질 소지가 있다"라고 지적하기도 했다.

이번 코로나19 사태가 확인해준 것은 인프라를 갖춘 교육 현장에서는 온라인 수업이 오프라인 수업을 충분히 대신할 수 있다는 가능성이다. 따라서 더 나은 수업을 구현시킬 새로운 기술들은 계속 등장할 것이다. 하지만 이러한 기술들을 빠르게 확보할 수 있는 경제적 여유와 디지털 역량을 갖춘 이들과 그렇지 못한 이들 사이의 교육 불평등도 더욱 커지게 될 것이다.

문화 불평등

코로나19 여파로 공연 업계의 어려움도 극심하다. 2020년 공연 매출액은 한 해 전과 비교해 40% 수준에 그쳤다. 물론 이런 상황에서도 난관을 극복하려는 노력은 지속되고 있다. 케이팝 그룹 BTS가 2020년 신곡 〈다이너마이트〉의 안무 영상을 포트나이트라는 온라인 게임 속 가상 공간을 택해 발표한 사례나 연극 공연을 유튜브 등의 채널을 통해 생중계하는 방법들이 이에 속한다.

예술계는 결국 공연예술의 온라인화를 고려할 수밖에 없는 상황으로 몰렸다. 하지만 여기에도 경제적·기술적 장벽이 존재한다. 전통적인 극장 시설에 영상 인프라를 구축해야 하는데, 영세 제작사, 학교, 학원, 소규모 공연 무대의 경우 비용 확보가 어려운 것이 사실이다. 이는 대기업과 영세 콘텐츠 제작사 간에 격차가 벌어질 또 다른 요인이다. 그러나 소규모 제작사가 줄어들면 문화예술의 다양성이 훼손될 위험 또한 존재한다.

온라인 공연예술의 확산 과정에서 자본력을 가진 대기업의 독점화는 소비자에게도 불평등을 야기할 수 있다. 온라인화에 대한 투자 확대는 입장료의 인상으로 이어질 수 있고, 이로 인해 경제적 여유가 있는 사람들과 그렇지 못한 사람들 간에 문화예술을 누리는 기회에서 양극화가 일어날 가능성이 있다. 즉 온라인 공연예술의 확산으로 인해 문화예술 향유의 기회를 특정 계층만이 점유하는 문화적 불평등이 심화하는 것은 아닌지도 생각해봐야 한다.

삶의 질 불평등

니콜라스 네그로폰테Nicholas Negroponte는 《디지털이다》(커뮤니케이션북스, 1999)라는 책을 통해 다양한 디지털 기기가 보편화하는 현대사회에서는 중계 기능을 담당했던 매개자들이 사라지게 될 것으로 예측한 바 있다. 실제로 사람들은 온라인 마켓에서 직접 물품을 사고팔기 시작했고, 구매 대행업체들의 역할은 점점 축소되고 있다. 또 많은 분야에서 대면 서비스가 줄어들고 있다. 한국 맥도날드의 경우, 2020년 코로나19 사태 속에서도 매출이 전년 대비 7% 성장했으며, 특히 배달 서비스인 '맥딜리버리' 매출이 37% 증가한 것으로 분석됐다.[48]

이처럼 신기술을 이용할 수 있는 이들은 더 편하게 주문하고, 더 저렴하게 표를 구매하며, 더 빨리 일을 처리할 수 있다. 그러나 신기술에 익숙지 않은 노년 세대는 기계를 작동하지 못해 주문이나 구매를 포기하거나, 불이익을 감수해야 한다. 동시에 비대면의 언택트 사회에서는 오프라인 차원의 사회적 관계망이 계속 약해진다. 이 같은 디지털 역량 부족이 원인이 되어 디지털 기기의 활용으로부터 소외된 사람들은 상대적인 고독과 외로움을 더 느낄 가능성이 있고, 사회가 제공하는 정책의 혜택도 충분히 받기 어려울 수 있다.

경제적 불평등

언택트 사회의 출현은 경제적 불평등도 심화시킬 것이다. 언택트에 대한 유불리에 따라 국가 간, 업종 간 흥망성쇠가 달라질 수 있고, 같은 업종 내에서도 격차가 크게 발생할 수 있다.

한국은행 보고서에 따르면 대공황이나 외환위기 같은 과거의 경제적 대사건들이 사회의 구조적 변화를 초래했듯이, 코로나19 또한 글로벌 공급망을 붕괴시키며 탈세계화의 흐름을 가속할 것으로 보인다.[49] 그동안 세계화로 교역을 늘리고, 선진국의 기술을 이전받는 등 어느 정도 혜택을 누리고 있던 신흥국이 탈세계화로 인해 경제성장 및 일자리 증가의 정체를 맞이하게 되었으며 이는 국가 간 격차가 더 벌어질 수 있음을 시사한다. 국내 격차도 벌어질 전망이다. 같은 업종 내에서도 유통업의 경우 쿠팡과 같은 온라인 쇼핑몰은 호황을 누리게 되었으나, 기존의 대형 할인점들은 무급휴직, 임금삭감, 폐점까지 할 정도로 어려움을 겪게 되었다.

이처럼 국내외에서 경제적 불평등이 심해지면서 조만간 전 세계의 빈곤이 해소될 거라고 보았던 낙관적인 전망도 수정되고 있다. 월드뱅크에 따르면 코로나19로 인해 전 세계 극빈층이 최대 1억 5,000만 명 증가할 것으로 보인다. 지난 20년간 극빈층은 꾸준히 감소해 1990년 당시 36%에 이르렀던 극빈층이 2019년에는 8%까지 줄었으나, 다시 9.4%까지 증가할 것으로 예측되었다.[50]

반면 개인 차원에서도 경제적 불평등은 더 심화될 전망이다. 스위스 투자은행 UBS의 자료에 따르면 코로나19 팬데믹으로 많은 이들이 생계에 어려움을 겪던 시기인 2020년 4월에서 7월까지 전 세계 억만장자들의 재산 규모는 27.5% 늘어났다.[51] 미래학자 짐 데이토Jim Dator는 언택트로 인한 사회적·경제적 불평등은 빈곤층의 경제적 분노와 반발로 연결될 수 있다고 우려하기도 했다.[52]

언택트 사회에서의 불평등 해소 방안

언택트 사회의 일자리 불평등 해소를 위해서는 무엇보다 4차 산업기술로의 전환 교육이 제공되어야 한다. 4차 산업혁명과 직접 관련된 정보·통신 전문가, 공학 전문가, 과학기술 전문가 등 고숙련 직업군에서는 취업자 수가 계속 증가하나, 저숙련 직업군의 취업자 수는 감소할 전망이다. 이에 따라 중장기적 관심에서 전문인력을 양성하기 위한 교육 프로그램을 강화하고 산학연 협력을 활성화해야 한다. 또 18세기 산업혁명 이후 영국에서 벌어진 러다이트 운동의 사례를 참고해 산업 및 직업 구조의 변화에 따른 고용 충격을 완화하는 데에 관심을 두어야 한다. 이런 맥락에서 재취업지원 서비스를 강화하고, 사회안전망을 확충하는 노력 역시 필요하다.

또 언택트 사회에서 증가하고 있는 플랫폼 노동자와 같은 새로운 직업군이나 비즈니스에 대해서도 법적 테두리 안에서 보호하거나 규제하는 장치가 필요하다. 해외 여러 나라에서는 입법을 통해 플랫폼 노동자를 기존 노동법 체계로 흡수하고 있다. 스페인은 배달 기사가 자영업자가 아닌 노동자로 온전히 인정되도록 관련법을 개정해 노조 결성과 사회보장 등의 권리를 가질 수 있도록 했다. 이탈리아와 네덜란드, 프랑스 법원에서는 배달 기사의 노동자성을 인정하는 취지의 판결이 나왔다.

교육 측면의 불평등 해소를 위해서는 초중고에 디지털 교육 인프라를 구축하고 취약 계층을 대상으로 한 디지털 기기 보급이 이뤄져야 한다. 온라인 교육은 일단 인프라가 갖춰진 후에는 기존의 대면 교육보다 비용적인 측면에서 유리하다. 사교육 격차를 줄일 수 있는 좋은 대안으로 자리 잡을 수도 있다. 따라서 위기를 극복하고 오히려 기회로 삼기 위해서는 모든 학생이 사회적 격차를 느끼지 않도록 해야 한다. 특수 교육 대상자에게도 일반 학생들과 동등한 교육이 제공될 수 있도록 세심한 맞춤 정책을 시행해야 한다. 단순히 인프라를 제공해주는 것을 넘어서서 가정 내 교육이 원활히 이루어질 수 있도록 지도사를 파견하는 등의 지원 형태가 포함되어야 한다.

언택트 사회에 맞춘 교육 콘텐츠 개발 역시 병행해야 한다. 단순히 강의를 온라인으로 전달하는 것이 아니라 가상현실, 빅데이터 등을 이용한 효과적인 맞춤형 교육이 공공 디지털 인프라 구축과 함께 진행된다면 불평등 심화가 아니라 양질의 교육을 더 평등하게 시행할 수 있는 좋은 계기가 될 수 있다.

대대적인 언택트 사회를 처음 경험해보는 만큼 언택트 사회가 가져올 혜택과 문제점을 모두 예측하기는 어렵다. 새로운 변화에 따라 파생되는 문제점들에도 지속적인 관심을 기울여야 하며, 사회적 불평등이 생겨나지 않도록 인식과 제도의 전환이 수반되어야 할 것이다. 만약 경제적 차원에서 불평등이 계속된다면 단기적으로는 경기회복이 지연될 수 있고, 중장기적으로는 경제 이중 구조 심화와 성장 기회의 불평등으로 이어질 수 있다. 모든 사회구성원이 이익을 공유할 수 있도록 일자리·교육·문화·경제 등에서 발생 가능한 새로운 불평등을 완화하기 위한 노력이 이어져야 할 것이다.

감염병이 들춰낸
우리 안의 차별

□ □ ▭▪ ▬▬ 인간은 자기 생명의 안전이 담보될 때 비로소 돌봄이든 공정이든 개인 기반의 도덕성을 펼칠 여유를 갖는다. 목숨 걸고 한센병 환자를 돌보다 자신도 환자가 되었다는 성직자의 이야기는 모든 이의 가슴을 뭉클하게 하지만, 결코 보편적인 행동 양상은 아니다. 보통의 우리는 모두 자신과 가족의 생명을 제일로 여긴다. 더 나아가 다른 집단을 혐오·배제하고, 소수자를 차별·증오하며, 집단 결속을 위해 개인의 자유를 억압하는 행동까지 사실은 모두 개인의 '생존'을 위한 것이다.

그런데 언제부터인가 우리 사회는 이러한 내집단 선호, 외집단 배제, 혐오와 차별, 배제와 증오의 행동을 '무조건 악한' 것으로 간주해왔다. 이런 부정적 행동에 어떤 이유가 있는지 알지 못했기 때문이다. 팬데믹 상황을 맞은 후에야 이러한 '부정적 가치'가 왜 인간 사회에 만연해왔는지 깨닫게 된 사람들이 늘어나고 있다. 팬데믹이 들춰낸 인간 본성의 한 면이다.

인간의 다섯 가지 도덕적 감정

진화적으로 인간의 감정은 생존과 번식을 돕는 정신적 형질이다. 심리학자 조너선 하이트Jonathan Haidt와 크레이그 조지프Craig Joseph의 도덕 기반 이론moral foundations theory에 따르면 인간의 도덕적 감정은 크게 다섯으로 나뉜다. 돌봄care, 공정성과 상호성fairness and reciprocity, 내집단 충성in-group loyalty, 권위와 존경authority and respect, 그리고 정결과 신성함purity and sanctity이다. 2011년 3만 4,000명의 성인을 대상으로 유효성을 평가했는데, 도덕 기반 이론은 이 연구를 바탕으로 더 굳건해졌다. 사람들의 복잡다단해 보이던 도덕적 취향은 고작 다섯 가지 범주로 나눌 수 있었고, 이는 학습되는 것이 아니었다. 본성이다. 인간은 타고난 도덕꾼이다.

그러나 계통학적으로 타고난 도덕 감정엔 몇 가지 문제가 있다. 첫째, 너무 오래된 과거 환경에 맞춰져 있다는 것이다. 그래서 현대 사회의 복잡미묘한 상황에는 잘 맞지 않는다. 수백만 년 전의 환경에 적합하게 진화했기 때문이다. 둘째, 다른 생태적 환경에서 성장한 사람은 각기 다른 도덕 감정을 더 중요하게 여긴다. 따라서 집단 간에 도덕 기준의 가중치가 다르게 작용하는 것이다. 예를 들어 동아시아 사회는 서구 사회보다 내집단 충성의 가치에 더 높은 가중치를 준다. 셋째, 남녀에 따라 중요하게 여기는 도덕 범주도 다르다. 여성은 돌봄, 공정, 정결을 중요하게 생각한다. 그러나 남성은 권위와 내집단 충성을 더 중요하게 생각한다. 흥미롭게도 도덕 범주의 젠더 차이는 동서양의 차이보다 더 뚜렷하다.

그리고 2020년부터 특히 더 두드러진 또 다른 차이가 있다. 바로 감염병의 유행 양상에 따른 도덕 감정의 차이다. 도덕 범주 중 돌봄과 공정은 개인 기반 도덕성이다. 이에 반해서 충성, 권위, 정결 등의 도덕 범주는 집단 기반 도덕성이다. 즉 전자는 개인의 생존과 번식을 돕는 도덕 감정이며, 후자는 집단의 결속을 돕는 도덕 감정이다. 그런데 감염병이 유행하면 후자의 도덕 범주가 더 강화된다. 돌봄과 공정에 관한 도덕 감정이 집단성과 권위, 정결의 도덕 감정에 우선권을 내주는 것이다.

팬데믹이 도덕 가치를 바꾸다

코로나19 유행 이후, 전 세계가 높은 수준의 방역 조치를 지속하고 있다. 봉쇄lockdown와 폐쇄shutdown, 즉 이동 제한과 상업 시설 폐쇄라는 초강수를 두고 있는 국가가 여전히 많다. 외국인의 입국과 자국민의 출국도 대부분 국가에서 엄격하게 통제한다. 높은 수준의 사회적 거리두기, 강제적인 마스크 착용도 많은 국가에서 시행하고 있다.

이러한 방역 조치의 성공 가능성은 집단적 협력 여부에 달려 있다. 당연한 일이지만 코로나19 이전부터 내집단 충성과 권위 존중의 도덕 규준이 강력하게 작동하던 곳일수록 방역 조치가 순조롭게 지켜지고 있다. 역설적으로 개인의 자유가 폭넓게 허용되고 공정성의 원칙이 지배하던 집단일수록 방역 조치에 관한 저항이 심하다. 우리가 흔히 '선진 서구 사회의 발전된 도덕 기준'이라고 여겼던 도덕 가치가 팬데믹 상황에서는 감염 확산의 주범이 된 꼴이다.

　사실 감염병 확산의 상황에서 정결과 위생의 도덕 가치가 높아지는 것은 예상할 수 있는 일이다. 사람들은 오염된 사람이나 사물을 피한다. 외모나 행동, 언어가 다른 사람을 꺼린다. 감염병과 무관하더라도 장애가 있거나 기형이 있는 사람을 멀리한다. 코로나19와는 관련 없는 신호이지만, 우리의 원초적 감정 반응은 이성적 판단에 앞서 활성화된다. 감염병이 유행하면 사회적 약자나 소수자에 대한 편견과 차별이 더 심해진다. 인류 역사상 끊임없이 일어난 비극이 재현되는 것이다.

　심리학자 마크 샬러Mark Shaller는 이러한 심리적 적응을 행동 면역 체계BIS, behavioural immune system라고 명명했다. 이 체계는 다음의 세 가지 기능을 한다. 첫째, 병원체의 존재를 시사하는 신호를 탐지하고, 둘째, 이에 대한 정서 및 인지적 반응을 촉발하며, 셋째, 병원체 감염의 위험을 줄이기 위해 회피 행동을 유발한다. 좋게 보면 위생과 청결을 추구하는 자기 보호 반응이지만, 나쁘게 보면 혐오와 편견, 배제와 차별이다.

　이미 12년 전에 전 세계에서 12만 명을 대상으로 병원체 분포 수준에 관한 역사적 데이터 및 동시대 데이터, 그리고 다섯 가지 도덕 범주에 대한 선호 수준의 상관관계를 연구한 바 있는데, 결과는 예상대로였다. 감염병이 흔한, 혹은 과거에 흔했던 지역일수록 사람들은 '우리 집단에 충성해야 하며', '위계와 권위에 복종해야 하고', '신성과 정결을 지켜야' 한다고 믿었다.

　한국 사회도 돌봄 윤리와 공정 윤리에 관한 논쟁으로 뜨겁지만, 사실 이러한 논쟁의 이면에는 집단 충성과 권위 존중, 그리고 정결 추구의 도덕 가치 강화 현상이 자리하고 있는지도 모른다. 즉 돌봄 윤리를 중시하는 집단과 공정 윤리를 중시하는 집단이 자기 집단의 도덕적 권위를 무조건 존중하고 충성하면서 이견을 허용하지 않는 정결과 신성의 가치에 지배당하고 있는 것은 아닐까? 사실 돌봄과 공정은 모두 개인 기반의 도덕 범주다. 그래서 스스로 그러한 도덕을 준수하려는 의지가 있다고 해도, 타인에게 그런 도덕을 강요하기란 어렵다. 불쌍한 이를 돕는 돌봄이 아무리 도덕적인 일이라고 해도, "너는 왜 불쌍한 이를 돕지 않느냐"며 남을 비난하는 것은 이상한 일이다. 다른 이를 공정하게 대하는 것은 좋은 일이지만, 남이 공정하지 않다고 해서 '어떻게 그럴 수 있느냐'며 쫓아가 몰매를 줄 수도 없다.

흥미롭게도 질병 감염의 위험성이 커질 경우, 사람들은 다수 의견에 순응하는 현상을 보였다. 이는 신체적 위협보다 더 큰 영향력을 가지고 있다. 결론적으로 말해서 감염병은 인간을 보수적으로 만든다. 팬데믹이 이미 2년 가까이 지속하고 있고 언제 끝날지 기약도 없는 이 상황에서 2년 전의 인류와 비교해 지금의 인류는 분명히 더 보수적으로 변했을 것이다. 아마 앞으로도 그럴 것이다.

자유와 관용은 안전에서 나온다

신석기 혁명 이후 인류는 늘 감염병 속에서 살았다. 외부인에 대한 편견은 그들이 가진 총과 칼 때문이라기보다는 균 때문이었다. 5세 이하 어린이의 절반이 감염병으로 사망하고, 얼굴에 천연두 흉터를 가진 사람들이 넘쳐나며 마을 외곽에는 한센병 환자들이 집단으로 거주하고, 도시 곳곳에 매독과 임질을 퍼뜨리는 매음굴이 널려있는 환경이라면 없던 혐오와 편견도 생겼을 것이다. 평균 수명이 20세에 미달했던 시기다. 불과 100여 년 전까지 대다수 사람은 이런 환경에서 살았다.

어떤 면에서 20세기 이후 북반부 산업 국가에서 달성한 높은 수준의 개방성, 개인의 자유와 권리에 대한 폭넓은 허용, 다양성 인정 등의 사회문화적 변화 양상은 정치적 노력의 결과가 아니었는지도 모른다. 이는 인류가 본격적으로 백신 접종을 시작하고, 상하수도 위생을 개선하고, 항생제를 사용하기 시작한 때와 일치한다. 또 기술 혁명과 자유 무역 등으로 자원이 풍족해진 때와도 일치한다. 이러한 물질적·정치적·문화적 축복은 일부 서구 사회와 동아시아 사회에 한정된 일이있지만, 어쨌든 인류사를 통틀어 거의 초유의 사건이었다.

감염병이 가져온 사회적 혐오, 해답은 백신에 있다

해결책은 무엇일까? 사회적 캠페인과 교육일까? 그러나 "친구와 멀리 떨어져라" "늘 마스크를 써라" "모여서 놀지 마라"라고 선생님이 학생에게 가르치는 세상이다. 허용된 인원보다 많이 모이면 고발당할 수도 있다. 입국도 출국도 어렵다. 어디를 가든지 체온을 재고 연락처를 적어야 출입할 수 있다. 자기도 모르게 확진자와 같은 식당 옆자리에 앉았다면, 갑자기 방역 당국의 연락을 받고 격리될지도 모른다. 코로나19가 부른 디스토피아적 팬데믹 유니버스는 개인의 자유와 권리, 원활한 이동과 이주, 다양성의 인정과 포괄적 연대를 이룩하기에는 너무나도 부적합한 환경이다.

만약 이러한 거리두기의 세상이 앞으로 20년간 더 지속된다면 어떻게 될까? 2020년에 태어난 아기는 성인이 될 때까지 가족 이외에는 거의 마스크를 쓴 사람만 보며 살게 될 것이다. 해외여행은 고사하고 국내여행도 조심스러워 포기하게 될 것이다. 몇 명 이상 모여본 적 없고, 친구의 표정을 잘 살펴본 경험도 적고, 이성 친구나 낯선 이와 친구가 되는 기회가 거의 사라져버리게 될 것이다. 우리가 다음 세대에게 물려주고 싶은 미래는 분명 아니다.

해결책은 과학에 있다. 백신 접종 전후에 외집단에 관한 혐오 수준을 조사한 연구가 있다. 백신을 접종받은 사람은 사회적 혐오 수준이 눈에 띄게 감소했다는 것이다. 지금 코로나19와 관련해서도 유사한 연구를 진행하고 있다. 아마 결과는 비슷할 것이다. 개인의 안전이 보장된다면 우리는 더 관대해질 수 있다.

사람은 마스크를 벗고 서로 표정을 볼 수 있어야 한다. 음식점과 술집에서 긴긴 대화를 나누고, 여럿이 어울려 어디든 갈 수 있어야 한다. 개방적이고 자유로운 세상을 만들기 위한 소통은 '거리두기'가 아닌, 반드시 충분한 시간 동안 서로 '접촉'할 때 이루어진다. 자신의 동선을 밝히지 않아도 어디로든 이동할 수 있어야 하고, 세계 각국을 자유롭게 여행하고 이주할 수 있어야 한다. 그 핵심이 바로 백신이다.

백신이 뒤바꾼 기준, 개방적일수록 안전해진다

1796년 에드워드 제너Edward Jenner가 최초의 우두 백신을 접종했다. 그러나 한국에서 지석영 선생이 자신의 처남에게 첫 우두 백신을 접종한 것은 1879년의 일이다. 80년이 넘게 걸렸다. 지석영 선생은 자진하여 부산과 일본 등에서 우두 접종법과 종묘 제조법 등을 배웠고, 사비를 들여 한성에 의료시설 종두장種痘場을 차렸다. 오로지 천연두에서 조선인을 해방하려는 목적이었다. 그러나 당시 천연두 병굿을 하던 무당들이 몰려와 시설물을 불태우고, 지석영 선생을 개화 운동자로 몰아 처단하라고 요구했다. 전염병이 창궐하던 시대 조선의 백성들은 새로운 문물을 받아들일 수 있는, 자유롭고 개방적인 태도를 지닐 마음의 여유가 없었다. 실제로 백신은 감염병이 적게 유행하는 지역에서 더 높은 순응도를 보인다. 오히려 감염병이 유행하면 백신 음모론자가 더 기승을 부린다. 백신의 역설이다.

미국 화이자와 공동으로 코로나19 백신을 개발한 바이오엔텍BioNTech의 우구르 사힌Uğur Şahin과 외즐렘 튀레지Özlem Türeci는 독일인이다. 이름이 독특한 이들은 터키 이민자 2세 부부다. 1960년대 일자리를 찾아 터키에서 독일로 건너간 노동자 가정의 자녀. 이들은 연구를 너무 사랑해 결혼식도 실험실에서 가운을 입고 했을 정도다. 만약 독일이 2차 세계대전 때처럼 인종 차별을 했다면 지금의 화이자 백신은 나오지 못했을 것이다. 독일 사회의 높은 개방성이 코로나19로부터 인류를 구원할 새로운 백신 개발을 이룬 사회적 토양이었다.

감염병과 싸우는 더 똑똑한 방법

감염병이 유행하면 인간은 타인에 대해 마음을 닫는다. 낯선 이를 경계하고 피한다. 병자와 약자 그리고 소수자를 꺼린다. 집단에 충성하고 위계에 복종한다. 위생 강박은 종종 과도한 결벽으로 이어진다. 자신과 가족의 생명을 지키려는 원시적 심리가 발동한다. 수만 년 동안 이러한 행동 면역 체계가 인간이라는 종족을 유지해온 유일한 방법이었다. 엄청난 사회적 부작용을 낳았지만, 다른 도리가 없었다. 감염병 유행이 낳은 숙명적인 혐오와 배제, 차별과 추방의 인류사다.

그러나 이제는 아니다. 의학 혁명을 통해서 우리는 감염병과 싸우는 '더 똑똑한' 방법을 알아냈다. 사회적 거리두기를 통한 방역 조치에는 한계가 있다. 효과는 점점 적어지고 부작용만 심해질 것이다. 백신과 치료제가 답이다. 오늘도 의사와 과학자들이 연구실의 불을 밝히고 밤새워 연구하고 있다. 팬데믹 시대의 사회적 연대와 집단 간 협력, 돌봄과 공정의 윤리, 개인의 자유와 권리는 광장이나 국회에서 나오는 것이 아니다. 그것은 바로 연구자의 피펫pipette 끝에서 나오는지도 모른다.

2

기술 분야
미래전략
Technology

KAIST Future Strategy 2022

+ '나'를 증명하는 비밀번호, 바이오 인식

+ AI의 역기능과 생명윤리의 중요성

+ 치료에서 예방으로, 디지털 헬스케어

+ 안전한 완전 자율주행을 향한 도전

+ 질적 성과가 중시되는 국가 연구개발

'나'를 증명하는 비밀번호,
바이오 인식

□ □ ▭▮ ▬▬▮▮ 공인인증서가 2020년 12월 폐지되면서 인증 방식이 다양해지고 있다. 사설 인증서 시장이 확대되는 가운데 모바일 뱅킹에서 지문이나 홍채 인식 등 새로운 방식으로 인증하는 일도 전혀 낯설지 않게 되었다. 첩보 영화의 주인공만이 할 수 있을 것 같던, 지문 과 안면 인식으로 자동차 문을 여닫거나 시동을 거는 일도 일상에서 가능해졌다. 바야흐로 인체의 생체정보를 바탕으로 개인을 식별하고 인증 하는 생체인식 기술이 미래의 인증·보안 기술로 주목받고 있다. 특히 AI와 사물인터넷 등의 지능 정보 기술이 급속히 발전하면서 개인의 편 의를 위한 맞춤형 서비스도 크게 늘어날 전망이다. 생체인식 기술은 스 마트 디바이스, 핀테크, 헬스케어, 쇼핑 같은 개인 서비스 분야에서부터 출입국 관리, 생체정보 데이터베이스를 통한 국가의 사회안전망 구축, 치안 등 공공부문에 이르기까지 그 활용도 다양해질 것으로 예측된

다. 그러나 생체인식 기술이 아무리 높은 보안성과 편리성을 특징으로
한다 해도 생체정보의 복제가 불가능하다고 단언할 수는 없다. 또 사생
활 침해와 남용 등의 문제가 더 심각해질 수도 있다. 따라서 이러한 문
제점을 함께 극복해가는 지혜가 필요한 시점이다.

생체인식 활용 방식

지금까지 국내에서 새로운 인증 수단의 도입이 활성화되지 못한 것은
정부의 공인인증서 사용 의무화와 같은 엄격한 법규 때문이었다. 그러
나 2015년에 공인인증서 사용 의무화가 폐지되고 비대면 실명 확인 방
식이 허용되면서 다양한 인증·보안 수단을 자율적으로 결정할 수 있게
되었다. 이에 따라 기존의 공인인증서나 비밀번호 대신 생체정보를 활
용하는 새로운 방식이 더 큰 관심을 끌게 되었다.

생체인식 기술은 인간의 신체적·행동적 특징을 자동화된 장치로 추
출해 개인을 식별·인증하는 기술이다. 바이오 인식 기술 또는 바이오메
트릭스biometrics라고도 한다. 사람에게는 누구나 변하지 않는 고유한 생
체 특성이 있고, 이를 센서로 획득할 수 있으며, 정량화하기 쉽다는 점
에서 바이오메트릭스는 활용도가 높아질 것으로 보인다. 특히 사람마
다 다른 신체 정보를 이용한 인식 방법은 실수로 분실하거나 잊어버릴
위험이 없고 쉽게 복제할 수 없어 신분증이나 암호 코드와 같은 기존의
인증 방식을 대체할 수 있는 차세대 보안 산업의 핵심 기술로 주목받고
있다.

생체인식은 신체적 특징을 활용하는 방식과 행동적 특징을 활용하는

방식으로 구분된다. 신체적 특징을 활용한 방식으로는 각 개인의 얼굴 모양과 얼굴 열상thermal image을 이용하는 안면 인식을 비롯해 홍채, 지문, 망막, 정맥, 손 모양 등의 특징을 활용하는 인식이 있다. 행동적 특징을 활용하는 방식으로는 음성 인식을 비롯해 걸음걸이나 서명 등을 활용하는 인식이 있다. 최근에는 생체인식의 정확도와 보안능력을 더 높이기 위해 신체적 특징과 행농적 특징을 복합적으로 접목한 나중 생체인식 방법이 활용되고 있다. 앞으로 지문, 심전도, 심박수 등 다중 생체신호 인증 플랫폼이 개발된다면, 이것이 웨어러블 디바이스를 통한 생체신호 측정을 토대로 하는 차세대 인증 기술이 될 가능성이 매우 크다.

현재 생체인식 기술을 가장 적극적으로 도입하고 있는 분야는 모바일 뱅킹, 전자상거래, 핀테크 분야다. 공인인증서의 의무 사용이 폐지되면서 보안성을 강화한 새로운 인증 수단의 개발이 절실히 요구되는 가운데 생체인식 기술의 활용도는 계속해서 커질 것으로 예측된다.

생체인식 기술 현황

ID와 패스워드를 입력하는 기존의 인증 방식은 인증하는 대상이 다른 경우 서로 다른 ID나 패스워드를 만들고 일일이 외워야 하는 불편함이 있다. 또 그렇게 하지 않으면 보안성이 취약해진다. 생체인식 방식은 기존의 인증 방식과 비교했을 때 이러한 암기의 불편함이 없고, 공인인증서 사용을 위한 별도의 인증 수단을 소유하지 않아도 된다는 점에서 편리하다. 또 사용자의 고유한 신체 정보를 사용하기 때문에 타인이 함부로 복제하기 어려워 보안성이 높다는 장점이 있다. 특히 생체인식용 센서의 소형화가 이뤄지면서 생체인식의 활용 분야가 빠르게 확대되고 있다.

앞으로 생체인식 시스템과 AI 기술이 통합되면 이미 개발된 인증 기술의 성능도 개선될 것이고, 새로운 인증 방식도 개발될 것이다. 인공지능 기술은 행동적 특징 기반 생체인식 기술의 정확도가 향상됨에 따라 이중 또는 다중 인증 단계에서의 검증 수단으로 활용할 수 있다. 해킹의 위험을 차단하기 위해 개인의 행동적 특징을 2차 인증 수단으로 추가하는 것이다. 이처럼 AI는 기존 기술로 발굴하지 못한 새로운 생체인식용 특징을 발굴해낼 것으로 전망된다.

한편, 최근 코로나19 사태는 생체인식 기술의 동향에도 영향을 끼치고 있다. 전 국민의 마스크 착용으로 얼굴 인식이 어려워지고 감염의 우려 때문에 지문 인식 같은 접촉식 인증도 꺼리게 된 것이다. 이러한 문제점을 보완하기 위해 귀 인식 기술이 새로운 대안으로 꼽히고 있다.

인터넷 사용 환경이 컴퓨터로부터 모바일로 이동하는 상황에서 보안의 위협은 더욱 커졌다. 생체인식 기술 또한 이러한 보안의 위협으로부터 아직 완벽하지 않다. 정보 해킹을 통한 신원 도용 등의 문제점이 야기되고 있기 때문이다. 이에 따라 미국 국립기술표준원NIST은 2015년 생체정보 위·변조 방지를 위한 표준 기술을 제정했고, 국내에서도 한국인터넷진흥원과 한국바이오인식협의회를 중심으로 관련 기술에 대한 국가표준 제정과 생체인식 위·변조 방지 기술을 개발하고 있다.

생체인식 기술 시장 현황

전 세계 생체인식 기술 시장의 규모는 예측 기관에 따라 규모의 차이는 있지만, 매년 큰 폭의 성장률을 보일 것이라는 전망에는 이견이 없다. 시장조사업체 마켓스앤마켓스MnM의 2021년 자료에 따르면 글로벌 생체인식 기술 시장은 2020년 366억 달러 규모였으며 2025년에는 약

| 표 2 | 생체인식 기술의 주요 활용처

활용 분야	세부 활용 분야	예시
보안 액세스·개인 인증	컴퓨터·스마트폰 접근 권한	패스워드를 대체한 본인 인증 수단. 아이폰의 'Face ID' 등
	모바일 결제	마스터카드의 '셀피페이 Selfie Pay'는 모바일 앱에서 신용카드 사용 시 얼굴 인식으로 본인 확인 후 결제 가능
	보안 분야의 출입통제	저가 항공사 젯블루 JetBlue는 탑승권의 대체 수단으로 얼굴 인식을 사용하는 실증 실험을 진행. 탑승구에 셀프 탑승 단말을 마련해 승객의 얼굴과 미국 관세국경보호청이 가지고 있는 여권 사진을 대조하는 방식
안전 보안	소매점	서점, 편의점 등 소매 매장에서 절도 및 강도를 방지하기 위한 목적으로 얼굴 인식 소프트웨어를 갖춘 방범 카메라 시스템 운용
	카지노	얼굴이 알려진 도박 사기범이나 범죄 조직원 등을 식별
	아파트	공동 현관에서 얼굴 인식 시스템으로 주민과 비주민을 식별하고, 개별 현관에서 거주자 확인
마케팅	전자 간판	방문객의 성별과 연령대 등을 추정해 그에 따른 광고 제시. 향후 고객을 식별하고, 구매 이력 및 기타 개인정보 기반 타깃 광고 제공
의료	기억 보조	스마트폰 기억 보조 앱을 통해 안면실인증 환자 등에게 면회자의 이름이나 자신과의 관계를 알려주는 데 활용
	전자 처방전	무인 시스템의 병원에서 환자 본인 인증 후 전자 처방전 발급

686억 달러 규모로 커질 전망이다. 국내 시장의 경우 2020년 약 12억 달러 규모에서 2024년에는 약 23억 달러 규모로 성장할 것이 예측되었다.

생체인식 기술 확산을 위한 과제

생체인식 기술은 간편하다. 여기에 안전성이 확보된다면 개인정보 보호에 대한 요구가 커질수록 금융, 의료, 보안, 공공 등 다양한 부문에서 활용될 것으로 보인다. 그러나 편리함을 확대하고 보안성을 높이기 위해서는 지속적인 기술 혁신과 대응 전략이 필요하다.

생체인식 기술은 직장, 집, 공공장소에 관계없이 여러 장치에서 개인을 식별·추적·모니터링하는 데 사용될 수 있다. 이렇게 사용되는 기술은 공공 영역에서 익명성을 심각하게 손상할 위험이 있다. 예를 들면, 소셜미디어를 통해 수집된 헤아릴 수 없이 많은 얼굴 데이터가 전 세계를 떠돌며 개별 기업이나 국가 차원의 안면 인식 기술 관련 연구에 사용되고 있다. 생체인식 기술의 활용 범위가 급속도로 확대되면서 기술 남용의 우려도 커지고 있는 것이다.

또 AI 기술의 도입으로 인식 성능이 점점 고도화되고 있지만 딥페이크 등과 같은 위·변조 또는 복제 기술 역시 고도화되고 있어 창과 방패의 싸움이 더욱 치열해질 것으로 보인다. 실제로 스마트폰에 탑재된 생체인식 기반의 본인인증 수단에서 위·변조를 통한 잠금 해제 사례들이 종종 발생하고 있다. 따라서 앞으로는 고도의 AI 기술을 적용해 편리성과 정확성뿐 아니라 강력한 보안성에 중점을 둔 생체인식 기술을 개발해야 한다.

보안 취약성과 더불어 AI 기술을 적용한 최신 생체인식 기술의 데이터 편향성 문제도 풀어야 할 과제다. 2020년 미국표준기술연구소NIST의 보고서에 따르면 안면 인식 소프트웨어 알고리즘 대다수가 인종별, 성별, 나이별로 편차를 보이는 것으로 나타났다. 특히 안면 인식 시스템에서 흑인 여성의 경우 35%, 흑인 남성은 12%를 오인했는데, 이는 백인의 비율보다 훨씬 높은 수치였다. 만약 얼굴 인식 데이터가 다른 인종은 배제하고 백인 얼굴을 주 기준으로 삼는다면, 그 AI 기술은 백인을 인식하는 방법만 배우게 되는 셈이다. 고정관념이나 편견, 선입견 없는 데이터 구축이 매우 중요한 이유다.

생체인식 기술을 더 폭넓게 활용하기 위해서는 기술적 정확도의 이슈를 넘어 사생활 문제, 공정성과 차별 금지 등의 사회적 책임을 고려한 발전이 이뤄져야 한다.

실행 방안

- 신체 상태(노화, 체중 변화, 건강 상태 등)에 따라 달라질 수 있는 점을 고려한 생체인식 기술 개선
- 사용자 경험, 인지공학 등 관련 기술의 연구개발 및 공표를 통해 생체정보 등록에 대한 사용자의 심리적 거부감과 불안감 해소
- 생체정보 외부 탈취 시 부정 사용을 방지할 수 있는 강화된 암호화 기술 개발
- 센서, 소자, 보안, 소프트웨어, 통신 등 다른 기술과의 융·복합 활성화
- 핀테크나 헬스케어 등 다른 부문과의 연계를 위한 서비스 플랫폼 개발
- AI 적용 등 복합 인증을 통한 인식의 정확도와 보안성 제고

- AI 기반 생체인식 기술 고도화를 위해 사용되는 학습 데이터의 편향성 제거
- 세계적 경쟁력을 확보하기 위한 정부의 연구 지원과 관련 법규·제도 정비
- 개인정보와 사생활 침해에 대한 대응 전략 구체화 및 강화

AI의 역기능과
생명윤리의 중요성

□ □ ▭▪ ▄▄▪▪▪ "안녕! 난 너의 첫 AI 친구 이루다야. 나랑 친구
할래?"

이루다는 가수 블랙핑크를 좋아하고 일상의 소소한 부분을 글과 사
진으로 기록하는 게 취미라던, 발랄한 20세의 여성 AI 챗봇이었다.
2020년 말 국내의 한 AI 업체에서 출시하자마자 큰 인기를 누렸지만,
서비스 3주 만인 2021년 1월 중단되고 말았다. 이루다와의 채팅은 기
계와 나누는 대화 같지 않게 자연스러웠으나, 외설스러운 표현, 차별적
혐오 발언을 했을 뿐 아니라 개인정보 유출 논란까지 일으켰기 때문이
다. 사실 이런 일이 처음은 아니다. 2016년에도 마이크로소프트가 선보
였던 AI 챗봇 '테이Tay'가 유대인 학살, 인종차별 등을 옹호하는 발언으
로 서비스 하루 만에 폐쇄된 바 있다. 그런데 만약 AI의 자율시스템이
극단적 발언을 넘어 심각한 오작동을 일으키거나 해킹을 당한다면 어

떻게 될까? 자율주행차가 오작동으로 보행자를 해치거나 의료용 로봇이 환자를 병들게 하는 것과 같이 생명과 직결된 상황이 생긴다면?

AI는 4차 산업혁명 지능화 시대의 핵심 기술로 주목받고 있다. 하지만 다른 한편으로는 부정적인 여파도 무시할 수 없으므로 이에 대한 철저한 대응이 필요하다. AI가 데이터 학습만으로 완벽히 배우고 익힐 수 없는 윤리적·태도적·정서적 판단 부분은 공백으로 남을 수밖에 없다. 따라서 AI는 인간에 의해 통제되어야 하고 민감한 이슈에 대해서는 사회적 합의가 이뤄진 알고리즘으로 세심하게 구현되어야 한다.

AI의 역기능과 그 대응 방안

지능화를 상징하는 AI는 다양한 분야에서 부정적 결과를 가져올 수 있다. 앞의 사례와 같이 데이터 편견과 윤리적 판단 결여 등의 문제를 비롯해 AI 알고리즘을 이용해 유해 정보나 가짜 뉴스가 손쉽게 확산되어 새로운 사회 문제를 일으킬 수 있다. 또 AI 기술의 독점으로 이전과는 또 다른 형태의 사회 불평등이 나타날 수 있다. AI 시스템의 플랫폼화와 승자독식 체제도 시장 독과점을 일으킬 것이다. AI 자율장치 기술의 오작동이나 해킹도 문제이지만, AI 기술을 활용한 CCTV 정보의 수집과 분석은 지금껏 상상하지도 못했던 감시 사회를 만들 수도 있다. 따라서 AI의 역기능을 방지하기 위해서는 자체 알고리즘의 고도화와 함께 ICT 정보시스템이나 블록체인 같은 기술을 활용해 이를 원천적으로 제어하고, 법과 제도로 정비하는 것이 바람직하다. 몇 가지 방안을 제시해보면 다음과 같다.

- 개인정보 보호 기술 적용과 유해 정보 차단 기술 개발
- 블록체인 등을 적용해 가짜 뉴스 검증
- 인간 존중, 생명 우선, 인간과 기계의 공존에 대한 규범 마련
- 초신뢰 블록체인 네트워크 연동
- 기술결정론적 사고에 빠지지 않기 위한 학제적 연구 강화
- 탈중앙화(분권 및 분산) 기반의 플랫폼을 구축해 독과점 규제
- 인간 감성과 자연 생태계를 왜곡하는 AI 시스템의 강력 규제
- 불가피한 감시 카메라, 생체인증 등에 강력한 정보 보호 장치 마련

AI의 생명윤리 이슈

지능화 시대에는 인간과 기계의 공존이 불가피하다. 중요한 것은 인간이 AI 시스템으로부터 부정적 영향을 받거나 생명을 위협받아서는 안되며 안전성을 확보할 수 있어야 한다는 점이다.

　로봇과 드론의 산업화, 자율주행차의 상용화, 의료장비의 지능화 과정에서 우리는 이미 몇 번의 시행착오와 오남용에 의한 부작용을 경험했다. 미국의 SF 드라마 〈배틀스타 갤럭티카〉에 나오는 인간과 로봇 사이의 치열한 전쟁이 한낱 공상이 아닐 수도 있다. 인류의 지속 가능한 번영을 위해서는 여러 노력이 필요하지만, 지금과 같은 첨단기술 사회에서는 그중에서도 AI의 윤리 문제가 중요해지고 있다.

　특히 AI의 생명윤리 기준은 국가, 문화, 종교에 따라 차이가 있으므로 모두를 아우르는 합당한 공통 규범이 필요하다. 전통적인 생명윤리 규범은 공리주의utilitarianism 원칙을 따르지만, 피해자가 당사자 또는 이해

관계자일 경우 개인주의individualism로 돌아서게 되는 것이 현실이다. 고장 난 기차가 달려오는 불가피한 상황에서 철도 인부 5명을 살리기 위해 행인 1명을 희생시킬 것인가, 하는 트롤리 딜레마와 생명윤리 문제를 연계시켜보면 알 수 있다. 몇 차례의 설문조사 결과, 약 90%는 5명을 구하는 공리주의적 선택에 동의했다. 그러나 피해자가 가족 또는 본인일 경우 그 비율이 낮아져 현실적으로 개인주의가 나타났다. 미국 MIT의 연구팀도 자율주행차의 교통사고로 어떤 보행자를 먼저 살리느냐에 대해 전 세계 233개 국가에서 조사해 논문으로 발표한 바 있다.[53] 조사 결과, 소수보다 다수, 동물보다 사람, 상대적 약자(유모차, 소녀 등)와 능력자(의사, 운동선수, 경영인 등) 순으로 응답했지만, 문화권별로 차이가 있었다.

생명윤리 문제는 개인뿐 아니라 인류 모두의 생존과 직결되기 때문에 전 세계가 적극적으로 대비책을 모색해오고 있다. AI를 탑재한 전투용 로봇과 드론은 지능적 살상 무기로 사람을 해칠 수 있기 때문에 AI를 장착한 치명적 자율 무기 시스템LAWS에 대한 규제는 2015년부터 논의되어왔다.[54] 글로벌 기업들도 2016년 '파트너십 온 AIPartnership on AI'를 조직해 AI가 인류와 사회에 미치는 부작용을 방지하고, 인간과 AI의 공존에 관한 모범 사례를 공유하거나 기술 개발 방향을 제시하는 등 소통 활동을 강화하고 있다.• 2018년에는 '국제 AI 연합 콘퍼런스'에서 90개국 약 2,400명의 전문가가 킬러용 LAWS를 만들지 않겠다고 서명한 바 있다. MIT 미디어랩의 경우, AI의 행동을 다루기 위한 연구 그룹을 조

• 파트너십 온 AI는 비영리 단체이며, 2019년 9월 기준 13개 국가에서 구글, 페이스북, 아마존, IBM, 애플 등 90개 이상의 글로벌 기관이 참여한다.

직해 자율주행차의 사회적 딜레마, 기계 행동 등 AI 시스템의 생명윤리와 알고리즘을 구현하기 위한 연구를 폭넓게 수행하고 있다. 그 밖에도 UN에 이러한 AI 시스템의 생명윤리 이슈가 안건으로 상정되기도 했다.

그러나 이러한 시도들은 이해관계가 복잡하고 법적 구속력이 없어 근본적인 해결 방안을 제시한다고는 할 수 없다. 이런 측면에서 블록체인 기술을 활용한 AI의 생명윤리 문제 해결안을 생각해볼 수 있다. AI가 탑재된 자율 시스템은 자체 알고리즘에 의해 작동되어 사람을 해칠 수도 있고 해킹으로 알고리즘이 변경되어 위험한 상황을 초래할 수도 있으므로, 위·변조가 불가능한 블록체인으로 생명윤리 규정을 인증하고 적용하는 것이다. 또 진료·처방·유전체 같은 의료 데이터와 다양한 개인정보가 안전하게 활용될 수 있도록 블록체인으로 시스템을 구축해 관리할 수도 있다. 예를 들어 미국의 스타트업 네뷸러 제노믹스Nebula Genomics는 블록체인 기반의 유전자 데이터 플랫폼을 구축해 운영하고 있다. 암호화된 개인의 유전체 정보를 네뷸러 블록체인 플랫폼을 통해 제약회사·병원 등에 제공, 연구 목적으로만 사용하게 하고, 데이터 소유자는 디지털 토큰으로 보상받을 수 있게 한 시스템이다. 물론 블록체인도 만능은 아니다. 따라서 다른 첨단기술과 솔루션을 다학제적으로 연구하고 보완해야 한다. 또 인문학 기반의 규범 윤리와 법·제도가 뒷받침되어야 실효성을 거둘 수 있다는 점도 유념해야 한다.

국가 차원의 AI 생명윤리 대응책

세계 각국은 AI 기술의 영향력과 부작용에 대비해 다양한 대응책을 국가 차원에서 마련하고 있다. 특히 AI 기술 발전에 따른 사회 변화를 고려해서 생명윤리 기준을 제정하고 있으며 미국, EU, OECD 등을 중심으로 다양한 연구와 법·제도 정비가 진행되고 있다.

미국은 국가과학기술위원회NSTC와 백악관을 중심으로 AI의 영향력을 예측해 사회에 전반적으로 이익이 되도록 하기 위한 연구를 추진하고 공정성·투명성·선善을 위한 가치 등 생명윤리 관련 정책을 수립하고 있다. 유럽위원회European Commission는 일찍이 로봇의 윤리 지침 마련 등을 위해 다양한 프로젝트를 추진했으며, EU 산하 AI 고위 전문가 그룹 주도로 관련 주체들에게 필요한 윤리 원칙과 원칙별 평가리스트를 담은 '신뢰할 수 있는 AI를 위한 윤리지침Ethics Guideline for Trustworthy AI'을 2018년 발표한 바 있다. OECD는 디지털경제정책위원회 주관하에 신뢰 가능한 AI를 위한 원칙과 제언을 담은 'AI에 대한 의회의 권고Recommendation of the Council on AI'를 2019년에 발표했으며, 주요 원칙으로 포용적 성장, 지속 가능한 발전, 인간 중심 가치, 공정성, 투명성, 설명 가능성, 견고성, 보안 및 안전, 책무성 등을 담고 있다.

우리나라도 세계적인 조류에 따라 2020년 12월 과학기술정보통신부와 정보통신정책연구원에서 '인공지능 윤리기준'을 마련해 발표했다. 여기에는 윤리적 AI를 실현하기 위해 정부·공공기관, 기업, 이용자 등 모든 사회구성원이 AI를 개발하고 활용하는 전 단계에서 함께 지켜야 할 주요 원칙과 핵심 요건이 담겨 있다. 이 윤리 기준은 '인간성humanity'을 최고의 가치로 삼아 특정 분야에 제한되지 않는 범용성을 가진 일반 원칙, 즉 인간의 존엄성, 사회의 공공선, 그리고 기술의 합목적성을 원칙으로 제시했다.

한편 AI 생명윤리 기준의 제정과 함께 다양한 이해관계자들의 적극적인 참여를 위한 거버넌스 체계도 만들 필요가 있다. 생명윤리를 포함해 향후 예상되는 AI의 역기능을 방지하기 위한 정책 기구를 사전에 만든다면 문제해결의 실효성을 높일 수 있을 것이다. 이를 통해 우리는 다음과 같은 문제를 풀어가야 한다.

- 사람 중심의 AI 시스템 및 알고리즘 지침 마련
- AI의 역기능 방지 및 생명윤리 준수를 위한 기술적 대안 마련
- AI 이해관계사 간 협의 시스템 구축
- AI의 역기능 및 생명윤리 관련 법·제도 마련
- 글로벌 AI 생명윤리 거버넌스 채널 참여 및 지배력 확보
- AI의 역기능 고충 처리 및 권익 보호 상담소 운영

치료에서 예방으로,
디지털 헬스케어

▫ ▢ ◻▬▪ ▰▰▰ 병원에 갈 필요가 없이 집안에서 연결한 인공
지능 의사가 원격 모니터링 시스템과 원격 진단으로 1분 안에 진찰과
처방을 해주고, 필요한 약품을 배송용 드론이 10분 안에 '퀵서비스'로
전달해준다면 어떨까? 이미 시행되고 있는 중국의 '1분 진료소'와 미국
의 '드론 약품 배송 서비스'의 개념이다. 코로나19로 비대면의 일상이
이어지면서 의료 분야에서도 오랜 쟁점 이슈였던 원격 의료를 포함한
'디지털 헬스케어digital healthcare'에 관한 관심과 수요가 커졌다. 코로나
19가 의료 시스템의 패러다임마저 바꿔놓은 것이다.

디지털 헬스케어는 빅데이터, AI, 유전체 분석과 같은 기술을 적용해
환자 맞춤형 의료를 지원하는 시스템이다. 코로나19 이전부터 고령화
사회로의 진입에 따라 더욱 주목받게 된 분야이기도 하다. 단순히 기대
수명의 연장이 아니라 더 건강하게 오래 사는 '질 높은 삶'을 추구하기

때문이다. 오늘날 현대인이 겪는 각종 질병은 어쩌면 피할 수 없는 고령화 시대의 도전이라고 할 수 있다. 이제 국가 의료체계 시스템이 치료 중심에서 질병을 예방하고 관리하는 방향으로 전환을 할 필요가 있음을 의미한다.

건강 증진과 예방 중심의 헬스케어 3.0 시대

통상적으로 헬스케어라는 개념은 산업혁명 무렵 도시로 대규모 인구가 유입되면서 각종 감염병이 발생했던 18~20세기 초반 등장한 것으로 보고 있다. 헬스케어 1.0(공중보건)이라 불리는 이 시기에는 감염병 예방을 위한 백신이 개발되고 상하수도 시설 등 도시 인프라가 정비되면서 질병 예방이라는 구체적 사회 서비스가 처음 등장했다. 20세기 들어 세계 경제의 발전 속에 의약품과 의료기기 등이 발달하면서 세계 각국은 제도적으로 의료 서비스 공급 체계를 갖춘 헬스케어 2.0시대(질병 치료)를 열었다. 새로운 시대가 도래함에 따라 질병으로 인한 사망률은 감소하고 기대 수명이 비약적으로 늘었다.

　현대 의료 서비스는 인류가 직면한 각종 질병을 치유하기 위한 의약품과 시술에 집중한다. 그 덕분에 수준 높은 헬스케어 서비스의 혜택을 받게 되었다. 그러나 암과 퇴행성 신경질환 같은 난치성 질환, 당뇨와 같은 대사질환의 경우 중요한 치료 혹은 예방 시기를 놓치면 여전히 고통스러운 삶을 이어가야 한다. 이를 해결하고자 건강검진이 보편화되었으나, 이미 생긴 병의 유무를 판정하는 수준이라 실질적인 예방의학이라고 보기는 어렵다. 이제 헬스케어 3.0 시대(건강 수명)에는 저출생과 고령화라는 현시대의 상황에 맞춰 기존의 치료 중심 의료 서비스에서 건강 증진과 예방 중심 의료 서비스로 패러다임을 전환해야 한다.

미래 의료의 핵심, 예측·예방·맞춤·참여

2013년 미국의 생물학자 르로이 후드Leroy Hood는 인체와 같이 복잡한 시스템 연구는 유전자와 같은 개별적 분야가 아니라, 다양한 분야의 과학자들과 협업을 통한 총체적 접근 방식이 필요하다고 역설했다. 이러한 접근이 시스템 생물학과 '4P 의학'이라는 학문 분야를 낳았다.

4P는 1) 질환 발병률 판단이 가능한 예측의학predictive medicine, 2) 질병을 최소화하는 예방의학preventive medicine, 3) 개인의 유전적 특성을 고려한 맞춤의학personalized medicine, 4) 환자와 의사가 함께 의학적 결정을 내리는 참여의학participatory medicine을 뜻한다. 이러한 접근법의 의학은 유전체학과 유전학을 통합해 신속하게 질병 유전인자를 발견한다. 그리고 각 개인에게 초점을 맞춰 능동적으로 대응하고, 질병 치료에 앞서 질병 예방에 방점을 둔다. 즉 증상이 나타나기 전에 질병을 치료해 건강을 최적화하는 것이다. 시스템 의학의 융합으로 예측, 예방, 맞춤, 참여로 이어지는 미래 디지털 헬스케어는 건강관리 개선, 건강관리 비용 절감, 새로운 혁신산업 창출로도 이어질 전망이다.

디지털 헬스케어: 디지털로 이루어지는 맞춤형 의료

산업사회는 연결성connectivity을 중심으로 발전해왔다. 증기기관을 통해 인간과 인간이, 벨트 컨베이어를 통해 기계와 인간이, 그리고 정보화 혁명을 통해 AI와 사람이 연결되는 시대에 도달했다. 생명공학 분야에서도 첨단기술과의 융·복합이 활발하게 이뤄지면서 디지털 헬스케어가 부상하고 있다. 각종 의료정보를 비롯한 생활 습관, 외부 활동, 유전체 정보 등의 분석을 통해 개개인의 건강 상태를 정확하게 판단하는 것은 물론 질병 치료와 예방까지 맞춤형 의료 서비스가 가능해진 것이다.

AI와 웨어러블 디바이스

디지털 헬스케어는 AI 알고리즘을 통해 최적의 빅데이터 분석 플랫폼을 제공하는 것뿐만 아니라, 모니터링·관리에서 진단·예측·치료의 분야에까지 확대되었다. 이에 따라 글로벌 기업을 중심으로 웨어러블 디바이스를 통한 데이터 측정, 유전체 정보 분석, 헬스케어 데이터 플랫폼 등의 분야에 많은 투자와 연구개발이 이뤄지고 있다.

구글 핏Google Fit과 애플의 헬스 킷Health Kit은 웨어러블 단말기 기반 헬스케어 플랫폼을 통해 사용자의 건강정보를 수집하고 가공해 디지털 의료를 구현하고 있다. IBM의 왓슨 헬스 클라우드Watson Health Cloud는 클라우드에 수집된 의료정보를 의료기관에 제공함으로써 기존 의료 시스템과 연결될 수 있게 한다. GE 헬스 클라우드GE Health Cloud는 의료 영상장비를 연결해 언제 어디서나 의료정보를 활용할 수 있게 했으며, 필립스의 인텔리스페이스 포털IntelliSpace Portal은 수십 개의 애플리케이션을 탑재해 의료영상 정보를 종합적으로 분석한다. 이처럼 의료기기를 통해 생성된 데이터를 AI로 처리한 후, 이를 다시 건강 증진을 위한 제품과 서비스에 연결하는 기술들이 개발되고 있다.

예측의학과 원격 의료 시스템

머신러닝과 딥러닝을 통해 최적의 생체 지표와 유전체 데이터 분석 알고리즘을 만들면서 진단의 정확성도 높여지고 있다. 이러한 의료 데이터는 경험적 사례 축적뿐 아니라 미래의 질환을 예측하거나 오진을 최소화하는 데도 활용할 수 있다. 디지털 트윈 기법을 이용해 다양한 상황을 미리 시뮬레이션하는 기술도 개발되고 있기 때문이다. 이를 통해 진단의 정확도를 높이고, 돌발 사고와 오진을 최소화할 수 있을 것이다.

또 의료 전문가의 판단과 의료 데이터를 학습한 AI를 '제2의 의사secondary opinion doctor'로 삼아 헬스케어와 융합하면 직접 병원에 가지 않고도 진단과 처방이 이뤄지는 개인 맞춤의학과 참여의학을 완성할 수 있다. 의사의 처방 없이 의료 수요자가 직접 요청하는 '소비자 직접 의뢰DTC, direct to customer' 유전자 검사 서비스는 질병과 관련 없는 항목에만 허용되지만, 예방과 예측 명목으로 허용되는 경우엔 예방의학과 예측의학을 실현할 수 있을 것으로 보인다.

특히 고령화사회가 되면서 해결해야 할 또 하나의 문제는 노인 의료비의 증가다. 고령자 대상 의료에는 만성질환 관리 부분이 큰 비중을 차지하는데, 현재의 의료보험 체계에는 이 부분이 빠져 있어 개인 부담이 크다. 따라서 헬스케어 신기술이나 신제품과 관련해 의료보험을 적용하는 등 고품질의 헬스케어 서비스를 제공하는 방향으로 개선해야 할 것이다. 특히 고령자의 만성질환 관리는 기존의 의료 시스템보다 원격의료 형태의 생활형 ICT 융합 디지털 헬스케어 시스템 안에서 진행하는 것이 더 효과적일 수 있다.

한편 코로나19에 대응하는 과정에서 의료 영상 공유 플랫폼과 스마트 측정 장비, 환자 모니터링 시스템, 의료용 앱 등을 활용해 국내에서도 비대면 의료 진단이 한시적으로 허용된 바 있다. 그런데 앞으로 신종·변종 감염병이 2~3년마다 한 번씩 올 수 있다는 전문가들의 예측을 고려한다면, 이제 이러한 의료체계의 구축은 불가피하다. 비대면 원격 의료 진단 시스템은 감염병과 같은 재난 상황에서 방역 의료와 연계할 수 있을 것이며, 상시적으로도 더욱 빠르고 효율적인 대응으로 국민의 건강을 관리할 수 있을 것이다.

수요자 중심의 헬스케어

지금까지의 보건의료는 의료기관에 소속된 의료 전문가를 통해 진단과 처방이 이뤄지는 방식이었다. 환자는 의사의 처방에 따르는 수동적 역할을 벗어날 수 없었다. 진단에서 치료에 이르는 과정에서 생성되는 정보를 저장하고 관리하는 것 또한 제한적이었다. 그러나 미래 헬스케어에서 주목하는 의료 서비스는 연결 의료connected healthcare에 바탕을 둔다. 질병 진단부터 치료와 관리에 이르는 전체 의료 서비스가 통합 데이터를 통해 투명하게 개인 맞춤형으로 이뤄지게 되며, 의료 전문가와 의료 수요자가 동등한 입장에서 의료 데이터를 공유할 수도 있다. 전문가가 수요자에게 충분한 정보를 제공하는 것은 물론, 의료 수요자의 요구와 선호도를 존중해 의사와 함께 건강 관련 의사결정에 참여하는 것도 가능하다.

이러한 의료 패러다임에서는 의료 수요자가 자신의 건강을 위해 예방·관리·진단·예측·치료 등 의료 시스템을 적극적으로 활용할 수 있다. 수요자 중심의 헬스케어 서비스가 이뤄지는 의료 선진국에서는 이제 병원에 가지 않고도 의료 서비스를 받을 수 있다. 단, 국내의 경우 의사와 환자 간의 비대면 의료 행위는 아직 불법으로 규정되어 있다.

디지털 헬스케어 발전을 위한 설계

전국경제인연합회가 2021년 상반기에 발표한 자료에 따르면 한국·미국·일본·중국 4개국 헬스케어 상장사의 최근 5년간 평균 매출액 증가율은 중국(74.2%), 한국(48.1%), 미국(35.1%), 일본(2.5%) 순으로 나타났다. 그러나 같은 기간 K-헬스케어 기업의 1개 사 평균 영업이익 증가율은 4개국 중에서 가장 낮은 4.2%였다. 매출액 대비 영업이익 증가율이 이처럼 저조한 것은 제품이나 서비스가 저부가가치에 머물러 있다는, 다시 말해 외형적 성장에 비해 실속은 없다는 의미다.[55]

사실 우리나라의 영상정보 관리 시스템picture archiving communication system과 개인병원 전자의무기록electronic medical record 보급률은 세계를 선도할 수 있는 수준이다. 그러나 정부의 규제로 정보통신기술과 의료 체계를 기반으로 한 의료정보의 호환성과 융합을 촉진할 개방 플랫폼 등의 기술 개발이 잇따르지 못해 더 높은 수준의 의료 서비스를 구현하지 못하고 있다. AI 등을 활용한 원격 진료 기술을 확보한 경우라도 모두 규제를 받지 않는 해외에서 사업을 하는 상황이다.

따라서 변화하는 시대의 흐름에 맞춰 국내에서도 디지털 의료 생태계를 새로이 만들어가야 한다. 디지털 헬스케어를 위한 기술적 인프라를 확충하고 합리적인 규제 개선과 정책이 도입되어야 한다. 단순히 비대면 의료를 허용해야 한다는 방식의 규제 개선이나 정책이 아니라, 원격 비대면 의료의 안전성 확보 문제는 물론 의료수가제도, 영리법인 합법화 이슈, 대형 병원 집중화 현상 등 우리나라의 의료체계와 현실을 고려해 설세해야 한다. 의료 접근성이 낮은 중국이나 미국 등과 비교하면 우리나라의 의료 시스템은 매우 잘 갖춰져 있다는 평가도 받는다. 그러나 여전히 의료 수요자를 고려하기보다는 의료 공급자 중심의 정책과 서비스로 이뤄져 있는 게 현실이다. 또 질병 치료에서 예방 중심으로 변화하는 의료 패러다임을 반영할 필요가 있다.

디지털 헬스케어 활성화 전망에 맞춰 준비하고 보완해야 할 사항도 많다. 디지털 헬스케어로 생성되고 축적될 의료 데이터(생체 지표, 유전체 데이터 등)에 대한 보관과 소유권, 활용권 문제가 대표적이다. 의료 데이터에는 민감한 개인정보가 담겨 있다. 이를 활용하는 과정에서 불거질 수 있는 여러 법적 사안에 대비하지 않는다면, 정보의 오남용으로 인한 문제가 발생하거나 디지털 헬스케어의 발전이 퇴보할 가능성도 있다. 헬스케어를 공공 차원에서 취약 계층 등 의료 사각지대의 비율을 최소화하기 위한 사회안전망으로 기능하도록 하는 것도 반드시 고려해야한다.

안전한 완전 자율주행을 향한
도전

▫ ▫ ▭▪ ▰▪▪▪ 자율주행기술에서 가장 앞선 것으로 알려진 구글의 자회사 웨이모ₐ 의 CEO 존 크래프칙 John Krafcik 이 2021년 4월 돌연 사임했다. 자율주행 택시의 상용화가 실패로 돌아갔고, 그에 따른 적자에서 벗어나지 못한 것이 사임의 배경이다. 또 자율주행 개발에 적극적이었던 우버는 2018년 보행자 사망 사고 이후 자율주행 테스트를 중단했고 2020년 자율주행사업부를 매각했다. 수익이 나지 않는다는 이유로 투자자들이 사업 철수를 요구했기 때문이다. GM·포드·BMW 등 완성차 기업들도 자율주행 택시 상용화 시기를 2025년 이후로 미뤘다. 자율주행차 상용화가 과대광고였다는 언론 보도도 있었다. 이뿐만이 아니다. 자동 운전 장치, 즉 오토파일럿 기능을 설정했던 자율주행차의 사고도 연달아 발생하고 있다. 모두 전방주시 의무를 위반한 운전자 책임으로 결론이 나기도 했다. 하지만 운전자가 전방주시를 해야만 안

전하다면 그것을 자율주행이라고 부를 수 있을까? 완전 자율주행full self-driving의 꿈은 장밋빛 환상이었던 것일까?

자율주행 기술의 발전

최근 AI의 기술 수준이 높아지면서 자율주행차에 대한 기대가 커졌다. 자율주행차는 단순히 편리함을 넘어 안전·환경·고령화 등의 사회 문제를 고루 해결할 수 있는 새로운 교통수단이기 때문이다.

자율주행차는 자동화 수준과 운전자의 개입 여부에 따라 레벨 0에서 레벨 5까지 6단계로 분류된다. 현재 시판되는 운전 보조 시스템은 레벨 2 자율주행에 해당하며 운전에 대한 모든 책임이 운전자에게 있다. 이보다 한 단계 진보된 레벨 3의 부분 자율주행차는 일정 조건이 충족되는 경우 자율주행차의 책임 아래 운전을 수행하며 필요할 경우 운전자에게 도움을 요청하는 방식으로 운영된다. 레벨 4 이상에서부터는 운행 설계 영역operational design domain 내에서 차량의 책임 아래 완전 자율주행이 가능하다.

자율주행기술은 1990년대에 적응형 순항 제어장치adaptive cruise control system 형태로 상용화되기 시작했고, 2000년대에 차선 유지 보조장치lane keeping assist system가 출시되면서 자율주행을 위한 핵심 요소 기술이 완성되었다. 그러나 이 두 가지 기능을 결합한 형태인 레벨 2의 운전 보조 시스템ADAS, advanced driver assistance system은 약 10년이 지난 2013년이 되어서야 메르세데스 벤츠에서 선보일 수 있었다. 시속 10km 이하에서만 조향 제어를 허용한다는 국제 규정이 있었고, 자율주행 중 운전자 부주의로 사고가 발생하면 분쟁의 소지가 될 수 있었기 때문이었다.

보수적인 자동차 업계를 자극한 계기는 구글의 자율주행 프로젝트였다. 구글은 2007년에 미국 고등연구계획국에서 개최한 도심 자율주행 경진 대회의 우승팀을 영입해 자율주행 프로젝트를 시작했다. 구글이 자율주행차 개발 붐을 일으키면서 애플, 마이크로소프트 같은 거대 IT 기업들과 자동차 업체 간의 경쟁과 함께 자동차 관련 법을 제·개정하기 위한 움직임도 시작되었다. 그 결과 레벨 2 운전 보조 시스템의 상용화가 앞당겨진 셈이다.

이 운전 보조 시스템은 테슬라를 필두로 빠르게 발전하고 있다. 특히 테슬라는 고성능 자율주행 하드웨어를 탑재해 무선 소프트웨어 업데이트over the air 기능을 이용하면 정비소가 아니더라도 언제 어디서나 오토파일럿과 완전 자율주행 기능을 자유롭게 업데이트할 수 있도록 했다. 다만 테슬라의 완전 자율주행은 명칭과 달리 자율주행 중이라도 상시 전방을 주시하고 적극적으로 상황에 대처할 필요가 있는 레벨 2에 해당한다. 이러한 과장된 명칭의 사용이 운전자의 오해를 유발해 사망 사고로 이어진 사례도 다수 있다.

자율주행의 한계와 도전

세계 최초의 자율주행 사망 사고로 기록된 테슬라 오토파일럿 사고는 2016년 미국 플로리다주에서 발생했다. 옆면이 흰색인 대형 트레일러가 좌회전하며 테슬라 차량 앞을 지나고 있었는데 오토파일럿 시스템이 흰색 트레일러를 밝은 하늘로 오인식했기 때문이다. 2019년에도 유사한 사고가 있었고, 2020년에는 타이완의 고속도로에서 넘어진 흰색 화물차를 인식하지 못하고 추돌하는 사고가 일어났다. 2021년 3월에도 미국 미시간주에서 흰색 트레일러 측면과 충돌하는 사고가 발생했다. 모두 오토파일럿의 자율주행 실행 중에 발생한 사고로 밝혀졌지만, 모든 책임은 전방주시 의무를 위반한 운전자 과실로 결론이 났다. 이는 오토파일럿이 레벨 2의 운전 보조 시스템이므로 사고 책임이 운전자에게 있기 때문이다.

한편 2018년에는 미국 애리조나주에서 우버의 자율주행차가 보행자를 치어 숨지게 한 사건이 있었다. 최초의 자율주행 보행자 사망사고로 기록된 이 사고를 놓고 누구에게 법적 책임을 물어야 할 것인가가 쟁점이 되었다. 이 사고 역시 운전자가 스마트폰으로 TV를 시청하고 있었기 때문에 운전자 과실로 판결이 났다. 법원은 운전자가 자율주행 차량의 백업 운전자로서 역할을 제대로 수행했다면 피할 수 있었던 사고라며, 자율주행차를 개발한 우버 측을 처벌할 법적 근거가 없다고 밝혔다.

AI로 자율주행이 가능할까

자율주행 사망 사고는 과실치사죄 적용 여부에서부터 근본적으로 인공지능의 존재 이유까지 많은 논란을 낳았다. 미국 UCLA 교수인 법률전문가 앤드류 셀브스트Andrew Selbst는 AI의 과실이라면 AI에 책임을 물어야 한다고 주장했는데, 그는 법으로 제한을 두지 않는다면 AI가 인간에게 신체적·정신적 피해를 줄 때 제조사나 시스템 개발자에게 책임을 전가하게 된다고 주장한 바 있다.

그렇다면 AI는 자율주행 기술에서 어떤 역할을 담당하고 있을까? 자율주행에 주로 사용되는 딥러닝 AI 모델은 학습 과정에 이용되는 데이터에 따라 그 성능이 결정되기 때문에 방대한 주행 데이터가 필요하다. 이때 단순히 많은 양의 데이터가 아니라 정상적인 주행 중에 접할 수 있는 여러 상황을 균형 있게 모아야 함은 물론, 흔히 접할 수는 없지만 사고 예방에 도움이 될 극단적 상황들edge cases까지 포함하고 있어야 한다. 이렇게 다양한 데이터의 수집을 위해 테슬라는 이미 시판된 수백만 대의 차량을 통해 동시다발적으로 데이터를 모으고 있다. 즉 AI의 정확도가 떨어지는 상황을 발견하는 경우, 이와 유사한 이미지들을 데이터 센터로 보낼 것을 명령하고, 주행 중인 차량으로부터 수집한 이미지들을 자동으로 레이블링labeling한 후, 다시 딥러닝 신경망을 학습시켜 배포한다.

이러한 과정을 거치면서 테슬라 자율주행 기술은 빠른 속도로 성장해 왔지만, 앞서 살펴본 사망 사고 사례와 같이 트레일러의 흰색 측면을 밝은 하늘로 오인식하는 등의 문제를 여전히 해결하지 못하고 있다. 극단적 상황에 대한 데이터를 모으기도 어렵고, 또 몇몇 사례를 수집한다고 하더라도 이를 지나치게 강조하면 오히려 정상적인 상황에 대한 정확도가 떨어질 수 있기 때문이다.

이런 측면에서 자율주행 트럭 관련 유망 스타트업으로 꼽히던 스타스키 로보틱스Starsky Robotics가 2020년 폐업하면서 남긴 말을 되짚어볼 필요가 있다. 이 회사의 CEO 스테판 셀츠 – 액스마허Stefan Seltz-Axmacher 는 AI 기술이 최근 빠르게 발전했으나 자율주행을 할 수 있는 수준에는 미치지 못했으며, 특히 일상생활에서 접하기 힘든 극단적 상황들은 AI로 극복하기 어려울 것이라고 말했다. 물론 스타스키 로보틱스는 자율주행

기술 개발보다 원격 관제에 집중하는 비즈니스 모델을 추구했기 때문에 AI에 대한 의존도가 상대적으로 높았던 곳이다.

자율주행과 트롤리 딜레마

2014년 MIT 미디어랩에서는 자율주행차의 트롤리 딜레마 상황에서 누구의 생명을 우선해 보호할 깃인지에 대한 의견을 모으기 위해 '모럴 머신Moral Machine'이라는 플랫폼을 만들었다. 트롤리 딜레마란 다수의 생명을 구하기 위해 소수의 생명을 희생시킬 수 있는가를 묻는 윤리학 사고실험이다. 브레이크가 고장이 난 기차가 달리고 있는데, 앞의 선로에 5명의 인부가 있다. 선로전환기를 당기면 5명의 생명을 구할 수 있지만 대신 다른 선로에 있는 1명이 죽게 된다는 설정이다.

MIT 연구진은 약 4년 동안 233개 국가로부터 약 4,000만 건의 응답을 얻었는데, 그 결과 문화·경제·지리적 환경에 따라 윤리기준이 달라질 수 있다는 것을 밝혀낸 바 있다. 이러한 연구 결과는 자율주행의 소프트웨어를 설계할 때 바탕이 되는 윤리관에 대한 공감대가 지역에 따라 다르게 나타날 수 있으며, 사전에 사회적 합의가 필요하다는 것을 시사한다.

자율주행 기술 발전을 위한 전략

기술 전략

완전 자율주행 기술을 완성하기 위한 기술적 접근 방식은 크게 두 가지로 진행되고 있다. 첫 번째는 자율주행 레벨 2의 운전 보조 시스템을 보급한 후 자율주행 및 수동운전 데이터를 모아 AI 알고리즘을 고도화시키는 방법으로, 테슬라가 취하고 있는 방식이다. 두 번째는 웨이모나 GM 크루즈같이 특정 지역의 정밀한 지도를 구축해 해당 지역에서 완전 자율주행을 완성한 후 지역을 확장해나가는 방법이다.

두 가지 방법 모두 AI의 부족한 부분을 사람의 능력으로 채워 나가는 하이브리드 인텔리전스hybrid intelligence 방식이다. 그런데 테슬라 방식은 자율주행이 진행되는 운행 단계에서 인간과 AI의 지능통합이 이뤄지기 때문에 만약 인간이 주행 도중 적절히 대응하지 못하면 큰 사고로 이어질 위험이 있다. 반면 웨이모 방식은 특정 지역의 사고 가능성을 사전에 분석하고 반복적인 자율주행 테스트 과정에서 발견되는 AI의 오류를 방지하기 위한 알고리즘을 추가함으로써 소프트웨어 단계에서 지능 통합이 이뤄질 수 있다.

이러한 관점에서 볼 때 테슬라 방식은 매우 빠른 속도로 성능이 향상될 것으로 기대되지만, 레벨 4 이상의 완전 자율주행보다는 레벨 3 수준의 자율주행으로 더 넓은 지역을 포괄하는 형태로 발전할 것으로 보인다. 반면 웨이모 방식은 완전 자율주행의 가능성이 더 높은 대신 매우 느린 속도로 기술 발전이 이뤄질 것이다. 이는 안전한 완전 자율주행 기술을 개발하기 위해 철저하게 사전 검증을 수행하면서 알고리즘을 보완해나가야 하기 때문이다. 즉 도로 상황, 기상 상태, 계절 등의 외부 환경 변화에 따른 위험 요소를 모두 분석하고 대응책을 마련하는 데 상당한 시간이 소요될 것이다.

이제 우리는 완전 자율주행으로 가는 여정이 생각보다 오래 걸릴 수 있다는 사실을 직시하고, 인간이 운전 중 인식하고 반응하는 수준에서 센서와 알고리즘을 최적화할 필요가 있다. 평균적인 운전자가 인식할 수 있는 수준의 센서를 이용해 실수 없이 자율주행을 할 수 있는 알고리즘과 평가 절차를 마련해나가는 것이다. 다시 말해 보통의 인간은 수 밀리미터 수준으로 정교하게 차선을 유지할 수 없고 멀리 있는 물체와의 거리가 얼마인지 정확히 측정할 수도 없다. 그러나 브레이크 반응 속도가 1초 정도 늦더라도 특별한 실수를 범하지 않는 한 안전하게 운전할 수 있다. 따라서 고가의 센서를 다량으로 장착해 완전 자율주행 시장을 선점하겠다는 구글 웨이모 방식뿐 아니라, 저가의 방식으로 승부에 나선 수많은 스타트업과의 협업을 통해 자율주행 기술을 개선해가야 한다. 이 과정에서 AI와 컴퓨팅 기술의 고도화는 절대적으로 필요하다.

정책 전략

AI 기술은 1958년에 처음으로 그 개념이 소개된 이래 약 20~30년 주기로 부흥기와 냉각기를 반복하면서 발전을 거듭해왔다. 지금은 2010년대 딥러닝 기술의 부흥과 함께 성장해오던 자율주행 기술에 대한 회의론이 나오기 시작하는 시점이다. 자칫 막대한 투자를 기반으로 성장해온 자율주행 기술이 결실을 얻지 못한 채 중단되거나 무리한 사업화로 인해 사회 문제를 일으키는 상황이 올 수도 있다.

그러나 아직도 교통사고로 인한 사망자 수가 연간 135만 명, 23초마다 한 명씩 사망자가 나오는 상황에서 이를 해결할 수 있는 궁극적인 방법은 완전 자율주행 기술의 완성밖에 없다. 따라서 자율주행 기술의 조급한 상용화가 아니라 안전사고를 예방하는 정책 그리고 완전 자율주행 기술이 완성되도록 기술 개발 지원을 이어가는 정책을 더 강화해가야 한다.

우선 자율주행의 무리한 사업화에 따른 사고 예방을 위해 잘못된 자율주행 사용을 예방하는 제도 마련과 자율주행 기술에 대한 과대 광고의 금지가 필요하다. 현재 가장 우수한 레벨 2 자율주행 기술을 제공하는 테슬라의 경우, 운전자가 자율주행 기술을 올바르게 사용하지 않아서 대형 사고로 이어진 사례가 빈번히 발생하고 있다. 예를 들어, 2021년 4월 자율주행 중인 차량이 나무와 충돌해 탑승자 두 명이 사망한 사고가 있었다. 사고 차량의 운전석은 비어 있었고, 조수석과 뒷좌석에서 각각 한 명이 숨진 채 발견되었다. 운전자 없이 자율주행 기능을 켜놓고 주행한 것으로 추정할 수 있다. 이와 유사하게 아무도 운전석에 앉지 않거나 졸음 운전을 하는 동영상을 인터넷에서 흔히 접할 수 있다.

따라서 완전 자율주행 자동차가 아니라면, 운전자가 전방주시를 소홀히 하거나 운전석을 이탈하는 경우 자율주행 기능이 해제되도록 설계해 잘못된 자율주행 운용을 방지해야 하며, 운전자가 임의로 예방 기능을 무력화시킬 수 없도록 관련 제도를 강화해야 한다. 또 소비자가 불완전한 자율주행기술을 과신하지 않도록 과대 광고를 단속할 필요가 있다. 2020년 독일 법원은 테슬라가 웹 사이트나 광고 문구에서 오토파일럿이나 완전 자율주행이 연상되는 용어를 사용하는 것을 금지한 바 있다. 이러한 문구가 소비자에게 인간의 개입이 없어도 자동차가 자체적으로 운행할 수 있다는 오해를 불러올 수 있다고 판결한 것이다.

자율주행 기술이 완성될 수 있도록 지원을 이어가는 정책도 필요하다. 자율주행 기술 개발 지원과 관련해 우리 정부는 2020년부터 7년간 약 1.1조 원 규모의 범부처 자율주행 기술 개발 혁신 사업을 착수했다. 세계적인 자율주행 열풍과 비교하면 많이 지연되었다고 볼 수 있지만, 완전 자율주행에 관한 기대감이 무너지기 시작하는 시점에 새로운 활력을 불어넣는 계기를 마련했다는 점은 긍정적이다. 그러나 2016년

GM이 크루즈를 약 1.1조 원에 인수했고, 2021년 초 마이크로소프트와 GM이 약 2.2조 원 이상의 투자에 참여했다는 점을 고려하면 자율주행 연구를 위한 충분한 지원은 아니라고 볼 수 있다.

여기에 더해 정부지원금을 이용해 우수한 결과를 만들어내는 기업을 잘 육성해 민간투자까지 이어지도록 투명하게 관리해야 한다. 즉 3년 이내에 완전 자율주행차를 상용화하겠다는 식의 허황한 구호보다는 더 장기적인 지원 전략이 필요한 시점이다. 또 정부 지원으로 운영되는 대중교통 소외 지역의 교통 모델이나 장애인 콜택시 서비스에 수요 응답형 자율주행 서비스를 추가하는 방식으로 서비스를 점진적으로 확대해가며 사회적 수용성을 높여나갈 필요가 있다.

질적 성과가 중시되는
국가 연구개발

▫ ▫ ▬▪ ▬▬▪▪ 우리나라의 국가 연구개발R&D 전략의 허점을
지적하는 자조적 평가가 나온 게 어제오늘의 일은 아니다. '코리아
R&D 패러독스'나 '장롱 특허'란 표현⁵⁶이 이를 명백히 보여준다. 투자
는 했는데 성과는 미흡하고, 특허는 있는데 쓸 만한 특허가 없다는 얘기
다. 이러한 지적은 현실 지표로도 확인된다. 2020년에 집행된 국가 연
구개발비는 23조 8,803억 원이었다. 또 2021년 22조 5,000억 원에 이
어 2022년에도 23조 5,000억 원이 책정되어 있다. 국내총생산GDP 대비
로만 따지면 세계 선두를 다툰다. 하지만 특허청의 조사 결과에 따르면
국내 특허 가운데 활용되는 건수는 약 57% 정도이며, 특히 국가 연구개
발비가 들어간 출연 연구소와 대학교의 특허 활용률은 33.7%에 불과했
다. 특허가 실제 활용으로 연계되지 못하거나 사업화가 불가능한 장식
용이라는 의미다.

4차 산업혁명으로 상징되는 기술 변혁의 시대에 연구개발 전략의 중요성은 새삼 말할 나위도 없다. 특히 우리나라는 코로나19 극복이라는 세계적 공통 과제와 함께 인구 감소에 따른 사회구조의 변화와 생산력 저하 등 수많은 현안 과제를 떠안고 있다. 이러한 문제들을 해결하고 국가의 미래 성장동력을 확보하기 위해서는 연구개발 전략부터 재점검하고 혁신하는 것이 절실하다. 연구개발은 축적된 지식을 바탕으로 현재의 기술적 난제를 풀어가는 과정의 연속이며, 이는 곧 미래를 만들어가는 과정이다.

연구개발의 목표

미래의 메가트렌드 중 인구구조 변화, 에너지·자원 고갈, 기후변화 및 환경 문제, 과학기술의 발달과 융·복합화 등은 연구개발과 직접 연관이 있다. 여기에 코로나19에 따른 감염병 대응과 경제회복, 그리고 바이오헬스·미래 차·시스템 반도체 같은 미래 핵심 산업과 탄소 중립 실현을 위한 기술 등이 새로운 현안으로 떠오른 상태다. 연구개발을 통한 기술 혁신으로 이러한 미래 메가트렌드에 얼마나 잘 대처하느냐에 대한민국의 미래가 달려 있다.

패러다임 전환이 필요한 연구개발

우리나라 1인당 국민총소득GNI은 1953년 67달러에 불과했으나, 2006년에 2만 달러 시대를 열었고, 2017년에는 3만 달러 시대를 열었다. 이러한 압축 성장의 배경에는 수출 주력, 중화학공업 우선, 과학기술 우대, 추격자 전략 등의 정책과 전략이 있었다.

이러한 전략은 연구개발 분야에서도 유효했다. 1962년 제1차 과학기술 진흥 5개년 계획이 발표될 당시 우리나라 총 연구개발 투자 금액(정부+민간)은 12억 원에 불과했다. GDP 대비 0.25% 규모였다. 그러나 경제협력개발기구OECD가 발표한 과학기술분야지표에 따르면, 2019년 한국의 GDP 대비 R&D 비용 비율은 4.53%로 이스라엘(4.94%)과 선두를 다툰다.

문제는 GDP 대비 투자 규모나 외형적 성과와 달리 실제로 국민이 체감하는 연구 성과가 그리 높지 않다는 것이다. 우리의 현안 과제들을 해결하고 국민의 삶을 개선하는 데 그동안의 연구 성과가 어떤 기여를 얼마나 해왔는지에 대한 문제의식을 지녀야 한다. 경제 분야 곳곳에서는 이미 추격형 전략의 한계가 여실히 드러나면서, 선도형 전략으로의 전환이 요구되고 있다. 4차 산업혁명에서는 먼저 개발하는 자가 시장을 장악하는 '올 오어 낫씽all or nothing', 즉 전부 아니면 전무의 특징이 점차 뚜렷해지고 있다. 이러한 변화 속에서는 선도형 연구개발 전략이 필요하다.

과학기술 연구개발 과제

2021년 6월 기준 우리나라 인구는 약 5,182만 명이다.[57] 2050년에는 이 인구가 4,200만 명까지 줄어들 것으로 예측된다. 또 2025년 우리 사회는 65세 이상 고령인구가 전체의 20%를 넘은 초고령사회가 될 것이다. 그러나 2019년에 인구 자연 감소가 시작된 추세를 고려하면 초고령사회 진입 시기도 좀 더 앞당겨질 것이다. 인구 감소는 구매력 감소, 시장 감소, 일자리 감소, 경쟁력 저하로 이어진다. 또 고령화는 생산성의 저하, 복지 및 의료비용 증가 등을 가져올 것이다. 이를 해결하기 위해서는 로봇 기술, 첨단 제조 기술, 정보 통신 기술, 바이오 융합 기술, 맞춤형 의료 기술 등의 기술 혁신이 필요하다.

에너지 부족 문제도 심각하다. 자원이 부족한 우리에게 이 문제는 에너지 안보 위협으로까지 발전할 수 있다. 특히 원자력발전 존폐를 둘러싼 논의가 진행되고 있는 과정에서 대체에너지, 재생에너지 등 새로운 에너지원 연구와 개발도 더 적극적으로 추진되어야 한다.

고령화나 에너지 문제와 같은 현안뿐 아니라 국가적 비전과 연계한 연구개발 목표와 분야 선정이 기본이 되어야 한다. 지속 가능한 건강 장수 사회, 4차 산업혁명의 지능화 시대를 선도하는 국가 등이 우리가 추구하는 미래의 모습이라면, 이에 맞춘 연구개발 계획이 수립되고 미비한 부분의 보완이 이어져야 한다.

'위드 코로나' 시대의 과학기술 전략

과학기술은 장기적인 안목을 갖고 지속적이고 안정적으로 지원해야 하는 분야다. 근시안적으로 일회성 지원에 머물러서는 안 된다. 특히 코로나19로부터 얻은 교훈을 기회로 삼아야 한다. 이번에 입증된 K-진단·방역 시스템도 체계화하고 표준화해 언제 다시 등장할지 모르는 신종 감염병에 대비해야 한다. 나아가 이 시스템을 글로벌 표준으로 만드는 것은 물론 세계 각국과 노하우를 공유하고 협조해 지구촌 문제 해결에도 공헌해야 한다.

코로나19 위기가 던진 또 다른 시사점은 첨단기술과 헬스 분야의 융합 발전이다. 감염병 대응 과정에서 원격 의료 도입의 필요성뿐 아니라 바이오헬스 분야에 관한 관심도 고조되었다. 바이오헬스 분야는 미래

성장동력의 단골 메뉴로 꼽혀왔지만, 기대만큼의 성과는 없었다. 관련 연구개발 정책과 컨트롤타워 등을 재점검하고 전폭적인 지원으로 확실한 성과를 거두도록 해야 한다.

언택트 문화가 교육 및 비즈니스 등 사회 전반으로 확대되면서 관련 기술과 실용화에도 관심과 기대가 쏠리고 있다. 특히 언택트 기술들은 순식간에 국경을 넘어 전 세계를 공략할 수 있는 분야인 점을 고려해 관련 기술 연구개발, 생태계 조성, 실용화 등에 중점적 지원이 이뤄져야 한다. 그러나 디지털 전환은 동시에 디지털 격차나 정보 보안 문제와 같은 부작용도 가져올 수 있다. 따라서 기술 개발 초기 단계부터 이러한 문제에 대처할 방안을 함께 수립해야 한다.

지능화 시대를 대비하기 위한 연구개발

과학기술 강국들은 4차 산업혁명의 지능화 시대를 대비하고 있다. 이를 위해 국가 차원의 기술혁신 프로그램과 정책을 추진하고 있다. 예를 들어 미국은 글로벌 AI 리더십을 유지하기 위해 관련 분야의 연구개발 투자를 강화하는 동시에 지적재산권 등 파생 문제의 연구 계획도 추가하고 있다. EU도 지능화 강점 산업, 즉 커넥티드 차량과 자율주행, 그리고 로보틱스 분야를 중심으로 연구개발 투자를 강화하고 있다. 일본의 경우 사회적·산업적 패러다임 전환의 큰 축에 고령화와 스마트화를 놓고 과학기술을 통한 문제해결에 역점을 둔 정책을 마련하고 있다. 중국도 국가 주도의 대규모 투자를 통해 AI 생태계 형성에 초점을 두고 지능화 시대를 본격적으로 대비하고 있다.

지능화 시대에 대한 전망은 미래 유망 기술 선정에서도 드러난다. 글로벌 컨설팅 기관들은 매년 유망 기술을 선정하는데, 2021년에 발표된 자료들을 보면 지능화 시대의 핵심인 AI, 5G·6G, AR·VR·MR, 블록체인 등의 분야를 우선으로 꼽고 있다. 가령 딜로이트는 산업화한 인공지능industrialized AI, 기계 데이터 혁명machine data revolution 등을 주요 기술 트렌드로 제시했다.[58] 또 베인앤컴퍼니는 에지 AIAI on the edge,* 5G 공장, 사이버 보안 등을,[59] CB인사이트는 양자컴퓨터, AI 공감 시뮬레이션,** 메타버스 볼, 암호화폐 보상 기술 등을 주목할 만한 기술로 선정했다.[60] 이들 기업이 선정한 유망 기술들이 지능화 시대의 키워드인 초성능(AI, 슈퍼컴 등), 초연결(6G, 메타버스 등), 초실감(MR, 홀로그램 등), 초신뢰(블록체인, 암호화폐 등)와 매칭됨을 알 수 있다.

다만, 지능화는 기술 그 자체뿐만 아니라 사회 전반의 차원에서도 고민해야 하는 개념이다. 노화·장애의 불편을 완화하는 기술, 정서적 소외계층을 위한 소통·공감 기술, 인류의 지속가능성을 위한 기술처럼 다양한 사회혁신을 위한 기술과 정책을 발굴해야 하기 때문이다.[61] 이런 점에서 미래 지능화 시대를 대비하기 위한 국가의 연구개발 전략은 기본적으로 기술 한계를 극복하는 핵심 원천 연구와 사회생활 문제를 해결하는 연구 모두에서 구축되어야 한다.

---

* 중앙 집중 서버가 아닌 분산된 소형 서버(에지)를 통해 실시간으로 AI 알고리즘을 실행하는 기술.
** 인간의 감정을 해석하고 거기에 대응하는 AI 기술.

연구개발 전략의 원칙

정부는 공공, 기초연구 및 전략 산업 분야를 맡고, 민간은 실용화 기술 혁신을 주도해 상호 보완적 연구개발 전략을 추진해야 한다. 이때 연구 개발에 대한 적절한 투자와 지원은 필수다. 공공 연구개발은 특히 새로운 지식과 산업의 출현을 가능하게 만드는 토대로서 혁신 생태계 전체를 새로운 방향으로 이끄는 역할을 담당해야 한다.

기초 융합 연구를 위한 '선택과 집중'

자원이 부족한 우리나라에서 '선택과 집중'은 불가피한 전략이다. 우리나라는 오랫동안 연구개발 투자의 60% 이상을 기초연구가 아닌 '산업 생산 및 기술 분야'에 투자해왔는데, 이는 한정된 자원을 효율적으로 활용해 주력 산업을 육성해야 하는 상황에서의 선택이자 집중이었다. 그러나 이제는 추격자 모델을 벗어나 선도형 모델로 전환해야 하는 시점이다. 이를 위해서는 기초연구 분야에 더 초점을 맞춰야 한다.

미국의 대표적인 기초연구 지원기관인 국립과학재단은 정부의 전체 연구개발 예산 중 약 15%를 기초연구에 투자하며, 창조적 아이디어가 주도하는 혁신 연구를 강조한다. 우리나라도 4차 산업혁명의 변화에서 뒤처지지 않기 위해서는 스마트 지능형 ICT 기술에 관심을 기울이되 창의적인 원천 기술 연구에 집중함으로써 미래 기술을 선점해야 한다. 2022년 정부 연구개발 투자 배분 계획 가운데 기초연구 및 혁신 인재 양성 부분을 살펴보면 전년도보다 늘어난 것을 알 수 있다. 기초 및 원천 기술 분야 연구 촉진과 연구 인력 확보를 위해 인재 양성 과정에서 정부와 민간 부문의 역할을 나누어 상호 보완해가는 지혜가 필요하다.

도전 연구, 질적 평가, 자율 연구로의 개혁

첫머리에도 언급했지만, 우리나라는 그동안의 연구개발 투자와 비교해 그 성과는 미흡하다는 비판을 듣고 있다. 활용 가치가 적은 특허 건수만 늘리고, 단기 실적에 급급한 데다, 국민이 체감할 수 있는 과학기술 연구와도 거리가 멀다는 것이다. 이러한 결과에는 여러 원인이 있겠지만 다음의 몇 가지를 꼽아볼 수 있다. 이러한 문제의 해결이 곧 미래 전략 수립의 원칙이 되어야 한다.

첫째, 연구자들의 도전 정신이 부족하다. 연구는 미지에 대한 도전이다. 그런데 한국의 연구는 90% 이상이 성공으로 기록된다. 성공률 90%의 연구는 말이 안 된다. 이것은 지나치게 쉬운 것, 결과가 확실한 것에만 도전하고 있다는 뜻이다. 정부는 실패해도 용인해주는 분위기를 만들고, 연구자는 과감하게 도전해야 한다.

둘째, 연구 평가 제도를 바꾸어야 한다. 논문과 특허 건수 중심의 양적 평가를 지양하고 질적 평가로의 전환이 필요하다. 연구를 논문 수로만 평가하면 연구 과정은 수월하겠지만, 실질적으로 유용한 연구 결과가 나오기는 어렵다.

셋째, 연구자 지원 정책을 개선해야 한다. 선진국처럼 연구에만 몰두할 수 있는 연구 환경을 조성해야 한다. 연구자들의 기본적인 생활, 고용구조 등 연구 주변 환경의 안정성이 연구 생산성에 영향을 주기 때문이다. 이는 곧 해외로 유출되는 인재들을 붙잡을 중요한 변수가 될 수도 있다. 넷째, 정부의 간섭을 최소화해야 한다. 연구 결과가 빨리 나오지 않으면 정부의 역할을 촉구하는 사회적인 압력이 생기고, 정부는 등 떠밀려 실적을 독촉한다. 대형 장기 연구조차 빨리 구체적 성과를 보여주지 않으면 중단될 위험에 놓인다. 그렇게 독촉을 받으면 단기 성과를 목표로 하게 되고, 단기 성과에 매달리다 보면 큰 결과가 나올 수 없다. 안타까운 악순환이 계속되는 것이다.

연구개발 실행 전략

결과가 쉽게 나오지 않는 분야에 대한 연구개발 투자 축소는 당연하다는 의견도 있다. 하지만 이러한 시각은 위험하다. 연구개발은 국가의 미래를 밝혀주는 등불이다. 연구개발 성과가 당장 크지 않다는 비판은 자제하고, 연구 제도와 환경을 개선해 더 나은 결과가 나오게 해야 한다. 기초 과학기술은 신속하게 연구개발 성과를 도출하거나 상업화가 쉽지 않은 분야다. 장기 계획을 갖고 기다려야 한다. 또 여러 대학을 각각의 특정 분야 연구의 거점으로 키우는 방법도 인재의 분산과 교류, 경쟁 분위기를 만들어 과학기술 발전으로 이어질 것이다.

정부는 중장기 기초·원천 기술 연구, 민간은 기술의 상용화 연구

- 정부는 민간 차원에서 시도하기 어려운 기초연구와 파급효과가 큰 원천 기술 연구에 집중
- 민간 부문에서는 기술의 실용화·상용화·사업화에 집중하고 상용화 아이디어에 대한 글로벌 지식재산권 확보 노력
- 정부 출연 연구 기관들은 민간에서 할 수 없는 기초 및 원천, 공공 연구에 몰두
- 대기업에 대한 연구개발 지원 규모는 축소, 중소기업과 벤처기업에 대한 지원 확대

- 대학과 정부 출연 연구 기관에서 확보된 글로벌 지식재산권의 기술 이전 및 공동상용화를 위한 개방형 혁신 연구개발 확대

연구 분야의 특수성과 자율성을 고려하는 도전적 연구 문화 장려

- 특허의 질적 가치와 인용 추이를 정확히 평가해 가치가 낮은 특허 양산 방지
- 연구 분야에 따라 양적 지표와 질적 수준 평가를 교차하는 평가 체계 다양화
- 연구와 개별 사업 특성을 반영한 질적 지표의 개발 및 전문가 정성 평가 확대
- 과제 평가 시 중간·연차 평가 폐지 및 행정 절차 간소화
- 실패를 용인하는 연구 문화를 통해 독창적이고 도전적인 연구 지원
- 도전적 연구 아이디어와 신진 연구자들의 독창성 등을 고려하는 과제 선정 및 지원

혁신 창업이 가능한 연구개발 생태계 구축

- 수많은 스타트업이 실험실에서 탄생한 이스라엘처럼 실험실에 머물러 있는 기초 연구 성과들을 빠르게 시장으로 이전, 사업화하는 정책을 적극적으로 추진
- 공공기술 기반 창업 지원 사업과 기존 창업 지원 사업의 연계를 강화해 대학교 및 국책연구기관에서 나온 공공기술이 실용화되어 시장에 수용될 수 있는 체계 확보
- 공공기술 기반 창업 지원 사업에서 초기 비즈니스 모델 설정과 실용화 가능성을 고도화시킨 이후 본격적인 창업 지원 사업 트랙으로 연계하는

시스템 마련

- 산-학, 산-연 개방형 협업 연구개발 생태계를 통해 대학과 연구소는 글로벌 지식재산권을 확보하고 기업들은 이러한 연구 성과를 효과적으로 연계 활용하는 정책 방안 확대
- 국가과학기술지식정보서비스NTIS와 국가기술은행NTB 등의 특허기술 정보 DB 개선과 민간 이용 효율 활성화를 통한 개방형 연구개발 혁신 생태계 구축 강화

3

환경 분야
미래전략
Environment

KAIST Future Strategy 2022

+ 도시 문제를 해결할 도심 항공 모빌리티

+ 기술을 통한 기후변화 대응의 가능성과 위험

+ 인간적 가치 중심의 스마트시티

+ 생태환경의 변화와 감염병 관리 전략

+ 생물다양성을 복원하는 생태 전략

도시 문제를 해결할
도심 항공 모빌리티

□ □ ▭◼ ◼◼◼◼ 전기화, 자율주행, 마스MaaS, Mobility as a Service로
촉발된 지상에서의 모빌리티 혁명이 이제는 하늘로 향하고 있다. 도심
항공 모빌리티UAM, Urban Air Mobility라는 3차원 공중 교통 시스템은 도시
의 이동성 문제를 근본적으로 해결할 새로운 대안이다. UAM 생태계 확
산을 위해서는 기술의 지속적인 개선과 융합, 제도와 법률의 정립, 새로
운 인프라 구축, 사회적 수용성 증대가 균형 있게 발전해나가야 한다.
UAM은 초융합 산업으로 다양한 산업에 신시장을 창출할 수 있는 파괴
력을 갖고 있다. 따라서 정부와 기업은 UAM의 가치사슬을 분석해 신성
장 기회를 모색해야 한다.

도심 항공 모빌리티의 출현

도시의 팽창과 모빌리티 생태계의 확장

전 세계적으로 도시화가 빠르게 진행되고 있다. UN에 따르면 이미 2010년을 기점으로 전 세계 도시 인구가 지방 인구를 추월하기 시작했다.[62] 2018년 도시화율은 55.3%를 기록했으며, 2050년이면 68.4%에 이를 것으로 전망된다. 우리나라의 도시화율은 2020년 이미 80%를 넘어섰으며, 2050년 86.2%에 달할 것이 예측된다. UN의 조사 결과 전 세계에 1,000만 명 이상이 거주하는 메가시티는 1990년 10개에 불과했으나 2018년 33개로 증가했고, 2030년에는 43개에 이를 것으로 보인다.

그런데 도시 집중화 현상은 교통, 주거, 환경, 에너지 등 다양한 측면에서 문제를 유발하고 있다. 특히 도시의 도로를 가득 메운 자동차는 극심한 교통체증을 유발하고 있으며, 이로 인해 막대한 사회·경제적 손실이 발생한다. 교통량 분석 업체 인릭스INRIX에 따르면 2018년 미국 시민들은 교통체증으로 연간 평균 97시간을 낭비했으며, 이로 인해 전체 870억 달러, 1인당 1,348달러의 손실을 본 것으로 추정된다. 우리나라도 2016년 한국교통연구원에서 교통 혼잡 비용을 추산한 결과 2015년 기준 약 33조 원에 달하였다. 도시의 교통 문제는 교통 혼잡으로 끝나는 것이 아니라 주거, 환경, 에너지 분야에서 또 다른 도시 문제가 연쇄적으로 발생하는 원인이 된다. 즉 도시의 교통 문제 해결은 도시 전체의 거주 적합성을 위해서라도 반드시 해결해야 할 과제다.

하지만 도시의 지상과 지하 공간은 이미 심각한 포화 상태다. 지상에는 각종 건물과 시설이, 지하에는 지하철, 상하 수도관, 가스관, 통신망 등이 가득 차 있다. 점점 가속하는 도시화 상황에서 막대한 비용을 쏟아부어 지상과 지하에 신규 교통망을 확충해나가는 일은 머지않아 한계에 이를 것이다. 도시 내 2차원 공간의 활용만으로는 도시의 교통 문제를 해결하기가 점점 더 어려워질 것이다. 이러한 상황에서 첨단기술을 융합한 모빌리티 신사업을 향한 관심이 점점 더 커지고 있다. 이미 수년 전부터 제조, 디지털, 에너지 기술이 접목된 자동차의 전기화, 자율주행, 마스는 세계 최대 IT · 가전 박람회인 CES에 단골손님으로 등장해왔다. 특히 2020년 개최된 CES에서는 미래 자동차의 혁신 요소를 모두 갖추고 있으면서도 도심 내 3차원 공간인 공중에서 이동이 가능한 도심 항공 모빌리티 UAM이 등장해 미래 신성장 동력으로서 시장의 기대를 한 몸에 받았다. UAM은 그 자체로 새로운 가치를 창출하는 신사업이자 동시에 초융합적 산업으로 관련 전후방 제조 및 서비스 가치사슬 전반에 걸쳐 연쇄적인 혁신을 가져올 것으로 기대된다.

새로운 이동 수단, 개인용 비행체

도시 하늘을 누빌 새로운 교통수단으로 대중에게 가장 친숙한 모델은 하늘을 나는 자동차, 플라잉 카Flying Car라 할 수 있다. 현대적 의미의 플라잉 카는 2010년을 전후해 본격적으로 공개되기 시작했다. 미국 MIT 졸업생들이 설립한 회사 테라퓨지아Terrafugia는 2009년 자동차에 접이식 날개를 갖춰 도로에서의 주행과 하늘에서의 비행이 모두 가능한 '트랜지션Transition'이라는 플라잉 카를 선보였다. 테라퓨지아 외에도 2012년 네덜란드의 팔브이PAL-V가 자동차와 자이로콥터를 결합한 '리버티Liberty'를 공개했으며, 슬로바키아의 에어로모빌AeroMobil도 2014년 자동차와 비행기를 결합한 '에어로모빌 3.0'을 내놓았다.

이러한 초기 플라잉 카 모델들은 도로 주행과 공중 비행이 모두 가능하다는 점에서 혁신적이었지만, 내연기관 엔진을 사용하기에 공해를 유발하고 소음이 크며 이륙하기 위해서는 활주로 같은 별도의 공간이 필요하다는 단점을 갖고 있었다. 기술적 가치는 인정받았으나 도시의 환경오염이나 교통체증, 한정된 공간 이용 같은 문제들을 해결하기에는 한계가 있었다.

이에 따라 최근에는 자동차와 항공기를 결합한 전통적인 플라잉 카의 단점을 극복하고, 도시 문제를 해결할 수 있는 새로운 대안으로 '드론과 항공기의 결합' 모델이 떠오르고 있다. 현재 개발이 진행되고 있는 드론형 공중 이동 수단은 기술적으로 배터리와 모터를 추진 동력으로 해 친환경적이며 소음도 적다. 또 건물 옥상 등을 이용하면 도심 내에서의 수직 이착륙이 가능하다. 드론형은 활주로 같은 넓은 공간이 필요하지 않고 지점 간point-to-point 운송이 가능해 초기 플라잉 카 모델보다 UAM 생태계에 더 적합한 운송 수단으로 인식되고 있다. 장애물이 거의 없는 공중에서만 이동하기 때문에 도로 주행을 겸하던 초기 플라잉 카 모델과 비교해 원격 조종이나 자율 비행도 수월하다.

드론형 공중 이동 수단의 경우 광의의 개념에서 플라잉 카의 범주로 볼 수 있지만, 도로 주행보다는 공중에서의 도시 내 이동에 초점이 맞춰져 있어 개인용 비행체PAV, personal aerial vehicle라는 표현이 더 빈번하게 사용되고 있다. PAV는 운용 방식에 따라 공중에서의 비행만 가능한 싱글 모드, 공중에서의 비행과 도로에서의 주행이 모두 가능한 듀얼 모드로 구분된다. 초기 플라잉 카들이 듀얼 모드에 해당한다. PAV는 이착륙 방식에 따라 STOLshort take-off and landing과 VTOLvertical take-off and landing로도 구분할 수 있다. STOL형 PAV는 일반 여객기만큼 긴 거리는 아니지만 이륙하기 위해서는 활주로가 필요하다. 반면 VTOL형 PAV는 활주로 없이도 수직 이착륙이 가능하다. 운행 방식에 따라서는 수동비행과 자율비행, 사용 에너지에 따라서는 내연기관과 전기 동력으로 구분할 수도 있다. 다양한 PAV의 유형 중 시장을 지배하는 제품은 아직 등장하지 않았다. 그러나 현재 개발되고 있는 개체들을 보면 싱글 모드-VTOL형 PAV가 다수를 차지한다. 그리고 최근 개발되고 있는 VTOL형 PAV는 배터리와 모터를 통해 동력을 얻는 eVTOL electric-powered vertical take-off and landing이기도 하다.

UAM 생태계를 이끄는 기업들

eVTOL을 개발하고 있는 주요 기업들을 살펴보면 전문 기술 스타트업이 대다수다. 대표적으로 미국의 조비에비에이션 Joby Aviation과 키티호크 Kitty Hawk, 독일의 볼로콥터 Volocopter와 릴리움 Lilium, 중국의 이항 Ehang, 캐나다의 오프너 Opener, 영국의 버티컬 에어로스페이스 Vertical Aerospace 등을 꼽을 수 있다. 전문 기술 스타트업 외에도 글로벌 항공기 제조사인 에어버스 Airbus가 실리콘밸리에 있는 미국 자회사 A-큐브드 A³를 통해 eVTOL의 시험 비행을 진행 중인 것으로 알려졌다. 또 보잉 Boeing은 2017년 자율주행 로봇 항공기 제조기업인 오로라 플라이트 사이언스 Aurora Flight Sciences를 인수해 eVTOL의 시험 비행을 진행하고 있다.

몇몇 글로벌 항공기 제조사들이 자회사를 통해 간접적으로 시험 비행을 하고 있긴 하지만, eVTOL의 개발을 스타트업이 주도하게 된 것은 새로운 시장에 대한 스타트업 특유의 도전 정신과 함께 모험 자본의 적극적 투자가 뒷받침되었기에 가능했다. 특히 투자자들의 면면을 살펴보면 자동차 업계와 IT업계의 참여가 두드러진다. 이는 항공기 제조사뿐만 아니라 자동차 업계와 IT업계도 UAM 생태계의 시장 잠재력과 성장 가능성에 주목하고 있음을 시사한다. 일례로 미국의 조비에비에이션의 경우 인텔 캐피탈과 토요타 AI 벤처스, 그리고 플랫폼 기업인 우버가 주요 투자자들이다.

한편, 다수의 전문 기술 스타트업이 앞서가고 있지만, 기존의 항공 및 자동차 기업들도 기술력과 자본력을 앞세워 빠르게 추격하는 양상이다. 자회사 A-큐브드를 통해 eVTOL 모델 '바하나Vahana'의 시험 비행을 진행 중인 에어버스는 2019년 자체적으로 개발 중인 항공택시 '시티에어버스'의 프로토타입을 공개했다. 항공기 OEM인 브라질의 엠브라에르Embraer도 '드림메이커'라 불리는 eVTOL 콘셉트 디자인을 선보였다. 또 현대자동차는 UAM 개발에 가장 적극적인 완성차 업체로 평가받는데, 2020년 CES에서 PAV 컨셉 'S-A1'을 공개하면서 2028년 상용화 계획을 발표했다. 'S-A1'은 조종사를 포함해 총 5명이 탑승할 수 있고, 최고속도 290km/h로 최대 약 100km를 비행할 수 있다. 이에 앞서 아우디, 애스턴마틴, 롤스로이스, 포르쉐와 보잉 등도 PAV의 디자인 콘셉트를 공개한 바 있다.

항공기나 자동차 제조사는 아니어도 한화 그룹의 방위 산업 계열사인 한화시스템도 UAM에 적극적으로 투자하고 있다. 한화시스템은 2021년 미국 PAV 개발 업체 오버에어Overair를 인수했는데, 2024년까지 기체를 개발하고, 2025년 에어택시 시범 운행에 나선다는 계획이다.

이렇게 다수의 스타트업과 항공기·자동차 제조사, IT·소프트웨어 기업들이 직접 또는 간접적으로 PAV 개발에 열을 올리고 있지만, 코로나19 팬데믹 이전까지 가장 적극적으로 UAM 생태계를 주도한 기업은 바로 플랫폼 기업인 우버였다. 다만 우버의 경우 코로나19로 인해 차량 호출 사업에 큰 타격을 입으면서 2020년 12월 자사의 에어택시 사업부인 우버엘리베이트를 조비에비에이션에 매각했다. 그러나 우버는 조비에비에이션에 7,500만 달러를 새롭게 투자하면서 파트너십을 강화할 계획이라고 발표했다. 우버는 PAV와 기존 차량 호출 애플리케이션을 연계해 UAM 서비스를 운영하는 역할을 모색할 것으로 보인다.

UAM 시장의 성장 잠재력

모건스탠리에 따르면, UAM 생태계의 잠재적 시장 규모는 2040년 1조 5,000억 달러에 달할 것으로 전망된다.[63] 또 글로벌 회계·컨설팅 기업인 KPMG는 2030년에 접어들면 전 세계적으로 매년 1,200만 명의 승객이 UAM 서비스를 이용할 것으로 전망했으며, 2050년에 이르면 이용객이 4억 4,500만 명에 달할 것으로 추정했다.[64]

다만 UAM의 활용 범위는 시기별로 다소 차이가 있을 것으로 보인다. 2030년대에는 우선 도심과 공항을 오가는 셔틀 노선으로 활용되고, 2040년에 접어들면 도심의 통근 노선이나 항공택시로까지 활용 범위가 확대될 전망이다. 이후 2050년에 이르면 광역권 도시 간 이동도 가능해질 것으로 예측된다.

특히 KPMG는 인구 밀집과 경제성장, 도로 혼잡도 등을 고려할 때 향후 UAM 시장의 성장 가능성이 가장 큰 지역으로 서울, 도쿄, 베이징, 상하이, 델리 등 아시아의 메가시티를 꼽았다. 새롭게 태동하는 거대한 시장이지만 아직 시장을 지배하는 강자가 없기에 기업들은 치열한 개발 경쟁을 벌이고 있다. 각국 정부도 UAM을 미래 신성장 동력으로 여기고 로드맵을 구축하고 있다. 우리 정부도 2020년 '한국형 도심항공교통 K-UAM 로드맵'을 확정하면서 2024년 비행 실증, 2025년 최초 상용화, 2030년 본격 상용화의 단계적 목표를 제시한 바 있다.

UAM의 상용화 과제와 전략 방향

UAM이 그리는 미래가 현실이 되기 위해서는 기술, 제도, 인프라, 사회적 수용 측면에서 넘어야 할 산이 많다. 먼저 기술적 측면에서는 PAV의 배터리 밀집도 향상, 분산 전기 추진, 완전 자율비행, 소음공해 저감, 집단 PAV 관제 시스템, 사이버 보안 등에서 추가적인 기술 개발이 필요하다. 제도적 측면에서는 PAV의 제원에 대한 인증부터, 운행 규정 수립, 도시 내 공중 이동에 따른 재산권이나 사생활 침해에 대한 부분도 검토해야 한다. 완전 자율비행으로 가기 전까지 PAV 파일럿의 자격을 어느 수준으로 결정할 것인지도 중요하다. 이를 위해서 UAM 개발 기업과 규제 기관이 함께 관련 제도와 법률을 정비해나가야 한다.

UAM 생태계 확산을 위한 또 다른 필수적인 요소는 인프라 구축이다. 현재 대부분 PAV가 eVTOL로 개발되고 있는 만큼 활주로를 가진 공항처럼 거대한 인프라가 필요하지는 않을 것이다. 그러나 복잡한 도심에서 수많은 PAV를 어디에서 띄울 것인지, 또 전기동력으로 개발되는 PAV를 어디에서 충전하고 정비할 것인지 결정하는 것은 단순한 문제가 아니다.

기존 헬리콥터 이착륙장을 개조하는 방법도 있지만, 다수의 시민이 이용하게 될 UAM 개념에 비춰보면 그 수가 턱없이 부족하다. 일반 건물의 옥상을 개조하는 것도 안전 문제상 쉽지 않다. 이에 따라 PAV 전용 터미널을 새롭게 구축하는 것이 실질적인 방안으로 보인다. 새로운 인프라는 PAV의 이착륙·충전·정비가 가능한 것은 물론, 각종 휴게 및 편의시설도 갖추고, 승용차·버스·지하철 등 기존 지상의 모빌리티와 환승이 가능하도록 설계되어야 할 것이다.

한편 시민들이 UAM을 받아들이지 않으면 UAM 생태계는 조성될 수 없다. UAM 생태계 조성을 위한 마지막 과제이자 가장 중요한 부분은 바로 사회적 수용성을 높이는 것이다. 이를 위해서는 합리적인 비용으로 누구나 쉽게 이용할 수 있는 대중성을 전제해야 한다. 적정 가격 설계를 위해서는 제조·유지·보수 비용 및 에너지 비용 등에서 원가의 개선이 이뤄져야 한다. 또 지속적인 기술 테스트를 통해 대중 눈높이에 맞는 서비스 안전성을 검증받아야 하며, 아울러 도시 운용에 적합한 소음과 환경 관련 기준을 설정하고 이를 충족해 나가야 한다.

이렇게 다양하고 광범위한 과제들을 특정 민간 부문이나 일부 공공 부문이 개별적으로 해결하는 것은 사실상 불가능하다. 서로 다른 경쟁 우위를 가진 기업, 도시, 정부 등 다양한 이해관계자가 전략적 파트너십 진영을 구축해 난제를 함께 해결해나가야 한다. 먼저 이해관계자들이 UAM 생태계에서 해결해야 할 과제들이 무엇인지를 명확하게 선별해야 한다. 그리고 문제해결을 위해 도출된 각계각층의 다양한 아이디어를 발전시켜 시제품을 제작하고 시스템을 설계해야 한다. 이를 기반으로 UAM 시범 서비스를 진행하고 사용자 피드백을 통해 완성도를 높여나가야 한다.

한편 UAM 생태계 구축은 시민들의 삶의 질 향상과 도시의 지속 가능한 발전을 추구하는 '스마트시티' 구상과도 연계해야 한다. 스마트시티는 교통, 행정, 에너지, 환경, 건물 등 도시의 각 분야에서 발생하는 데이터를 상호 연계해 통합 플랫폼을 구축하고, 이를 통해 다양한 혁신 서비스를 발굴해 도시의 자원을 최적의 상태로 배분하는 것이 핵심이다.

자율주행과 공유 플랫폼 등 지상 모빌리티 데이터와 함께 UAM에서 생산·수집되는 공중 모빌리티 데이터도 스마트시티의 통합 플랫폼 체계에서 운용되어야 그 효율성이 극대화될 수 있을 것이다.

기술을 통한 기후변화 대응의 가능성과 위험

□ □ ▭▬ ▬▬▬▬ 환경 위기와 과학기술의 상호 관계에 대한 논쟁은 꽤 오래되었다. 예나 지금이나 환경 담론의 양극단에는 두 가지가 버티고 있다. 현대 과학기술이야말로 환경 위기의 근원이라는 '과학기술 비관주의'와 과학기술은 환경 위기를 해결할 수 있는 거의 유일한 수단이라는 '과학기술 만능주의'다. 최근에는 4차 산업혁명 관련 논의가 활발해지면서 비관론보다는 낙관론이 우세해졌다. 인류가 AI, 빅데이터, 사물인터넷, 지구공학 등을 활용하는 경우 기후변화의 해법을 찾을 수 있을 것이라는 주장이 그 낙관론을 대표한다.[65]

기후 위기에 대한 기술적 대응

신기술이 기후변화에 대처하는 해결사가 될 수 있다는 희망은 두 갈래로 나뉜다. 하나는 AI 같은 4차 산업혁명 기술을 통해 생산과 소비의 효율을 높임으로써 온실가스 감축에 기대를 거는 것이다. 또 다른 하나는 기후 시스템에 인위적으로 개입해 지구온난화의 속도를 늦추려는 지구공학geoengineering이다.

4차 산업혁명 기술을 활용한 기후변화 대응

전 세계 온실가스 배출량의 약 75%를 차지하는 에너지 부문을 포함한 각종 사회·경제 시스템에 초연결·초지능·초융합의 특성을 가진 4차 산업혁명 기술을 접목하는 방법으로 온실가스 배출을 억제해 기후변화에 대응하는 방안이다. 전력, 산업, 수송, 건물, 여가, 토지 이용 및 생태계 변화 관측 등 폭넓은 부문에 스마트 기술들을 적용한다.

지구공학을 통한 기후변화 대응

자연의 기후 순환 시스템을 인위적으로 조작하는 지구공학을 통해 지구온난화 속도를 늦추려는 시도도 이어지고 있다. 지구공학은 일각에서 '지구 해킹'이라 부를 정도로 아직 논란이 많은 신기술이다. 보통 '태양복사 제어'와 '이산화탄소 제거'의 두 가지 유형으로 구분된다.

| 표 3 | 기술 적용 사례

구분	적용 분야 사례
3D 프린팅	3D 프린팅 태양광 및 소형 풍력, 식품의 지능형 포장 등
신소재	저탄소 콘크리트, 초강력 단열재, 탄소섬유, 그래핀 등
AI	토지 이용 변화 자동 관측, 지능형 교통·에너지 수요 예측 등
로봇	수송 및 물류 효율 개선을 위한 유지 관리와 수리 등
빅데이터	기후변화 관측 및 원격 감지, 소비자 행동 변화 분석 등
드론 & 자율주행 자동차	토지 이용 현황 파악, 전력망과 에너지 기반 시설 모니터링 등
바이오 기술	바이오 플라스틱, 합성 바이오 연료, 생체 모방 등
에너지 저장/차세대 전력망	차세대 배터리, 분산형 그리드 등
블록체인	P2P 분산형 에너지 시스템, 공급망 추적과 투명성 제고 등
사물인터넷	센서 기반 교통 및 에너지 관리, 폐기물 추적 관리 등
최신 컴퓨팅 기술	초정밀 건물 정보 모델링 BIM, 초물류 및 공급망 초고율화 등
가상·증강·혼합 현실	증강현실 여행, 가상현실 모임, 시설 관리를 위한 가상 훈련 등

| 표 4 | 지구공학을 통한 기후변화 대응

태양복사 제어	• 지표면: 극지방 해빙 또는 빙하의 인위적 확장, 해양의 밝기 조절, 반사율이 높은 작물의 대규모 재배 등 • 대류권: 구름층을 백색으로 변화시켜 반사율을 높이기 위한 바닷물 분사 • 대기권 상층: 성층권 황산염 에어로졸과 자기부상 에어로졸처럼 태양복사를 반사하는 물질을 인위적으로 형성 • 우주: 거대한 거울을 우주 궤도 위에 쏘아 올려 햇빛을 반사하는 '우주 거울' 등
이산화탄소 제거	• 비옥한 흑토terra preta와 혼합할 수 있는 바이오 숯biochar 활용 • 바이오에너지 탄소 포집·저장 • 주변 대기 중 이산화탄소를 제거하는 탄소 공기 포집 • 이산화탄소 흡수를 위한 조림, 재조림 및 산림 복원 • 이산화탄소를 흡수하는 식물플랑크톤을 증식할 목적으로 바다에 철 성분 살포

국내에서 논의되는 기후변화 대응 신기술

정부는 2021년 3월 개최된 제16회 과학기술관계장관회의에서 '탄소중립 기술혁신 추진전략'을 확정했다. 여기 포함된 '탄소중립 기술혁신 10대 핵심기술'과 전략은 다음과 같다.

| 표 5 | 탄소중립 기술혁신 추진전략

10대 핵심 기술	전략
① 태양광 초고효율화/풍력 대형화	태양광 초고효율화 및 육·해상 대형 풍력 국산화
② 수소 전주기 기술 확보	수소 생산 단가 저감, 안정적 공급 기술 확보
③ 바이오에너지 선도 기술 확보	다양한 연료기술 경제성 확보
④ 철강·시멘트 산업 저탄소 전환	저탄소 연료·원료 대체 기술과 수소 환원 제철 기술 확보
⑤ 저탄소 차세대 석유화학 구현	저탄소 원료, 공정 전기화 기술 확보
⑥ 산업 공정 효율 극대화	배출 제어 고도화, 대체 가스 확보
⑦ 무탄소 차세대 수송 기술 개발	고성능 전원 및 고속 충전 기술 확보
⑧ 탄소중립 건물 기반 기술 확보	단위 설비, 운영 최적화 기술 확보
⑨ 디지털화 기반 효율 최적화	ICT 고효율화, 차세대 전력망 확보
⑩ CCUS* 상용화 기술 확보	혁신 소재 및 대형화 개발 및 실증

이에 앞서 정부는 2019년에 '포용적 녹색 국가 구현'을 위한 '제3차 녹색성장 5개년 계획'을 확정해 발표했다.[66] 이 계획에 따르면, 저소비·

• carbon capture and storage, 이산화탄소를 배출 단계에서 포집, 저장, 활용하는 친환경 기술.

고효율 스마트 에너지 기술 등 4차 산업혁명 녹색기술, 온실가스 저감 기술 등 10대 기후 기술, 미세먼지 솔루션 기술 등 국민 생활 밀착형 녹색기술 개발이 추진된다. 이와 함께 태양광 발전 적용 입지 다변화, 대형 해상 풍력 발전 시스템, 재생에너지 계통 연계의 안정화, 분산 자원 통합 가상 발전소 시스템, 충전 인프라에 연결된 전기차의 충전 전력을 수요 지원으로 활용할 수 있는 전기차 V2G vehicle to grid 운영 플랫폼 등 녹색기술의 실증과 상용화도 포함되어 있다.

신기술을 통한 탄소 중립 가능성과 편익

파리협정 제2조는 "기온 상승 폭을 산업화 이전 대비 2℃보다 '훨씬' 아래로 억제하고, 1.5℃를 넘지 않도록 노력한다"라고 규정하고 있다. 1.5℃ 목표를 달성하려면 2050년 온실가스 순배출량이 제로net zero에 도달해야 하며, 에너지, 토지, 도시 인프라(교통과 건물), 산업 시스템의 급속하고 광범위한 전환이 요구된다.[67] 1.5℃ 경로에서 재생에너지는 2050년에 필요한 전력의 70~85%를 공급하게 될 것이다. 2050년 산업 부문의 이산화탄소 배출은 2010년 대비 75~90% 감소해야 하는데, 이는 지속 가능한 바이오에너지와 대체 원료, 탄소 포집 이용 및 저장 등 새로운 기술이 상용화되어야 달성 가능한 목표다.

2021년 6월 기준 총 131개국이 21세기 중반까지 탄소 중립을 달성하겠다는 목표를 설정했거나 고려 중이며, 파리협정의 191개 당사국 중 80개국 이상이 신규 또는 갱신된 국가 행동계획NDC을 제출했다.[68] 국제 에너지기구IEA에 따르면 탄소 중립은 특히 에너지 부문에서 한계 돌파형 혁신 기술의 발전이 요구된다. 에너지 효율 향상과 재생에너지 확대는 기후변화 완화의 핵심축이지만 탄소 중립을 달성하려면 다양한 기술의 도움이 꼭 필요하기 때문이다. 여기에는 차세대 배터리 등 최종 에너지 부문의 광범위한 전기화를 가능하게 하는 기술, CCUS 기술, 수소 관련 연료 기술, 바이오에너지 기술 등이 포함된다.[69]

탄소 중립 목표의 달성 여부는 한계 돌파형 혁신 기술에 대한 강력하고 목표 지향적인 연구개발과 각 기업의 끊임없는 혁신 노력에 달려 있다. 현재 탄소 중립 기술의 약 40%는 시제품 또는 시연 단계에 머물러 있는 것으로 분석되고 있다. 탄소 중립은 이들 기술이 시장에서 상업성을 확보하는 단계까지 발전해야만 가능한 일이다.

신기술 적용의 위험과 한계

기후변화에 관한 정부 간 협의체IPCC가 2018년 발간한 〈지구온난화 1.5도 보고서〉는 지구공학 중에서도 이산화탄소 제거 방식의 하나인 '바이오에너지 탄소 포집·저장BECCS, bioenergy with carbon capture and storage' 을 핵심 기술의 하나로 제시했다. 지구공학을 옹호하는 쪽에서는 그 근거로 사람들의 행동 방식은 쉽게 변화하지 않으며, 변화한다고 하더라도 지구온난화를 멈추는 데는 역부족이라는 점을 꼽는다. 반면에 지구 공학을 활용한 해결 방식은 기후변화 협상처럼 많은 시간이 들지 않기 때문에 기후변화의 긴급성에 부합한다고 주장한다.

하지만 여기에도 많은 비판과 우려가 제기되고 있는 것이 사실이다. 지구공학은 기후변화의 근본적인 원인 제거에는 관심이 없고, 대부분 실험실 수준에서만 그 효과가 증명된 기술이라는 것이다. 실제로 식물 플랑크톤을 증식할 목적으로 바다에 철 성분을 살포하는 것이 어떤 부작용을 가져올 것인지, 에어로졸을 성층권의 오존층에 유입시켰을 때 환경에 어떤 변화가 올 것인지 누구도 확실한 답을 내놓지 못하고 있다.

BECCS는 대기 중 이산화탄소 농도를 줄이는 데 활용될 수 있는 유망한 '역배출 기술negative emission technology'로 분류된다. 나무나 작물과 같은 바이오매스를 태워 에너지로 활용한 다음 이산화탄소가 대기 중으로 방출되기 전에 포집하는 기술이다. 일부 과학자들은 BECCS가 탄소중립 달성에 도움이 될 것이라고 주장한다. 하지만 최근 BECCS가 야생동물, 산림 및 수자원에 큰 영향을 미칠 수 있다는 연구 결과가 나왔다.[70] 연구자들은 BECCS 사용이 생물다양성과 담수 자원을 포함해 총 9개의 '지구 위험 한계선planetary boundaries'에 어떻게 영향을 미칠 수 있는지 분석했다. '지구 위험 한계선' 개념은 지구가 수용할 수 있는 한계 내에서 자원을 얼마나 많이 사용할 수 있는지 식별하는 것이다. 연구자들은 안전한 경계 내에서 BECCS를 구현하면 연간 최대 6,000만 톤의 탄소를 '역배출'할 수 있음을 발견했다. 이는 현재 전 세계 이산화탄소 배출량의 1% 미만에 해당한다. 하지만 정작 BECCS를 도입하면 전 세계 산림 면적 10%가 감소하고 생물다양성은 7% 감소하는 것으로 분석되었다. 광범위한 면적의 토지를 바이오 연료 농장으로 전환해야 하기 때문이다.

태양복사 제어SRM, solar radiation management 방식이 생물다양성에 부정적인 영향을 미친다는 연구 결과도 나왔다.[71] 성층권 에어로졸 주입과 같은 유형의 SRM은 에어로졸이 대기에 유입되면 지구 주변에 보호막을 형성해 햇빛을 반사해내고, 그 결과 지구의 온도를 낮출 수 있다는 가설에 기초해 제안되었다. 그런데 성층권에서 에어로졸의 수명엔 한계가 있어 효과를 지속하려면 에어로졸을 일정한 간격으로 계속 방출해야 한다. 문제는 에어로졸 방출이 갑자기 중단되면 지구 기온이 다시 빠르게 상승할 수 있다는 점이다. 연구진은 SRM 종료 시 생길 기온 변화율이 기후변화에 의한 것보다 2~4배나 더 클 수 있다고 경고했다. 이경우 양서·파충류 등 많은 생물 종이 적응하지 못하고 멸종 위험에 처할 수 있다.

4차 산업혁명 기술 역시 기후변화 대응과 지속 가능한 발전에 엄청난 잠재력을 지니고 있지만 여러 위험을 동반하는 것이 사실이다. 예컨대 AI를 적용했을 경우 예상되는 위험은 다음과 같이 성과, 안전, 제어, 윤리, 경제, 사회의 6개 분야로 구분해 살펴볼 수 있다.[72]

| 표 6 | AI 적용 시 예상되는 위험

위험 유형	내용
성과 리스크	'블랙박스'와 유사한 특성을 가진 AI 알고리즘은 성과의 정확도와 적절성을 확신하기 어려움
안전 리스크	해킹을 통해 이루어지는 AI의 오용은 자동화 무기 개발 등 지구공동체의 안전을 심각하게 위협하는 결과를 초래
제어 리스크	자율적으로 일하거나 상호작용하는 AI 시스템은 기계 중심의 피드백 장치를 새롭게 만들어내면서 예기치 않은 결과를 초래
경제 리스크	AI 활용으로 시장의 생태계가 변화하면서 경쟁에서 앞서가는 기업과 뒤처지는 기업으로 이분화
사회 리스크	광범위한 자동화는 수송, 제조, 농업, 서비스 부문에서 고용 감소를 초래할 수 있음
윤리 리스크	의사결정에서 알고리즘 의존도 증가 및 인간 역할의 점진적 감소로 인한 인권 및 사생활 침해의 가능성

신기술 활용을 위한 과제

지구공학이 초래할 수도 있는 부작용이나 위험은 결코 돌이킬 수 없다. 그런 점에서 실현 가능성, 효과, 환경 영향 등에 대해 엄격한 기준을 적용해야 한다. 4차 산업혁명은 앞선 산업혁명들과 달리 생태적인 산업혁명이 될 것이라고 낙관적으로 전망하는 시각이 많다. 자율주행차는 이산화탄소를 비롯해 대기오염물질 배출량을 획기적으로 줄일 잠재력이 있고, AI 시스템은 재활용에 필요한 쓰레기 선별을 눈 깜짝할 사이에 해치우고, 전력 송전과 배전을 한 치의 오차도 없이 정확하고 효율적으로 해낼 것이니 말이다.[73]

하지만 기술의 진보가 자동으로 기후 위기 탈출의 보증수표가 된다는 생각은 위험하다. 최근에는 기술이 기후변화를 막을 수 있다는 인류의 낙관적 믿음이 오히려 더 강력한 대응과 실천을 미루는 효과를 낳고 있다는 지적이 나오고 있다.[74] 신기술이 탄소 중립 시대의 해법이 실제로 될 수 있을지는 다음 과제의 해결 여부에 달려 있다.

과학기술의 사회적 책임 강화

신기술에는 현대 문명이 맞닥뜨린 위험을 낮춰줄 잠재력이 있지만 반대로 위험을 증폭시킬 가능성도 있다. 앞에서 AI 적용 시 예상되는 위험에 대해 살펴본 것처럼 오작동과 시스템 붕괴, 자동화와 효율 개선에 따른 리바운드 효과rebound effects, 자원과 에너지 이용의 효율을 높이는 신기술의 개발과 적용이 자원과 에너지 소비 심리를 부추겨 그 효과가 상쇄되는 현상, 고용 감소와 불평등 심화, 사생활 침해 등의 문제를 일으킬 수 있다. 따라서 기술 적용 과정에서 투명성을 강화하고 신기술의 편익을 소수가 독점하지 않도록 공정한 규칙을 마련해야 한다. 특히 사회 안전망 확충, 직업 훈련과 전환의 기회 확대, 신산업 육성, 시민참여 등을 통해 고용 감소와 사생활 등 인권침해 가능성에 대비해야 한다.

사회 혁신과 경제 혁신의 병행

과거 수백 년간 다양한 분야에서 기술은 비약적으로 발전했지만 온실가스 배출량의 증가 같은 지구생태계에 가해지는 환경 부하負荷는 전혀 줄지 않았다. 기술의 쓰임새, 더 나아가 기술 발전의 방향과 속도는 사회경제적 제도의 영향 아래 놓여 있다. 신기술이 등장했을 때 기술 그 자체보다 중요한 것은 그것을 받아들여 생산 및 생활 영역에 활용할 수 있는 사회적 시스템이다. 따라서 과학기술의 문제해결 능력을 과신하기보다는 자원 및 에너지 이용 시스템의 전환과 사회와 경제의 구조적 혁신을 통해 신기술의 효용성과 사회적 수용성을 높여야 한다.

동반 편익과 상충성에 대한 고려

기후변화 대응 신기술은 보건, 고용, 복지, 경제, 생태계 등에도 긍정적인 영향을 미쳐 동반 편익co-benefit을 가져올 수 있다. 대기오염물질 저감에 따른 조기 사망자의 감소, 일자리 확대, 지역 경제 활성화, 생태계 서비스 확대 등이 이에 속한다. 하지만 상충성trade-offs 여부도 면밀하게 살펴야 한다. 신기술 적용은 사회적 불평등을 심화시킬 수 있으며, 보건 환경을 약화하고 자연 생태계를 잠식할 수도 있다. 바이오에너지는 토지 이용과 경쟁하며 농업과 식량 시스템, 생물다양성과 생태계 서비스에 부정적인 영향을 미칠 수 있다. 신기술 관련 정책들은 동반 편익을 극대화하고 상충성을 최소화하는 방향으로 설계하고 추진해야 한다.

인간적 가치 중심의
스마트시티

▢ ▢ ▭■ ■■■■ 캐나다에서 한창 추진되던 한 스마트시티에 갑자기 제동이 걸렸다. 반면 핀란드에서 조성 중인 또 다른 스마트시티는 모범 모델로서 여기저기서 많은 관심을 끌고 있다. 둘 사이에 어떤 차이가 있었을까? 두 스마트시티 청사진의 공통점은 AI, 사물인터넷, 자율주행 등 첨단기술의 경연장이라는 점이다. 여기엔 화석연료 시대를 마감하고 태양광 등 친환경 에너지 시대로의 전환도 포함돼 있다. 그렇지만 캐나다의 스마트시티는 데이터 주권과 사생활 침해 이슈로 시민의 반대에 부딪혀온 반면, 핀란드의 스마트시티는 시민의 의견이 반영되는 상시적 의사결정 시스템을 갖춤은 물론 시민 모두의 참여로 도시 전체가 '서비스 실험실'이 되고 있다는 것이 성패를 갈랐다. 두 사례가 시사하는 점은 스마트시티가 여러 도시 문제를 해결하기 위해 편의를 극대화한 지능형 시스템을 목표로 하더라도 그 가치의 중심에는 항상 사람

이 있어야 하고, 시민의 적극적인 참여 없이는 그 시스템을 제대로 실행할 수 없다는 사실이다.

스마트시티는 이제 세계가 주목하는 미래형 도시 패러다임이다. 기존의 도시에는 급격한 도시화로 인해 기반 시설 부족, 교통체증, 에너지 소비 증가 같은 다양한 문제가 첩첩이 쌓여 있기 때문이다. 여기에 4차 산업혁명으로 상징되는 첨단기술이 속속 등장하면서 스마트시티는 첨단 서비스를 자유롭게 구현할 수 있는 4차 산업혁명의 공간적 배경으로 떠오르고 있다. 그러나 지속 가능한 미래형 도시를 조성하기 위해서는 겉으로 보이는 물리적 시설뿐 아니라 여기에 담길 눈에 보이지 않는 가치를 놓쳐서는 안 된다.

스마트시티의 등장 배경

스마트시티의 역사를 거슬러 올라가 보면 '디지털 시티'라는 이름이 등장한다. 이는 1990년대 초 유럽의 암스테르담, 헬싱키, 일본의 교토 등에서 디지털 시티를 표방하며 추진했던, 도시 전반을 연결하는 네트워크 구축 사업에서 출발한다. IBM, 시스코CISCO 등 글로벌 정보통신기업들이 여기에 관심을 보이기 시작하면서 스마트시티 전략과 관련 프로그램이 개발되기 시작했다. IBM은 2008년 '스마트 지구Smart Planet'라는 비전과 함께 첨단기술을 도시의 여러 서비스와 연결하는 '스마트시티' 개념을 제시했고, 미래의 도시 모델로 세계적 관심을 모았다. 2011년 IBM이 기후, 교통, 치안 등 신속한 예측과 통제를 위해 브라질의 리우데자네이루에 건립했던 지능형 운영센터, 시스코가 스페인 바르셀로나에서 추진했던 스마트 조명(가로등), 스마트 에너지(스마트 그리드), 스마트 워터(수자원 관리 플랫폼, 스마트 미터 등), 스마트 교통(대중교통 효율성), 오픈 정부(오픈데이터 포털) 프로젝트 등이 이에 속한다.

스마트시티 초기 프로젝트들은 초고속 통신망 구축 등 기반 시설 구축 사업과 새로운 ICT 검증을 위한 소규모 테스트베드 사업의 중심이었다. 최근에는 여기에 국가나 지방정부 주도의 대규모 투자를 동반하는 것이 특징이다. 유럽과 미국 등 선진국들은 ICT 기술을 활용해 도시의 재생과 에너지 효율화를 주로 추진하고 있다. 아시아 지역은 대규모 자본 투입을 통한 신도시 개발 위주로 스마트시티를 구현하고 있다.

국내외 스마트시티 동향

미국은 2015년 발표한 '뉴 스마트시티 이니셔티브New Smart City Initiative'를 토대로 테스트베드 지역을 선정하고 추진 전략을 세웠으며 공공 와이파이, 도시 데이터 개방, 공유 자전거, 자동 원격 점검 시스템 구축 등으로 데이터 중심 스마트시티를 구현해가고 있다. 네덜란드 암스테르담은 EU 최초로 스마트시티를 추진했는데, 이는 2006년에 수립된 '지속 가능한 발전을 위한 환경도시 계획'에 기초하고 있다. 암스테르담이 본격적으로 스마트시티를 추진한 것은 2009년부터이며, 시민과 정부와 기업이 공동으로 프로젝트를 진행하고 있다. 민간이 처음부터 주도하고 정부가 이를 도와주는 방식이라는 점이 특징이다.

중국은 아시아뿐 아니라 전 세계에서 가장 빠른 속도로 스마트시티 건설에 몰두하고 있는데, 국가 차원의 신형도시화 정책의 하나로 2012년부터 다양한 부처에서 스마트시티 정책을 추진하고 있다. 정부의 강력한 주도 아래 신형도시화 사업, 정보화, 농업현대화 등이 결합해 있다. 일본은 '그린 이노베이션 환경·에너지 대국 전략' 등을 통해 스마트시티를 추진하고 있다. 요코하마 등 4개 지자체를 시범 지역으로 지정해 가변 전기 요금제, 교통 데이터 관리 시스템, 고령자 돌봄 등 생활 지원 시스템을 도입했다. 또 일본의 자동차 기업 도요타가 추진하고 있는 스마트시티 '우븐 시티Woven City'는 그물망 도시라는 뜻의 이름처럼 후지산 기슭의 옛 자동차 공장 터에 자율주행, 로봇, 스마트홈, AI 등의 혁신 기술을 촘촘하게 실증하는 환경으로 조성될 예정이다.

서울과 행정 구역 면적이 유사한 싱가포르도 2014년에 국가 차원의 '스마트 네이션Smart Nation' 프로젝트를 출범시켰다. 싱가포르 국립대학뿐만 아니라 MIT의 기술을 지원받고 있으며, 정부 투자 기업인 싱텔Singtel과 IBM 등 다국적 기업들도 참여하고 있다.

또 세계 최초로 사막 한가운데에 탄소 제로 도시를 만들겠다는 선언과 함께 2000년대 중반 시작된 아랍에미리트의 마스다르시티Masdarcity 건설은 중동 최대 규모의 스마트시티 계획이다. 내연기관 자동차는 아예 진입할 수 없고, 모든 에너지원은 석유가 아닌 태양에너지 중심의 신재생에너지이며, 전기차와 자율주행차 중심의 교통, 폐기물 재활용(에너지화 및 퇴비화 시스템), 선진화된 상하수도 관리 체계와 재활용 용수 시스템 구축 등이 설계되었다. 그러나 완공까지는 아직 요원하고 탄소 제로 도시를 백 퍼센트 구현하고 있는 것도 아니어서 일각에서는 처음의 기대와 달라지고 있는 이 도시의 청사진을 비관적으로 전망하기도 한다.

한편 우리나라는 2000년대 초반부터 세계적 수준의 ICT를 기반으로 스마트시티의 전신인 유시티U-City를 추진해왔다. 언제 어디서나 시민들이 편리하게 행정·교통·복지·환경·방재 등의 도시 정보를 얻고 활용할 수 있는 여건을 제공한다는 차원에서, 가상과 현실 공간이 융합된 도시환경을 강조한 개념이다. 스마트시티의 디지털 트윈digital twin도 이와 맥락은 같다. 국내 지자체 가운데서는 서울과 부산, 대전이 스마트시티 사업을 비교적 활발하게 진행해왔다. 가령 서울은 휴대전화 기지국 통화량, 택시요금 결제 결과 등의 빅데이터 분석을 토대로 심야버스 노선을 신설했고, 불법주차와 쓰레기 문제를 사물인터넷 기술로 해결하기도 했다. 정부는 또 스마트시티 국가 시범도시 사업을 추진하고 있다. 입지로 선정된 세종과 부산에서 조성될 스마트시티는 기반 생활 혁신, 도시 행정·관리 지능화, 스마트 교육·리빙, 스마트 헬스, 스마트 모빌리티 등 다양한 부문의 융·복합 서비스 구현을 목표로 한다.

실제 사례로 보는 스마트시티의 시사점

이처럼 많은 국가에서 스마트시티를 조성하려는 노력이 이어지고 있다. 그러나 저마다 다른 환경에서 다른 문제를 가지고 있기에, 도시별로 나아가는 방향성과 추진 체계 역시 다를 수밖에 없다.

통상적으로 우리는 스마트시티를 첨단 정보 통신 기술을 접목한 미래형 도시로 생각한다. 첨단기술 적용으로 도시를 '스마트'하게 만들어서 시민들의 삶을 안락하게 해줄 것이라고 기대한다. 그러나 스마트시티가 기본적으로 첨단기술들을 바탕으로 하고 있지만, 성공 사례를 보면 첨단기술 자체에만 초점을 두었던 것은 아니다.

성공 사례: 핀란드 칼라사타마
핀란드의 수도 헬싱키 인근에 자리한 칼라사타마Kalasatama는 성공적인 스마트시티로 꼽힌다. 핀란드어로 '고깃배 항구'라는 이름의 이 도시는 2010년 스마트시티 개발이 시작되기 전까지는 버려진 항구도시에 불과했다. 그러나 지금은 미래로 가는 꿈의 도시로 환골탈태하며 관심을 끌고 있다. 다른 스마트시티처럼 이곳도 AI, 사물인터넷, 자율주행, 스마트 에너지 시스템 등 최첨단기술의 경연장이다. 하지만 이곳이 눈길을 끄는 이유는 첨단기술보다는 모두가 더 안전하고 행복하게 어울려 살아가는 공간이 될 수 있도록 만들어가는 사람 중심의 진행 과정에 있다. 시민들은 '리빙랩Living Lab' 시스템을 통해 기업들이 개발한 기술과 서비스를 직접 시험해보고, 기업들은 시민들의 피드백을 토대로 그것을 보완해간다. 또 다양한 이해관계자들의 소통 채널도 항시 열려 있다. 기술 개발과 적용도 중요하지만, 시민의 참여와 동의는 더 중요하다는 얘기다.

실패 사례: 캐나다 퀘이사이드

하지만 이와 반대되는 사례도 있다. 코로나19로 경제 사정이 최악으로 치달으며 스마트시티 조성 계획이 아예 좌초된 캐나다 퀘이사이드Quayside의 경우다. 캐나다 토론토 온타리오 호수 주변에 자리한 이곳은 구글의 모회사 알파벳이 만든 기업 사이드워크랩스Side Walk Labs가 2017년 캐나다 정부로부터 위탁을 받아 스마트시티로 탈바꿈시키기로 예정되었던 곳이다. 이 사업은 민간의 혁신 기술과 공공성이 결합한 사례로 주목과 기대를 받았으나, 구글은 2020년 5월 결국 이 사업을 포기한다고 밝혔다. 표면적으로는 코로나19에 따른 사업 환경 악화를 명분으로 내세웠지만, 실질적 이유는 데이터 주권과 사생활 침해 문제를 놓고 시민들의 강한 반대와 법적 소송이 이어졌기 때문이다.

스마트시티의 각종 맞춤형 서비스는 사실 개인정보를 기반으로 하는 서비스들이다. 첨단기술과 방대한 데이터를 바탕으로 하는 AI 알고리즘이 스마트시티 안에 사는 시민의 삶을 추적하고 관리함으로써 시스템이 돌아간다. 그런데 개인정보의 주체인 시민들이 이에 능동적으로 참여하거나 적극적으로 동의하지 않으면 스마트시티 시스템은 제대로 작동할 수 없다. 물리적 첨단 시설만으로는 스마트시티가 완성될 수 없는 이유다.

퀘이사이드의 사례도 스마트시티의 불안 요소라고 할 수 있는 사생활 침해와 사이버 보안 문제를 해결하지 못한 운영 체계에서 좌초의 원인을 찾을 수 있다. 이런 사례를 볼 때, 지금 우리나라에서 추진되고 있는 스마트시티 계획에도 첨단기술의 도입 문제만큼 개인정보 유출이나 사생활 침해와 같은 문제에 대한 대처가 함께 고민되고 있는지 생각해볼 필요가 있다.

스마트시티의 미래

유시티든 스마트시티든 여기에서 '시티city'는 단지 행정 구역으로서의 도시만을 뜻하지는 않는다. 우리가 살아가는 공간 또는 사회로 폭넓게 바라봐야 한다. 만약 도시라는 행정 구역에 한정한 관점으로 접근하면 기존 도시나 다른 도시와의 차별성이 중요해지고, 그 대안으로 첨단기술을 도입하는 것에만 목적을 두게 된다. 즉 도시에서 살아가는 사람들이 핵심 논의에서 밀려나 오히려 주변부에 자리할 수 있다는 얘기다. 시민은 단순한 수혜자가 아니라 스마트시티의 기획 단계에서부터 능동적 주체여야 한다.

스마트시티가 여러 도시 문제를 해결할 수 있는 개념적 솔루션으로 제시된 것은 사실이지만, 중앙통제센터 구축이나 관제 도시 성격만 강조되어서는 안 된다. 스마트시티는 공간적으로 구획된 특정 도시로서 교통, 방범, 에너지 측면의 여러 문제를 해결하고 관리의 효율성을 높이기 위해 통합적 관제센터 구축 등이 꼭 필요하지만, 사람을 중심으로 안락한 삶을 위한 적절한 서비스를 맞춤형으로 지원한다는 부분에 방점이 찍혀야 한다. 따라서 특정 도시에서 살아가는 사람들과 그 지역 환경을 철저히 파악해야 하고 해당 시민들에게 필요한 서비스가 무엇인지 확인하는 작업을 우선해야 한다.

또 이런 맥락에서 공공 위주 개발과 민간 위주 개발의 차이점을 이해할 필요가 있다. 공공은 도시 관리 등 행정적인 목적을 중심으로 스마트시티를 기획한다. 도시 주민에 대한 서비스도 공공성을 중심으로 기획한다. 반면 민간의 개발은 다르다. 개인의 니즈를 세밀하게 파악하는 측면에서는 더 경쟁력이 있다. 사업 생태계에서 기업은 생존을 걸고 서비스 경쟁을 펼치기 때문이다. 스마트폰의 앱 생태계에서 선순환 메커니즘이 작동하는 것에 비유해볼 수 있다. 안드로이드나 IOS 같은 스마트폰 운영 체계가 다양한 서비스의 개발을 유도했듯이, 스마트시티가 플랫폼이 되어 새롭고 다양한 서비스가 쏟아져 나오게 해야 한다.

민간의 경쟁력 있는 플랫폼 서비스에 공공의 탄탄한 제도적 뒷받침이 함께해서 선순환적 발전을 이어가야 다수의 행복을 담보하는 스마트시티 건설이 가능해진다. 첨단기술의 선도적 역할뿐 아니라 스마트시티에 대한 올바른 방향성을 정립하고 정부와 산업의 유기적인 호흡이 이뤄질 때 스마트시티의 미래와 새로운 시장의 지평이 열릴 것이다.

생태환경의 변화와
감염병 관리 전략

▫ ▫ ◼▬◼ ◼▬◼◼◼   2019년 12월 코로나19 바이러스 감염증이 처음 나타났을 때만 해도 전 세계가 이토록 오랜 기간 이 바이러스에 장악될 줄은 아무도 몰랐다. 2021년 9월 기준으로 2억 2,000만 명 이상의 확진자가 발생했고, 450만 명 이상이 코로나19로 사망했다. 백신 접종이 시작되면서 국가들은 점차 정상 생활로의 복귀를 기대했지만, 변이 바이러스로 인한 재확산의 우려가 남아 있으며, 전문가들은 코로나19가 주기적으로 발생하는 엔데믹endemic이 될 가능성이 크다는 의견을 내놓고 있다. 게다가 사스(2003), 신종 인플루엔자(신종플루, 2009), 메르스(2015), 코로나19(2019)의 예처럼 약 5년 단위로 발생해오던 감염병의 주기가 점차 짧아져 3년 이내 다른 감염병이 다시 유행할 수 있다고 경고한다. 세계보건기구WHO 사무총장은 제74차 보건총회에서 "이번보다 더욱 전파력이 강하고 더욱 치명적일 가능성이 있는 또 다른 바이

러스가 나타날 것이 진화론적으로 분명하다"며 국제사회의 공유와 연대 협력을 강조했다.[75]

코로나19의 발생과 장기 유행, 그리고 앞으로도 지속적으로 발생할 수 있는 신종 감염병의 위협은 질병 관리 체계의 변화뿐만 아니라 위기 관리 체계, 사회안전망 등 국가의 역할과 국민의 참여와 같은 근본적인 사회 시스템에 대해서도 돌아보게 한다. 또 근본적으로는 생태환경의 변화로 인한 기후 위기가 먼 미래의 문제가 아닌 당면 과제임을 체감하게 한다.

신종 감염병의 출현과
사람 - 동물 - 환경의 상호 의존성

코로나19의 확산을 경험하며 우리를 둘러싸고 있는 상호 의존성에 대해 다시 생각해보지 않을 수 없다. 세계화에 따른 국가 간 연계와 교통 발달에 따른 이동의 확대는 감염병의 확산을 용이하게 만들었고, 그 결과 서로 의존하게 된 글로벌 공동체는 위험에 함께 당면하고 있다. 코로나19 확산을 막기 위해 많은 국가가 국경을 닫기도 했고, 국가 간 이동을 제한하기도 했다. 호주의 한 학자는 코로나19를 계기로 '축소scale-down'를 통해 지속 가능한 역성장sustainable de-growth으로 전환할 필요가 있다고 주장했다. GDP보다는 웰빙well-being에 가치를 둔 '느린go slow', 또 생활 방식을 한정하는 '지역 중심go local' 전략을 의미한다.[76]

우리가 생각해야 할 또 다른 상호 의존성은 우리가 살아가는 생태계를 함께 구성하고 있는 동물과 환경이 상호 의존적으로 연계되어 있다는 점이다. 최근 발생한 감염병을 살펴보면 감염원이 박쥐, 낙타, 조류 등 동물에게서 나타나고 있음을 알 수 있다. WHO에 따르면 최근 20년 간 발생한 감염병의 약 75%가 야생동물에게서 유래했다.

환경 전문가들은 동물에게서 사람으로 옮아온 감염병의 원인을 난개 발로 동물들의 서식지가 축소되었기 때문이라고 설명한다. 서식지를 잃고 야생 환경을 위협받은 동물들이 인간의 거주지로 이동하면서 동물들로부터 감염 가능성이 커졌다는 얘기다. 환경의 변화와 생태계 내 상호 의존성은 감염병 관리에서 좀 더 총체적 관점의 전략이 필요함을 시사한다.

총체적 대응의 '원헬스' 패러다임

이러한 관점에서 WHO는 '원헬스One Health' 패러다임을 감염병 관리의 키워드로 제시했다. 원헬스는 공공보건의료에서 최적의 성과를 내려면 사람-동물-환경의 상호 의존성에 근거해 여러 영역 간에 소통과 협업이 이뤄져야 한다는 접근법이다.[77] 코로나19 이전부터 원헬스는 공공보건의료 정책의 핵심적인 전략이었고, 우리나라도 메르스 이후 2017년부터 원헬스 체계를 도입했으며, 코로나19를 통해 그 중요성이 더욱 강조되고 있다.

2004년 야생동물보호협회Wildlife Conservation Society는 사람, 동물, 생태 환경 간 연계성으로 인한 보건 위협에 대해 논하며 원헬스 관점의 학제적·협력적 접근이 중요함을 강조했고(맨해튼 원칙the Manhattan Principle), 2019년 더욱 근본적인 변화와 실천을 위한 '베를린 원칙the Berlin

Principle'을 제시했다. 베를린 원칙에서는 사람과 동식물을 비롯한 모든 자연과의 필수적인 연계성을 고려하고 생태 다양성을 보호하는 것이 사람과 전 지구의 건강을 지키는 일임을 명확히 하고 있다. 또 이를 위한 제도, 기관, 분야 간 연계와 상호 협력을 강조한다. 특히 베를린 원칙은 총체적이고 선제적 관점에서의 대응을 제안하고 있다.[78]

원헬스 패러다임의 핵심 전략은 소통, 조직화, 협력이다. 사람의 건강, 동물, 환경 분야가 그동안 개별적으로 다뤄져온 것과 달리 연구, 의료 현장, 그리고 정책 결정 및 집행 전 과정에 전문가들이 참여해 이슈를 함께 논의하고 해결하는 것이다. 의사와 수의사는 지금까지 교류가 많지 않았지만, 새로운 바이러스에 대한 통합적이고 총체적인 감시를 위해 서로 소통하고 협력할 필요성이 커지고 있다.《원헬스: 사람·동물·환경》(범문에듀케이션, 2020)이라는 책에서는 이러한 원헬스 패러다임과 기존의 질병 관리 패러다임을 비교하고 있다. 기존의 패러다임이 인간의 질병 관리에 국한해 집단 발병 이후의 조사와 치료에 집중하는 방식이라면, 원헬스 패러다임에서는 미리 환경을 감시해 발생 가능성을 예측하고 예방 활동을 추진하는 체계를 강조한다.[79] 이는 사후 대응 중심에서 사전 예방 전략 중심으로 변해온 재난 관리 패러다임과도 일맥상통하며, 다양한 사회 위험을 다루는 전략으로 활용되는 접근법이다.

나아가 원헬스 패러다임은 전문가뿐 아니라 반려동물을 키우는 사람들 역시 생활 속 다양한 주체로서 함께 참여할 것을 강조한다. 소통과 협력의 대상이 전문가에 국한되는 것이 아니라 다양한 사회구성원을 포함한다는 점에서 더 보편적이고 현장 중심적 전략이라고 할 수 있다.

캐나다의 스타트업 블루닷BlueDot은 AI 기술을 활용해 뉴스, 항공 데이터, 동식물 질병 데이터 등을 분석하는 방법으로 미국의 질병통제예방센터CDC나 WHO에 앞서 코로나19 바이러스의 확산을 예측했다. 블루닷에서는 원헬스 접근법이 강조한 것처럼 의사와 엔지니어 외에도 생태학자, 수의사, 수학자, 데이터분석가, 통계학자 등이 함께 일한다.[80]

우리나라도 이처럼 감염병 통합 정보 시스템, 야생동물 질병 정보 시스템 등의 정보 시스템을 연계·통합해야 한다. 정보의 연계, 관련된 영역의 조화, 다양한 주체의 참여를 이끄는 노력 등을 통해 현장에서 작동하는 원헬스 시스템을 구축해야 한다. 무엇보다 관련 부처 간 정책의 융합이 전제되어야 다양한 영역의 연계가 가능할 것이다.

코로나19가 우리에게 남긴 것들

생활 방역의 일상화

코로나19가 가져온 가장 기본적인 생활의 변화는 개인 방역 수칙의 생활화다. 손 자주 씻기와 옷소매 기침, 환기와 소독, 마스크 착용 등 그동안 제대로 지키지 않았던 개인 방역 수칙들이 수개월 간의 코로나19 대응 상황 속에서 일상화되었다. 감염병의 위험을 최소화하기 위한 생활 방역의 일상화는 바람직한 변화로 볼 수 있다. 생태학자 최재천 교수는 감염병 위기에 대응하기 위해서는 '생태 백신'과 '행동 백신'이 중요하다고 강조했다. 짧아진 감염병 발생 주기를 고려할 때 화학 백신에만 의존하는 것에는 한계가 있으며, 자연을 보호하는 삶의 방식을 통해 감염병을 예방하는 '생태 백신'과 사회적 거리두기 등 생활 방역 수칙을 준수하는 '행동 백신'의 실천이 더 근본적인 감염병 예방의 해법이다.[81]

실제로 코로나19의 1차 유행이 있었던 2020년 1~4월 수인성·식품 매개 감염병 중 제2급 감염병으로 신고된 환자는 총 1,181명으로 전년 동기간 대비 71%, 동기간 3년 평균 대비 51% 감소했다. 호흡기 감염병 환자도 전년 및 3년 평균 대비 40% 감소했다.[82] 외출 자제, 온라인 개학, 해외여행 감소 같은 이동 패턴의 변화, 접촉 빈도의 감소, 그리고 각종 방역 지침의 준수가 코로나19 및 다른 감염병의 발생 건수도 함께 낮추었다고 추정할 수 있다. 이처럼 개인 방역 수칙을 지키는 일은 이제 선택이 아닌 생존을 위한 필수 사항이다.

시민참여형 방역의 힘

이번 코로나19 대응 과정을 통해 우리가 배울 수 있는 중요한 사실은 감염병의 유행은 단순히 보건의료적 현상이 아니며, 사회적이고 집단적인 대응력이 요구된다는 점이다. 감염병에 대한 대응은 단 하나의 백신과 치료제보다는 분리와 검역, 면역의 향상, 행동의 통제, 공공보건 시스템 등에 의존해야 하며, 차별과 불평등 같은 인식은 감염병 유행 상황에서 문제를 심화하는 결과를 가져왔다.[83]

과학기술과 민주성의 상호작용을 연구하며 '오만의 기술'에서 '겸허의 기술'로의 변화를 주장해온 미국 하버드대학교 실라 재서너프Sheila Jasanoff 교수는 이번 코로나19 상황에 대해서도 과학기술이 모든 문제를 해결해줄 것이라는 믿음은 환상이라고 경고했다. 공공 보건 의학이나 생물학이 인류 건강과 번영을 위한 유일한 해결책이 아니며 사회과학과 행동과학이 함께 결합해야 하고, 감염병 대응 과정에서 정부나 전문가들이 각자의 영역에 한정되어 있을 게 아니라 국민이 이해하고 받아들일 수 있도록 투명하게 소통해야 한다고 역설했다.[84]

위험관리를 위한 사회적 책임

코로나19 대응 상황을 경험하며 우리가 생각해볼 또 다른 문제는 위험관리에서 공공의 기능이 더욱 중요해졌다는 점이다. 감염병뿐만 아니라 우리 사회가 당면한 위험 요인이 다양화·복잡화·대형화되면서 이를 관리하기 위한 사회적 책임이 더욱 커졌다. '위험'이라는 공유재를 관리하기 위해 사회가 함께 부담하고 책임져야 할 영역이 확대되고 있으며, 이에 따라 공공의 기능과 역할이 더욱 중요해진 것이다.

코로나19 확진자와 사망자가 많이 발생한 미국은 한국보다 보건의료 기술이 앞서 있다고 알려졌지만, 코로나19 초기 대응에는 성공적이지 못했다. 그 원인의 하나로 고가의 진단 비용을 들 수 있다. 공적 의료보험 제도가 있는 한국은 누구나 조기 진단과 치료가 가능했다. 반면 민간 의료보험 제도에 의존하고 있는 미국에서는 치료비가 평균 4,300만 원 수준이며 민간 의료보험에 가입하지 않은 경우 모두 개인이 부담해야 한다.[85]

감염병은 언제 발생할지, 어떠한 양상으로 나타날지 예측하기 어렵다. 수요와 공급에 의한 시장 메커니즘으로 관리하는 데에는 한계가 있기에 공공 의료에 의존하는 관리 전략이 무엇보다 중요하다. 그러나 코로나19 대응 상황에서 나타난 병실 부족 문제는 우리나라 공공 보건 의료의 한계를 보여주기도 했다. 우리나라는 2017년 기준 인구 1,000명당 병상 수가 12.3개로 OECD 평균 4.7개를 크게 넘어서고 있으나, 공공 의료기관만 보면 1.3개로 OECD 평균 3개에 못 미치며 OECD 국가 중 최하위권에 머물고 있다.[86] 우리나라 공공 의료기관의 적자와 공공 의료 서비스의 수익성 문제는 계속 제기되어왔다. 국립중앙의료원은 2018년 기준 누적 적자가 2,100억 원이며 시설 노후화율도 30%에 달한다.[87] 이번 코로나19 상황에서 여실히 증명된 것처럼 감염병의 진단과 추적, 그리고 조기 치료는 공공 보건 의료 체계가 뒷받침하고 있다. 그러니 더 늦지 않게 이러한 문제에 대한 개선책과 보완책이 갖춰져야 할 것이다.

위기와 재난으로부터 배우는 예방 시스템

감염병이라는 사회재난에 대응하기 위해서는 회복력resilience을 고려한 전략을 생각해볼 필요가 있다. 재난회복력은 재난의 충격으로부터 새로운 일상으로 돌아오는 힘이다. 회복력은 1) 강점과 약점을 알고, 2) 다양한 분야의 역량을 갖추며, 3) 시스템 내 기능과 역할을 조직화하고, 4) 비정상적 상황에 대응할 수 있는 자율적 규칙과 5) 변화한 환경에 적응할 수 있는 역량을 포함한다.[88]

코로나19는 이런 측면에서 우리 사회가 지닌 강점과 약점을 되돌아보는 계기가 되었다. 또 이를 통해 사회시스템 속 다양한 분야의 기능이 재정비되는 기회가 되었다. 아직도 이러한 변화와 변화에 대응하기 위한 새로운 규칙들이 만들어지고 있는 상황에 놓여 있긴 하지만, 지속해서 위기 상황에 대한 빠른 인지와 판단, 대처 역량을 키우는 회복력의 선순환 체계를 구축해갈 필요가 있다.

위기관리 전문가 미셸 부커Michele Wucker가 경고한 '회색 코뿔소Grey Rhino'의 의미도 우리는 되새겨봐야 한다. 예측이 어려워 대응도 쉽지 않은 '블랙 스완Black Swan'과 달리 회색 코뿔소는 개연성과 파급력이 모두 큰 충격을 뜻한다. 다만 사람들은 멀리서도 감지할 수 있는 코뿔소의 진동과 같은 작은 위험 신호를 부정하거나 과소평가하고, 또는 두려움 때문에 회피하는 태도를 보이다가 코뿔소가 눈앞에 닥쳐왔을 때야 비로소 대응에 나선다.[89] 신종 감염병의 위험도 우리 사회에 큰 충격을 줄 수 있고, 반복적으로 발생할 가능성이 큰 회색 코뿔소다.

하지만 위기를 겪은 직후야말로 예방 시스템을 구축하기에 가장 적절한 시기일 수 있다. 우리는 장기적이고 새로운 관점에서 언제 올지 모를 다음의 위기를 대비해야 한다. 위기에 대한 사회적 기억은 재난을 예방하기 위한 학습의 기회이므로, 이를 잘 활용하면 어떠한 난관도 극복할 수 있게 될 것이다.

생물다양성을 복원하는
생태 전략

□ □ ▭▪ ■ ■■▮▮ 　코로나19의 등장은 사실 전혀 뜻밖의 사건이
아니다. 지구온난화의 영향으로 생물 서식지가 이동·확대됨에 따라 전
염병 발생의 위험은 어느 정도 예측되었다. 영국 케임브리지대학교와
미국 하와이대학교 등 국제 공동 연구진은 2021년 초에 지구온난화가
박쥐 서식지를 넓혀 중국 남부를 박쥐 기원 코로나바이러스의 온상으
로 만들었다는 논문을 발표하기도 했다.[90] 생태계의 파괴 또는 무분별
한 사용에 따른 부작용이 결국 부메랑이 되어 인간에게 되돌아온 것
이다.

　이처럼 환경과 생태의 절대적 중요성이 드러나고 있는 가운데 첨단기
술을 활용한 보존 전략에도 관심이 커지고 있다. 센서와 로봇 기술로 미
세먼지 및 수질 변화 같은 환경 정보를 측정·예측해 대기 환경을 쾌적
하게 유지한다거나, 드론을 연계해 실시간으로 단속하는 것이다. 이는

예방적 환경 관리가 될 수 있다. 그 밖에도 태양광 등 재생에너지의 생산 단가 하락 및 초고효율 전기차 배터리, 수소 연료 전지차 등 에너지·교통 분야의 혁신적 신기술도 환경 문제를 개선할 수 있을 것으로 기대된다.

한편 녹색 한반도를 염두에 둔 장기적 전략에는 남북 협력의 문제가 빠져서는 인 된다. 국제기구 보고서에 따르면 북한의 산림 황폐화가 계속되고 있으며 실제로 1990년부터 2015년까지 산림 면적이 39% 감소한 것으로 나타났다.[91] 이에 우리 정부는 2050년 탄소 중립을 위한 방안에 포함된 '30억 그루 나무 심기' 중 3억 그루를 북한의 산림 훼손 지역에 심는다는 계획을 세우고 있다. 남북 산림 협력 효과에 대한 면밀한 분석 등을 토대로 녹색 한반도를 만들어가는 전략을 모색해야 할 것이다.

생태계 현황

환경 문제는 오염 물질 배출에 따른 환경오염과 생태자원의 무분별한 사용에 따른 생태 파괴, 두 가지로 나타난다. 또 기후환경의 변화와 생태계 변화는 서로 밀접하게 연관되어 있다.

생물다양성 감소 위기

생물다양성의 효용을 연구한 생태학자들에 따르면 생물다양성과 생태계의 생산성 간에 높은 상관관계가 나타났다. 한 종류의 식물만 자라는 환경보다 다양한 식물들이 함께 자라는 환경에서 전체적으로 많은

양의 식물이 크게 자랐고, 이를 토대로 자원의 배분도 효율적으로 이뤄지는 것으로 분석됐다.[92]

그런데 지구상에 생명이 탄생한 이래 약 500억 종의 생물종이 존재했음에도 현재 지구에는 170여만 종만이 남아 있다.[93] 이 때문에 많은 기후학자와 과학자들이 6번째 대멸종을 우려한다. 세계자연기금WWF과 런던동물원은 2020년 발간한 〈지구생명보고서〉에서 인간의 무분별한 동물 서식지 파괴와 남획, 기후변화, 환경오염 등으로 약 50년 동안 지구상의 척추동물 개체 수가 70% 가까이 급감했다는 충격적인 내용을 알렸다.[94]

이 보고서에 따르면 4,000여 종의 척추동물 개체 수를 추적한 결과 1970년부터 2016년까지 포유류·조류·어류·파충류·양서류 등 지구상의 척추동물 수의 68%가 급감했다. 중남미 열대 지역에서는 척추동물의 94%가 감소하는 등 큰 피해가 발생했다. 이 같은 동물 개체 수 감소의 가장 큰 원인은 삼림, 초지 등을 파괴해 농경지로 전환한 것으로, 이로 인해 수많은 동물이 서식지를 잃었다고 보고서는 지적했다. 또 모든 토양의 3분의 1, 담수의 4분의 3이 식량 생산에 쓰이고 있으며, 해양어류자원의 75%가 남획되고 있는 것으로 나타났다. 생물의 이동 경로인 생태 축이 단절되거나 훼손된 곳도 많은데, 생물의 이동이 원활하지 못하면 생물 종 보존은 어려워진다.

생물다양성 감소는 결코 단순한 문제가 아니다. 국가적 측면에서는 생물자원의 손실을, 인류 문명의 측면에서는 생존 기반의 약화를 의미한다. 생물다양성이 훼손되면 생태계 서비스와 같은 복합적인 기능이 훼손된다.

기후변화에 따른 생태계 변화의 심각성

지금까지는 생물의 다양성 손실 원인으로 산림 훼손과 같은 환경 요인이 지목되었다. 그러나 앞으로 2050년까지 추가적인 생물다양성 손실의 40% 이상이 기후변화에서 기인할 것으로 예측된다. 기후변화에 관한 정부 간 협의체IPCC의 보고서(2014)는 전 지구의 평균 기온이 1.5~2.5℃ 상승하면 동·식물 종의 약 20~30%가 멸종할 가능성이 있고, 4℃ 이상 상승하면 40% 이상의 종이 사라질 수 있다고 분석했다. 온실가스의 영향으로 21세기 말에는 현재보다 기온이 1.8~4℃ 증가할 것으로 예측되는데, 기온 상승은 기후 시스템을 구성하는 대기, 해양, 생물, 빙하, 육지 시스템 등 여러 경로에 영향을 준다. 이미 지구 생태계의 자원 60%가 악화 또는 고갈된 상태지만 이보다 더 나빠질 것으로 전망되고 있다.[95]

지구온난화는 생물 서식지의 북상도 초래한다. 예를 들어, 현재 우리나라의 남해 지역이 아열대성으로 바뀌면서 어류와 해조류의 분포가 달라지고 있다. 지난 50여 년간 우리 바다의 수온은 약 1.23℃ 상승한 것으로 보고됐는데, 해양학자들은 해수 온도가 1℃ 상승하면 육지에서 기온 10℃가 상승하는 것과 같은 영향을 미칠 수 있다고 경고한다.[96]

각국의 대응

생물다양성 감소에 대한 국제적 노력으로 '생물다양성협약'이 있다. 생물종의 보전, 지속 가능한 이용, 이익의 공정하고 공평한 공유가 생물다양성협약의 목표다. 세계 각국도 생물다양성 보호와 관리를 위해 적극적으로 전략을 추진하고 있다. EU의 경우 2011년에 생물다양성전략(2011~2020)을 통해 서식지 보전, 생태계 서비스 유지·복원, 수산자원의 지속가능한 이용, 침입 외래종 대응 등의 목표를 추진해왔다. 또 중국은 국가생물다양성전략(2011~2030)을 수립하고 관련된 정책과 시스템 개선, 생물의 다양성 보전을 위한 역량 강화, 생물자원의 지속 가능한 개발·이용 촉진, 생물다양성의 새로운 위협과 도전에 대처하기 위한 역량 강화 등의 전략 과제를 추진하고 있다. 우리나라도 제4차 국가생물다양성전략(2019-2023년)을 발효하고[97] 생물다양성의 보전과 지속 가능한 이용을 위해 노력하고 있다.

한편 생물다양성 보존 대책으로서 생물다양성에 경제적 개념을 접목한 '생물다양성 상쇄 전략'과 '생태계 서비스 지불 제도'라는 프로그램이 있다. 생물다양성 상쇄 전략이란 어쩔 수 없이 생태계가 파괴되었을 경우 훼손 정도를 정량화해 이를 다른 곳에서 회복·창출·개선하는 방식으로 파괴를 상쇄시켜 생물다양성의 실제적인 감소가 없도록 만드는 것이다.

생태계 서비스 지불 제도는 자발적인 계약에 근거해 특정 생태계 서비스의 수혜자가 공급자에게 서비스 이용에 대해 일정액의 대가를 치르는 형태의 계약을 총칭한다. 이는 보이지 않는 자연의 가치를 시장경제하에서 가시화·수치화했다는 점에서 중요한 의미를 지닌다. 생태계 서비스 지불 제도가 이뤄지려면 서비스 수혜자와 공급자의 자발적인 매매, 서비스의 명확한 정의, 지속적 서비스의 보장이 필요하다. 이 제도는 1990년대 중반 도입되어 300개 이상의 프로그램이 전 세계에서 운영되고 있다. 우리나라 환경부도 생물다양성법 제16조에 근거한 생태계 서비스 지불제 계약이 2020년 도입됨에 따라 제도에 대한 참여자(지자체, 토지 소유자 등)들의 이해를 돕고 제도 활성화를 위해 활동 유형과 계약 추진 절차 등을 담은 가이드라인을 제시한 바 있다.

생태계 보전을 위한 미래 전략

이제는 환경변화가 기후변화에 영향을 주고, 다시 기후변화로 인해 환경에 변화가 일어난다는 양방향 상관관계에 대한 통찰이 절실하다. 이를 통해 국토의 생태적 기능 증진, 생활환경 관련 이슈 해결, 그리고 환경변화에 대응할 수 있는 회복력 등을 확보해가야 한다.

시민과의 소통
- 동식물과 더불어 사는 혜택에 대한 공감대 형성을 위해 강연, 방송 등을 적극 활용
- 공영방송과 교육부가 협업해 환경 관련 다양한 디지털 콘텐츠를 제작해 정규 교과 과정에 편입, 교육과 홍보 지속
- 첨단기술을 활용한 '동식물 도감'을 만들어 오감을 이용한 소통 방안 연구
- 온·오프라인 매체를 활용한 생물다양성 홍보 강화
- 국립생태원 등 지역에 산재한 환경 관련 테마파크, 연구소, 체험 장소의 분원을 대도시 인근에 설립해 접근성 강화

생물다양성 모니터링 및 사전 예방적 관리 시스템 구축
- 한반도의 자생 생물종 적극 발굴 및 DB 구축
- 시민의 자율 참여에 기반한 사진 자료 및 생태 현황 자료 확보 후 빅데이터 구축
- 생태계 교란종 침입 예방 및 통제 강화, 외래 생물 정밀 조사 및 정보 시스템 구축

- 친환경 제품 사용 시 개선되는 환경에 관한 다양한 지표를 게임 레벨처럼 활용해 소비자와 시민의 참여와 관심을 유도
- 한국생명공학연구원의 '국가생명연구자원통합정보시스템'과 국가적 차원에서의 생물다양성 정보 공유 체계를 연계해 통합 시스템으로 확장
- 인간의 생산·소비·여가 활동이 생태계에 미치는 영향을 구체적인 수치로 환산한 지표인 생태 발자국ecological footprint을 작성해 생물의 다양성 훼손 모니터링

생물자원 보전과 다양성 활용 정책 강화

- 자연환경 보호지역 확대 및 규정 강화 등 적극적인 보호 정책 수립
- 멸종위기종 복원 사업뿐 아니라 생물다양성 증진을 위한 서식처 복원 사업 본격화
- 기후변화에 따라 유입되는 외래종에 대해 다양성 측면에서 활용 방안을 찾는 노력 병행
- 생물다양성과 국가 생명연구 자원 정보에 대한 통합 DB 구축과 해외 DB와의 연계를 통해 유전자원 접근 및 이익 공유 추진

생물자원 관련 4차 산업혁명 과학기술 접목

- ICT 및 재생에너지(지열 등)를 활용해 화석연료·비료·물의 사용을 최소화할 수 있는 스마트팜 보급 및 확대
- 생물자원 이용에 대한 연구개발과 다양한 생산품의 부가가치를 높이기 위한 기술 개발
- 유전자 편집 작물 등 생명공학 기술의 안전성 검증을 통한 다각적 대처 방안 마련

- 생물다양성에 관한 AI와 빅데이터 기반의 과학적 관리 능력 제고
- 바이오칩 기술을 접목한 멸종위기종 관리 체계 구축

통합적 정책 추진과 규제의 적절한 활용

- 기후변화 대응을 위한 법·제도 기반 강화
- 부처별로 나뉘어 있는 생물자원 보전 관리와 활용 정책을 통합·조정하는 제도적 장치 필요
- 정부, NGO, 민간 기업, 대학교 등의 정보 공유 및 다양한 이해관계자와의 논의 확대
- 시민사회 조직과 협업하는 생물다양성 관련 사업 확대로 시민참여 유도

국제 협력 및 협약 대응체제 구축

- 인접 국가 간 협력을 강화하는 국제 생태 네트워크 개념 정립 및 활동 확대
- 국제적 차원에서 생물다양성 전략 수립과 집행에 필요한 과학기술 정보 공유
- 공적 개발 원조 사업 추진을 통해 개도국 자원의 공동 발굴 사업 참여

남북 협력을 통한 녹색 한반도 전략 마련

- 한반도 생태 네트워크 연결 및 복원 사업 이행
- 수자원, 기상과 기후, 환경과 생태계 변화에 관한 정보 교환과 공동 연구
- 미세먼지를 비롯해 백두산 화산 활동과 같은 재해에 대응하는 자연재해 공동 연구
- 임진강, 북한강 등 남북한이 공유하는 하천에서의 협력(수문 관측망 설치,

홍수 예보와 경보 시스템 구축, 농경지 정비 등) 증진

- 남북한, 나아가 동북아의 환경·경제공동체 논의 및 구상 구체화
- 비무장지대 자원 발굴과 지역 발전을 위한 연구개발

한국의 특성에 맞는 그린 뉴딜 전략 구상

- 2050년 탄소 제로 사회 실현을 위한 중장기 로드맵을 연 단위로 구체화
- 저탄소 수소경제 활성화를 위한 지원 정책 수립
- 에너지 제로 빌딩 건축 시 용적률 등의 인센티브 추가 방안 검토
- 도시화의 가속, 중국발 미세먼지 심화에 따른 대책 마련
- 친환경 재생에너지로 인해 발생할 수 있는 부작용에 대비하는 대책 마련
- 온실가스 감축 노력과 결과에 따른 상벌 제도 강화
- 저공해 자동차의 획기적 확대 등 탈내연기관 자동차로의 전환 가속화
- 비대면 소비로 인해 급증한 플라스틱 폐기물에 대한 규제 강화 및 재활용 기술 연구

4

인구 분야
미래전략
Population

KAIST Future Strategy 2022

+ 초저출생 축소사회의 대응 방안

+ 초고령사회, 패러다임의 전환이 필요하다

+ 다양한 가족 형태가 모두 존중받는 사회

+ 뉴노멀 시대의 미래세대 전략

+ 국가 발전과 선순환하는 다문화사회

초저출생 축소사회의
대응 방안

□ □ ■ ■ ━━━ 앞으로 역사책에서 2020년은 대한민국 인구와 관련해 세 가지 사건이 발생한 해로 기록될 것이다. 먼저, 많은 사람이 우려하던 인구의 자연 감소가 현실로 나타난 첫해였다. 둘째, 수도권 인구가 비수도권의 인구를 역전한 해였다. 마지막으로 베이비붐 세대가 고령층에 진입하기 시작한 해이기도 했다. 한 사회의 인구를 현상 유지하는 데 필요한 출생률의 수준을 '인구 대체 수준population replacement level'이라고 한다. 개발도상국의 경우 3명 전후이며, 선진국은 2.1명이다. 가임 여성 1인당 2.1명의 자녀를 낳아야 현재 인구가 현상 유지된다는 뜻이다. 우리나라는 1961년 4월 대한가족계획협회가 창립되었고, 같은 해 11월 가족계획사업을 경제개발의 근간이 되는 주요 시책 사업으로 채택하며 산아 제한 정책을 추진했다. 그러나 출생률을 인구 대체 수준인 2.1명으로 낮추겠다던 정부의 목표는 계획보다 5년이나 앞선

1983년(2.06명)에 달성되었다. 그 후 1984년 1.76명, 1994년 1.66명으로 출생률이 계속해서 감소했지만, 정부는 별다른 대책을 내놓지 않았고 출생률 1.57명이었던 1996년이 되어서야 산아 제한 정책을 폐지했다. 정부가 출생률 회복을 위한 대책을 내놓은 것은 출생률 1.08명을 기록한 2005년이었다. 지나치게 안일한 대응이었다. 이후 대한민국은 전 세계에서 유일하게 합계 출생률이 1명 미만인 나라가 되었다. 막대한 예산을 쏟아부으며 출생률을 높이기 위한 정책을 펴고 있지만, 2020년 출생률은 0.84명까지 떨어져 OECD 38개 회원국 가운데 2년 연속 최하위를 기록한 상태다.

인구 보너스 시대에서 인구 오너스 시대로

2020년 출생아 수 27만 2,400명 대비 사망자 수는 30만 5,100명으로 통계상 최초로 자연 감소가 발생했다.[98] 풍부한 인적 자원을 바탕으로 경제성장을 구가하던 '인구 보너스demographic bonus' 시대가 끝나고 반대로 생산가능인구(15~64세)보다 부양해야 할 인구가 더 많아 경제성장이 지체되는 '인구 오너스demographic onus' 시대가 된 것이다.

출생 관련 수치도 연일 최저치를 기록 중이다. 전년보다 3만 300명이 줄어 10.0% 감소한 2020년 출생아 수는 집계를 시작한 1970년대 이후 최저치다.[99] 2021년 1분기 출생아 수는 7만 519명으로 2020년 1분기보다 4.3% 감소했다.[100]

2005년 '저출산·고령사회 기본법'이 제정된 이후 역대 정부들은 나름대로 저출생 대책을 펴왔다. 저출산고령사회위원회에 따르면 2006년부터 15년간 정부가 저출생을 타개하기 위해 투입한 예산은 225조 3,000억 원에 달한다. 그러나 '출산·양육에 대한 사회적 책임(노무현 정부)', '일과 가정의 양립 일상화(이명박 정부)', '청년 일자리, 주거 대책 강화 및 맞춤형 돌봄 확대(박근혜 정부)' 등의 정책은 성과를 얻지 못했다. 문재인 정부는 2018년 일과 생활의 균형을 강조하며 '고용·주거·교육에 대한 구조개혁 방침'을 발표했고, 2020년에도 제4차 '저출생·고령사회 기본계획(2021~2025)'을 발표하며 예산도 늘렸다. 그러나 정책만으로 금세 바뀔 수 있는 게 아닌 만큼 저출생 대책은 더욱 절실한 과제다.

저출생과 고령화, 그리고 수도권의 인구 집중은 4차 산업혁명을 거치며 변화될 미래의 지속가능한 발전도 저해할 수 있다. 생산 가능 인구 감소로 노동력이 부족해지고, 노동력의 고령화로 노동생산성도 낮아질 것이다. 고령인구 증가는 사회보장 비용의 부담도 높인다. 이러한 인구 감소, 낮은 출생률과 고령인구의 증가 문제는 지역별로도 편차가 나타날 것이며, 비수도권 중소도시의 쇠퇴 내지는 소멸로 이어질 위험이 크다. 정책의 개입만으로 구조적 변화를 꾀하기는 쉽지 않다. 저출생을 벗어나는 '극복'의 관점이 아니라 이미 현실화되어 다가오는 인구 오너스 국가로의 진입을 인정하고 대비하는 '적응'의 관점이 더 요구된다.

인구 현황

한국은 한국전쟁 이후 베이비붐 현상이 나타나고 보건 의료 수준의 향상으로 사망률이 빠르게 감소하면서 1950년대 후반과 1960년대 초에 인구가 매우 급격히 증가했다. 당시 인구 증가율은 연평균 3% 수준에 육박했다. 1960년대 초 경제 발전을 도모하기 위해서는 인구 증가를 억제할 필요가 있었으므로, 제1차 경제개발 5개년 계획부터 가족 계획 사업이 시작됐다. 1960년 당시 6.0명에 이르렀던 합계 출생률은 1983년에는 2.06명으로 인구 대체 수준 이하로 떨어졌으며, 1998년에 는 처음으로 1.5명 미만으로 낮아졌다. 21세기에 들어서도 합계 출생률 은 최저 수치를 경신하는 등 초저출생(1.3명 이하) 현상을 벗어나지 못하 고 있다.

출생아 숫자만 봐도 감소세가 뚜렷하다. 1970년대에는 매년 90만 명 이상이 태어났고, 1980년대에는 80만 명, 1990년대에는 60만~70만 명 이 태어났다. 그러나 2016년에는 40만 명대로, 2017년에는 30만 명대 로 급감했고, 2020년에는 27만 2,400명을 기록했다. 특히 코로나19를 겪으면서 고강도 사회적 거리두기, 경제적 여파 등은 혼인율에 영향을 미쳐 출생률 감소에도 더 큰 여파를 미칠 것이 예상된다.

저출생 현상은 필연적으로 인구 규모 감소와 고령화로 이어진다. 통 계청의 '장래인구 특별추계(2019)'에 따르면 우리나라 인구는 2021년 6월 기준 약 5,182만 명에서 2028년 5,194만 명까지 증가한 후 감소 세로 전환해 2067년에는 3,929만 명으로 줄어들 전망이다. 노인 인구 (65세 이상)의 비율은 2018년 14.3%(고령사회)를 지나 2025년 20%(초고 령사회), 2051년 40%를 초과할 것으로 예측된다.

저출생에 대응하는 단계별 인구 전략

한국은행은 저출생·고령화 추세가 코로나19 팬데믹 국면을 통과하면 서 더 뚜렷해졌다고 진단했다. 대규모 재난 상황이 끝난 이후 통상 나타

나는 '베이비붐' 현상도 두드러지지 않을 것이라고 내다봤다.[101]

사실 그간의 정책이 저출생의 근본 원인을 해결하기보다는, 눈앞에 보이는 문제를 해소하는 데 급급했다는 지적도 있다. 보육 시설 부족과 여성의 경력 단절 문제, 치솟는 아파트 가격, 급증하는 사교육비, 취업과 주거 문제 등 과도한 경쟁에 몰린 청년들의 부담 같은 구조적인 문제를 해결하지 못한 채 '백화점식 대책'만 만들었다. 인구가 점점 줄어드는 지자체들은 인구를 늘리는 근본적 대책을 마련하는 대신, 통계적 수치만을 올려 논란이 되기도 했다. 예를 들면 인근 다른 도시에 거주하는 인구를 주소지만 옮겨서 허위로 '인구수 부풀리기'를 하는 식이다. 저출생 정책이 '결혼 선택'과 '출산 선택'이라는 이중의 문턱을 넘어야만 정책의 혜택을 받을 수 있게 디자인된 것도 문제로 지적됐다.[102] 이를 반대로 보면 결혼을 안 하거나 결혼했더라도 아이를 낳지 않는다면 정책의 혜택을 받을 수 없다는 뜻이다. 따라서 인구학적 접근과 경제·사회·문화적 접근이 통합적이고 체계적으로 이뤄져야 한다.

단기 전략

필요한 노동력을 항시적으로 유지하기 위해서는 적정 수준의 출생률이 유지되어야 한다. 그러나 합계 출생률이 단기간에 급격하게 높아진 사례는 세계에서도 거의 찾아볼 수 없다. 따라서 출생률 제고는 지금부터 본격적으로 시행해야 하는 단기 전략이자 일정한 목표 출생률에 도달하려는 중장기적인 관점도 내포하고 있다.

한편 거주 유형이 결혼 및 출산에 미치는 영향을 분석한 결과, 자가 거주에 비해 전세 거주 시 결혼 확률은 약 4.4%p 감소하는 것으로 나타났으며, 월세 거주의 경우에는 약 12.3%p 감소했다. 거주 유형은 무자녀 가구의 첫째 아이 출산에도 유의미한 영향을 미쳤는데, 자가 거주에 비해 월세 거주의 경우 약 19.5%p나 감소하는 것으로 나타났다.[103] 또 남성과 여성 모두 정규직일 경우 결혼 이행 가능성도 커졌다.[104] 주거와 일자리의 형태가 결혼 이행 여부의 바로미터라고 해도 과언이 아닌 것이다. 따라서 결혼 적령기를 전후해 개인의 형편에 맞는 보금자리를 마련할 수 있도록 부동산 담보 대출 확대 등 합리적인 부동산 정책이 단기 전략에 포함되어야 한다. 특히 20~30대 청년층은 코로나19로 고용한파에 직면하면서 더 큰 어려움을 겪고 있다. 이러한 상황이 결혼 기피로 이어지지 않도록 지원하는 세심한 정책이 필요하다.

중기 전략

중기적 관점에서는 우리 사회가 보유한 유휴 잠재 인력인 여성과 고령자의 고용률을 높여야 한다. 한국 여성의 고용률(15~64세)은 2020년 56.7%로 '30-50클럽(1인당 국민소득 3만 달러, 인구 5,000만 명 이상)' 7개국(미국, 일본, 독일, 프랑스, 영국, 이탈리아, 한국) 가운데 6위였다.

특히 한국 여성들은 20대에 취업한 뒤 30대에 경력이 단절되는 현상이 도드라지는 것으로 파악됐다. 주요 선진국의 여성 고용률이 나이가 들어감에 따라 포물선을 그리는 것과 달리 한국은 M자형이다. 25~29세 여성 고용률이 71.1%로 최고점을 찍은 뒤 35~39세(59.9%)에 급격히 낮아진다. 40~44세(62.7%)에 조금 높아졌다가 50대 이후 다시 하락세를 보인다.[105] 무엇보다 한국 여성들이 경제활동에 참여하지 않는 이유로는 육아·가사 부담이 꼽힌다.[106] 여성의 고용률을 높이기 위해서는 유자녀 기혼 여성들이 걱정 없이 경제활동을 할 수 있는 육아 여건이 마련되어야 한다는 점을 시사한다. 또 성별 임금 격차는 34.1%

에 달하고(OECD 평균 12.9%, 일본 23.5%, 미국 18.9%, 덴마크 4.9%) 성별 직종 분리 등의 환경도 열악하다. 특히 지난해에는 코로나19 확산에 따른 고용 충격이 남성보다 여성에게 상대적으로 크게 발생하면서 여성 고용 문제가 더 심해졌다. 사회적 거리두기로 인해 줄어든 대면 서비스업 노동자가 남성보다 여성이 많았기 때문으로 분석된다.[107]

또 다른 전략은 고령자를 보다 오랫동안 노동시장에서 활동할 수 있도록 하는 방안이다. 1,700만 명에 달하는 베이비붐 세대(1차: 1955~1963년생, 2차: 1974년생까지 포함)는 학력·직무능력·건강 등의 측면에서 상대적으로 월등한 것으로 평가된다. 상당수가 노동 세대로 남아 있는 가운데 청년 세대의 실업 상황과 맞물리면서 문제가 발생하고 있으나, 이들 베이비붐 세대가 일을 그만두기 시작하면 노동력이 급격하게 줄어든다. 따라서 경제활동 의지가 높은 미래 고령자 세대들을 노동시장에 더 오래 남아 있도록 하는 전략이 유효할 수 있다.

장기 전략

보다 장기적 관점에서의 인구 전략으로 이민정책을 들 수 있다. 단, 이 전략은 이민자 유입의 사회문화적 파급효과를 고려하면서 다른 조건들과 결부해 채택 여부를 신중하게 결정해야 한다. 중소기업의 인력난을 고려하면 외국인 근로자 유입을 확대할 필요가 있다. 이 같은 관점에서 이민 전담 기구인 '이민처'를 설립해 추진하자는 의견도 있다.[108]

장기적으로 고려해야 할 또 다른 사안은 통일 시대의 인구 예측과 전략이다. 통일로 가는 과정 및 통일 이후 한국에서 시기별, 단계별로 가능한 모든 시나리오에 따른 인구 전략을 지금부터 논의할 필요가 있다.

한편 새로운 가족 공동체를 받아들이는 사회적 공감대 형성도 고려할 시점이다. 프랑스는 출생률이 1970년 2.65명에서 2000년 1.76명까지 감소했지만 2015년 1.98명으로 끌어올렸으며, 2020년에는 1.85명으로 유럽 국가 중 최고치를 기록하고 있다. 프랑스는 '결혼'이라는 법률적·전통적 가족 제도를 넘어 이성·동성 커플들이 자유롭게 동거하고 아이를 기를 수 있는 팍스PACs(시민연대계약)를 도입했다. 팍스는 단순한 동거 형식으로 인해 받게 되는 불이익을 일부 해소해 안정적인 법의 범주 내에서 살 수 있도록 공동생활의 양식들을 체계화한 것이다.[109] 또 프랑스는 임산부 지원 제도에서 결혼 여부로 차별을 두지 않는다.

우리나라도 혼인율의 감소와 함께 결혼과 가족에 대한 관념과 가치관이 변하고 있다. 최근 방송인 사유리처럼 결혼하지 않고 아이를 낳는 '비혼 단독 출산'에 대해 우리 사회가 본격적인 논의에 나선 것처럼 법적 혼인으로만 이루어진 가족을 넘어 새로운 가족 공동체를 인정하고, 다양한 육아 정책을 제공하는 것이 미래를 대비하는 장기적 관점에서 고민해야 할 이슈들이다.

근본적으로는 정부 차원에서 생애 주기별 종합적인 대응 방안도 고민해야 한다. 저출생 대책이라고 해서 출산·육아에만 정책의 초점을 맞출 것이 아니다. 개천에서 다시 용이 날 수 있는 사회, 그런 건강한 사회가 다시 만들어질 때, 팍팍한 현실에도 불구하고 희망을 품고 출산을 할 만한 동기 부여가 될 것이다. 출산 의지를 북돋아 줄 수 있는 근본적 정책이 필요하다.

단계별 인구 전략 실행 방안

단계별 인구 전략을 실현하기 위해서는 구체적인 실행 방안이 뒤따라야 한다. 출생률 제고를 위한 재정 부담은 복지 차원의 비용 지출이 아닌 미래를 위한 투자로 인식되어야 한다.

국가의 적극적인 출산과 보육 지원

- (돌봄 서비스 지역화 등) 지자체 중심의 공동체 돌봄 정책 설계
- 보육 시설이 부족한 지역을 파악해 보완하고, 보육의 실질적 품질 제고
- 직장어린이집 설치 지원 및 통합 서비스 강화
- 지역아동센터 등 보육을 담당하는 민간 업체 관리 강화 및 예산 현실화
- 결혼과 연계한 청년층 대상 양질의 주거 안정 지원 정책 확대 및 현실화 (장기 임대 주택 등)
- 자녀 양육 관련 공공서비스 이용 무료화 또는 비용 최소화
- 다자녀 가정을 우대하는 다양한 아동수당 지급 방식 설계
- 다자녀 기준을 3자녀 이상에서 2자녀로 완화
- 난임 시술 지원 및 산모와 신생아에 대한 건강관리 지원 확대
- 고용보험 미적용 취업 여성 대상 출산지원금 지급 및 기간제 노동자 유급 출산휴가 보장
- 가계 양육 부담 완화를 위한 출산 친화적 세금 구조 마련
- 양질의 유아교육 제공을 위해 관리·감독 개선으로 유치원 공공성 강화
- 아동보호 체계 재편 등 아동학대 대응 및 예방 체계 강화[110]
- 한부모 가정, 미혼모·부 가정에 대한 보육 및 육아 지원 확대
- 임신에서 출산까지 원스톱 통합 서비스 제공

일·가정 양립, 일·생활 균형 지원책

- 유연근무제 등 비정형 근로 형태 활성화로 일·가정 양립이 가능한 환경 조성

- 결혼, 출산 및 양육을 통해 삶의 질을 높이는 사회 문화와 고용 문화 조성

- 보육 지원 체계와 일·가정 양립 제도 간 연계 강화(긴급 돌봄 서비스 등)

- 정규 교육과정 안에 일·가정 양립에 대한 사회적 인식 변화 및 공감대 형성 노력

- 휴직 급여 인상, 여성 육아휴직뿐 아니라 남성 육아휴직 제도의 의무화

- 사내 육아휴직 제도를 적극적으로 이용하는 문화 장려

- 임신 기간 중 근로시간 단축, 임신 중 육아휴직 허용, 출산휴가 급여 현실화

- 경력 단절 여성이 직장으로 돌아갈 수 있도록 하는 직무역량 강화 교육 실시

다양한 가족의 수용

- 가족 내 평등한 관계 확립을 위해 가족 제도와 관련된 불합리한 법제 개선

- 미혼모와 미혼부의 일상 속 차별 개선, 비혼·동거 가족에 대한 사회적 차별 해소 및 인식 개선

- 가족평등지수 개발, 친·외가 경조사 휴가 평등 보장 등 가족 문화 개선

- 가족 내 공동 육아 문화의 정착을 위한 교육 시행

국내 유휴 인력 활용 극대화

- 여성들과 고령자들의 노동시장 진출을 돕는 사회 문화 조성
- 기간제와 통상 근로자 전환 제도, 안정된 상용직 시간제 일자리 활성화를 위한 법·제도 마련
- 고령 인력 확대를 위해 기업의 연공서열 체계를 성과 중심으로 개선
- 시간제 근로 전환 지원 등 점진적 퇴직 제도 활성화
- 퇴직(예정) 근로자에 대한 전직轉職 교육 및 공공 전직 지원 서비스 활성화
- 개별 경력을 고려한 직업훈련, 재교육, 사회 기여 및 재능 나눔 활성화

해외 교민을 포함한 외국인 인력 활용

- 미래의 노동력 부족량에 연동해 방문 취업 체류 기간 연장
- 일원화된 외국 인력 도입 체계 구축
- 외국인 인력 정착을 위해 법·제도 정비, 사회 인프라 개선
- 국내 대학을 졸업한 외국 유학생에게 장기 취업 비자 발급 및 이후 영주권 프로그램 개발
- 다문화 가정에 대한 사회적 편견 완화 정책 및 캠페인 진행

초고령사회,
패러다임의 전환이 필요하다

▢ ▢ ▬▬■ ■■■■ 대한민국이 빠르게 늙어가고 있다. 우리나라의 65세 이상 고령인구는 2000년 339만 5,000여 명(전체 인구 중 7.2%)을 기록한 이후, 2009년 500만 명, 2013년 600만 명, 2017년 700만 명, 2020년 800만 명을 돌파했고, 2023년 900만 명, 2025년에는 1,000만 명을 넘어설(전체 인구의 20.3%) 전망이다. 고령인구는 2050년에 1,900만 7,000여 명(39.8%)으로 정점을 찍지만, 근로연령인구의 감소에 따라 고령인구의 구성비는 통계청 장래인구 추계 기간의 마지막까지 계속 증가해 2067년 46.5%에 달할 것으로 보인다.

우리나라의 인구 고령화 속도는 세계에서 유례없이 빠르다. 다른 국가의 추세를 보면, 미국의 경우 고령화사회(전체 인구 대비 노인 인구 비율 7% 수준)에서 고령사회(노인 인구 비율 14% 수준)가 되기까지 73년이 걸렸고, 초고령화사회(노인 인구 비율 20% 수준) 진입에 21년이 소요되었다. 대표적 고령국가인 일본의 경우, 고령화사회에서 고령사회로 전환되기까지 24년이, 초고령화사회로 진입하기까지 12년이 소요되었다. 반면 우리나라는 고령화사회(2000년)에서 고령사회(2018년 14.3%)를 거쳐 초고령사회(2025년)로 진입하기까지 25년밖에 걸리지 않는 세계 최고 속도의 고령화 국가가 되었다.

고령사회의 현황과 의미

인구 고령화는 생활 전반에 큰 파급효과를 갖는 현상으로 사회 운용 패러다임의 대전환을 요구한다. 한국의 인구 고령화가 세계 다른 나라들과 같이 100여 년에 걸쳐 서서히 진행된다면, 우리는 변화하는 인구구조에 맞춰 서서히 적응하면서 변모할 수 있다. 그러나 한국의 고령화 속도는 지나치게 빠르다. 한국경제연구원에 따르면 최근 10년간 한국의 65세 이상 고령인구는 연평균 4.4%씩 증가했다. 이는 OECD 국가 중 1위로 평균 증가율인 2.6%보다 매우 높다.[111]

한편 한국 노인은 생계비 마련을 주목적으로 비정규직 저임금 일자리에서 근무하면서 가장 오랜 기간 경제 활동에 참여하기 때문에, 은퇴 후 사망까지의 기간이 OECD 회원국 중 가장 짧은 국가인 것으로 나타났다(여성 1위, 남성 2위).[112] 그런데도 2017년 기준 우리나라 은퇴 연령층(66세 이상)의 상대적 빈곤율은 OECD 회원국 중 가장 높은 수준이다.[113] 또 삶의 질에 대한 측정 필요성이 제기됨에 따라 OECD가 소득, 고용 등 여러 영역을 지표화한 '더 나은 삶 지수Better Life Index'에 따르면 한국 노인의 삶의 질 수준은 OECD 평균에도 미치지 못했다.[114] 특히 65세

이상 노인 자살률은 53.3명(2016년)으로 OECD 회원국 중 가장 높고, OECD 평균(18.4명)보다 2.9배 높다.[115] 이는 노인 빈곤율이 높아서 생기는 당연한 결과로서 세계 9위의 경제 대국이라고 자처하는 한국의 부끄러운 민낯이자 해결해야 할 심각한 사회 문제다.

일부 전문가들은 한국의 노인 인구 비율이 2036년 전체 인구의 30%를 넘어서고 2060년이면 사회 평균 연령 61세, 노인 인구 비율은 44%가 되어 현재 최고령 국가인 일본의 2060년 예상치 55세, 38%를 능가하면서[116] 한국이 세계 최고령 국가가 될 것이라고 경고한다. 인구 문제의 핵심은 저출생으로 신규 유입 인구는 감소하는 데 반해 인구 고령화가 급속도로 진행된다는 데 있다. 다시 말해 인구구조의 변화가 문제의 핵심이다.[117] 고령화사회는 생산가능인구의 감소로 성장 잠재력을 떨어뜨린다. 노인 의료비와 연금 등 공적 부담이 증가하고 세입 기반은 약해지면서 재정적 부담도 커질 수 있다. 결국 고령화는 국민연금, 건강보험 등 주요 제도의 지속가능성에 위협을 가하고, 세대 간 갈등을 악화시키는 원인이 될 것이다.

성공적인 고령사회 대응을 위한 미래전략

우리는 지금까지 너무 고령자 개개인이 갖는 삶의 애로 사항에만 집중하는 경향이 있었다. 이제 고령사회 대응은 두 가지 방향으로 나아가야 한다. 첫째, 사회의 전환 과정에서 생기는 문제에 대응해야 한다. 노동인구 감소로 인한 생산성 저하나 연령주의로 인한 고령자 배제 등의 문제, 노인 복지비 증가로 인한 국가의 재정부담 문제 등이다. 둘째, 사회 변화 과정에서 고령자들 각 개인의 삶의 질이 저하되지 않도록 대응해야 한다. 생산 시스템의 변화에 적응하지 못하는 저소득 고령자의 빈곤, 디지털 기술 사회에서 고령자의 사회 활동 능력 저하, 전통적 가족 체계의 붕괴로 인한 돌봄의 약화 및 노인 고독사 문제 등에도 대처해야 한다.

다각적 대안들이 실효를 거둔다면, 고령사회에서 노인이 직면하는 '노후 4고품(빈곤, 질병, 고독, 무위)'와 같은 문제들을 해결할 수 있을 것이다. 일례로 노후에 자금이 바닥난 상황을 묘사하는 '노후난민'이라는 개념이 있다. 노후에 파산하지 않고 윤택하게 보내는 방법의 하나는 정년 후에도 일하는 것이다. 초고령 국가 일본에서는 '평생 현역'이라는 개념이 일찍부터 주목을 받고 있다. 노년에 대한 준비도가 높아진다면 노인들이 새로운 소비 주체로 등장할 수도 있다. 또 고령사회에 적합한 신규 일자리도 만들어질 수 있다. 실버문화 콘텐츠 개발자, 노후설계 상담사 등 새로운 형태의 직업들이 그러한 예다.

단기적 대응 전략

단기적인 차원에서는 노후소득과 고용 영역의 사회 토대 확충에 주력해야 한다. 노인 자살의 원인 가운데 가장 큰 부분을 차지하는 것이 경제적 어려움이다. 경제적인 안정이 선결되지 않는다면 여가, 삶의 질 등 노후 생활을 윤택하게 만들기 위한 다른 노력은 무용지물일 뿐이다. 노후의 경제 상황을 개선하기 위해서는 세 가지 차원의 정부 노력이 필요하다. 첫 번째로는 안정된 공적 노후소득 보장 체계를 구축해야 하며, 두 번째로는 연금 수급 이전까지 안정된 경제활동을 보장할 수 있는 중고령자 고용 관련 제도를 정비해야 한다. 세 번째로는 개인 차원에서 노후를 대비할 수 있도록 노후 준비 제도를 활성화해야 한다.

우리나라의 공적 노후소득 보장 제도인 국민연금의 소득대체율은 20세부터 가입하는 것을 가정할 때 2019년 39.3%인데 이는 OECD 평균 50.4%보다 낮은 수준이며, 22세부터 가입하는 것을 가정하면 37.3%로 OECD 평균 49.0%와 여전히 차이가 있다. 후자를 기준으로 한 우리나라 국민연금의 소득대체율은 복지국가로 알려진 북유럽 국가 중 스웨덴(41.6%)보다 약간 낮은 수준이지만, 이들 국가는 잘 준비된 2층 연금을 통해 노후 소득을 보충하고 있다. 다층의 연금 체계를 통한 소득 확보와 제반 복지 여건이 갖춰진 상황에서 공적연금의 개혁을 통해 소득대체율을 낮춘 것이다. 다수 유럽 국가들은 안정된 고령사회를 유지하기 위해 여전히 연금의 높은 소득대체율 수준을 유지하고 있다 (프랑스 60.1%, 핀란드 60.1% 등).

우리나라는 2008년 도입된 기초노령연금을 2014년 기초연금으로 재설계하고 기존의 퇴직금 제도를 퇴직연금으로 전환하는 과정에 있으며, 개인연금, 주택연금, 농지연금 등 다양한 노후대비 수단을 마련해왔다. 그렇지만 퇴직연금, 개인연금이 아직 안정적으로 정착하지 못했고, 주택연금, 농지연금은 제도를 이용하는 대상층이 낮아 안정적인 노후소득 보장 제도로 기능하는 데 한계가 있다. 또 정부는 60세 정년을 법제화했으나, 법정 정년제가 제대로 이행된다고 하더라도, 2033년까지 조정될 예정인 국민연금 수급 시기와 정년 사이에는 여전히 괴리가 있어 소득 공백기가 존재한다. 중고령자들이 퇴직에 가까워진 나이에 더 안정적으로 경제 활동을 할 수 있게 만드는 제도적 장치에 대한 고민이 필요한 이유다.

중기적 대응 전략

중기적 대응 전략은 '복지'에서 '시장'으로 무게중심을 이동해야 한다. 고령화를 부담 요인이 아니라 기회 요인으로 활용하는 것이다. 국가 중심의 복지적 대응만으로는 한계가 있으므로 고령화를 적극적인 성장 동력으로 전환해야 한다. 경제력을 갖춘 새로운 노인 세대가 고령자 적합형 주택시장, 금융시장, 여행상품, 여가 관련 시장 등에서 소비를 진작시킬 수 있기 때문이다. 실제로 근래 노인으로 들어선 세대는 이전과 비교해 경제력과 구매력이 있으며 자기 자신을 위해 소비하는 강력한 소비 주도층으로 부상하고 있다.

복지 차원에서는 그동안 확립된 복지정책을 정비하는 작업이 중기 과제로 진행되어야 한다. 지난 2000년대 중반 이후 노인과 관련된 복지정책과 인프라는 빠른 속도로 확대되어왔는데, 이처럼 급속한 팽창은 필연적으로 역할과 기능이 중첩되거나 사각지대를 발생시킨다. 중기적 과제로 노인복지 분야의 공공 인프라 기능과 역할을 종합해 재편성하는 체계 개편 작업을 진행해야 한다. 예를 들어, 스웨덴의 경우 우리나라의 청년 주택과 유사한 방식으로 노인 주택을 제공하고 있다. 집을 새로 짓거나 빈집을 개조해서 노인 주택으로 바꾸는 방식이다. 자식이나 재산과 무관하게 개인 단위로 노인복지가 디자인되어 누구나 적정 비용으로 이용할 수 있도록 한 그들의 방식을 참고해, 노인들이 활기차게 가정과 사회 생활을 영위할 수 있는 생활환경을 만들어야 한다.

평균수명이 늘어나는 만큼 건강관리에 더욱 힘쓸 수 있도록 지원도 필요하다. 원격 진료를 통한 간편한 의료 혜택, 디지털 기기를 활용한 상시 건강 체크 등은 건강관리를 용이하게 하면서 의료비 절감 효과도 가져올 수 있다. 또 로봇을 활용한 간병 혹은 정서적 교감을 나눌 수 있는 AI 로봇 실용화 등 노년 삶의 질 개선에도 첨단기술을 활용해야 한다.

장기적 대응전략

장기적으로는 근본적인 사회 시스템의 조정과 변화가 필요하다. 여기에 해당하는 대표적인 영역이 교육이다. 현재와 같은 의무교육 기간이 과연 고령사회 생애주기에 적합한 교육 시스템인지 재검토와 조정이 필요하다. 특히 학력교육에서 평생교육으로 패러다임을 점진적으로 전환할 필요가 있다. 학령인구 감소에 대응해 평생교육 중심으로 대학 체제를 개편하는 것도 한 가지 방법이다. 평생교육은 노인의 교육·복지·고용 문제 해결과도 연결 지어 생각할 수 있다. 이를 위해서는 평생교육 관련 예산 확충과 제도 마련 등이 수반돼야 한다.

근본적인 사회 시스템의 조정이 필요한 또 다른 영역이 대안적 가족 공동체에 대한 고민이다. 가족의 형태는 산업화를 거치면서 대가족에서 핵가족으로 변해왔는데 고령사회의 진전과 함께 1인 가구가 새로운 가구 형태로 대두되었다. 특히 노인 1인 가구가 더욱 증가할 것으로 보인다. 이러한 현실에서 기존의 혈연 중심 가족관계를 대체할 수 있는 대안적 형태의 가족 공동체에 대한 고민이 진행되어야 한다.

핀란드의 경우 일종의 노인 공동체인 코티사타마kotisatama 장려 정책을 펼치고 있다. 이는 복지 비용을 절감하고 지속 가능한 노인 보호 대책이 가능하다는 점에서 높이 평가되고 있다. 또 프랑스에는 큰 집에 홀로 사는 노인에게 가족을 연결해주는 기관이 존재한다. 홀로 살던 노인과 청년이 한집에 산다거나, 홀로 살던 노인과 다른 가족이 한 공간에서 새로운 가족의 형태를 이루며 살아간다. 우리도 이처럼 다양한 형태를 수용하는 제도가 마련되어야 한다. 혼인과 혈연으로 이루어진 가족이 아니더라도 가족에 준하는 대우를 받도록 법적인 지위를 부여하는 것이다. 다양한 가족관계가 공존하는 사회·문화 환경을 조성함으로써 저출생·고령화사회에 성숙하게 대응할 수 있을 것이다.[118]

한편 초고령사회에서 노인은 더이상 특별한 집단이 될 수 없다. 따라서 고령사회에 적응해가는 과정에서는 노인과 고령화에 특화된 대책들이 필요하지만, 장기적 관점에서는 나이와 관계없이 지속 가능한 사회적 환경 조성에 관한 구상이 마련되어야 한다.

단기적 실행 방안

- 노령 근로자에 대한 재취업, 창업, 직업훈련 지원
- 1인 1국민연금 체제 확립
- 공적연금 이외의 다양한 노후 준비를 위한 금융상품 개발 및 사적연금 지원 강화
- 정년과 연금 수급 나이를 일치시키기 위해 정년 제도의 실효성 제고
- 고령자의 질병 조기 발견 및 예방을 위한 일반 건강진단 주기 단축 검토
- 장기요양보험 도입 및 대상자 확대
- 요양 시설의 서비스 제고(공공 요양 시설 지속 확충, 요양 인력 전문화, 의료 서비스 강화 등)
- 노인 질병 특성을 고려한 건강보험의 보장성 강화
- 연금소득에 대한 소득공제 한도 상향 조정 등 세제 측면에서 제도 정비
- 지역별 특성에 맞는 고령화 정책 마련

중기적 실행 방안

- 노인 서비스 시장 육성을 위해 정부 차원의 실버산업 지원 체계 강화
- 고령자 대상의 의료 인프라 및 노인 질병 전문 병원 등 의료 체계 확충
- 주택 정책 마련 단계에서부터 기획된 1인 고령인구를 위한 셰어 하우스 및 타운 개발
- 노인을 위한 장기 요양 보호 제도, 보호 시설 서비스 확충
- 노인을 위한 건축 편의시설 설치 및 교통 환경 기반 마련
- 정보 획득 불평등을 방지하기 위한 노인 디지털 정보화 교육 프로그램 마련
- 로봇과 AI를 활용한 노인 도우미 보급
- 노인 돌봄 인력·서비스 등 지역 사회 돌봄 체계 강화

장기적 실행 방안

- 민관 협력 고령화 연구센터 구축, 초고령사회를 대비할 연구 및 정책 개발 강화
- 초고령사회에 부합하도록 생애 전체를 고려한 교육 시스템 재구조화
- 가족을 대체하는 공적 지원 체계 구축 및 1인 가구를 위한 각종 법·제도 정비
- 노화 및 질병 예방 기술의 보편적 혜택 보장 제도 도입

다양한 가족 형태가 모두
존중받는 사회

□ □ ▭▬ ▬▬▬▬   가족이란 무엇인가? 불과 얼마 전까지만 해도
이 질문에 대한 대답은 복잡하지 않았다. "부부와 그들의 미혼 자녀로
구성된 공동체"로 간단히 정의할 수 있었다. 그러나 최근 한국 사회의
가족은 그 모습과 형태가 급격히 변화하고 있다. 지금까지 전형적인 가
족 모델로 생각되어온 부부와 미혼 자녀로 구성된 가족 형태의 비중은
점차 감소하는 반면에 1인 가구, 한부모 가족, 다문화 가족, 재혼 가족,
무자녀 가족, 비혼·동거 가족 등 다양한 형태와 관계의 가족이 계속해
서 증가하고 있다. 즉 정형적이고 표준적인 가족 모델 외에 변이된 가족
형태, 다양한 유형의 가족생활이 등장하고 있다. 그러나 이러한 변화에
도 불구하고 우리 사회에는 여전히 이런 다양한 가족에 대한 심리적·
정서적 편견과 사회적 차별이 존재한다. 앞으로 더욱 세분될 여러 형태
의 가족과 삶의 방식이 공존하는 사회를 함께 살아가기 위해서는 가족

형태 간 차별이나 가족생활 유형에 대한 사회적 편견을 해소하고 변화에 유연하게 대응하는 자세가 필요하다.

가족을 둘러싼 다양한 변화

다양한 가족 형태의 증가

우선 가족의 형태적 변화를 살펴보자. 2020년 우리나라 전체 가구의 구성 현황을 살펴보면, 1인 가구의 비율이 30.4%로 가장 높고, 2인 이하 가구는 62.1%에 이르고 있다.[119] 전체 가구 중 절반 이상이 1인 가구 혹은 2인 가구로 구성된 셈이다. 이러한 통계는 전통적인 핵가족 개념에 기반을 둔 가족의 비율이 확연히 줄어들었음을 보여준다. 또 고령화 사회로의 이전에 따라 독거노인과 노인부부 가족도 증가하고 있다. 전체 가구 중 65세 이상 고령자가 있는 가구 비율이 26.9%, 고령자만 있는 가구 비율도 12.7%로, 노인 가구의 비중이 점차 커지고 있음을 알 수 있다.[120]

결혼 문화의 변화

결혼 및 가족 문화도 변하고 있다. 결혼 연령이 늦춰지고 비혼非婚이 증가하고 있으며, 이혼 혹은 재혼 가족이 동시에 증가하고 있다. 혼인 건수는 계속 감소하고 있으며, 특히 남성은 30대 초반, 여성은 20대 후반 혼인율이 크게 낮아지고 있다.[121] 반면에 이혼율은 해마다 증가하고 있다. 또 가족 가치관도 변하고 있는데, 통계청의 〈2020년 사회조사〉에서는 "남녀가 결혼하지 않아도 함께 살 수 있다"는 의견에 59.7%가동의했고, "결혼하지 않고도 자녀를 가질 수 있다"는 의견에 대해서도 30.7%가 동의하고 있다. 이러한 결과는 2012년 각각 45.9%, 22.4%였던 것과 비교해 동거나 비혼 출산 동의도가 높아졌음을 말해준다.

해외에서의 변화는 훨씬 급진적으로 진행되고 있다. 대부분의 OECD 국가들에서 출생률 감소, 혼인율의 감소와 이혼율의 증가, 무자녀 가구의 증가, 동기 등 다양한 파트너십 권계의 증가, 비혼 출산, 한부모 가족과 재혼 가족의 증가 등의 가족 변화가 공통으로 나타나고 있다.[122] 이러한 현실에서 지난 20년간 가족과 관련된 가장 큰 논쟁점은 가족 다양성의 증가 문제다. 이른바 정형적인 가족 논의에서 벗어나 다양한 가족 형태의 삶과 친밀성이 중요해지면서 '새로운 가족new family'에 대한 논의가 시작되고 있다.[123]

가족 가치관의 변화

결혼 및 가족에 대한 가치관과 태도도 매우 빠르게 변화하고 있다. 통계청에서 실시하고 있는 '가족 가치관 조사 결과'에 따르면, "결혼을 반드시 해야 한다"는 결혼 당위성에 대한 동의도는 전체 연령대에서 감소하고, 가족관계를 중시하기보다는 당사자 중심의 결혼생활에 대한 동의도가 높아지고 있으며, 부부간 전통적 성 역할에 대한 태도는 남성과 여성 모두 반대 의견이 증가하고 있다. 가족 구성과 관련한 가족 가치관에서도 재혼, 이혼, 동거, 국제결혼 등의 항목에서 다양한 결혼 방식 및 파트너 관계에 대한 허용도가 계속 증가하고 있다. 즉 가족관계는 부모·자녀 중심에서 부부 중심으로 변화하고 있으며, 가족 구성과 관련해서는 상당히 개방적으로 변화하고 있다.[124]

그러나 다른 영역에서의 변화와 비교해 가족 내 젠더 관계에서는 획기적인 변화가 나타나지 않고 있다. 역시 통계청의 사회조사 자료를 사용해 가족관계 만족도를 배우자, 자녀, 부모, 배우자의 부모, 형제자매 등의 관계로 살펴보면, 근래에 이를수록 남성보다 여성에게서, 또 젊은 세대에서 만족도가 전반적으로 떨어지고 있다. 가족관계 만족도 조사에서 성별 차이가 가장 크게 나타난 영역은 배우자와 배우자 부모와의 관계 만족도인데, 이 두 가지 영역에서는 여성의 만족도가 모든 연령층에서 일관되게 낮았다. 특히 20대와 30대 여성층에서 만족도가 가장 낮은 것으로 나타났다.

또 가사를 공평하게 분담해야 한다는 '인식'에 있어서는 62.5%가 동의하지만, 실제로 공평하게 분담하고 있다는 '현실'은 20.2%로 나타나 인식과 현실의 격차가 큰 것으로 보인다. 한 가지 주목할 점은 연령대가 낮을수록 가사를 공평하게 분담하는 비중이 높은데, 20대 이하에서는 그 비중이 43% 이상으로 60세 이상과 비교할 때 2.4배 수준으로 나타나 세대별 차이와 변화를 발견할 수 있다.[125] 이러한 결과는 가부장적 가족 관계가 요구하는 여성의 관계 및 역할에 긴장과 갈등, 부담이 내포되어 있다는 현실을 드러내준다. 동시에 젊은 세대를 중심으로 가족관계 및 가족 내 젠더 관계에 대한 변화 요구가 크다는 점 또한 읽을 수 있다.

증가하는 1인 가구

지난 20년간 1인 가구는 꾸준히 증가해 현재 전체 가구의 약 3분의 1을 구성하면서 가장 큰 비중을 차지하고 있다. 외국은 우리보다 훨씬 앞서서 유사한 변화를 이미 경험했다. 프랑스에서는 1975~1990년 사이 파리 등 10개 대도시를 중심으로 1인 가구가 많이 증가했으며,[126] 영국에서도 1인 가구는 정부의 예측보다 훨씬 빠른 속도로 증가해 전체 가구의 3분의 1 이상을 구성하고 있다.[127]

우리나라에서도 결혼을 연기하거나 아예 결혼을 선택하지 않는 등 다양한 이유로 자발적·비자발적 1인 가구가 늘어나고 있다. 일종의 유행처럼 1인 가구의 생활상을 나누는 TV 프로그램도 등장하고 있다. 1인 가구의 증가 현상은 개인 선택권의 증가, 비혼, '나 홀로 삶'을 즐기려는 경향 등 다각적인 측면에서의 해석이 가능할 것이다.

1인 가구 증가의 배경

그렇다면 1인 가구는 어떻게 해서 이처럼 증가하게 되었을까? 첫째, 개인화가 진행되었기 때문이다. 공동체로서 가족을 구성하고 유지하는 것보다 개인적 공간과 시간을 중요시하고, 개인의 성취와 그로 인해 안녕한 자신의 삶을 추구하고자 하는 개인주의적 경향이 증가하고 있다.

둘째, 정형화된 생애주기 논의에서 벗어나 다양한 생애 경로를 선택하기 때문이다. 출산·육아기, 부모 역할기 등 정형화된 생애주기를 표준화된 삶의 모습으로 간주한 전통사회와 달리 이제는 가족 형성의 시기와 방식에 있어서 개인의 선택이 강화되고 그 선택의 방식도 다양해졌다. 특히 자발적으로 1인 가구로서의 삶을 결정한 때에는 표준화된 결혼 및 출산 시기에 맞춰가는 생애 경로 대신 개인의 의지에 따라 결혼 및 출산의 시기를 선택하거나 포기 혹은 배제하는 등 다양한 생애 경로를 선택하는 것으로 이어진다. 각 개인은 한 단계에서 다른 단계로 순차적으로 이전할 수도 있지만, 단계별로 자신의 시간을 재량껏 사용할 수도 있으며, 아예 결혼이나 부모 역할기를 뛰어넘을 수도 있다.

셋째, 가족 가치관이 변화했기 때문이다. 청년층 남녀 대상의 인터뷰 조사에 따르면, 현재 1인 가구로 생활하는 이들 중 상당수는 새로운 가족의 구성을 큰 부담으로 인식하고 있다. 다만 남성과 여성이 각각 인식하고 있는 가족 부담의 내용은 서로 다르게 나타났다. 남성의 경우에는 가족 생계를 책임져야 하는 생계 부양자의 책임을, 여성의 경우에는 가부장적 결혼관계, 가족 내 불평등한 젠더 관계, 육아 부담과 가족 돌봄의 문제, 경력 단절의 위험 등을 가족 구성의 부담으로 인식했다.[128] 즉 가족 가치관의 변화가 진행되고 있는 가운데 남녀 모두 전통적인 젠더 관계를 기반으로 한 가족이 아닌 새로운 젠더 관계를 기반으로 하는 가족의 모습을 기대하는 것이다.

가족 변화의 대응 방안

가족의 개념과 범주에 대한 새로운 정의 내리기

다양한 가족 형태가 증가하고 있다는 말은 단순히 전통적 가족이 소멸했다는 의미가 아니다. 전통적 가족이 가졌던 독점적 지위가 더는 공고하지 않으며, 다양한 삶의 형태가 늘어나고 있다는 의미다. 예를 들어 한부모 가족, 무자녀 가족, 공식적인 결혼을 하지 않는 동거 커플, 동성 관계의 파트너, 동반자적 관계 등 이 모든 형태가 미래의 다양한 가족 모습이 될 것이다.* 이러한 현실을 두고 부부 사회학자 울리히 벡Ulrich

---

* 프랑스의 시민연대계약PAcS, 영국의 시민 파트너십Civil Partnership, 독일의 생활동반자법 등이 새로운 파트너십 형태에 대한 제도적 대응 형식으로 볼 수 있다.

Beck과 엘리자베스 벡 게른스하임Elisabeth Beck-Gernsheim은 "가족 이후의 가족the post-familial family"이라고 부르기도 했다.

이렇듯 다양해지는 가족의 모습을 수용하기 위해서는 우선, 가족의 정의와 범주에 대한 인식의 변화가 필요하다. 현행 민법과 우리나라 가족의 기본법인 건강가정기본법에 의하면 가족은 "혼인·혈연·입양으로 이루어진 사회 기본 단위"로 정의한다. 그러나 이러한 징의는 최근 증가하고 있는 다양한 형태의 가족 변화를 포용하지 못할 뿐 아니라, 여기에 속하지는 않지만 실재하는 다양한 가족 형태에 대한 차별과 배제를 초래할 수 있다. 또 '건강가정'이라는 단어 자체가 이분법적인 가족경계를 상정해 정상가족 외 다른 가족 형태를 불건강가정으로 간주할 위험도 있다. 최근 여성가족부의 조사에서 응답자의 69.7%가 "생계와 주거를 공유하면 가족"이라고 답했을 만큼, 가족에 대한 인식은 달라지고 있다. 우리 사회는 이제 가족 형태에 생긴 거대한 변화를 수용함과 동시에 전통적인 가족의 개념과 정의를 확대하고 재정의하는 과제를 안고 있다.

가족정책 전반의 패러다임 전환

다양한 가족 형태의 증가와 관련해 우선 가족 정책의 패러다임을 전환해야 한다. 기존 가족 정책이 주로 정형적인 가족 형태 중심으로 추진되어왔지만, 최근에 나타나고 있는 다양한 가족 형태와 가족관계는 새로운 정책적 변화를 요구하고 있다. 부성 우선주의의 전환, 이혼 후 자녀 양육에 대한 부모의 책임 강화, 1인 가구에 대한 맞춤형 지원 등 정책의 범주를 확대해나갈 필요가 있다. 더불어 단순히 가족정책의 범주에만 한정하지 말고, 가족을 둘러싼 고용, 소득, 세제, 소득 이전 등의 전반적인 변화를 함께 꾀하는 정책으로 확대되어야 한다. 이를테면 한부모 가족의 육아 휴직 제도 개선, 각종 세제 지원 정책에서 1인 가구를 위한 별도의 지침 등이 새롭게 마련되어야 할 것이다.

수정된 가족 개념을 반영하는 정책과 법 체계 마련

이러한 배경에서 2021년 4월 발표된 여성가족부의 향후 5년간의 가족정책 '제4차 건강가정기본계획'은 정책의 전환과 확대 의지를 시사하고 있다. 앞서 2005년 국가인권위원회는 "건강가정기본법이라는 법명은 '건강하지 않은 가정'을 떠올리게 해 일부 가정에 대한 차별과 편견을 유발할 수 있으므로 중립적인 법률명으로 수정해야 한다"는 권고안을 낸 바 있다. 가족의 정의, 건강 가정의 개념 등을 둘러싸고 진행되어 왔던 오랜 논쟁 끝에 드디어 가족 정책의 전환을 발표한 것이다. 현실적으로 존재하고 있는 다양한 형태의 '실질적' 가족, 예를 들어 사실혼 부부, 노년 동거부부, 위탁 가족 등도 법률상 가족으로 인정받을 수 있도록 개정을 추진하는 내용이 이번 '제4차 건강가정기본계획'에 담긴 셈이다.

다양한 가족 형태와 그 변화를 법과 제도로 포용하고 확대해나가는 것은 큰 변화의 시작이라고 볼 수 있다. 특정 가족만이 정상 가족이고 정형적인 가족 형태인 것은 아니다. 입양 가족, 한부모 가족, 다문화 가족 등 여러 관계 속에서 가족의 다양한 모습이 앞으로 계속 나타나고 증가할 것이다. 일각에서는 가족의 구성에 대한 대안적인 가족 공동체 방식과 새로운 파트너십을 제안하기도 한다. 이같이 가족의 경계와 범주가 확대되고, 가족 정책의 스펙트럼 역시 확장되고 있는 현실에서 가족 정책의 방향과 과제 설정은 새롭게 재정비되어야 할 시점에 와 있다.

따라서 가족 형태 다양화에 맞춰 민법과 가족관계를 비롯해 의료·주거·복지정책 전반에 걸쳐 가족의 정의와 범위를 변화시켜 나가는 것이 후속 과제다. 예를 들어 기존의 정책과 제도가 4인 구성의 핵가족을 기반으로 작동되어왔다면, 이제는 한부모 가족, 입양 가족, 노인 동거 가족, 1인 가구 등이 정책 사각지대에 놓이지 않도록 조치하는 것이 필요하다.

특히 다양한 가족 형태 및 가족관계에서의 위기 대응이 필요하다. 최근 글로벌 경제위기와 코로나19 위기 속에서 불안정한 노동시장과 고용불안이 이어진 가운데 이러한 사회경제적 변화는 가정에도 고스란히 침투해 여러 가지 영향을 미쳤다. 가족의 경제적 자원 취약성과 관계적 취약성은 특히 아동 발달과 성장에 매우 큰 영향을 준다. 최근 증가하고 있는 아동학대, 아동 방치, 가정 내 아동 사망 등의 문제는 이러한 맥락에서 더욱 중요하게 다루어져야 하며 각별한 정책적 관심과 대응이 필요하다.

성평등에 기초한 가족 내 젠더 관계 설정

지금껏 부계 중심의 가부장제 사회 체제에서 작동해온 가족 정책은 이제 가족 형태 변화에 대응해 다양한 변화를 포용해야 한다. 무엇보다도 그 기반에 젠더 역할과 책임의 평등이 있어야 한다. 특히 취업 여성이 증가하고 있는 현실에서 청년 여성은 본인의 일에 대한 사명감과 의지가 강할수록 출산·육아와 일을 병행할 수 있을지 현실적으로 타진할 것이고, 일과 출산·육아를 병행하기 어렵다고 판단할 때는 출산·육아를 포기할 수도 있다. 이 문제는 개인적으로는 출산·육아를 포기하는 것이지만 사회적으로는 저출생 문제를 가져온다. 따라서 여성의 사회

참여와 출산·육아가 가능한 사회 여건을 조성하고 가족 정책을 마련하는 것은 우리 사회의 미래를 위한 아주 중요한 과제라고 할 수 있다.

남성의 육아 및 가족 생활 참여 장려

동시에 변화되어야 할 가족 정책에는 남성의 육아 참여와 가족 생활 지원이 반드시 포함되어야 한다. 여기에서도 외국의 사례를 참조할 수 있는데, 유럽 국가들에서 최근 나타나고 있는 정책 변화는 남성의 육아와 가족생활을 지원하고 참여를 장려하는 것이다. 이들 국가에서 공통으로 추진하고 있는 변화는 정부 정책의 목표와 대상이 '여성의 노동'을 지원하던 것에서 '남성의 육아'를 지원하는 방향으로 전환, 확대되고 있다는 점이다. 예컨대 최근 영국, 독일 등지에서는 여성들이 주로 사용하던 육아휴직 제도를 남성도 함께 사용할 수 있도록 변화를 꾀하고 있다. 육아휴직 제도 내에 '아버지 쿼터daddy-quota' 제도를 설치해 남성이 더 적극적으로 육아휴직을 이용하고 육아에 참여할 수 있도록 제도적으로 지원한다.

앞서 살펴본 청년층 남성과 여성이 경험하고 있는 가족 위기와 가족 부담을 해소하기 위해서도 새로운 젠더 관계와 젠더 역할의 재정립이 필요하다. 젠더 관계의 재정립을 통해 "함께 일하고 함께 아이를 키우는" 새로운 가족 모델을 만들어나갈 수 있게 된다. 성평등의 문제는 현시대 가족 변화에서 가장 중요한 문제이며 향후 미래 가족의 새로운 모형에서도 중요한 주춧돌이 될 것이다.

뉴노멀 시대의
미래세대 전략

▫ ▫ ▭▪ ▪▬▪▪　2008년 글로벌 금융위기 이후 새로운 질서, 즉 저성장의 뉴노멀이 이어지면서 높은 성장률을 보이던 시대는 '올드 노멀old normal'로 퇴색해버렸다. 뒤이어 코로나19가 가져온 위기는 보건의료만이 아닌 사회 전반적 시스템을 재편하는 계기가 되고 있다. '위드 코로나'라는 키워드로 이러한 변화에 대응하는 지금이야말로 미래세대 전략을 다시 검토하고 수립할 시점이다.

　미래세대를 고려하지 않는 나라에 미래는 없다. 미래세대란 현세대의 결정과 행동의 영향을 직접 받으면서도 아직 미성년이거나 태어나지 않았기에 자신의 목소리를 현실 정치에 반영할 수 없는 세대를 말한다. 이들은 현세대가 어떤 환경을 물려주든 이를 감내해야만 한다. 따라서 현세대의 의사결정은 미래세대까지 포함해 장기적인 관점에서 이뤄져야 하지만, 현실을 보면 미래세대를 향한 관심과 투자는 여전히 매우 미흡하다. 그 속도가 빠르면서 장기적인 추세로 이어지고 있는 저출생과 고령화, 그리고 자원 활용과 환경 정책 등은 미래세대에 막대한 영향을 끼칠 요인들이다. 패러다임 전환에도 비유되는 4차 산업혁명의 물결이나 위드 코로나 대응 정책과 사회적 수용 방식은 어떤 측면에서는 현세대보다는 변화의 정점을 살아갈 미래세대의 이슈일 것이다. 따라서 미래에 주요한 영향을 미칠 수 있는 이러한 논점의 경우에는 미래세대를 함께 배려하는 정책을 반드시 동반해야 한다.

희망이 사라지는 코로나 시대

코로나19의 여파로 취업자 수는 계속 감소하고 있다. 통계청의 2021년 1월 고용 동향에 따르면 15~64세 고용률은 전년 같은 달보다 2.4%p 하락했으며, 실업률은 모든 연령 계층에서 전년 같은 달보다 1.6%p 상승했다. 특히 비경제활동인구 중 "쉬었음"을 응답한 비율이 20대는 29.4%, 30대에서는 33.9% 증가하는 등 모든 연령 계층에서 증가했다.[129]

사실 코로나19 이전부터도 한국의 젊은이들 사이에는 미래를 비관적으로 보는 분위기가 만연해왔다. 'N포 세대', '흙수저'와 같은 자조적인 의미가 담긴 신조어는 이미 청년들의 삶을 상징하는 단어로 통용되고 있고, '헬조선'이나 이번 생은 망했다는 뜻의 '이생망'이란 말도 떠돌았다. 여기에 코로나19 사태에 따른 고용 충격으로 기업들이 신규 채용을 중단하거나 축소하면서 청년 실업률은 10%에 육박하고, 실물경제 위축에 따라 단기 아르바이트마저 구하기 어려운 상황이 되었다. 직장을 다니던 청년들도 무급휴직 등으로 생활고를 겪는 일이 늘었다. 가뜩이나 좁은 취업 문이 코로나19 국면에서 더 좁아지자 '1인 자영업'에 도전하는 청년들도 생겨났다.[130] 젊은 세대의 결혼 기피, 저출생 등 여러 가지 국가적 의제들은 청년들이 처해 있는 이러한 상황과 직결된다. 현재 대한민국이 직면한 가장 큰 과제는 어떻게 하면 청년들에게 희망을 불어넣느냐 하는 것이다.

청년층 투표율 상승의 의미

그동안 20대는 정치에 무관심한 계층으로 인식되었다. 연애, 취업, 취미 등 다양한 관심사를 가진 20대에게 정치란 자신들이 아닌 기성세대를 위한 것으로 여겨졌고, 20대를 위한 맞춤형 정치 공약을 내거는 정치인도 적었다. 일시적으로 20대 표심을 위해 '청년정치' 구호를 외치다가도 선거가 끝나면 어느새 잊히는 것이 20대에 대한 정치인들의 시선이었다. 그러나 2020년 21대 총선에서 20대 투표율이 그 이전보다 2배 가까이 상승해 60.9%를 기록했다. 흥미로운 것은, 20대 투표자의 절반 이상이 21대 총선에서 여당인 더불어민주당을 지지했지만, 불과 1년 후인 2021년 보궐선거에서는 야당인 국민의힘을 지지하는 등 투표 성향이 급변했다는 점이다. 또 2021년 6월 보수당 국민의힘의 새 대표로 30대 정치인이 선출되는 과정에서도 젊은 층의 여론이 상당 부분 반영된 것으로 밝혀졌다.

이러한 결과를 이념적 성향의 변화로 판단하기보다는 20대 유권자들의 미래를 위한 정책과 20대를 대하는 행태에 따라 정치적 선택이 앞으로도 얼마든지 변화할 수 있다는 의미로 해석하는 것이 더 타당할 것이다. 현재 우리 사회의 청년들은 누구보다 힘겨운 세대를 살아가고 있지만, 이제 미래세대를 배려하지 않는 것에 대해 확실하게 의사 표현을 하고, 주도적인 정치 의사를 피력할 수 있는 '스윙 보터swing voter' 세력이 되었다고 보아야 한다.

현세대와 미래세대 간 형평성 문제

지금의 사회는 여전히 미래세대에 대해 무지하고 무관심하다. 무지와 무관심은 현재의 정치적, 제도적, 구조적 한계에서 비롯된다. 우리나라는 물론 거의 모든 국가의 공식적인 제도는 현세대의 요구에 우선 대응하도록 구조화되어 있다. 다만 환경오염, 생태계 파괴, 기후변화, 자원고갈 등 현세대가 남긴 폐해를 미래세대가 떠안는 것에 대해 전 세계가 서서히 경각심을 가지고 대응에 나서고 있다. 최근에는 낮은 출생률, 급속한 고령화, 복지 수요 확대에 따른 재정 건전성 문제, 젊은 세대의 젠더 갈등 심화 그리고 코로나19로 인한 재정 정책 확대와 국가 채무 등이 우리 사회의 뜨거운 현안이 되면서 미래와 미래세대에 대한 우려를 낳고 있다.

환경 및 자원 보전과 미래세대

환경 및 자원 보전과 관련한 논의는 미래세대의 '환경권'과 직결된다. 지구의 환경과 자원은 현세대만의 소유물이 아니며, 미래세대도 오염되지 않은 환경과 천연자원의 혜택을 누리고 살 권리가 있다. 현세대가 지금과 같은 자원 소비를 지속한다면 지구의 유한한 자원은 고갈될 수밖에 없으며, 환경오염이나 생태계 파괴 등의 문제 또한 피할 수 없게 된다. 실제로 지구의 기후는 불안정해지고 있으며, 이러한 기후변화에서 비롯되는 자연재해가 증가하는 것에 관심을 가져야 한다. 스웨덴의 청년 환경운동가 그레타 툰베리Greta Thunberg가 UN 기후 행동 정상회의에서 환경 문제의 세대 간 형평성 문제를 제기한 바 있는데, 앞으로 이렇게 행동으로 직접 나설 미래세대의 주역들이 계속해서 등장할 것이다.

연금과 재정 측면에서의 세대 간 분배 문제

세대 간 자원 분배의 불균형 문제를 초래하는 대표적인 것이 현행 연금제도다. 세대 간 부양의 원리를 기반으로 하는 현행 공적연금 제도는 저출생·고령화가 가져올 인구구조 변화에 매우 민감하다. 고령화가 진전되면 연금 지출은 늘어나지만, 출생률 저하와 경제활동 인구의 감소로 연금 재원은 오히려 부족해지기 때문이다. 이는 곧 미래세대의 부담으로 직결된다. 공무원, 사학, 군인, 국민 등의 연금 제도가 현재와 같은 방식으로 계속 운영된다면, 연금 재정이 고갈되는 재정위기를 끝내 피할 수 없게 될 것이다.

한편 복지 수요는 고령화의 진전과 사회적 양극화의 심화로 계속 증가할 전망이다. 현행 복지제도를 유지만 하더라도 급속한 고령화에 따라 현재는 GDP의 10% 수준인 사회복지 지출이 2050년에는 15% 수준을 넘어설 것으로 보인다.[131] 현세대를 위해 복지를 확대할 경우 이는 곧 미래세대의 복지를 잠식하는 결과로 이어지며 청·장년층의 고령층 부양 부담은 급격히 늘어날 수밖에 없다. 2020년 노년 부양비°는 22.4명이었으나 2021년에는 약 23.0명, 20년 뒤인 2040년에는 61.6명, 2067년에는 102.4명에까지 이를 것으로 예측된다.[132] 2067년 타이완의 예상치 77.4명과 일본의 예상치 75.5명을 넘어서는 수치다.[133]

미래세대를 위한 전략적 방안

우리나라의 국가재정(관리재정수지)을 살펴보면 적자가 고착화하고 있고, 2020년에는 코로나19 사태로 더욱 심화되었다. 당분간 확장적 재정 정책이 이어질 가능성이 크지만, 국가의 빚은 미래세대에 막중한 부담으로 작용할 것이다. 국가 부채에 대한 경각심을 갖고 미래세대를 배려하는 전략을 추진해야 한다. 특히 현세대와 미래세대는 개인적 차원만이 아니라 사회적 의무 차원에서도 생각의 차이가 두드러진다. 따라서 미래세대와 현세대 간의 형평성을 유지하기 위해서는 서로 다른 가치관에 대해 이해할 수 있도록 해야 할 것이다. 이를 위해 주기적으로 세대별 가치관을 추적 및 예측함으로써 세대를 아우르는 전략이 필요하다.

정책 제안 사례

미래세대와 현세대 간 형평성 문제를 해결하기 위한 개혁 제안들은 표에서 보는 바와 같이 다양하다. 미래세대의 권익 보호와 관련해 기존

• 생산 가능 인구(15~64세) 100명에 대한 고령(65세 이상) 인구의 비.

에 제시된 여러 해결책을 분석해보면 중요도나 복합성의 스펙트럼이 매우 넓다. 개별 국가의 법 규정, 정부 조직, 정당 간 경쟁 구조, 이념적인 양극화 수준, 사회적 신뢰와 호혜성 수준, 정책 프로그램의 특성, 정책 해결책과 연관된 보상 구조 등이 다양성에 영향을 주기 때문이다.

| 표 7 | 미래세대의 권익 보호를 위한 해결책 제안

---

1. 미래세대를 위한 글로벌 거버넌스 조직 개혁

2. 미래세대의 권익 보호를 위한 법 조항 마련 또는 강화

3. 미래에 영향을 끼칠 중요한 의사결정은 선출직이 아닌 독립적인 기관에 양도

4. 선거제도 및 투표권 개혁

5. 행정 및 입법기관의 설계 변경

6. 미래 예측 메커니즘과 계획 프로세스 강화

7. 장기적인 사안에 초점을 둔 새로운 전략과 계획 수립을 위한 연구 및 자문 기관 설치

8. 미래세대 보호와 책임을 담당하는 새로운 기구 창설

9. 절차 및 실질적인 부문에서 의사결정자들을 제한하기 위한 새로운 규칙 도입

10. 예산/성과 관리 기구 및 책임성 강화

11. 미래 준비 및 영향 지수 개발

12. 시민사회 역량 강화

● 자료: 서용석, 〈전 지구적 위험에 대응한 위기관리 거버넌스 체계 구축〉, 한국행정연구원, 2012

미래세대를 위한 정책 설계의 원칙

미래세대의 권익을 보호하고 세대 간 형평성을 높이려면 복합적인 사고가 필요하다. 미래세대를 위한 정책과 제도들은 무엇보다 실행할 수 있고, 효과가 있어야 하며, 한국적인 상황 요건에 부합되어야 한다.

전략적 실행 환경 제공

- 정책결정자들이 단기적 시각에서 벗어나 중장기 미래에 관심을 가지도록 중장기 정책 수립에 대한 법적 근거를 마련
- 정책결정자들이 단기 이익을 넘어 중장기 미래에 관심을 가지도록 인센티브 제공
- 정책결정자들이 더 나은 의사결정을 할 수 있도록 데이터·분석 방법·절차 등 제공
- 입법·정책에 대한 영향 평가 시스템 구축을 통해 중장기 효과성 평가 및 부작용 최소화
- 기존 입법·정책의 미래세대 영향에 대한 지속적인 모니터링

정책 실행 방안

- 정부 예산 편성 시 미래세대에 미칠 영향을 미리 분석하는 '미래세대 인지 예산제' 추진
- 국가정책 의사결정 구조 내 미래세대 대리인, 청년 참여 비율 확보
- 미래세대 배려 정책을 수립하도록 적절한 정치적 보상 구조 마련
- 중장기 미래 및 미래세대를 위한 정책 입안 시 가산점 부여 등 공무원 평가 제도 개편
- 미래세대를 위한 의정 활동을 수행하는 의원들에게도 특별한 보상제도 마련
- 협력적인 거버넌스를 통해 특정 정책에 대한 초당적 지지와 사회적 합의 모색
- 정부 정책이 미래세대의 이해관계를 침해하지 않는지 평가하는 독립된 미래세대 기구 구성

- 시민들이 참여해 다양한 미래세대 문제를 논의할 수 있는 디지털 공공 플랫폼 구축
- 미래를 예측하고 미래세대의 입장 및 의견을 대변할 수 있는 전문적 기구 출범

미래세대에 희망 불어넣기

- 교육 사다리 회복: 공교육 정상화, 교육의 다양성 확보, 에듀테크를 기반으로 하는 맞춤형 학습, IT 기술을 활용한 교육 환경의 전반적인 질과 수준 개선, 교사의 학습법 개선 등
- 사업 사다리 회복: 기술과 아이디어만 있어도 사업을 펼치고 성공할 수 있는 시스템 구축. 새로운 기술 기반의 실험적 창업을 지원하고, 패자부활전을 허용하는 오픈형 창업 제도 활성화 등
- 신뢰 사다리 회복: 노력한 만큼 보상받을 수 있다는 사회적 신뢰 회복 프로세스 구축
- 청년 사회안전망 강화: 청년 주택정책, 취업 지원, 안정적인 금융·투자 환경 조성 등
- 임금피크제 시행 시 신입사원 채용 가능한 수준으로 조정해 기존 세대와 청년세대 간 일자리 분배
- 미래 먹거리 창출을 위한 지속적인 연구개발 투자 확대

미래 예측을 통한 사회문화적 변화 대응

- 인공지능과 바이오기술을 통한 트랜스 휴먼의 등장 가능성을 포함, 기술이 바꿔놓을 미래 사회와 문화에 대한 예측과 준비 필요
- 디지털 네트워크가 정당의 역할을 대신하는 정치체제의 등장 가능성을

고려해 온라인 정치 시스템에 대한 이해와 실행 방안 필요
- 과학기술의 발전이 경제 성장에만 국한되지 않고 삶의 질 향상에 맞춰 지는 정책 수립 및 제도 개선
- 젊은 세대들이 접하기 쉬운 대중 매체를 통한 미래 정책 공유
- 환경과 공존해 지속 가능한 인간 중심적인 문화와 기술의 융합 발전 도모
- 디지털 영역으로부터 인권과 자유를 침해당하지 않도록 미래세대를 보호하는 체계와 기반 마련

미래세대를 위한 법률적 보호
- 현행 헌법에는 미래세대에 대해 구체적으로 언급한 내용이 없음. 다만 전문에서 "우리들의 자손의 안전과 자유와 행복을 영원히 확보할 것을 다짐하면서"라는 내용을 규정
- 차후 법 개정 시 미래세대의 보호가 필요한 개별 분야에서 그 내용을 언급하는 것이 필요
- 독일의 경우 환경 분야에 치중한 내용이지만, 독일 헌법상 최초로 제 22차 개정안에서 '미래세대'라는 용어를 사용. 우리나라도 독일의 사례를 참조해 미래세대에 직결되는 문제 등을 법제화할 필요가 있음

국가 발전과 선순환하는
다문화사회

□ □ ▭▪ ▰▰▪▪   오랫동안 단일민족으로서 동질적 구성을 유지
해온 한국이 다문화사회로 변하고 있다. 변화의 직접적 원인은 이민자
의 유입이다. 1980년대 후반 외국인 근로자의 진입에서 시작된 이민자
유입은 1990년대 초에는 결혼이민으로, 2000년 무렵부터는 외국인 유
학생으로 증가하는 모습을 보였다. 법무부에 따르면 국내 체류 외국인
수는 2007년 100만 명을 돌파했고, 2019년에는 사상 처음으로 250만
명을 넘어섰다.[134] 2020년 코로나19 사태 이후 단기 체류 외국인이 절
반 가까이 줄어들었으나, 2020년 국내 체류 중인 외국인의 수는 252만
4,656명으로 보고되었고 2021년에도 200만 명 선을 유지할 것으로 전
망된다.

학계에서는 한 사회에서 외국인 비율이 전체 인구의 5%가 넘으면
'다문화사회'로 분류하는데, 위에서 나타난 수치는 우리 인구의 4.9%에

이르는 것으로서 사실상 우리 사회도 다문화사회에 진입했다고 볼 수 있다.

과거에는 대부분 중국과 일본에서 이민자가 들어왔는데, 1980년대 말 이후 한국에 '들어온 이민자'의 출신 국가가 매우 다양해졌다. 체류 유형별 분포에서는 '취업'을 목표로 입국한 외국인 비율이 가장 높지만, 결혼이민자 역시 증가 추세다. 다만 코로나19 사태로 2020년에는 1만 5,341건을 기록하며 전년 대비 8,000건(-35.1%)가량 감소했다.[135]

다른 문화권의 이민자를 수용하는 것은 세계화 시대의 자연스러운 흐름이며, 인구 보충이나 경제적 이해뿐만 아니라 문화적 도약을 위해서도 필요한 일이다. 그러므로 체류 외국인 300만 명 시대를 앞둔 지금은 국민이 공감할 수 있고 국가 발전과 선순환하는 다문화사회 전략이 중요한 시점이다.

이민 수요가 증가하는 이유

인구 고령화

한국 사회가 당면한 저출생·고령화 문제에 따라 이민자 유입은 계속될 전망이다. 통계청 자료에 따르면, 한국의 생산가능인구(15~64세)는 2021년 3,713만 명(71.7%)에서 2067년 1,784만 명, 총인구의 45.4% 수준으로 감소할 것으로 전망된다. 반면 65세 이상 고령인구는 2025년에 1,000만 명을 돌파할 것으로 예측된다.

이러한 인구 고령화에 대응하고 인구구조 조정 시간을 벌기 위해서는 생산가능인구 중 여성과 이민자 노동력을 수용하는 현실적인 대안이 필요한 실정이다. 결국 젊은 외국인들의 입국은 일손 부족 문제를 해결할 수 있는 가장 확실한 방법으로 거론되는데, 2007년에 조선족 등을 대상으로 한 방문 취업제가 도입되면서 이들의 유입이 더욱 촉진되었고, 이는 노동 집약적 형태를 가진 업계의 호응을 끌어낸 바 있다. 이와 같은 제도를 확대해서 시행하거나 이를 근간으로 업그레이드된 새 정책을 검토하고 수립해야 한다.

혼인 적령 인구의 성비 불균형

향후 15년간 혼인적령기 남녀 성비(여자 100명당 남자의 수)의 불균형은 국제결혼의 증가 요인으로 작용하게 될 것이다. 젊은 연령층으로 내려올수록 남성 인구 초과 현상이 나타나고 있는데, 국내 남녀 출생 성비는 1984년생부터 105를 웃돌고, 1989년생부터 1999년생까지는 무려 110을 상회한다. 또 결혼 연령대인 25~34세 층으로 한정해보면 5년 전에는 남성 인구가 여성 인구를 약 19만 명 초과했지만, 현재는 약 29만 명 초과하고, 5년 후에는 약 38만 명을 초과할 것이 예상된다. 이는 한국인 남성과 외국인 여성 사이의 국제결혼이 지속해서 늘어날 가능성을 시사한다.[136] 법무부에 따르면, 2020년 9월 기준 우리나라 국민의 배우자인 결혼이민자는 전년 대비 2.2% 증가했고, 코로나19 사태로 국내 체류 외국인이 14.4% 감소한 상황에서도 결혼이민자는 상승곡선을 그린 것으로 나타났다.

미래 이민정책의 방향

정부는 미래 이민정책과 관련해 장기적인 큰 그림을 그리며 능동적으로 대처해야 한다. 이민정책을 통해 교육과 기술 수준이 높은 노동력을 다수 확보하고, 이민으로 인한 긍정적 효과를 극대화하는 동시에 부정적 효과를 최소화하기 위해서다. 또한 외국인과 더불어 해외 거주 한인의 국내 유입을 고려해야 하며, 이 경우 한국의 국적법을 수정해 국내 이주를 활성화해야 한다. 우리나라보다 먼저 다문화사회를 경험한 선진국 사례를 참조하는 것도 필요하다. 특히 우리나라의 이민정책은 법무부 출입국·외국인정책본부를 중심으로 외교통상부, 노동부, 보건복지부 등에서 분산 관리하고 있는데, 이민자 급증으로 체계적이고 합리적인 이민정책 수립의 필요성이 높아짐에 따라 관련 업무의 전담 부처 신설도 고민해봐야 한다. 미국의 경우 2003년 법무부 산하에 이민국이 설립된 이래 2014년 국토안보부 산하로 옮겨 이민 관련 행정 서비스를 제공하고 있고, 일본 역시 2019년 출입국재류관리청을 신설했다.

'나가는 이민' 정책

정부는 우선 '나가는 이민'의 중요성과 심각성을 인정하고 이를 적극적으로 관리해야 한다. 청년층과 전문기술직 종사자의 해외 취업은 언제든지 정주형 이민이나 가족이민으로 발전할 가능성을 갖고 있다. 실제로 산업인력공단에 따르면 해외에 취업한 청년 인력은 2013년 1,600명 대에서 2018년 5,700명대로 늘어났고, 다시 한국으로 돌아오는 경우는 극히 드물었다.[137] 가족형 정주이민으로 전환할 경우, 인재를 잃어버리는 것과 동시에 우리의 인구가 감소한다. 정부에서 적극적으로 재외동포 정책을 추진하고 해외 인재와 기업가를 한국으로 유치하려는 정책을 펴지 않는다면, '두뇌 유출'에서 '두뇌 순환'으로 전환되는 현상은 기대하기 어려울 것이다.

한 가지 방안으로 '해외진출기업의 국내복귀 지원에 대한 법률'을 해외 사업가 및 전문직에까지 확대하는 것을 고려해야 한다. 그러한 점에서 한국인의 해외 진출을 장려하되 반도체, 전기차 등 국내 보호 산업에 대한 관련 인력의 두뇌유출을 방지하기 위한 다각적 정책을 개발해 추진해야 한다. 또 최근 코로나19 여파로 유학을 떠났던 많은 인재가 국내로 돌아오는 경우가 증가하고 있는데,[138] 이들이 국내 기업과 학계에 남아 중추적 역할을 할 수 있도록 지원하는 것도 필요하다.

'들어오는 이민' 정책

다음으로 '들어오는 이민'이 국내 사회와 경제에 미치는 효과를 고려해 이민정책을 정비해야 한다. 정책 논의의 초점을 이민자의 숙련 수준과 국내 노동시장 상황 등을 고려해 어느 분야에서 얼마만큼 어떤 방식으로 이민자를 받아들여야 하는지를 설정해야 한다. 저숙련 이주노동자와 고숙련·전문기술인력 및 결혼이민자 등을 받아들이는 방식은 달라야 하며, 정책에 대한 고민이 필요하다.

일반적으로 이민자 유입은 국내시장을 확대하는 기능이 있다. 장기 거주하는 이민자는 소비자 역할도 한다. 또 이민자들의 낮은 노동 비용으로 제품 공급이 증가하면 가격이 하락하고, 내국인들은 저렴한 비용으로 제품을 소비할 수 있게 된다. 그뿐 아니라 이민자 유입이 사회의 문화적 다양성을 고취하는 효과도 크다.

그렇지만 이민자의 노동생산성이 지나치게 낮아 노동생산성 수준이 전반적으로 낮아지거나 이민자에 대한 공적 이전지출이 급격히 늘어나면 이민자 유입에 따른 1인당 GDP의 상승효과는 기대할 수 없다. 이민자들은 보통 단신으로 이동하는 것이 아니라 가족을 동반하므로 국가는 이민자 가족에게 사회복지 혜택을 제공해야 한다. 이민자도 은퇴하면 혜택을 받아야 하므로, 늘어난 기대수명을 고려할 때 정부는 이민자들이 경제활동을 하며 유입국 사회에 기여한 것보다 더 높은 비용을 사회보장비로 지출할 수도 있다. 더구나 현재 이민자들이 얻는 일자리가 대부분 저임금 직종이라는 점을 고려하면 이들의 유입국 사회 기여도는 더욱 낮을 것이다. 이런 점에서 한국이 이민자 유입 효과를 극대화하기 위해서는 이주노동자와 같은 '교체 순환형'과 영구 정착이 가능한 '정주형' 이민을 병행해야 한다.

우수 인력 확보를 위한 이민정책

이민정책은 우수 인력을 확보하는 방안이기도 하다. 기업의 미래가 우수 인력 확보에 달린 것처럼, 국가도 마찬가지다. 내부 인력을 우수 인력으로 잘 길러내는 것 못지않게 외국에서 우수 인력을 유치해오는 방법도 필요하다. 2019년 기준으로 한국에 거주하는 외국인 중 근로 목적인 경우가 전체의 29.0%(51.5만 명)로 가장 큰 비중을 차지하고 있으므로 근로의 질을 향상하는 것은 성공적인 이민정책의 중요한 방향이라 할 수 있다.

이런 방법은 미국, 캐나다, 호주가 주로 활용하고 있다. 어차피 인력 부족을 해결하기 위해 이민을 받아들인다면, 성실하고 우수한 두뇌를 받아들이겠다는 전략이다. 일본도 '미래투자전략 2017'에서 2022년까지 2만 명의 우수 외국 인력을 활용한다는 정책을 제시했다. 일본 정부는 '인재 포인트' 제도를 통해 인력 상황(경력, 학력, 연봉 등)에 따라 출입국 관리상 우대 조치를 받게 하거나, '인재 전문직' 제도를 통해 우수 전문직 외국 인력은 무제한으로 체류할 수 있게 하는 등의 우대 조치를 받게 했다. 싱가포르의 경우, 외국인 우수 인력을 유치하는 고용주에게 각종 규제를 면제해준다. 또 최소 체류 기간을 달성하면 영주권을 발급해주고 일정 기간 거주히고 세금을 내면 연금 지원도 한다. 나이가 세계 일류 대학과 연구소 유치를 통해 아시아 글로벌 연구 허브로 자리를 잡음으로써 고급두뇌의 유입을 촉진하는 사례를 참조할 만하다. 독일의 경우 공인된 직업훈련이 이루어지는 직종에 종사하는 숙련 인력도 이민의 주요한 대상이 되고 있다.

특히 우수 인력 확보는 장기적 국가 산업 계획과 연동해 꼼꼼하게 계획되어야 한다. 한국의 4차 산업혁명 관련 분야의 인력 부족률은 29.4%이며, 5년 뒤에도 28.3%에 이를 것으로 보인다.[139] 이러한 인력 부족을 극복하기 위해서는 한국의 대학에서 이공계 박사 학위를 받은 유학생이나 AI 개발 같은 4차 산업혁명 관련 전문가에게 비교적 쉽게 국적을 받아 정착할 수 있게 유도해야 한다. 또 다문화 가정의 2세들이 차별 없이 교육을 받을 수 있도록 제도를 강화하고 사회적 분위기를 조성한다면 더 많은 우수 인재를 길러낼 수 있을 것이다.

이민자 유입에 따른 지원과 대처

정주형 이민자의 경우 사회 통합 정책을 통해 성공적으로 정착하도록 지원해야 한다. 이민자들이 사회적·경제적·정치적 권리를 공정하게 누리고 의무를 이행할 수 있도록 시민권 제도부터 정비해야 한다. 아울러 이민자가 유입됨으로써 발생할 수 있는 부정적 측면을 미리 진단하여 예방해야 한다. 정주형 이민자는 내국인 노동자들의 임금 감소 및 실업, 주택, 취학 인구, 범죄, 문화와 공동체 해체, 복지 지출, 공공 서비스, 공공 재정 등 광범위한 분야에서 수용국 사회에 영향을 미친다. 또 이민자들과 미래세대 사이에서 발생할 수 있는 '의무', '공정' 등의 이슈에 대한 정책적 대비가 필요하다. 대표적으로 국방의무가 논쟁거리로 등장할 수 있다. 이민자와 내국인 간의 갈등이 사회 문제가 되지 않도록 인종적·종족적 다양성을 문화적 다양성으로 승화시키고 조화를 이루려는 노력이 필요하다.

한편 코로나19 이후에는 외국인 또는 이민자에 대한 반감이 커지면서 이전보다 편견과 차별의 표출이 증가했고, 언어·문화적 소통의 제약으로 인해 다문화 가정이 방역 정보로부터 소외되는 문제가 나타났다. 또 일부 자치 단체의 재난 기본소득 지급 대상에서 국적 미취득 결혼이민자와 영주권자가 제외되는 등 복지 사각지대가 발생했으며, 원격 수업 과정에서도 다문화 가정 자녀의 학습 결손과 적응 문제 등도 불거졌다. 이러한 문제들을 해소하기 위해서는 다문화 수용성 교육의 지속적 실시와 이민자를 위한 전담 기구 설치 등이 필요하다.

다문화 가정 2세들은 그동안 학교 교실과 또래 사이에서 다름으로 인한 크고 작은 갈등을 겪어왔는데 이제는 군대에서도 유사한 갈등 상황에 놓이게 되었다. 이러한 갈등을 예방하기 위해서는 다문화 교육을 더욱 확대하고 체계화해야 한다. 학교는 문화 간 소통 기술을 배우는 데 중요한 기관으로서 학생들이 미래의 사회를 위해 다양한 문화적 배경의 사람들과 서로 소통할 수 있는 기술을 익히는 장이어야 한다. 영상

매체나 인터넷 등 미디어를 활용한 교육도 효과적일 수 있다. 미디어의 다문화 콘텐츠에 대해서도 적극적인 모니터링과 비평을 통해 대안을 제시함으로써, 부적절한 내용을 규제하고 유익한 프로그램들이 많이 만들어질 수 있도록 유도해야 한다.

다문화사회의 사회 통합

서로 이질적인 문화를 가진 사람들이 상생하기 위해서는 이해와 관용의 정신으로 상대방을 존중하는 자세가 필요하다. 외국인 또는 이민자에게 한국 사회에서의 생활은 그리 쉽지 않은 경험이다. 서툰 한국어로 낯선 한국 문화와 관습을 이해하고 적응을 위해 노력해야 하기 때문이다. 정부는 이민자들이 한국 사회에서 살아가는 데 있어 자국의 문화적 정체성을 유지하면서도 한국 사회에 적응할 수 있도록 지원해야 하며, 마찰과 갈등을 줄일 수 있도록 해야 한다. 상호 문화주의 하에 이주민을 맞이하는 다수의 한국인 역시 이주민 혹은 소수민들의 문화를 역으로 배워야 한다는 점도 중요하다.

각기 다른 국가에서 온 다문화 속 이주민들은 그들의 다양한 출신 지역처럼 문화적·언어적 차이에서 겪는 어려움의 양상도 다르다. 이러한 다문화 가정의 아동을 모두 동일 집단으로 여겨 획일적인 교육 프로그램을 제공하는 방법은 부작용을 일으킬 수 있다. 다문화사회로 빠르게 전향하는 상황에서 다문화 구성원을 위한 다문화 교육과 정책 지원은 다문화 속의 또 다른 다양성을 고려해 맞춤형으로 접근해야 한다.

지방정부 차원의 다문화사회 지원

- 지역 내 다문화 가족, 외국인 주민, 지역민들이 어울릴 수 있는 지역 공동체 사업 개발
- 다문화 감수성 교육 등 정서적 차원으로 접근하는 교육 프로그램 개발 및 확산
- 외국인들의 자발적인 문화 행사를 지원하는 프로그램 운영
- 외국인 이주민들의 관점에서 문화적 수요 파악
- 이주자 밀집 지역에서 지역민과의 소통을 도모할 수 있는 지역 특화 공동체 행사 활성화
- 외국인 이주 노동자의 지역사회 정착을 돕기 위한 주거 지원 체계 마련
- 이주자들의 초기 정착을 지원해주는 원스톱 행정 서비스 및 전담 부서 마련
- 이주자들을 위한 한국어 교육 및 문화 적응 프로그램 운영
- 우수 이민 인력들이 장기 거주할 수 있도록 자녀교육 혜택 등 제공
- 다문화 가정이나 외국 문화를 이해할 수 있는 초중등 내 교과목 신설
- 이민자 범죄 예방을 위한 현지 준법 교육 및 치안 강화 활동

다문화 수용에 걸맞은 기업문화 조성 및 외국인 노동자 인권 보호

- 종교, 음식 등 외국인 노동자들의 전통문화와 관습을 존중하는 기업문화 조성
- 생산기능직 외국인 노동자 차별 대우와 인권침해 근절 방안 강화
- 외국인 노동자의 권리를 보호, 신장할 수 있는 법·제도 보완 및 절차 간소화
- 법·제도 사각지대에 놓인 미등록 외국인 노동자에 대한 양성화 및 체류

지위 개선 작업

시민사회 차원의 상생 프로그램 활성화

- 인식 개선 교육 등을 통해 외국인에 대한 차별적인 태도 탈피 문화 조성
- 동등한 시민으로서 '더불어 사는' 세계 시민의식 교육
- 언어 교류 및 문회 교류 프로그램, 다문화 커뮤니티 활성화
- 영화 등 미디어 콘텐츠 대상 차별적·편향적 인식에 대한 시민사회 차원
  의 감시 필요

국제결혼 이주여성과 다문화 가족 자녀에 대한 관심과 지원

- 다문화가족지원법 내 지원 대상과 범위 개선
- 대다수 다문화 가정을 구성하는 국제결혼 이주여성 실태 파악 및 인권
  보호 장치 마련
- 국제결혼 이주여성들의 성폭력 및 가정폭력 피해 문제 해법 마련
- 아동기·청소년기 다문화 학생들의 교육 기회 보장을 위한 정책적 방안
  마련
- 다문화 특성에 맞춘 심리·정서 상담 프로그램 마련
- 다문화 가정 2세 자녀의 군 복무 시 다문화 배려 복무 환경(종교, 식단 등)
  마련
- 초·중·고 봉사 프로그램에 이주민을 이해하고 정착을 도울 수 있는 프
  로그램 확대

외국인 근로자 취업 불가 업종에 대한 규제 샌드박스 제도 도입

- 외국인 노동자 고용 허가 업종 이외의 긴급 노동 수급을 위해 규제 샌드

박스 도입 필요

- 선 적용 후 실질적인 고용 영향을 파악하기 위해 상시 후속 조치 체계 및 의견 수렴 창구 마련
- 단기 체류 외국인 노동자의 처우 개선, 고용주 노동법 준수 여부 등 상시 관리 감독 필요

5

정치 분야
미래전략
Politics

KAIST Future Strategy 2022

+ 온라인 집단지성의 확산과 정치 패러다임의 변화

+ 디지털 거버넌스, 기술을 만난 정치와 행정의 미래

+ 미중 경쟁 시대, '낀 국가'의 생존법

+ 디지털 위험과 사이버 안보

+ 미래 한반도의 정치 시스템 디자인

온라인 집단지성의 확산과
정치 패러다임의 변화

▫ ▫ ▭▬ ▬ ▬▬▬▬ 인터넷에서 모은 정보를 일방적으로 보여주기만 하던 웹 1.0과 달리 양방향의 수평적 커뮤니케이션을 표방하는 웹 2.0 환경은 온라인 공간에서 사용자들이 직접 정보를 생산하고, 오픈소스open source로 공유하며, 수많은 사용자의 '집단지성collective intelligence'을 활용하는 것이 특징이다. 사회학자 피에르 레비Pierre Levy가 인터넷 공간의 지식 생산 원리를 설명하며 쓰기 시작한 용어인 집단지성은 '어디에나 편재하는 지성', 일상적으로 개선이 이루어지고 실시간으로 조율되어 효과적 동원이 가능한 지성을 일컫는다. 우리가 알고 있는 지식의 합, 즉 합쳐진 '총체'로서의 지성인 집단지성은 현대 사회의 복잡한 문제를 풀기에 적합한데, 이는 수많은 개인의 기여와 협업으로부터 만들어지는 '네트워크 효과'를 얻을 수 있기 때문이다.

온라인 집단지성으로 문제를 해결해낸 사례는 쉽게 찾아볼 수 있다.

미국 항공우주국NASA의 '클릭워커스ClickWorkers' 프로젝트의 경우 전 세계에서 자원한 수많은 일반인에게 화성 지형에 관한 정보를 수집하도록 했는데, NASA는 그 결과가 고도로 훈련된 소수 전문가의 지식과 다르지 않음을 확인했다. 트위터는 온라인 공론장에 '버드워치Bird Watch' 기능을 도입함으로써 허위정보 판별에 집단지성을 활용하기도 한다.

한편 최근 등장한 웹 3.0은 빅데이터로 축적되는 개인정보와 개인의 검색 기록 등을 분석해 맞춤화된 서비스를 제공하는 AI형 시스템이다. 여기서 집단지성의 주체가 달라진다. 즉 웹 2.0 환경에서 집단지성의 주체는 사람이지만 웹 3.0 환경에서는 지능화된 컴퓨터가 지성의 주체가 된다. 웹 3.0은 계속 진화하고 있으며, 지능형 사물인터넷의 발전과 함께 인간과 사물, 사물과 사물 간 대화가 가능한 웹 4.0으로 이행하고 있다. 이러한 기술 변화의 흐름 속에서 온라인 공간의 역할과 영향력은 더 증대될 것으로 예측된다.

온라인 집단지성의 형성

민주주의가 성숙하기 위해서는 정치사회 이슈에 관심을 가지고 다양한 정보를 충분히 습득하면서 합리적 판단을 할 수 있는 국민의 존재가 필수다. 일찍이 정치학자 로버트 달Robert Dahl은 경제적 수준의 불평등보다도 정보 및 지식과 관련된 불평등이 민주주의를 위협할 수 있다고 주장했다.[140] 민주주의 제도가 정상적으로 작동하려면 정보에 대한 공평한 접근과 분별이 꼭 필요하다는 것을 강조한 것이다. 그래서 우리는 국민의 정보 분별과 여론 형성에 핵심적 역할을 하는 미디어를 정보의 문지기gatekeeper 혹은 의제 설정자agenda-setter 등으로 표현하며 정보 제공 역할을 강조해왔다. 그런데 인터넷과 소셜미디어의 발달은 정보와 지식에 대한 개인의 접근성을 증대시켰다. 즉 개인이 정보를 얻기 위해 내야 하는 거래 비용을 소멸시켜 그동안 정치 엘리트와 주류 언론이 독점했던 정보와 지식 생산에 일반 국민도 참여할 수 있게 되었다. 이제는 정치사회 이슈에 대해 누구나 온라인상에서 정보를 생산하고 토론하며 정치적 참여도 쉽게 할 수 있게 되었다.

정치사회 이슈에 대한 집단지성의 문제해결

온라인 집단지성을 통해 주어진 문제를 해결하는 크라우드소싱crowdsourcing은 온라인 집단지성에 의한 의사결정 방식이므로 '의사결정 2.0'이라고 일컫는다. 이는 특정 이슈나 사안에 대한 소셜미디어 사용자들의 신속하고 풍부한 정보 공유 활동을 의미한다. 또 이 방식을 통해 특정 사회적 사안에 대한 국민 차원에서의 대응책이나 구체적인 집단 자구책의 방향과 방법이 빠르게 제시되기도 한다. 우리나라의 '청와대 국민청원'이나 미국의 '위 더 피플We the People'도 이러한 방식의 소통 범주에 속하는 온라인 청원 제도다. 이러한 청원 제도를 통해 정부는 특정 이슈에 대한 국내 여론의 향방과 일일이 파악할 수 없었던 사회문제를 인지하게 되고, 국민은 정부와 직접 소통하면서 해결책을 제시할 수도 있다.

코로나19 극복을 위한 다양한 시도에서도 집단지성은 효과적인 대처력을 보여주었다. 미국 위스콘신대학교 국립영장류연구센터의 연구원들은 기업용 메신저 서비스 슬랙Slack에 수십 명의 동료 과학자를 초대해 '우한 클랜Wuhan Clan'이라는 온라인 연구 공간을 만들었다. 이곳에서 코로나19와 관련된 실험 내용을 실시간으로 올리며 공동연구를 수행했다. 국내에서도 신약 개발 전문가들의 모임으로 시작된 '혁신신약살롱'에서 코로나19 사태를 놓고 활발한 페이스북 토론이 있었다. 모두 온라인 집단지성이 발휘된 사례다.

코로나19가 확산하던 초기, 한국에서 마스크의 원활한 수급이 어려워졌을 때 공적 마스크의 재고를 알려주는 모바일 애플리케이션 서비스가 만들어질 수 있었던 것도 같은 맥락이다. 개발자들이 자발적으로 참여한 '코로나19 공공데이터 공동대응팀'이 정부에 마스크 재고 데이터를 공개해줄 것을 제안했고, 이에 한국정보화진흥원과 건강보험심사평가원이 공적 마스크 판매처와 판매현황 등을 오픈 응용 프로그래밍 인터페이스API, application programming interface 형식으로 제공하면서 가능했다. 이렇듯 다양한 사회적 이슈를 온라인 공간에서 집단지성의 힘으로 해결해가면서 기존의 정치사회 패러다임도 바뀌고 있다.

현대 민주주의 사회에서 급격히 늘어난, 아래로부터의 집단적 여론 표출은 단순한 군중심리 차원을 넘어 온라인 공간에서 대안 정보와 전문 지식에 대한 학습과 토론을 동반하는 경우가 많다. 또 제도적으로 해결하기 어려운 문제에 대해 국민 차원에서 가용한 문제해결 자구책을 스스로 도모하면서 집단행동을 취하기도 한다. 한국의 경우 영토의 명칭이나 과거사와 관련된 오류를 국민이 직접 찾아내고, 해외의 다양한 기관과 기업체에 그러한 오류를 바로잡도록 요구하기도 한다. 대중에게 잘 알려지지 않은 사안임에도 국민 스스로 온라인 공간에서 이슈화하면서 정부에 문제해결을 촉구한 사례는 무수히 많다.[141]

국민의 자발적 문제해결책으로서 집단지성이 움직이기도 하지만, 국가가 국민의 집단지성을 활용하기도 한다. 최근 국가가 자국의 평판을 증진하기 위해 펼치는 '공공외교public diplomacy'가 국민 스스로 자국의 문화와 정책을 알리는 '국민 공공외교'의 형태로 변모하고 있다. 국가가 주도하면 선전 활동으로 여겨지지만, 국민이 자발적으로 담당할 때는 오히려 창의적인 스토리텔링이 더해지며 다른 나라 국민과 자연스러운 교류와 상호 이해가 가능해지기 때문이다.

온라인 공론장의 여론 양극화와 가짜 뉴스 문제

온라인 집단지성의 활약에도 불구하고 온라인 공론장이 긍정적인 모습만 보여주는 것은 아니다. 사회 구성원을 파편화시키고 비슷한 정치적 의견을 공유하는 구성원들끼리만 소통하려고 하는 이념적 양극화 현상도 나타나고 있다. 특히 선거와 같은 중대한 정치적 의사결정을 앞두고 여론이 양극화되는 일은 온라인 공간에서 두드러지는데, 자신이 믿고 싶은 정보만 취하는 확증편향이 강화되는 현상이 대표적이다. 비슷한 온라인 커뮤니케이션 현상인 '반향실 효과echo chamber effect' 혹은 메아리 방 효과는 유사한 관점이나 생각을 지닌 사람끼리만 반복적으로 소통하면서 편향된 사고가 굳어지는 현상을 일컫는다.

소셜미디어를 통한 여론의 양극화 현상과 더불어 많은 사회에서 가장 문제가 되는 여론 현상은 가짜 뉴스 및 허위·조작 정보 문제다. 어느 국가든 선거철에 왜곡된 허위 정보가 확산하는 일이 비일비재하다. 하지만 2016년 11월《옥스퍼드 사전》이 '올해의 단어'로 '탈진실post-truth'을 꼽은 것은 최근 미국과 유럽의 선거에서 객관적 사실보다 개인의 감정이나 믿음이 여론 형성에 지대한 영향을 끼치는 일이 더욱 빈번해진 상황을 강조한 측면이 있다. 가짜 뉴스와 허위·조작 정보 문제는 2016년 미국 대통령 선거와 2017년 유럽의 각종 선거, 즉 영국의 브렉시트 국민투표를 비롯해 독일 총선, 프랑스 대선 등에서 두드러졌다. 당시 유포된 가짜 뉴스는 유권자들의 투표에 결정적 영향을 끼치며 선거 결과를 좌우했다. 자극적이고 충격적인 내용을 담는 경우가 대부분인 가짜 뉴스는 소셜미디어 공간에서 AI의 대규모 정보 확산 기술을 바탕으로 빠르게 확산하면서 정상적인 여론 형성을 왜곡하고 민주적 절차를 통한 정치적 의사결정 과정에까지 영향을 끼치고 있다.

코로나19 팬데믹 상황에서 치러진 2020년 11월 미국 대선에서도 소셜미디어를 통해 퍼진 가짜 뉴스가 큰 혼란을 불러일으켰다. 극우 단체들이 주요 경합 주에서 트럼프를 찍은 투표용지가 폐기되었다는 주장과 함께 부정선거 의혹을 제기하는 해시태그를 확산시킨 것이다. 허위·조작 정보의 내용이 인종이나 특정 그룹에 맞춰진 것도 특징이었다. 예를 들어 히스패닉 유권자들은 극우 라틴계 페이스북에서 전파하던 "Black Lives Matter(흑인의 목숨도 소중하다)"를 왜곡한 가짜 뉴스에 노출되었고, 바이든이 공산주의자라는 메시지는 아시아계 및 쿠바와 베네수엘라에서 이민 온 유권자들의 투표에 큰 영향을 끼쳤다. 또 바이든이 선거 부정을 시인한 것처럼 조작된 영상이 수천만 명에게 노출되기도 했다.

중국어권 대중을 대상으로 한 가짜 뉴스 유포 활동도 포착되고 있다. 2019년 홍콩 시민들의 범죄인 인도 법안 시위를 비판하는 글이 소셜미디어 공간에서 중국 정부와 연계된 가짜 계정을 통해 확산했고, 2020년 타이완 총통 선거와 입법위원 선거 6개월 전부터는 중국의 해커 조직, 망군網軍이 타이완인 소유 인터넷 도메인을 대거 인수한 뒤 페이스북과

웨이보 및 타이완 소셜미디어 가짜 계정을 이용해 여론전을 전개하기도 했다.

AI 알고리즘의 정보생산과 알고리즘의 편향성 문제

가짜 뉴스와 탈진실, 허위정보는 최근 더 심각한 정치사회 문제로 부상하고 있다. 이는 AI의 알고리즘을 통해 가짜 뉴스의 생산과 유포가 쉬워진 디지털 기술 환경과 관련이 있다. AI 봇은 온라인 네트워크를 통해 수많은 사람에게 반복적으로 같은 메시지를 전달할 수 있다. 여론의 향방과 추이가 정치적 의사결정에 막중한 역할을 하는 선거 캠페인 기간에 자극적인 내용의 가짜 뉴스가 광범위하게 확산하는 일은 정상적인 여론 형성 과정에 지대한 영향을 끼친다. 따라서 AI 알고리즘을 개발한 주체가 여론을 특정 방향으로 유도하려는 동기를 지녔다면 정치적·법적으로 논란을 불러올 수 있다. 결과적으로 AI 기술과 자본을 가진 행위자가 알고리즘의 내용을 밝히지 않은 채 그러한 기술과 자본을 갖지 못한 행위자들에게 비대칭적 권력을 행사할 여지가 커지는 것이다.

실제로 최근 많은 민주주의 국가 선거에서 AI 봇의 광범위한 여론 개입 정황이 드러나 논란이 되고 있다. 미국 서던캘리포니아대학교와 인디애나대학교의 공동연구에 따르면 소셜미디어에서 AI 봇이 '좋아요', '리트윗', '팔로잉' 등의 기능을 활발하게 수행한다는 사실이 드러났다. 트위터에서 팔로워 수를 인위적으로 늘리는 데도 AI 봇이 사용되고 있다. 그런데 이번 조사에서 지적한 가장 큰 문제는 국민이 특정 정치 어젠다를 지지하는 것처럼 AI 봇이 인간의 정치참여 행위를 흉내 낸다는

사실이었다. AI 봇은 이러한 방식으로 테러리스트의 정치 선전을 지지
하거나 극단주의 범죄에 악용될 수 있으며, 그러한 활동을 위해 거짓 정
보 댓글을 대규모로 생성하는 '봇 부대'로 활용될 위험을 안고 있다.

AI의 정보 생산과 관련된 문제 외에도 AI 알고리즘이 편향된 데이터
를 사용해 사회 내 특정 그룹에 대한 차별을 불러오는 사례도 빈번해지
면서 알고리즘의 편향성 문제도 대두되고 있다. 이러한 문제의 근본 원
인은 편향된 데이터를 기반으로 AI 알고리즘이 만들어지기 때문이다.
최근 미국 국립표준기술연구소NIST는 인텔, 마이크로소프트, 도시바, 그
리고 중국 기업 텐센트 등 99개 업체 189개 알고리즘의 안면인식 정확
성을 시험했다. 소셜미디어의 사진이나 영상을 배제하고 미국의 국무
부, 국토부, 연방수사국이 제공한 사진만을 대상으로 정확성을 시험한
결과, 백인 남성에 대한 AI 알고리즘의 식별 능력과 비교할 때 흑인과
아시아인에 대한 판별력이 10분의 1배에서 100분의 1배 수준으로 낮
아 인종차별 문제가 심각함을 확인해주었다. 즉 AI 알고리즘이 편향된
데이터를 사용해 사회 내 약자층이나 소수 계층 같은 특정 그룹에 차별
적인 분석 결과를 가져오는 사례가 실제로 발생하는 것이다.

온라인 커뮤니케이션 공간에 대한 규범과
거버넌스 창출의 필요성

온라인 공간에서 집단지성이 긍정적으로 활용되는 사례도 많지만, 앞서
살펴본 것처럼 가짜 뉴스나 왜곡된 여론 생성과 같은 폐해도 무시할 수
없다. 이러한 문제에 접근하는 주요 선진국들의 대응은 상당히 공격적

인 방식으로 이루어지고 있다.

미국은 가짜 뉴스 문제에 국가적인 차원에서 대응하고 있다. 국무부의 공공외교 및 공보 담당 차관 산하 글로벌 인게이지먼트 센터가 허위·조작 정보 공작 대응을 전담하고 있고, 국방부의 고등연구계획국은 딥페이크를 탐지하는 미디어 포렌식 연구를 진행하고 있다. 유럽도 비슷한 노력을 펼치고 있다. 나토의 전략 커뮤니케이션 센터가 2020년에 허위·조작 정보에 대한 반격 내러티브 전략 구상, 다국적 정보 작전 실험, 허위·조작 정보 공격 시뮬레이션 훈련 및 소셜미디어 봇 네트워크와 딥페이크 분석 등의 다양한 활동을 진행했다. 프랑스, 독일, 영국 등 유럽의 주요국 정부들은 2019년과 2020년에 걸쳐 그동안의 자율 규제 방침을 깨고 디지털 플랫폼 업체들을 대상으로 허위·조작 정보 확산에 대한 법적 책임을 묻는 여러 규제안을 마련한 바 있다.[142]

한편 세계의 주요 IT 기업들은 AI의 알고리즘 편향성 문제를 해결하기 위해 대응책을 마련하고 있다. 마이크로소프트와 구글은 일련의 AI 알고리즘 개발 원칙을 제시한다. 예를 들면, AI 기술 개발이나 테스트 과정에 다양한 배경을 가진 개발자나 사용자가 참여하도록 해 편견이 개입될 여지를 예방하고 있으며, 폭넓은 데이터 확보와 지속적인 테스트를 통해 AI 알고리즘 성능을 점검하고 편향성을 감시하는 활동을 하고 있다.

이렇듯 온라인 커뮤니케이션 공간에서 우리는 집단지성의 문제해결력도 경험하지만, 동시에 알고리즘 권력이나 편향성 등 디지털 기술의 문제도 끊임없이 접하고 있다. 나아가 이 공간은 국가 간 권력 투쟁까지 일어나는 전략적 공간으로 진화하고 있다. 이에 따라 AI 알고리즘의 복잡한 문제를 다루는 일련의 규범 제정 및 다양한 행위 주체와 국제사회

차원에서 공공 관리가 가능한 거버넌스의 창출이 강력히 요구된다. 팩트 체크나 허위 정보를 추적하는 AI 알고리즘과 같은 기술적 해결책과 더불어 온라인 공간에서 합리적 소통이 이뤄지도록 다양한 주체 및 국가 간 합의를 통해 규칙과 규범을 도출할 필요가 절실해진 것이다. 특히 AI 알고리즘을 통한 여론 왜곡이 궁극적으로 파괴하고 있는 것이 다양한 의견을 존중하는 민주주의 공동체임을 고려할 때 이러한 해결책에 대한 논의가 시급하다.

디지털 거버넌스,
기술을 만난 정치와 행정의 미래

□ □ ▭◼ ◼◼◼◼ 　일찍이 스페인 사회학자 마누엘 카스텔Manual
Castells은 정보 통신 기술과 과학기술의 혁명이 기술 분야뿐 아니라 사회
구조의 기반인 생산, 노동, 사회 조직과 정치, 권력, 일상적 삶의 방식과
가치관 등 시스템 전체를 혁명적으로 변화시킬 것이라고 주장했다.[143]
그의 지적처럼 정보 통신 기술은 현대를 사는 우리의 생활을 구성하고
변화시키는 핵심 동인이 되었다. 물리적 환경이 달라도 서로 단절되거
나 제한되는 것이 아니라 온라인 공간으로 상시적 연결 상태를 유지할
수 있으며 더 나아가 온라인과 오프라인을 결합하는 새로운 세상을 열
어가고 있다. AI를 위시한 4차 산업혁명 시대의 새로운 디지털 기술과
커뮤니케이션 플랫폼은 지금까지 이뤄진 변화보다 훨씬 더 큰 변화를
예고한다. 특히 코로나19가 가져온 팬데믹 위기는 기술 기반의 비대면
서비스를 확산시키며 변화의 크기를 더욱 극적으로 증폭시켰다. 정치와

행정 영역에서도 디지털 기술은 거버넌스 체계와 선거 및 투표 방식에 영향을 끼쳐 과거와는 전혀 다른 새로운 시대를 열어갈 것이다.

디지털과 정치가 만나는 방식과 문제점

일상생활의 모든 것이 디지털을 매개로 움직이고 있는 상황에서 정치 영역의 반응성은 어떠할까? 정치인의 소셜미디어 활용부터 전자투표나 전자정부의 등장까지 다양한 영역과 범주에서 디지털 기술이 활용되고 있다. 그러나 지금 시대의 눈높이와 요구에 맞게 충분히 활성화되고 있는가를 물었을 때, 그 답은 그다지 만족할 만한 수준이 아니다.

정부와 만나는 방식

디지털이 정치와 만나는 방식은 매우 다양하다. 그 가운데 정치제도나 행정과 만나는 방식은 주로 전자정부 서비스로 나타난다. 은행의 온라인 뱅킹처럼 국민이 편리하게 이용할 수 있는 디지털 서비스를 제공하겠다는 목표로 2001년 전자정부법이 제정된 이래, 여러 가지 전자정부 서비스들이 본격화되었다. 모든 정부 기관과 지자체는 홈페이지를 만들었고, 국민 의견을 수렴하는 서비스도 경쟁적으로 운영하고 있다. 그리하여 모든 국내의 법과 조례를 좀 더 편리하게 찾아볼 수 있게 되었고, 정보 공개 청구를 하면 정부의 정보도 열람할 수 있다. 국민청원 서비스도 청와대만이 아니라 수많은 지자체에서 운영하고 있다. 세계의 전자정부 수준 평가에서 우리나라가 언제나 최고 수준의 평가를 받는 것은 잘 알려지지 않은 사실이다. UN이 2020년 발표한 전자정부에 대한 평가에서 우리나라는 193개 회원국 중 전자정부 발전 지수 2위(1위 덴마크), 온라인 참여 지수 공동 1위(한국, 미국, 에스토니아)를 기록했다.[144] 실제로 많은 국가가 IT 강국인 한국의 발 빠른 디지털 제도 대응을 배우려 한다.

그러나 국민이 전자정부 서비스를 정말 쉽고 편리하게 이용하고 있는지는 또 다른 문제다. 빛의 속도로 변하는 네트워크 환경에서 내부적인 행정 관리를 위해 구축한 백 오피스back office든 대민 서비스 제공을 위한 프론트 오피스front office든 실효성 있게 운영되고 있는지 여전히 의문이 들기 때문이다. 물론 공공 영역의 서비스가 민간 영역의 것과 똑같을 수는 없다. 엄격한 법리와 행정 절차를 따라야 하므로 기술적·행정적 측면에서 고려할 요소가 더 많을 것이다. 그러나 초 단위로 효율적인 첨단 서비스들이 속속 등장하고 유통되고 있는 시대에 그에 따라가지 못하는 정부의 디지털 서비스가 과연 이대로 괜찮은지 생각해볼 부분이다.

가령, '정보공개'라는 포털이 있긴 하지만 정말 정부의 정보를 능동적으로 투명하게 공개하는 정부 서비스인지 알 수 없다. 또 왜 정부 기관 홈페이지의 디자인은 천편일률적으로 같은 모양인지, 정작 공개된 정부 데이터는 왜 활용이 어려운 형태인지, 그리고 왜 소셜미디어를 국민과 쌍방향 소통하는 뉴미디어로 활용하지 않고 일방적인 홍보 수단으로만 사용하는 것인지 국민으로서 이해하고 받아들이기 어려운 문제가 여럿 있다. 정부 서비스는 시스템 구축만으로 완전해지는 것이 아니라 끊임없는 능동적 소통을 통해 국민 맞춤형 서비스로 거듭나야 한다.

정치인과 만나는 방식

모든 정치인의 활동이 매일 뉴스를 통해 보도되는 것은 아니므로 정치인마다 소셜미디어나 홈페이지를 통해 의정 활동을 알리거나 의견을 전하기도 한다. 최근에는 가상 세계인 메타버스 플랫폼이 젊은 세대를 중심으로 화제가 되면서 이를 활용하는 사례도 있다. 하지만 온라인 공간을 적극적으로 이용하며 다양한 문제를 제기하고 국민과 자유롭게 토론하는 정치인은 그리 많지 않다.

바쁜 정치인들이 소셜미디어를 직접 운영하기란 물론 현실적으로 쉬운 일이 아니다. 하지만 많은 정치인이 소셜미디어를 유권자와 격의 없이 생생하게 만나는 공간으로 여기기보다는 안 하면 '불리'하니까, 섣불리 하면 또 '위험'하니까 전담 직원을 통해 '관리'해야 하는 대상으로 여기는 것도 부인할 수 없을 것이다. 결국 실질적 대화나 의미 있는 토론이 벌어지는 경우는 매우 드물다는 얘기다. 하지만 디지털을 능숙하게 활용하지 않는 정치인과 디지털 네이티브인 MZ세대의 거리는 멀어질 수밖에 없다. 소셜미디어 등의 온라인 공간이 더는 부차적인 소통 수단이 아니라 국민과 소통하는 주요 통로가 되었음을 인식하고, 능동적으로 소통을 이끌 운영 방식에 대한 고민이 필요한 시점이다.

시민 플랫폼과 만나는 방식

국민은 디지털 기술을 활용해 온라인 공간에서 자신의 의사를 표명하고 토론도 하며 정치 콘텐츠를 만들 수 있다. 이를 '시민 기술civic technology'이라고 부르며, 공공 의사결정에 필요한 시민 참여나 정부와의 소통에 디지털 기술을 이용하는 것을 의미한다. 시민 기술은 주로 전자투표나 온라인 청원뿐만 아니라 정보 공개, 선거, 정당 등 다양한 영역에서 활용된다.

디지털 기술을 통해 시민들은 이전에는 누릴 수 없었던 힘을 가지게 되기도 한다. 이를테면 정부 영역인 입법부·사법부·행정부의 활동을 직접 관찰할 수 있고, 특정 사회·정치적 이슈를 놓고 사회 운동을 전개하는 수단으로 활용할 수도 있으며, 국민 기반의 온라인 정당도 만들 수 있다. 이 힘으로 과거에는 일릴 방법이 없었던 우리 주변의 문제를 널리 알리고, 전 세계와 연결해서 더 큰 힘의 네트워크를 형성할 수도 있다.

그러나 시민사회의 의견을 폭넓게 반영하고 양적 참여뿐 아니라 질적 참여를 담보하는 측면에서는 정책 플랫폼의 한계가 여전히 존재한다. 이러한 한계를 극복하기 위해서는 정치·사회·기술적 리터러시를 포함해 국민의 능동적 사회 참여 역량을 키워가야 하며 정부와 시민사회의 협력적 파트너십 구축으로 시민 플랫폼의 실효성도 높여가야 할 것이다.

디지털 기술 기반 정치 시스템의 미래 전망

디지털 기술이 지금보다 훨씬 더 발달해 있을 20년 후, 아니 10년 후에도 지금 같은 방식의 선거와 투표가 이루어지고 정당이 운영될까? 국민을 대표할 정치인을 뽑고 이들에게 권한을 위임하는 대의 민주주의 제도가 첨단 미래 사회에서도 계속 유지될 수 있을까? 또 전자정부 시스템의 진화는 더이상 불가능한 것일까?

디지크라시와 헤테라키

정치 영역에서 디지털 기술의 활용은 전자정부를 넘어 '디지털 거버넌스'로 나아갈 것이다. 디지털 거버넌스란 기술을 활용한 행정 서비스에 국한되는 개념이 아니라 정보 통신 기술을 활용해 국민과 정부와 기업이 새로운 관계를 형성해 함께 공동체를 운영하는 메커니즘으로 정의할 수 있다.

대표적으로 '디지크라시digicracy'와 '헤테라키heterarchy' 방식을 떠올릴 수 있다. 디지크라시는 디지털과 직접민주주의가 결합한 의사결정 방식을 뜻한다. 디지크라시의 발전을 통해 앞으로 거대 정당은 설 자리를 잃게 되고, 각 정당은 개별 정책을 중심으로 시민사회와 연대하는 일종의 정책 네트워크 형태로 진화할 것으로 예측된다. 미래 사회에서 정당의 주역은 (국회의원, 시의원 등) 정치 중개인이 아니라 정책 전문가 그룹으로 대체되고, 국민의 의사를 실시간으로 반영하는 온라인 정당으로 전환할 것이다.

기존 정당들이 엘리트 중심의 대의제 민주주의 방식을 취하는 데 반해 헤테라키는 사회 구성원의 통합을 목표로 '다중 지배'에 중점을 두는 방식이다. 즉 헤테라키 질서 안에서는 자기 조직화로 강화된 개인과 정부, 정당, 시민단체 사이에 권력이 공유된다. 헤테라키는 위계적인 하이어라키hierarchy와 구별되는 사회 질서 원리이지만, '지배archy'는 존재하기 때문에 수평적이면서도 협업의 의사결정을 지향한다. 이러한 헤테라키 체제에서 디지털 기술은 국민의 민주적 참여 촉진, 정치적 책임성 구현, 참여자 간 협동 촉진, 주권자로서 국민의 영향력 향상, 그리고 갈등 조정과 해결 등의 상황에서 중요한 도구가 될 수 있다.

블록체인 투표 시스템과 직접민주주의 구현

디지털 기술은 시간과 공간의 한계를 극복하는 것뿐만 아니라 직접민주주의에 들어가는 기회비용을 급격히 낮출 수도 있다. 특히 블록체인 기술을 활용한 투표 시스템이 선거 보안을 위한 방안으로 떠오르고 있다.

블록체인 기술의 가장 큰 특징은 익명성, 분산성, 투명성, 보안성이다. 블록체인은 수많은 거래 당사자의 독립된 컴퓨터에 똑같이 저장되는 분산 장부 기술에 바탕을 둔 구조이기 때문에 중앙 집중적 조직이나 '공인된 제3자 trusted third party'가 필요 없다. 선거 유권자 모두가 감시하고 관리하면서도 효율성, 익명성, 안전성까지 담보할 수 있어 주목받고 있다. 블록체인 투표 시스템을 도입하게 되면 유권자가 스마트폰 클릭 한 번으로 집·학교·직장 어디에서든 안전하고 빠르게 투표할 수 있으므로 투표의 장벽을 대폭 낮출 수 있다. 복잡하고 오래 걸리던 재외국민 투표나 부재자 투표 방식도 당연히 개선할 수 있다. 궁극적으로 투표 관리에 들어가는 비용을 비약적으로 줄일 수 있다.

이것은 곧 일상 속에서 직접민주주의가 구현되는 것을 의미한다. 주요 정책에 대해 수시로 국민 투표를 하거나 관련 데이터를 공개하는 것이 가능하고, 투표 이력을 영구히 보존할 수 있으며, 재검표도 매우 수월해 선거 과정 또한 투명하게 관리할 수 있다. 유럽에서는 정당 차원에서 블록체인 투표 시스템을 사용하는 곳이 있으며(스페인의 정당 포데모스Podemos 등), 인구 130만 명의 에스토니아에서는 국가 차원에서 블록체인 투표 시스템을 활용하고 있다.

O2O 국회

블록체인 기술을 통해 입법부의 혁신도 가능할 것이다. 우리나라의 대의제 대표 기관인 국회는 사실 오랫동안 국민의 기대에 부응하지 못했다. 그러나 직접민주주의를 대변할 수 있는 블록체인 의사결정 시스템을 이용하면 국민 주권 대표기관으로서 '온라인 하원'을 구성할 수 있다. 이를 통해 시간과 비용 측면에서 기존 제도의 한계점을 극복하고 직접민주주의의 장점을 구현하는 시스템을 만들어나갈 수 있게 될 것이다.

온라인과 오프라인의 결합을 의미하는 O2O online to offline와 같은 맥락에서 블록체인 거버넌스 시스템을 통해 'O2O 정치'를 실험해볼 수도 있다. 예컨대, 스위스는 대의 민주제를 원칙으로 하지만 필요에 따라 발의 의결권과 부결권을 보완하는 제도를 시행하고 있다. 핀란드는 '개방 내각open ministry'이라는 온라인 플랫폼을 통해 국민의 입법 참여를 가능하게 만들었다. O2O 국회가 운영된다면 국민은 개방된 가상공간에서 국회의원들의 활동을 직접 확인하고 평가할 수 있어 여러 문제에 대한 능동적 참여와 소통도 가능할 것이다.

디지털 기술 기반 행정 시스템

AI, 블록체인 등 새로운 디지털 기술은 공공 행정 부문에도 도전과 기회를 제공하고 있다. AI 기반 지능형 정부의 모습은 정보화시대 전자정부와 연계해서 이해할 필요가 있다. 초기 전자정부는 업무효율성과 민원인의 서비스 대기 시간을 줄이는 것에서 출발했다. 전자정부가 지능형 정부로 전환되어 AI가 본격적으로 활용되는 단계에 이르면, 단순히 시민 응대 서비스를 높이는 것만이 아니라 다양한 행정서비스를 맞춤형으로 확대할 수도 있다. 모바일 통신 데이터와 주소지 데이터 매칭을 통해 심야버스가 꼭 필요한 곳에 노선을 신설하는 것과 같이 민원은 줄이면서 효과는 높이는 맞춤형 공공서비스 사례들이 이미 알려져 있다. AI는 대규모의 정부 데이터 처리를 통해 과학적인 데이터 분석을 가능하게 하며, 신속하고 효율적인 의사결정을 돕는다. 복잡한 이해관계에 대한 예측 분석을 통해 주거 문제와 같은 공공정책 관련 의사결정 최적화에도 활용할 수 있다.

그러나 효과적인 행정 시스템 인프라를 구현하려면 데이터 거버넌스 구축이 필수다. 이는 단순히 데이터의 수집·처리·가공 과정만을 의미하는 것은 아니다. 데이터 편향성 문제와 설명 가능성 등 알고리즘의 책무성까지 포함되어야 한다. AI가 본격 적용될 경우, 우려되는 문제도 적지 않기 때문이다. AI가 실제 현장에서 활용되면 행정의 자동화와 함께 AI 기술의 책임 범위와 재량권에 대한 문제도 야기될 수 있다. 이러한 문제점들을 고려하면서 한국형 디지털 적합성 모델에 대한 논의를 더 활성화해야 할 것이다.

미중 경쟁 시대,
'낀 국가'의 생존법

□ □ ◻▪ ▪▪▪▪   미중 경쟁이 21세기의 뉴노멀로 장기화할 것이 전망되면서, 한국의 외교와 안보도 시험대에 올랐다. 한국이 미국과 중국 사이에서 교량 역할을 하는 '중추 지대'가 되거나, 양쪽으로부터 공격을 받는 '파쇄 지대'가 될 가능성이 모두 열려 있기 때문이다. 오늘의 국제사회는 과거 냉전 체제와 달리 복합적이고 중첩된 국제 네트워크가 자리 잡고 있어 전면적인 진영화를 상상하기는 어렵다. 하지만 미중 전략 경쟁이 첨예화되면 그 사이에 놓인, 이른바 '낀 국가'들은 더욱 선택을 강요받게 될지도 모른다.

현실주의 국제정치 이론가인 존 미어샤이머John Joseph Mearsheimer는 일찍이 탈냉전의 낙관론을 반박한 바 있다. 국력 성장의 속도 차이가 세력 균형의 변동을 초래할 것이며, 기성 패권국과 신흥 강대국 간에 경쟁과 충돌은 불가피하다는 것이 그의 주장이다. 아직은 미국이 경제력에서 세계 1위를 고수하고 있지만, 2030년경의 중국이 국내총생산GDP에서 미국을 추월해 1위로 올라갈 것이 예측되는 상황이다. 이는 미중 경쟁이 새로운 차원의 패권 경쟁에 들어섰다는 뜻이며, 이러한 변화의 영향을 고스란히 받는 한국의 외교적 행보가 더욱 중요해졌음을 시사한다.

역사는 반복된다: 자유민주주의 미국과 공산주의 중국의 대립

1991년 소련이 해체되고 공산 진영이 붕괴하면서, 미국과 자유민주주의 서방 진영이 냉전의 최종 승리자로 떠올랐다. 세인들은 인간의 이성과 과학기술의 발전으로 국가 통제와 전쟁이 종식되고, 세상이 마침내 자유주의와 시장경제를 통해 평화의 종착역에 도착했다는 낙관적 역사관을 믿게 되었다. 이런 세계적 추세를 직관한 정치학자 프랜시스 후쿠야마Francis Fukuyama는 그의 저명한 책 제목 그대로 《역사의 종말》(한마음사, 1997)을 선언했다. 실제로 초강대국 미국이 주도한 자유주의적 국제질서가 전 지구로 확산했다. 한국은 자유주의적 국제질서와 세계화 시대의 최대 수혜자가 되었고, 2010년대 들어 경제통상뿐만 아니라 외교적으로도 세계적인 중견 국가로 부상할 수 있었다.

그런데 모든 전문가가 '역사의 종말'에 동의한 것은 아니었다. 지정학과 현실주의 국제정치학은 탈냉전기의 미국 패권 질서는 일시적인 현상이며, 강대국의 세력 경쟁과 지정학적 충돌이 재현될 수 있다고 전망해왔다. 새뮤얼 헌팅턴Samuel Huntington 하버드대학교 교수는 저서 《문명의 충돌》(김영사, 2016, 개정판)을 통해 탈냉전기의 새로운 갈등의 형태로 문화 집단 간 충돌을 제시했다. 그의 예언이 현실로 나타나기까지 채 10년도 걸리지 않았다. 2001년 미국에서 동시다발적으로 테러가 발생했고, 과격파 원리주의자들이 지구 곳곳에서 세력을 드러냈다.

전략가이자 지정학자인 즈비그뉴 브레진스키 Zbigniew Kazimierz Brzezinski 전 미국 국가안보 보좌관도 《거대한 체스판》(삼인, 2019, 2판)에서 유라시아 체스판을 둘러싸고 대륙 세력과 해양 세력 간에 충돌이 반복될 것이라고 예고했다. 그는 탈냉전기 들어 중국이 소련을 대신하는 대표적인 대륙 세력으로 등장하면서 해양 세력인 미국의 동아시아 접근을 제약할 것이라고 내다봤다. 미국의 시각에서 전략을 검토한 그는 동아시아에서 지역 강국인 중국 또는 일본이 지역 패권국으로 등장하는 것을 저지해야 한다고 주문하기도 했다.

탈냉전 초기에 만연했던 자유주의 승리론과 민주주의 평화론에 묻혀 조명되지 못했던 이러한 예측과 전망은 2000년대 중국의 부상과 더불어 현실로 드러났다. 강대국 정치와 세력 경쟁이 부활하면서 잊혔던 지정학이 새로이 주목받게 된 것이다.

현대 지정학은 중국을 냉전기 소련을 대신하는 새로운 대륙 세력으로 지목하고, 중국의 대외 팽창과 동아시아 지배 위험성을 지적해왔다. 대륙 세력인 중국의 해군력 증강을 제1차 세계대전 이전 독일이 해군력 증강을 통해 영국과 프랑스의 해양 패권에 도전한 것에 비유하기도 했다. 또 최근 남중국해에서 중국의 공세적인 군사 외교 활동을 중국판 '먼로 독트린'°으로 보았다. 중국의 지역 전략은 동북아와 동중국해·남

• 1800년대 미국은 일종의 외교 방침인 먼로 독트린을 통해 카리브해와 중남미에서 기득권 세력인 유럽의 세력을 축출하고 독점적인 영향력을 구축하는 데 성공했다.

중국해에 배타적인 세력권을 구축하는 데 그치지 않고, 결국 서태평양 전체에 영향력을 추구하려는 것으로 해석되었다.

이처럼 '지정학의 귀환'은 '역사의 반복'을 예고한다. 마가렛 맥밀런Margaret MacMillan 옥스퍼드대학교 교수는 강대국의 집단적 무책임이 초래한 제1차 세계대전의 교훈을 지적하면서, 현대의 강대국들이 세계 평화를 위해 협력하지 않는다면 다시 세계대진의 역사가 반복될 것이라고 경고했다. '투키디데스의 함정' 가설로 유명한 정치학자 그레이엄 앨리슨Graham Tillett Allison Jr.도 《예정된 전쟁》(세종서적, 2018)에서 지난 500년간 16번의 패권국 교체가 발생했는데 이 중 12번이 전쟁으로 귀결되었다고 역설했다. 고대 그리스의 역사가 이름을 딴 '투키디데스의 함정'은 빠르게 부상한 아테네와 이를 견제하려던 스파르타 사이의 펠로폰네소스 전쟁이 시사하듯 기존 패권국과 신흥 강대국의 충돌을 뜻한다. 즉 패권국 미국과 신흥 강대국 중국이 주도권을 놓고 다투다 보면 결국 전쟁으로 치닫게 될 수도 있다는 것이다.

떠오르는 중국과 견제하는 미국

현대의 미중 전략 경쟁의 근원은 중국의 급속한 국력 신장에 있다. 중국은 1978년 개혁 개방 이후 30년간 연평균 10%의 경제성장률을 기록했고, 2010년대에도 6% 이상의 경제성장률을 기록했다. 2020년 코로나19 팬데믹의 충격도 어느 국가보다 빨리 극복하고 '중국의 부상'을 지속할 태세에 있다. 중국은 2010년 일본의 GDP를 추월해 세계 2위의 경제 대국이 되었고, 2014년 구매력 평가 기준으로 미국을 추월한 데 이어, 2030년쯤에는 GDP도 미국을 넘어서며 명실상부 세계 1위의 경제 대국이 될 것으로 보인다. 호주의 로위연구소Lowy Institute는 아시아 태평양 국가 대상으로 경제력·군사력·외교력·문화력 등을 포함한 '종합국력 지수'를 매년 발표하는데, 이에 따르면 미국과 중국은 100점 만점에 각각 81.6점, 76.1점을 득점하며 다른 지역국을 큰 점수 차이로 따돌리는 양강 체제를 보여주었다. 더욱 주목할 점은 선두 미국의 종합국력이 정체 상태인 것과 달리 바짝 뒤쫓는 중국은 상승세여서 수년 내 역전도 가능할 것이란 전망이다.

중국 시진핑 정권의 권위주의 체제 강화와 팽창적인 일대일로 구상은 20세기 내내 압도적인 경제력과 군사력으로 세계 패권을 지켰던 미국의 본격적인 견제를 촉발했다. 마침내 2017년 트럼프 행정부는 〈국가 안보전략 보고서〉를 통해 중국을 자유주의 국제질서에 대한 수정주의 국가이자 미국 패권에 대한 전략적 경쟁국으로 규정하고 전면 경쟁을 선포했다. 또 2021년 바이든 행정부는 대중 경쟁의 전선과 폭을 더욱 확장하는 모양새다.

미국은 공화당과 민주당을 막론하고 중국이 '지역 패권국'으로 부상하는 것을 저지하기 위해 모든 수단과 방법을 총동원하고 있다. 중국도 미국의 봉쇄와 경쟁 전략을 타파하기 위해 국력을 집중할 것이다. 이에 미중 경쟁의 사이에 놓인 모든 국가는 줄서기를 강요받게 되었다. 한국은 미중 경쟁의 정중앙에 위치해 더욱 강한 압박을 받게 될 것이다. 우리가 국가 외교 전략의 원칙을 확고하게 정립해야 하는 배경이다.

미중 경쟁의 네 가지 전개 양상

전통적인 세력 경쟁 전략 분석 틀을 활용하면, 미국과 중국의 전략 경쟁 양상을 네 가지 범주에서 살펴볼 수 있다. 첫째, 자강을 통한 국력 증강, 둘째, 자국의 동맹과 파트너십 확장을 통한 국력 증강, 셋째, 상대국의 내부 분열을 통한 경쟁국의 국력 약화, 넷째, 상대국의 동맹과 파트너십 훼손을 통한 경쟁국의 국력 약화다.

자국의 국력 증강

세력 경쟁 전략을 구체적으로 보면 우선 자국의 부국강병책을 꼽을 수 있다. 이를 위해 경제성장, 과학기술 발전, 군비 증강 등을 추구한다. 미국과 중국은 각각 미래 핵심 전력인 5G · 6G, AI, 군사용 무인 항공기, 로봇, 반도체 등에서 과학기술 우위와 독점력을 확보하기 위해 경쟁하고 있다. 물론 기술 우위를 확보하기 위해 동맹 · 우호국과의 협력은 필수가 된다.

동맹국 연대 확장

동맹 및 우호국과 연대해 세력을 증대함으로써 세력 우위를 확보하는 전략도 살펴볼 수 있다. 이를 위해 동맹을 체결하고, 동맹 · 우호국과 군사 및 경제 협력을 강화한다. 트럼프 행정부가 추진했던 경제 번영 네트워크Economic Prosperity Network, 그리고 바이든 행정부의 동맹과 민주주의 국제 연대는 이런 전략에서 나온 것이다. 경제 번영 네트워크는 코로나 19 상황 속에서 중국 중심의 공급망으로 인해 피해가 컸다는 반성에서 출발했지만, 중국을 겨냥한 배타적인 경제 블록으로 발전할 가능성을 내포하고 있다.

마찬가지로 쿼드QUAD와 인도·태평양 전략도 자유민주주의 국제 연대에서 출발해 나토식 집단 방위 체제로 발전할 가능성이 있다. 미국이 미사일 방어 체제와 중거리 미사일을 동맹·우호국에 전진 배치하는 미래 또한 예상해볼 수 있다. 미국이 동맹국에 요구하는 첨단기술 분야의 대중 수출 통제와 기술 통제도 전형적인 세력 경쟁 전략에 해당한다.

상대국의 부국강병책 공략

미중의 전략 경쟁은 상대방의 부국강병책을 공략하는 것에서 드러나기도 한다. 미국이 신장, 티베트, 인권, 타이완, 홍콩, 코로나 손해배상 소송 등과 관련한 여러 문제를 제기해 중국 내부를 분열시키고 국제적 위상을 훼손하는 것이 그 방법이다. 중국인 유학생의 미국 대학 입학을 제한하고 대중 첨단기술 유출을 금지해 중국의 첨단 과학기술과 군사력의 발전을 지연시키는 방식도 이에 속한다. 특히 타이완의 분리와 홍콩의 자치를 통해 중국의 힘을 약화하는 것은 효과적인 세력 경쟁 전략이므로 미국은 이를 계속 활용할 것으로 보인다.

상대국의 세력권 공략

그 밖에도 상대국의 동맹권 또는 세력권을 공략하는 데서도 세력 경쟁을 읽을 수 있다. 실현성이 높지는 않지만, 미국이 친중 세력인 러시아·북한·미얀마 등에 각종 관계 개선과 경제 지원 등의 유인책을 제공해 중국의 세력권을 약화하는 전략을 생각해볼 수 있다. 중국도 마찬가지로 미국의 전통적인 세력권인 동북아·유럽·중남미 국가에 각종 유인책을 제공해 자국의 편으로 끌어들이거나 중립화시켜 상대 세력권을 약화하는 전략을 추진 중이다.

미중 경쟁과 한국의 대응 전략

갈수록 치열해지는 미중 경쟁의 소용돌이 한가운데서 한국은 어떻게 대응해야 할까? 냉전기에 한국은 한미 동맹에 의존하며 북한의 전쟁 도발을 억제하고 경제발전에 힘썼다. 탈냉전 초기에는 안보 이슈는 미국, 경제 이슈는 중국을 중시하는 소위 '안미경중安美經中' 정책을 추진했다. 역내에서 미국이 패권적 지위를 유지했고 중국도 이를 수용했기 때문에 가능했던 일이다. 하지만 2010년대 들어 미국은 역내에서 자신의 패권적 지위가 도전받자 확대되는 한중 협력에 불만을 드러냈다. 2013년 박근혜 정부 시절에 방한했던 조 바이든 당시 부통령이 "미국의 반대편에 베팅하는 것은 좋은 베팅이 아니다"라고 발언한 것이 대표적 사례다. 중국도 한국이 자국과의 통상에서 매년 수백억 달러의 흑자를 내는 것에 더해 자국과 가까운 거리에서 한미 동맹을 계속 증강하는 데 대해 불만을 표명했다. 한국은 미중 양측으로부터 양자택일의 강한 압박을 받는 셈이다.

국제정치학자인 하영선 서울대학교 명예교수는 현재 시점을 미국과 중국이 세계질서 재건축을 위해 경쟁하는 '문명사적 변환기'로 규정하고, 수년 내 한국의 선택이 향후 100년간 한국의 국운을 좌우할 것이라고 단언한 바 있다. 존 미어샤이머 교수도 2011년 한 국내 언론 인터뷰에서 한국이 폴란드와 같이 "한 치의 실수도 용납되지 않는 지정학적 환경"에 놓여 있음을 환기하며, 미중 경쟁에 대해 국가의 명운을 걸고 신중하게 대응할 것을 조언했다. 이런 세계 질서 흐름 속에서 국내에서는 국익 외교, 원칙 외교, 전략 외교를 주문하는 목소리가 커졌다. 하지만 미중 경쟁 사이에서 누구도 우리의 국익과 원칙과 전략이 어떠해야 하는지 정답을 내놓지는 못했다. "한국은 미국과 중국, 어느 편에 서야 하는가"라는 질문에 대해 대다수가 일차원적인 '줄서기 논쟁' 같은 답변에서 벗어나지 못하고 있다.

다양하고 창의적인 외교전략 구사

이런 양자택일의 줄서기 질문은 강대국 세력경쟁의 대상이 되었던 중소 국가들이 생존을 위해 강대국과 동맹을 맺고 보호를 받아야만 했던 상황을 염두에 두고 있다. 강대국들은 중간에 끼인 중소 국가들에 선택을 강요해왔다. 하지만 강대국 사이에 낀 지정학적 중간국을 자세히 들여다보면, 대부분 양자택일을 선택하기보다는 각자의 국력은 물론 역사·지리·문화·지역 환경 등을 반영하면서 균형·등거리 외교, 지역 안보 협력, 이중 편승, 중립, 집단 안보, 집단 방위, 공동 안보, 초월 등 다양하고 창의적인 외교 전략을 구사해온 것을 알 수 있다. 역사적으로 볼 때 의외로 수많은 중소 국가들이 열악한 환경에도 불구하고 강한 저항력과 회복력을 발휘하며 생존과 번영을 이어왔다. 이런 측면에서 한국의 외교 전선 구축에도 다양한 전략이 검토되어야 한다.

미중 이중 편승 전략 구축

국내 일부 외교·안보 전문가들은 한국이 더 늦기 전에 중국을 포기하고 한미 동맹을 더욱 강화할 것을 주문한다. 한미 동맹의 중요성은 더

말할 것도 없다. 미국은 외교·안보와 경제통상 관계에서 한국에게 매우 중요하다. 한미 동맹이 없는 상태에서 한국이 남북 관계, 한일 관계, 한중 관계, 한러 관계에 어떻게 대처할 것인지를 상상해보면 한미 동맹의 중요도를 실감할 수 있다.

그러나 우리는 중국이 인접한 신흥 초강대국이며, 북한의 배후국이자 준동맹국이고, 최대 교역 상대국이자 무역 흑자 상대국인 점을 고려하지 않을 수 없다. 이런 지정학적 특성과 경제통상 관계로 인해 중국은 한국에 대체 불가능한 경제적 기회를 제공하는 동시에 감당할 수 없는 경제 통상적, 그리고 외교·안보적 위험을 가할 수도 있기 때문이다. 따라서 한미 동맹을 외교·안보의 기반으로 하되 중국과 전략적 동반자 관계도 굳건히 유지하는 '이중 편승' 전략을 생각해볼 수 있다. 한국은 중국의 역내 강대국 지위를 존중하면서 관계를 악화시키지 말아야 한다.

한미 동맹의 의미와 역할 재확인

이를 위해 한미 동맹의 의미와 역할을 재확인해볼 필요가 있다. 무엇보다 한미 동맹의 최우선 역할은 북핵 억제와 전쟁 발발 방지에 있다. 그런 점에서 한미 동맹은 한반도의 평화 정착 프로세스를 지지하고 촉진해야 한다. 또 한미 동맹이 중국을 겨냥한 지역 동맹으로 확대되어서는 안 된다. 주한 미군은 주둔하는 것 자체만으로도 한반도와 주변 지역에서 중국의 군사력이 팽창하는 것을 저지하고 견제하는 기능을 수행한다. 또 한국군도 중국의 군사력이 한반도를 넘어 동쪽으로 전진하는 것을 막는 방파제의 기능을 수행하고 있다. 따라서 중국을 겨냥한 한미일 군사 협력은 오히려 중국의 군비 증강을 가속할 것이고, 결과적으로 중국에 대한 경제 의존성이 높은 한국에 피해가 집중될 수 있다. 이미 사드 사태에서 경험했듯이 한국이 주요 표적이 될 가능성이 크기 때문에 신중해야 한다.

한편 한미 동맹은 새로운 분야에서도 호혜적인 관계를 만들어갈 여지가 많다. 특히 AI 등의 첨단기술과 사이버 안보, 환경, 우주 안보 등 비전통 안보 분야에서 한미가 같은 위협에 노출되어 있음을 인식하고 상호 협력을 도모해나갈 수 있다.

중견국 · 중간국 중심의 네트워크 외교 활성화

자유주의 규범 기반의 국제질서가 약해지고 강대국 간 세력 경쟁이 심화되는 국제 환경에 대응하기 위해서는 유사한 정황에 놓인 중간국 및 중견국과 연대하는 중견국 외교, 중간국 외교, 규범 외교, 네트워크 외교 등을 활성화해야 한다. 다자주의와 규범 기반 국제질서를 주창하는 독일, 영국, 프랑스, 캐나다, 호주 등과 연대해 자유무역과 다자주의를 보호함과 동시에 강대국의 세력 경쟁과 지정학적 충돌 사이에 끼인 동유럽, 중유럽, 북유럽, 중동 지역, 인도, 동남아, 중앙아시아 국가들과 연대를 강화해 미중 경쟁에 대한 공동 대응책을 모색해야 한다.

디지털 위험과
사이버 안보

□ □ ▭▬ ▬▬▪▪ 　인터넷 사용자가 늘어날수록, 디바이스가 더 많이 연결될수록, 데이터가 더 많이 생성·처리·유통될수록 사회 전반에서 디지털 시스템에 대한 의존도가 계속 높아지고 있다. 클라우드 컴퓨팅과 같은 새로운 접근 방식이 나타나고 AI를 이용한 비식별 정보의 활용이 확대되면서 데이터 보안도 그 어느 때보다 중요해졌다. 데이터를 인질 삼아 금전적 이익을 노리는 랜섬웨어ransomware 공격이 눈에 띄게 늘어난 것이 그 방증이다. 디지털 혁명의 핵심인 데이터를 정제·축적·자산화하는 과정에서 그 활용과 보안의 균형점을 찾으려는 노력이 필요한 시점이다.

사이버 위협의 세 가지 형태

인간이 만든 거의 모든 지식과 자산의 디지털화는 사이버 공격에 대한 대응력과 회복력의 중요성을 한층 끌어올리고 있다. 특히 한국은 통신 인프라가 고도로 집적된 만큼 사이버 공격에 더 취약하다. 사이버 공간에서 벌어지는 적대적이고 악의적 활동에 대해 국가 차원의 심도 있는 관찰과 빠른 대응이 필요하다. 하지만 사이버 안보는 국민의 안전과 국가의 안보 차원에서 반드시 선행되어야 할 일임에도 불구하고 늘 후순위로 밀린다. 다른 분야에 비해 비가시적이고 번거로운 업무로 인식되기 때문이다. 부지불식간에 터질 수 있는 사이버 위협을 외부자 위협outsider threat, 내부자 위협insider threat, 공급망 위협supply chain threat으로 나눠본다.

외부자 위협은 해킹과 디도스DDoS, distributed denial of service 공격이 대표적이다. 해킹은 해커가 환경적 요인과 시스템의 취약점이 교차하는 지점을 파고들어 정보를 탈취하거나 시스템을 파괴하는 행위이며, 디도스 공격은 특정 서버가 감당할 수 없을 정도의 트래픽을 한꺼번에 일으켜 정상적인 운영을 방해하는 행위다. 공격 주체인 해커는 예전과 달리 자기 과시의 차원을 넘어 풍부한 재원과 체계를 갖춘 조직에 고용되어 직업적으로 꾸준히 위험을 만들어내는 일을 한다. 국가·비국가 형태의 인간 행위자뿐만 아니라 지능형 악성코드malware와 같은 비인간 행위자까지 얽혀 공격 양상을 가늠하기가 갈수록 어려워지고 있다.

내부자 위협은 주요 시스템에 접근 가능한 구성원의 고의적 행위뿐 아니라 부주의한 구성원이나 외주 업체에 의한 것으로 별다른 의도 없이 실수로 사고가 발생하는 것이다. 이러한 의도적·비의도적 위협은 디지털 기기의 연결성·복잡성과 맞물려 증가 추세에 있다. 원격 접속과 비대면 업무의 확산으로 내외부의 경계가 모호해짐에 따라 보안 시스템은 외부의 사이버 침해를 탐지하는 이벤트 중심에서 사람 중심의 정책과 이상 행동을 분석하는 프로세스로 바뀌고 있다. 어떤 조직이든 가장 취약한 보안 분야는 사람이기 때문이다.

마지막으로, 공급망 위협은 표적 시스템에 직접 침투하기보다 장비나 솔루션을 납품하는 제3의 공급자를 노리는 것이다. 공격 주체는 강도 높은 보안 시스템을 직접 뚫는 대신 관리 솔루션의 업데이트 파일을 감염시키는 방식으로 연결된 기기를 한꺼번에 감염시킨다. 눈에 보이지 않을 정도로 작은 스파이칩은 일상의 방법으로는 발견하기 어렵고 소스코드에 몰래 심어놓은 악성코드 역시 탐지조차 쉽지 않다. 실제로 특정 국가가 장비·기기의 납품과 유지 보수 과정에서 악성코드를 숨겨 정보를 탈취한 사건이 있었고, 이 사건이 빌미가 되어 미중 기술 패권 분쟁으로까지 이어지고 있다.

기술이 발달할수록 더욱 커지는 디지털 위험

AI와 사물인터넷 등 첨단기술로 가득한 4차 산업혁명의 흐름은 지능화된 편리함을 예고하지만 동시에 디지털 위험의 문제도 제기하고 있다. 첨단기술은 보안이 중요한 데이터를 동력으로 움직이고 있기 때문이다. 과거에는 상상할 수 없었던 문제들이다.

5G

5세대 이동통신의 초고속성·초저지연성·초연결성과 같은 많은 장점은 한순간 위협으로 바뀔 수 있다. 4G보다 전송 속도가 20배나 빠르다는 것은 사이버 공격의 속도도 그만큼 빨라진다는 것이며, 네트워크와 연결되는 다양한 디지털 기기의 폭발적인 증가는 대규모 디도스 공격에 악용될 수 있는 위험 또한 커진다는 것을 의미한다.

사물인터넷

모든 디바이스를 연결하는 사물인터넷의 오작동은 사람의 생명을 위협할 수 있으며, 부실한 접점 하나가 해킹의 경로가 될 수 있다. 의도적 공격뿐 아니라 부주의나 관리 소홀에 의한 비의도적 사고에도 대비해야 한다. 사물인터넷 서비스의 설계 단계에서부터 보안을 내재화해야 하며, 공급망 전 단계에서 위험관리 체계를 구축해야 한다.

자율 로봇

로봇에 임무 수행을 위해 설치하는 프로그램, 즉 알고리즘을 아무리 훌륭하게 설계하고 광범위한 확인 절차를 거친다 해도 로봇이 지금껏 보지 못한 사건에 맞닥뜨리면 예외적인 사건이 발생할 수 있다. 더구나 인간보다 더 빠르고, 더 저렴하고, 더 정확한 로봇의 알고리즘이 누군가에 의해 변조된다면 돌이킬 수 없는 재앙을 불러올 수 있다.

AI

자율화된 악성코드는 시스템 침투력을 크게 늘리고 백신 프로그램을 역공격할 수도 있다. 스스로 표적 시스템의 취약점을 찾아내는 과정에서 수없이 많은 돌연변이를 만들어낼 수 있으며, 엄청난 속도로 똑똑해지고 있는 AI는 갈수록 인간이 개입할 시간적 여유를 주지 않을 것이다.

스마트시티

스마트시티는 삶의 질을 획기적으로 개선해줄 수 있는 혁신적 도시이지만, 핵심 기술인 5G, 사물인터넷, 빅데이터, 클라우드, AI 등의 쓰임새가 자꾸 늘어나고 여러 첨단 서비스가 유기적으로 연동되면서 여러 빈틈이 생겨날 수 있기에 이 빈틈을 메워나갈 전략을 마련해야 한다. 특히 안전성을 담보할 수 있는 통신 보안·인증과 소프트웨어 보안 기술 정책이 전제되어야 한다.

다크웹

다크웹은 특정 프로그램으로만 연결되고 검색 엔진에 절대로 노출되지 않아 접속자나 서버를 확인할 수 없다. 이러한 익명성으로 인해 기업에서 탈취한 고객 계정 정보의 판매를 비롯해 마약, 성범죄, 돈세탁, 불법 무기 거래 등 각종 범죄의 온상이 되고 있다. 각국은 다크웹을 이용해 이뤄지는 범죄와 은닉된 불법적 가상자산을 탐지·추적하고 감시하는 기술 개발에 박차를 가하고 있다.

| 표 8 | 4차 산업혁명 시대의 보안 패러다임 변화

구분	과거	현재
공격 주체	특정 집단·불만 세력	국가·비국가·비인간 행위자
공격 대상	불특정 다수	특정 소수(금융·국방·기반 시설)
보호 대상	디바이스·네트워크 (정보 시스템과 데이터 보호)	디바이스·네트워크·플랫폼 (사람과 환경에 대한 안전)
보안 주체	정부·기업	정부·기업 + 전 국민
보안 정책	정부 규제 위주	시장 역할과 민간 역량 활용
정보 공유	부문별 제한된 정보 획득	민·관·군 공조 + 국제 협력
경쟁 우위	데이터 수집·분석	빅데이터 + 알고리즘
기술 개발	(필요성) 기술 중심의 추격형 하드웨어·프로젝트 중심	(즉시성) 사람 중심의 선도형 소프트웨어·프로세스 중심

사이버 공격의 유형

사이버 공간의 끝없는 확장으로 인해 범죄·테러·전쟁 간의 개념적 구분이 점점 어려워지고 있다. 국경이 따로 없는 사이버 공간은 공격자에게 더 많은 수단과 기회를 제공한다. 공격자가 가장 손쉽게 획득할 수 있는 무기는 악성코드다. 이를 사고파는 암시장이 있고, 여기에서는 사이버 청부 공격도 가능하다. 규정에 얽매이지 않고 몸값도 저렴한 용병이 값비싼 정규군을 대체하듯이 사이버 용병을 고용해 사이버 공격을 감행할 수 있다.

국가 혹은 국가의 지원을 받는 해커들의 활동이 속속 드러나고 있다.

이들은 사이버 공간을 자유자재로 활용하면서 추적을 따돌리고 주어진 임무를 수행한다. 2010년 미국과 이스라엘은 이란의 핵시설에 악성코드를 침투시켜 통제 시스템을 오작동시켰다. 이는 실제 전쟁에서 전폭기를 동원한 공습에 버금가는 효과를 거뒀다. 2016년 러시아는 우크라이나의 수도 키예프에서 정전 사태를 일으킨 바 있다. 이러한 물리적 충격만 있는 것이 아니다. 2014년 러시아의 크림공화국 합병과 우크라이나 동부 지역 분쟁 개입은 다차원적 복합 전쟁으로 진행됐으며, 사이버 여론 조작이 정치·사회적 혼란을 일으켰다. 사이버 공격 유형과 내용은 다음 표에서 보듯 다양하다.

| 표 9 | 사이버 공격 유형과 주요 내용

유형	주요내용	사례
사이버 범죄	사이버 공간 범죄 활용 → 금전 탈취	2021년 어나니머스, 랜섬웨어 공격해 미 송유관 가동 중단 2018년 북한, 전 세계 은행·암호화폐 거래소 침해
사이버 첩보	국가 주요 정보 훼손 → 기밀 절취	2016년 북한, 남한 국방망 해킹해 군사기밀 절취 2015년 중국, 미국 공무원 신상정보 대량 유출
사이버 테러	국가 기반 시설 마비 → 사회 혼란	2016년 러시아, 우크라이나 전력 시설 마비 2013년 북한, 남한 방송·금융기관 시스템 파괴
사이버 교란	거짓·기만 정보 유포 → 국론 분열	2017년 러시아, 유럽 국가 선거 개입 및 여론 조작 2010년 북한, 남한 천안함 폭침 사실 왜곡 전파
사이버 작전	물리전과 연계한 공격 → 군사 작전	2014년 러시아, 크림반도 점령 시 사이버 공격 병행 2010년 미국·이스라엘, 이란 핵시설 악성코드 침투

사이버 안보 대응 전략

사이버 공격의 주요 표적은 정부 기관을 비롯해 극심한 사회 혼란을 불러올 수 있는 금융, 에너지, 교통과 같은 국가 기반 시설이다. 기술적 요소와 심리적 요소가 복합적으로 맞물린 공격 양상으로 상대의 경제적 피해와 심리적 충격을 함께 노린다. 하지만 이렇게 기습적이고 무차별적인 공격에 비해 개별 국가의 대응은 상당히 제한적인 실정이다.

이러한 상황에서 청와대 국가안보실은 2019년 국가 사이버 안보 정책의 최상위 지침서인 '국가 사이버 안보 전략'을 공표했고 부처별 이행 방안을 마련해 추진하고 있다. 이 지침서에 따르면 국가 간 정치·경제·군사적 분쟁이 사이버상의 충돌로 이어지면서 각국의 사이버 군비 경쟁을 불러오고 있고, 각국은 사이버 역량을 국가안보에 큰 영향을 미치는 전력으로 인식하고 있다.

전략을 차질 없이 수행하려면 무엇보다 법적 근거가 있어야 한다. 하지만 국회에서는 관련 법안들이 15년 넘게 상정·계류·폐기를 반복하고 있고, 대통령 훈령인 '국가 사이버 안전 관리규정'이 반쪽짜리 기본법 역할을 하는 상황이다. 4차 산업혁명 시대를 맞아 초국가적 위협에 직면한 한국은 국제 공조를 위해 '사이버 범죄 협약Convention on Cybercrime'의 가입을 서둘러야 한다. 또 기본법 제정과 함께 관련 법을 재정비하면서 대외적으로 국격에 걸맞은 역할을 찾고, 대내적으로는 보안 사각지대를 해소해나가야 한다.

'국가 사이버 안보 전략'에서 제시한 전략 과제를 중심으로 대응 전략을 살펴보면 다음과 같다.

- 국가 핵심 인프라 안전성 제고: 국가 핵심 인프라의 생존성과 복원력을 강화해 어떠한 사이버 공격에도 국민 생활의 기반이 되는 서비스는 중단 없이 제공

- 사이버 공격 대응 역량 고도화: 사이버 공격을 사전에 효율적으로 억제하고, 사고 발생 시 신속하고 능동적으로 대응할 수 있도록 선제적이고 포괄적인 역량 확충

- 신뢰와 협력 기반 거버넌스 정립: 개인·기업·정부 간의 상호 신뢰와 협력을 바탕으로 민·관·군 영역을 포괄하는 미래지향적 사이버 안보 수행 체계 확립

- 사이버 보안 산업 성장 기반 구축: 국가 사이버 안보의 기반 역량이 되는 기술·인력·산업의 경쟁력 확보를 위해 제도 개선, 지원 확대 등 보안 산업 혁신 생태계 조성

- 사이버 보안 문화 정착: 국민 모두 사이버 보안의 중요성을 인식하고 실천하며 정부는 정책 수행 과정에서 기본권을 존중하고 국민 참여를 활성화

- 사이버 안보 국제 협력 선도: 국제적인 파트너십을 강화하고 국제 규범 형성에 기여하는 등 사이버 안보 선도 국가로서의 리더십 확보를 통해 국가안보와 국익 수호

미래 한반도의
정치 시스템 디자인

▫ ▫ ▭◼ ◼◼◼◼◼ 　남북 관계가 답보 상태다. 2021년 상반기에 실시된 '통일여론조사'에서도 응답자의 46%가 남북 관계에 큰 변화가 없을 것으로 전망했다. 또 북한을 협력·지원 대상으로 보는 응답이 41%였지만, 경계·적대 대상으로 여긴다는 응답도 36%였다.[145] 여전히 예측하기 어려운 남북 관계를 바라보는 시각의 단면이다. 특히 미국 트럼프 행정부 당시 정상 간 외교와 그로 인해 피어올랐던 장밋빛 기대가 일종의 이벤트처럼 끝나버린 후, 새로 출범한 바이든 행정부의 실무적·단계적 대응을 기다리는 상황이다.

언제나 새 갈림길이다. 통일은 성큼 다가온 미래로 여겨지다가도 또다시 까마득한 미래로 멀어지기도 한다. 그러나 통일이 실현되는 미래를 전망하면서 우리 정치체제의 미래에 대해서도 고민하고 상상해야만 한다. 오늘날 우리가 사용하고 있는 정치체제는 18세기에 발명된 것이며, 21세기의 현실과 조화를 이루지 못하고 있기 때문이다. 21세기의 기술적·문화적·사회적 현실과 가치를 반영한 정치체제를 새로이 설계해야 한다. 현재 우리 정치체제의 문제점을 보완해 더 나은 정치체제를 구상하는 일은 곧 미래 통일 한국을 이끌어갈 새로운 정치체제를 구상하는 일이기도 하다.

자유민주주의의 남한, 사회주의의 북한

남북한의 정치체제는 여러 이질적이고 대립적인 이념을 기반으로 성립되었다. 1948년 남한에는 자유를 강조하는 자유민주주의 체제가 수립되었고, 북한에는 평등을 강조하는 사회주의 체제가 수립되었다. 경제적으로는 남한이 시장경제에 입각한 자본주의 체제라면, 북한은 생산수단의 사적 소유를 인정하지 않는 사회주의 체제를 표방한다. 남한의 자유민주주의 체제는 의회민주주의를 기반으로 견제와 균형의 원리에 따른 대통령제를 채택하고 있으며, 북한의 사회주의 체제는 중앙집권적 공산당의 정치 권력 독점을 그 특징으로 하고 있다. 남북한의 정부가 수립된 이후 남과 북은 정치적 환경의 변화에 따라 지배구조에 대한 수정과 발전이 몇 차례 있었으나, 남한은 시장경제에 입각한 자유민주주의 체제를, 북한은 통제적 계획경제에 입각한 사회주의 체제를 정치체제의 근간으로 계속 유지하고 있다.

통일 한국을 위한 새로운 정치체제: 3단계 목표

지금까지의 남북한 통일 전망은 주로 경제적 관점에 치우쳐 있었던 것이 사실이다. 즉 남한의 자본과 기술, 북한의 노동력과 자원이 결합할 때 커다란 시너지 효과를 볼 수 있다는 기대였다. 그러나 한반도에서 통일이 실현된다면 그것은 인류 역사에 새로운 정치체제를 남길 수도 있는, 특별하면서도 귀중한 기회가 될 것이다. 통일 시점을 30년 후로 상정했을 때, 지금부터 필요한 단계별 목표와 비전을 10년 단위로 설정해본다.

1단계 목표: 미래 통일 한국의 정치체제 구상을 위한 기본 원칙 수립

미래 통일 한국의 새로운 정치체제 구상을 위해 세워야 할 첫 번째 기본 원칙은 공유할 수 있는 가치체계와 이념을 정립하는 것이다. 기본 이념과 가치는 무엇보다 인간으로서의 존엄과 자유롭고 평등한 삶의 보장에서 출발한다. 이러한 원칙과 가치를 토대로 통일 헌법과 연계한 정치체제를 구상하는 것이 두 번째 원칙이다. 통일 한국의 정치체제가 절차적 정당성과 당위성을 충족하기 위해서는 통일 헌법 구상과의 연계는 필수다.

세 번째 원칙은 오랜 분단에서 비롯된 남북한 차이를 현실적으로 인식하고 받아들이는 것이다. 오랜 분단의 역사는 민족의 동질성을 떨어뜨리고 다양한 부분에서 차이를 만들어냈다. 따라서 서로 다른 가치관·세계관·기술 숙련도 등에 대한 차이를 명확히 인식하고, 이를 발전적으로 융합해 정치체제에 녹여내야 할 것이다. 네 번째 원칙은 21세기의 사상과 기술에 기초한 정치체제의 구상이다. 현재 세계 대부분 국가와 우리나라의 정치체제는 16세기의 기술과 18세기의 사상에 바탕을 두고 있다. 통일 한국에서도 낡은 패러다임의 정치체제와 형태를 맹목적으로 복제할 게 아니라 21세기의 새로운 사상과 최첨단 기술을 토대로 새로이 판을 짜겠다는 접근이 필요하다.

2단계 목표: 남북한이 공유할 수 있는 기본 이념과 가치 형성

남북한의 이념과 가치는 자유와 경쟁이냐, 평등과 분배냐의 문제로 귀결된다. 이는 모두 18세기 서양에서 발현한 것이다. 물론 이러한 이념과 가치는 지금도 중요하며, 향후 상호 보완적으로 통일 한국의 정치체제에 담아야 한다. 그러나 근대에 형성된 자본주의, 민주주의, 사회주의 모두 21세기 현재 우리가 직면한 난제들을 해결하는 데 많은 한계와 문제점도 드러내고 있다.

따라서 통일 한국의 정치체제에는 21세기가 요구하는 새로운 가치들을 반영해야 한다. 그중 하나가 바로 '지속가능성'이다. 현재 인류는 기후변화, 환경오염, 자원 고갈 등 지속가능성을 위협하는 많은 요인에 노출되어 있다. 인구 고령화도 지속가능성을 위협하고 있는데, 특히 남북한의 빠른 고령화 속도는 국가의 재정과 경제를 파탄으로 내몰 수도 있다. 지속가능성의 문제를 해결하지 못하면, 현세대와 미래세대 간의 공평한 자원 배분에 심각한 왜곡을 가져올 수 있다. 따라서 통일 한국의 정치체제에는 세대 간 정의를 포함한 지속가능성의 가치를 반드시 고려해야 한다. 이 외에도 소유에서 공유를 기반으로 하는 '공유의 가치', 사회와 공공의 행복 속에서 개인의 행복을 추구하는 '공공의 가치', 개인의 자유와 공동체적 책임을 동시에 강조하는 '공동체적 가치' 등을 통일 한국의 정치체제에 주요한 이념으로 정착할 필요가 있다.

3단계 목표: 북한 지역의 정당 형성과 선거제도의 도입

미래에는 정당과 직업 정치인이 사라질 것이라는 예측이 많다. 블록체인과 같은 기술이 발전하면 국민을 대신하는 정치 중개 기관이 따로 필요하지 않게 된다는 뜻이다. 이러한 논의는 오랜 민주주의의 역사와 대의민주제의 한계를 직접 경험해본 국가에서 국민의 정치참여 욕구가 더욱 증대되면서 나타날 수 있는 현상이다.

그러나 자유민주주의를 전혀 경험해보지 못했고, 스스로 대표자를 선출해본 적이 없는 북한 주민들에게 직접민주주의를 통한 정치참여를 요구하면 오히려 혼란을 가져올 수 있다. 물론 정치체제의 판을 새롭게 만든다는 측면에서 새로운 실험을 북한 지역에 적용해 볼 수도 있으나, 그러기에는 북한 주민들의 민주주의 의식이 많이 뒤처져 있다. 따라서 북한 주민들이 직접 자신들의 대표자를 선출하려면 예행 연습이 필요하다. 이를 위해 북한 지역에 정당과 선거제도를 도입하는 것을 중장기적 목표로 설정해야 할 것이다. 즉 다음 과정으로 나아가기 위한 단계를 밟는 것이다.

통일 한국을 위한 새로운 정치체제: 4단계 전략

진정한 통합을 위한 미래 통일 한국의 정치체제는 남북한의 차이를 인정하는 것에서부터 시작해야 한다. 남한의 자유민주주의와 시장경제 그리고 북한의 사회주의가 지닌 각각의 장점을 조화롭게 정치체제 안에 수렴해야 할 것이다. 또 통일 한국의 새로운 정치체제 설계는 21세기의 이념과 가치 그리고 첨단기술에 기초해야 한다. 이러한 과정을 통해 지구상의 그 어느 나라도 아직 구현해보지 못한 새로운 정치체제가 한반도에서 출현할 수 있어야 한다.

1단계 전략: 남북의 정치체제가 지닌 장점의 조화로운 조합

남북한 국민이 공유할 수 있는 가치체계와 이념을 정립하기 위해 사회주의가 강조하는 평등과 자유주의가 강조하는 자유를 적절하게 조화시키는 전략을 모색해야 한다. 자유와 평등은 인류의 가장 보편적 가치로 여겨지나, 태생적으로 상호 보완적이면서도 상충적이라는 딜레마를 가지고 있다. 개인의 자유가 확대되면 사회적 평등이 축소되고, 사회적 평등이 확장되면 개인의 자유가 위축되기 때문이다. 1991년 소련 붕괴 이후 체제 전환 국가나 북유럽의 사회민주주의 사례들을 검토해 남북한이 공유할 수 있는 최적의 가치와 이념을 도출할 필요가 있다. 특히 남북한의 차이를 명확하게 인식하기 위해 북한 지역의 면밀한 실태 조사를 선행해야 한다.

또 21세기의 사상과 기술에 기반을 둔 정치체제를 구상하기 위해서는 현재 급속하게 발전하고 있는 최신 기술들의 정치적 활용 방안에 관한 연구를 수행해야 한다. 아울러 뉴턴 역학에서 파생된 기계론적 세계관과 계몽주의에서 파생된 합리주의를 대체할 수 있는 새로운 세계관과 이념을 연구하고, 이를 정치체계에 적용할 방안을 찾아야 할 것이다.

2단계 전략: 다양한 민주적 가치의 우월성 증명

북한 주민들을 포용하고 진정한 사회통합을 이루기 위해서는 남한의 경제적인 우월성을 내세우는 대신 남한이 가지고 있는 다양한 민주적 가치를 보여주는 것이 먼저다. 이러한 가치에는 자유를 포함한 민주적 가치는 물론 지속가능성, 공유와 공공, 공동체, 세대 간 정의 등 미래를 상징하는 가치가 포함될 수 있다. 사회주의 주체사상에 물들어 있는 북한 주민들에게 이러한 가치들은 매우 생소할 수 있으며, 당장에는 동의하거나 공유하기 어려울 수도 있다. 따라서 북한 주민들에게 교육적 방안을 마련하는 것뿐 아니라 건강한 공론화 문화를 조성해 토론과 합의의 기회를 조성하고 확대해나가야 한다.

3단계 전략: 원만한 통합을 위한 최적의 정치체제 모색

미래 통일 한국의 정치체제와 관련해 완전한 통일부터 연방제, 내각제, 대통령제 등에 이르기까지 다양한 형태가 논의되고 있다. 남북연합이나 연방제같이 하위 단위의 자율성을 보장하는 것도 고려할 수 있으나, 완전한 통일을 전제로 할 때 정치체제를 대통령제로 할 것인지, 의원내각제로 할 것인지, 혹은 이원집정부제로 할 것인지에 대한 문제가 남는다. 의회제도를 단원제로 할 것인지, 양원제로 할 것인지에 대한 문제도 고려 대상이다.

그러나 어떤 방식을 채택하든 정당의 역할이 중요하다. 정당은 계층·지역·나이·성별 등 다양한 사회의 이해관계자들을 대변하고, 또 이를 정치제도권 안으로 흡수하는 역할을 한다. 문제는 북한이 정당정치를 전혀 경험해보지 못했다는 데 있다. 따라서 초기에는 북한의 주민들을 기존 남한 정당에 편입시키거나, 북한 지역 기반의 정당을 창설해야 할 것이다.

한편 통일 의회를 단원제로 운영할 경우, 인구가 남한의 절반밖에 되지 않는 북한은 지역 기반의 이해관계가 걸린 사안에서 절대적으로 불리할 수밖에 없다. 따라서 양원제로 전환해 남과 북에 동등한 정치적 대표성을 보장할 필요가 있다. 하원은 인구수에 비례해서 의원을 선출해 남북의 전반적 이해를 대변하도록 하고, 상원은 남북 동수로 의원을 선출해 북한의 지역 대표성을 강화하도록 하는 것이다. 양원제에 더해 하원·중원·상원으로 구성된 3원제를 운영하는 것도 또 다른 방안이다. 3원제는 '세대 간 정의'라는 가치의 정치적 실현을 목적으로 한다. 예를 들어 하원은 현세대를 대표하고, 중원은 지역을 대표하며, 상원은 미래 세대를 대표하도록 하는 식이다.

최종 전략: 온·오프라인 조합으로부터 '정부 없는 지배구조'로

미래 통일 한국의 정치 시스템에서는 우선 온라인 시민참여 플랫폼과 오프라인 기존 정당의 조합을 구상해볼 수 있다. 이러한 정당은 기존의 규칙에 따라 행동하되 시민과 협력해 의회에서 결정을 내리는 방식을 따른다. 아르헨티나의 인터넷 기반 정당 넷 파티Net Party가 이러한 조합의 대표적 사례라고 할 수 있다. 이 정당은 토론 플랫폼을 통해 토론하고 온라인상에서 투표할 수 있다. 스페인의 정당 포데모스도 블록체인을 기반으로 한 전자투표 시스템 '아고라 보팅Agora Voting'을 활용하고 있다.

'정부 없는 지배구조'에 대한 실험도 제안해볼 수 있다. 블록체인의 작동 원리는 중앙정부에도 충분히 적용될 수 있다. 블록체인 기술을 활용한 '탈중앙화된 자율조직decentralized autonomous organization'은 경영자 없이도 회사 조직을 운영할 수 있게 하는 시스템이다. 탈중앙화된 자율조직 방식을 정부에 적용할 경우, 국가의 국정 방향을 국민이 직접 결정할 수 있게 될 것이다. 행정부가 시스템의 실행을 주관하고, 사법부가 이를 감시하는 구조가 된다면 군이 기존의 정부와 같은 거대 조직은 필요 없을 것이다. 의회와 정당이라는 정치 중개 기관도 물론 할 일이 없어진다. 다만 국민이 자율적 방식으로 모든 국정 방향을 결정하는 것은 포퓰리즘의 함정에 빠질 우려를 안고 있다. 따라서 국민 개개인의 합리성과 전문성이 전제되었을 때 실현 가능해지는 일이 될 것이다.

6

경제 분야
미래전략
Economy

KAIST Future Strategy 2022

+ 부의 미래를 지배할 디지털 자산

+ 데이터 경제의 시작, 마이데이터

+ 혁신적 스타트업 생태계 조성 전략

+ 초불확실성 시대의 글로벌 가치사슬

+ 언택트 문화와 공유경제 2.0

부의 미래를 지배할 디지털 자산[146]

□ □ ▭ ▪ ■■■■ 이제 디지털 기술로 정보만 다루는 것이 아니다. 4차 산업혁명 시대에는 부富가 디지털 공간에서 창출되고 거래되고 보관되는 디지털 자산 시장이 크게 확대될 것이다. 디지털 자산 시장의 핵심 인프라인 블록체인 기술이 만들고 있는 거대한 변화다. 디지털 자산 혁명이라고 할만한 이러한 변화를 앞서 주도하는 자가 세계 경제의 판도를 바꾸게 될 것이다. 디지털 경제로 바뀌어가던 시대 흐름을 과소평가하고 아날로그 서비스에만 주력했던 세계 최대 필름 생산업체 코닥은 디지털카메라 시장에 완패했고, "아날로그로도 충분"하다며 기존 방식을 고집했던 모토로라나 노키아 같은 휴대전화 강자들도 지금은 역사에 묻혔다. 끊임없이 움직이는 디지털 경제 시장에서 살아남으려면 '계속' 변해야 한다.

부의 방향을 바꾸는 디지털 전환

금융 시스템에 디지털이 도입되면서 자산 측면에서는 오히려 중앙 관리자의 통제력이 더 강화되었다. 디지털 방식으로 자산을 복제해 전송하는 '이중 지불'을 막는 것이 관건이었기 때문이다. 그러나 2009년 블록체인 기술을 바탕으로 한 비트코인이 등장한 이래 탈중앙 화폐 개념이 등장했고, 한발 더 나아간 탈중앙 스마트 계약 컴퓨팅, 즉 탈중앙 거래 시스템과 함께 디지털 시대의 부도 새로운 국면을 맞고 있다. 무슨 자산이든 디지털 토큰으로 변환하고 글로벌 차원에서 유통하는 것이 가능해진 것이다.

암호화폐처럼 돈을 토큰으로 만들 수 있다면 부동산, 호화 크루즈, 기업도 그 가치를 토큰으로 만들 수 있다는 얘기다. 블록체인 기술이 가치 있는 재산을 중개자인 중간 관리자나 감독관 등에 의존하지 않고도 안전하고 효율적으로 전송하고 보관할 수 있도록 만들고 있기 때문이다. 이에 따라 예술품, 개인정보, 지적재산권, 탄소배출권 등 모든 사물의 소유권·사용권·수익권 등이 디지털 토큰이 될 수 있다. 이 토큰의 단위는 얼마든지 잘게 나뉘어 거래될 수 있다.

암호화폐, 디지털 경제를 재구성하다

중앙관리자 없는 화폐가 유통되고, 은행 없는 은행 서비스가 이루어지는 시대다. 지금까지 법정화폐 시스템에서 운영되던 은행 서비스, 보험 서비스, 증권, 파생 상품 등이 암호화폐 시스템 위에서 새롭게 구성되

고 있다. 스위스에서는 2019년 암호화폐 은행인 세바크립토SEBA Crypto
와 시그넘Sygnum Bank이 금융시장감독청으로부터 은행업 면허를 승인
받았다. 고객은 하나의 계좌만 개설하면 그것으로 달러, 유로 등 법정화
폐를 암호화폐로 쉽게 바꾸고, 또 암호화폐를 법정화폐로 바꿀 수 있다.
2013년 설립된 아르헨티나의 스타트업 리피오Ripio는 아르헨티나, 멕시
코, 브라질에서 비트코인 지갑을 이용한 개인 간 소액 대출 서비스를 시
작했다. 또 2018년 암호화폐 발행을 통해 3,700만 달러를 모아 세계 각
지의 투자자와 남아메리카의 대출자들을 연결해주는 이더리움 기반 스
마트 계약 시스템을 만들었다.

페이스북의 리브라Libra 프로젝트의 경우 암호화폐의 새로운 장을 열
것이라는 기대를 한껏 키우고 있다. 2020년 12월 디엠Diem으로 명칭
을 바꾼 이 암호화폐는 현실 자산과 액면 가치가 연동되는 스테이블 코
인stable coin이다. 페이스북 계정만 있으면 세계 어디로든 돈을 보낼 수
있고, 어디서든 지불할 수 있으며, P2P 대출도 가능하다. 이처럼 페이스
북에서 디엠과 같은 글로벌 디지털 화폐가 출현하자, 각국 정부도 중앙
은행 디지털 화폐CBDC 개발에 관심을 쏟기 시작했다. 예를 들어 중국은
법정 디지털 화폐인 디지털 위안화를 개발해 시범 서비스에 들어갔다.
다만, 디지털 위안화로 현금 사용이 대체되면 정부가 국민의 모든 거래
데이터를 한눈에 파악할 수 있어 감시 사회를 더 강화하는 도구가 될
것이라는 불안감도 낳고 있다.

디지털 자산 혁명의 세 가지 변화

디지털 경제는 암호화폐 단계에서 이제 디지털 자산의 단계로 향하고 있다. 기존의 자산 개념은 물론 자산을 소유하고 거래하는 방식 일체가 통째로 바뀌는 중이다. 이런 점에서 이 변화를 디지털 자산 혁명이라고 부른다. 가령 100억 원짜리 빌딩이 100억 개의 토큰으로 치환된다고 하면, 200만 원으로 토큰 200만 개를 살 수도 있다. 이 빌딩에서 관리비 등을 제외하고 한 달에 순수한 임대 수익이 1억 원씩 연 12억이 발생한다면, 소유한 토큰량(전체의 0.02%)에 따라 연 24만 원의 배당을 받을 수 있게 된다. 이보다 더 적은 금액으로 투자하는 소위 '소수점 투자'도 가능하다. 몇만 원 단위로 투자해 음악 저작권이나 미술품, 빌딩 지분의 100분의 1 혹은 1,000분의 1을 갖는 식이다.

디지털 자산 혁명의 핵심적 변화는 크게 세 가지다. 첫째, 실물 세계의 자산을 포함한 모든 자산의 디지털 토큰화다. 자산 가치를 반영한 토큰을 자산 토큰이라고 하며, 자산의 소유권과 연동된 자산 토큰은 증권 토큰이라고 한다. 자산에 근거해서 증권 토큰을 발행하는 것을 '증권형 토큰 공개STO, security token offering'라고 한다. '암호화폐 공개ICO, initial coin offering'가 토큰 이용 비즈니스의 미래 전망을 근거로 암호 토큰을 발행한다면, STO는 부동산, 미술품, 천연자원, 채권 등 이미 자산 가치를 인정받은 실물에 근거해 토큰을 발행하는 것이므로 투자 가치가 훨씬 안정적이라고 볼 수 있다.

둘째, 자산 거래의 자동화도 두드러진 변화다. 자산 시장의 전 과정, 곧 자산 소유권을 판매자에서 구매자로 이전하는 것, 소유권 지분에 따른 수익권을 행사하는 것 등을 스마트 계약을 활용해 자동화하는 것을 말한다. 자산 거래의 자동화는 여러 곳에서 실험 중이다. 스웨덴은 토지 등기까지 온라인에서 원스톱으로 처리하는 시스템을 개발해 시험 중에 있다. 토지 등기 관리가 부실해 관료들의 부정부패가 극심한 남미에서는 미주개발은행이 블록체인 기반 토지 등기 시스템을 개발해 이 문제를 해결하려 하고 있다. 아랍에미리트의 두바이에서는 토지 등기를 비롯한 각종 공공 서비스를 블록체인으로 통합해 토지 브로커들이 중간에서 부당 이익을 얻는 것을 줄여나가려고 한다.

셋째, 탈중앙 플랫폼이다. 이는 가장 핵심적 변화라고 할 수 있다. 중개자에 의존하지 않는 지급 수단인 암호 토큰 사용으로 글로벌 시장을 열 수도 있기 때문이다. 미국은 디지털 증권 토큰의 전망을 높이 평가하며 적극적으로 움직이고 있다. 나스닥은 백트Bakkt, 뉴욕증권거래소는 레이스Reis란 이름의 증권 토큰 거래소를 설립하기도 했다.

탈중앙 토큰 경제의 등장

토큰 경제란 블록체인을 기반으로 발행한 토큰을 매개로 작동하는 경제적 시스템이다. 토큰은 화폐의 대용물로 사용되는 지급 수단을 가리킨다. 통신사 포인트, 항공사 마일리지, OK캐시백 등도 일종의 토큰이다. 게임 중에 얻을 수 있는 금화나 보석도 토큰이다. 디지털화한 토큰이 법정화폐와 다른 점은 토큰의 단위는 원하는 대로 잘게 나눌 수 있다는 것이다. 또 플랫폼 안에서 토큰의 기능과 사용 방법을 얼마든지 프로그램화할 수 있다. 그런 의미에서 토큰을 프로그래머블 머니programmable money라고도 한다. 프로그램에 따라 토큰은 지급 수단이나 서비스 이용권, 또는 투표권 등으로 다르게 사용할 수 있다. 투자 지분을 의미하는 증권, 어음 또는 채권으로도 사용할 수 있다. 과거에는 토큰의 가치나 사용 방식을 네트워크의 중앙 관리자가 결정하고 사용자는 이를 일방적으로 따라야 했지만, 블록체인은 네트워크 참여자들의 합의로 이를 결정하고, 네트워크가 발전하면서 발생하는 이익도 참여자들이 공유한다.

예를 들어 미국 크라우드 펀딩 회사 인디고고Indiegogo는 2018년 콜로라도주 애스펀Aspen에 있는 유명한 스키 리조트 세인트 리지스 애스펀The St. Regis Aspen Resort을 토큰으로 유동화했다. 토큰화한 대상은 애스펀 리조트 객실 가운데 5분의 1로 그 가치는 1,800만 달러였다. 인디고고는 보유하고 있던 애스펀 리조트의 지분을 부동산 투자 신탁 회사인 애스펀 디지털을 통해 1,800만 개의 '애스펀 코인'으로 토큰화했다. 애스펀 코인 한 개의 가치는 1달러로 정했으며, 코인은 22개의 전자지갑으로 판매·전송되었다. 애스펀 코인은 증권 토큰에 속하는데, 토큰 보유자는 연 4.7%의 배당금을 이더리움으로 받는다. 독일 스타트업인 푼다멘트Fundament Group도 독일 연방금융감독청의 승인을 받아 유럽 내 부동산을 토큰화하겠다는 계획을 발표한 바 있다. 당시 알려진 토큰 발행 규모는 2억 8,000만 달러(2019년 기준)였다.

한편 우리나라에서는 부동산 STO가 불가능하지만, 규제 샌드박스 적용 대상으로 선정된 스타트업 카사코리아Kasa Korea가 하나은행, 국민은행, 한국토지신탁 등과 제휴해 상업용 부동산의 디지털 수익 증권을 거래하는 플랫폼을 개발하고 2020년 금융위원회로부터 혁신 금융 서비스 본인가를 받았다. 건물주가 건물 처분을 신탁 회사에 신탁하면, 카사코리아는 신탁된 건물의 가치를 담보로 디지털 수익 증권을 발행하고 이를 투자자에게 판매한다. 투자자들은 부동산을 처분할 때 발생하는 수익을 배당받는다. 이 모델이 더 진화한다면 아파트나 단독 주택으로 토큰화 대상을 확대하고, 모기지 담보부증권 등도 토큰화해 거래할 수 있을 것으로 예측된다.

그 밖에도 암호화폐 거래소이자 스테이블 코인을 발행하는 팩소스Paxos는 2019년 금 기반의 암호토큰 '팩소스 골드Paxos Gold'를 출시했다. 이더리움 기반의 팩소스 골드는 금을 비롯한 각종 실물 자산 보관 회사 브링스The Brink's Company가 런던에 보관하고 있는 금괴의 소유권을 표시한다. 팩소스 골드 토큰 1개의 가격은 금 1온스 가격에 연동된다. 금을 사려고 금 시장을 찾을 필요 없이 토큰 거래소에서 팩소스 골드를 구매하면 원하는 양의 금을 소유할 수 있다. 런던과 뉴욕의 특정 거래소에 가서 팩소스 골드 토큰의 보유를 인증하면 실제 금괴로도 교환할 수 있다. '현존하는 가장 비싼 작가'라고 불리는 영국 화가 데이비드 호크니David Hockney의 작품 〈거울과 함께 모인 그림Pictured Gathering with Mirror〉과 〈초점 이동Focus Moving〉도 2019년 우리나라에서 단돈 9,900원에 각각 8,900조각과 5,900조각의 디지털 토큰으로 쪼개져 팔리기도 했다.

디지털 자산 시장의 세 가지 가치사슬

디지털 자산 시장이 움직이려면 다음의 세 가지 가치사슬이 연결되어야 한다. 디지털 자산 평가, 토큰 발행 그리고 토큰 거래가 그것이다. 바로 여기에서 새로운 비즈니스의 기회가 열린다. 나아가 디지털 자산 거래 플랫폼의 효율성을 높이고 탈중앙화 안전성을 높이는 과정에서 새로운 비즈니스가 계속 등장하게 될 것이다.

디지털 자산의 가치평가

미래에는 더욱 다양한 자산들이 디지털화될 것이다. 이 가운데 눈에 보이는 자산인 부동산, 금, 은, 석유 등은 통상적으로 그 가치가 이미 분석되어 있다. 이렇게 분석되어 평가된 가치를 기반으로 디지털 토큰의 가격을 매기는 것은 그리 어렵지 않다. 그러나 보이지 않는 자산인 데이터, 콘텐츠, 지적재산권 등은 그 가치를 정확히 평가하거나 분석하기가 쉽지 않다. 따라서 디지털 자산 평가 방법과 평가 전문가들이 필요하며, 점점 그 수요가 커질 것이다.

디지털 자산의 신탁 및 토큰 발행

실물 자산이나 데이터 자산의 가치가 객관적으로 평가되었다면, 그 다음 과정은 자산을 담보로 디지털 토큰을 발행하는 단계다. 이 단계는 자산의 신탁과, 신탁된 자산을 근거로 디지털 토큰을 발행하는 두 부분으로 구성된다. 가령, 부동산 보유자가 신탁 기관에 부동산을 위탁하면, 전문 평가사에 의해 가치가 매겨지고, 토큰 발행사는 이를 기반으로 액면 가치와 발행량을 정해 디지털 토큰으로 만들게 된다. 그런데 암호화폐와 달리 증권 토큰의 경우는 실제 자산이라는 담보가 공인된 위탁 서비스업 등을 통해 확인되어야 한다. 블록체인 거래는 탈중앙 방식이지만, 블록체인에 자산을 올리기 전까지는 실제 담보물 검증에서처럼 일정 부분 국가나 제삼자의 개입을 받아들일 수밖에 없다는 얘기다.

디지털 자산의 거래 시장 구축

자산 평가와 토큰 발행이 이뤄지면 그다음엔 발행된 토큰이 안전하게 거래될 수 있는 토큰 거래소가 필요하다. 이러한 디지털 자산 거래 비즈니스는 지금의 암호화폐 거래소와 비슷하지만, 증권 토큰은 지급결제 토큰이나 이용권 토큰과 달리 투자자산이므로 여러 금융 관련법 준수 의무가 부과될 것이다. 또 완전한 탈중앙 기대를 실현해야만 디지털 자산 거래소가 안정적으로 운영될 수 있을 것이다.

이러한 디지털 자산 거래소는 부의 우주정거장에 비유해볼 수 있다. 이를테면 한국의 거래소 플랫폼에서 미국의 부동산, 중동의 석유, 유럽의 지적재산권 등을 거래하는 것이 가능해지기 때문이다. 이러한 자산 거래에서 1%의 수수료만 받더라도 그 수익은 어마어마할 것이다. 스위스, 홍콩, 싱가포르 같은 금융 선진국과 금융 비즈니스 글로벌 기업들이 미래 금융시장을 선점하기 위해 뜨거운 경쟁을 벌이는 이유다. 예를 들어 골드만삭스는 디지털 자산의 가치사슬에서 주도적 위치를 선점하기 위해 가치사슬의 각 연결고리인 디지털 자산의 토큰 발행, 자산 신탁업, 토큰 거래소 분야에서 사업을 개척하고 있다. IBM도 보유한 블록체인 기술력을 활용해 디지털 자산 신탁 분야로 진출을 모색하고 있다.

부의 미래와 우리의 선택

앞으로 세계의 부 대부분은 디지털 데이터와 디지털 서비스가 연결되는 디지털 플랫폼에서 창출될 것이다. 블록체인에 기반한 디지털 자산 혁명은 인류가 자산을 소유하고 관리하는 방식 자체를 바꿀 것이다. 이런 흐름 속에서 우리는 어떠한 선택을 할 것인가?

분명한 것은 4차 산업혁명의 핵심 인프라인 블록체인을 누가 주도하느냐에 따라 세계 경제 판도가 바뀐다는 사실이다. 그 주도권이 외국 기업에 넘어가면 우리 국민의 금융 자산이나 건강 데이터가 외국 기업이 주도하는 블록체인 시스템 안에서 저장·관리·거래될 것이다. 그런 점에서 블록체인 기술혁신은 정보 주권을 지키는 일이기도 하다. 따라서 민관 합동으로 블록체인 산업을 육성할 로드맵을 구체화하고 창의적 비즈니스 모델의 실험과 혁신적인 블록체인 서비스의 촉발로 생태계를 확장해가야 한다.

우리나라에서 암호화폐가 투기 광풍을 일으키면서 블록체인 기술에 대한 회의론이 제기된 것도 사실이다. 암호화폐가 근본적으로 블록체인 기술을 바탕으로 등장했지만, 결제 수단으로도 한계가 있고 보안 문제 등도 불거지며 탈중앙화에 대한 허점이 드러났기 때문이다. 그러나 이것은 기술과 제도로 보완해야 할 문제다. 분명한 것은 블록체인 기술은 신뢰의 거래와 탈중앙화 거래를 폭발적으로 증가시키며 4차 산업혁명의 근간이 되고 있다는 점이다.

과거의 잣대로만 평가하는 사고방식으로는 앞으로 나아갈 수가 없다. 혁신은 단순히 새로운 시장을 만드는 것이 아니라 시장의 주체를 바꾸는 것이기 때문이다. 아날로그가 디지털로 바뀌면서 휴대전화 비즈니스의 주도권은 노키아와 모토로라에서 애플과 삼성으로 넘어갔다. 또 사진 비즈니스의 주도권은 필름 회사 코닥에서 사진 공유 소셜미디어인 인스타그램으로 넘어갔다. 지금의 선택과 준비가 디지털 자산의 미래 향방을 가를 것이다. 디지털 자산 시장은 아직은 미성숙한 시장이다. 이에 따른 문제도 아직 많다. 그러나 디지털 자산 시장의 기술적 흐름과 세계적 규제 환경을 앞서서 이해하고 혁신적 서비스를 만들어나가는 주체가 미래 글로벌 시장의 부를 거머쥘 것이다. 미래의 부는 값비싼 자산의 소유 여부에 달려 있지 않다. 대신 디지털 자산을 투명하고 안전하게 관리하고 거래하는 서비스를 만들어 많은 소비자의 선택을 받는 주체가 부의 주인이 될 것이다.

데이터 경제의 시작,
마이데이터

▫ ▫ ▭▪ ▪▬▬▪ 디지털 기술의 확산으로 디지털 전환이 전 산업에서 이루어지는 가운데, 일상생활 속 스마트 디바이스를 통해 개인의 데이터 역시 폭발적으로 증가하고 있다. 데이터는 데이터 경제로 이행하는 과정에서 기존의 생산요소를 능가하는 핵심 자원으로 부상하고 있으며 데이터의 경제적·사회적 가치 또한 더욱 높아지고 있다. 이런 상황에서 데이터에 대한 권한을 정보 주체인 개인에게 부여한다는 개념의 '마이데이터MyData' 논의가 전 세계적으로 확산하고 있다. 데이터 활용을 통한 가치 창출이 지속되기 위해서는 정보 주체인 개인이 본인의 정보 통제권을 갖는 동시에 개인 중심의 데이터 유통 체계를 구축하는 것이 필요한 만큼 향후 마이데이터를 둘러싼 정책 설계와 방향이 더욱 중요해질 전망이다.

마이데이터, 내가 내 정보의 주체가 된다

구글을 비롯한 글로벌 ICT 기업들은 우리가 일상에서 생성하는 방대한 데이터를 활용해 사업을 영위하고 확장한다. 그러나 정작 데이터 주체인 개인은 데이터를 체계적으로 수집하거나 활용하기가 쉽지 않다. 이러한 문제의식에 기반해 자신의 데이터를 직접 관리하고 활용할 수 있게 하는 해결책으로 등장한 개념이 바로 '마이데이터'다. 즉 데이터 주체인 '내'가 '정보이동권right to data portability'에 근거해 '나의' 데이터에 대한 개방을 요청할 수 있고, 이때 기업은 보유한 데이터를 '내'가 지정한 제삼자에게 개방*해야 한다는 것이 핵심 내용이다.

정보이동권은 EU가 2016년 '일반개인정보보호법GDPR, general data protection regulation' 제정 시 도입한 개념으로, 정보 주체가 기업 등이 보유한 자신의 데이터를 본인 또는 본인이 지정한 제삼자에게 전송하도록 요구할 수 있는 권리다. 이를 통해 개인은 개인정보를 언제, 누구에게, 어느 범위까지 제공할 것인지 스스로 결정할 수 있게 된다.

마이데이터의 장점

마이데이터는 소비자 측면에서는 주도적으로 데이터에 접근할 수 있어 자신의 정보에 대한 권한이 강화되고 기업 중심의 데이터 관리 체계가 개인 중심으로 전환되는 것을 의미한다. 즉 은행, 보험회사, 카드회사, 증권회사에 일일이 접근할 필요 없이 흩어져 있는 자신의 다양한 정

• 데이터의 제공 및 공유를 위한 기술 방식으로는 표준 API를 개방하는 방식(오픈 API)이 전 세계적으로 널리 채택되고 있다.

보를 한눈에 파악하는 것은 물론 쉽게 관리할 수 있다. 또 데이터 기반의 맞춤형 금융 서비스도 다양하게 받을 수 있을 것으로 예측된다.

데이터를 넘겨받는 기업 쪽에서도 데이터 활용이 훨씬 쉬워져 이를 기반으로 새로운 서비스를 창출할 수 있게 된다. 이는 금융산업을 포함한 다양한 산업계의 정보 불균형이 해소될 수 있음을 시사한다. 즉 대형 기업들의 정보 독점력이 떨어지는 반면 정보 열위에 있던 핀테크나 벤처 기업 등이 동등한 환경에서 경쟁할 수 있게 되는 것이다. 게다가 마이데이터 시행으로 데이터 개방이 산업 간 장벽을 허물어 개방형 혁신을 촉발하고, 마이데이터 플랫폼과 같은 새로운 고객 접점이 증가해 기업 간 서비스 경쟁도 더욱 촉진될 것으로 예측된다.

국내 마이데이터 도입 분야

우리나라에서 가장 선제적으로 마이데이터를 도입하려는 분야는 해외 주요 국가들처럼 활용성이 높은 금융산업 쪽이라고 할 수 있다. 그러나 마이데이터는 금융뿐만 아니라 가치를 창출할 수 있는 모든 분야에다 적용할 수 있다. 이에 따라 국내에서는 금융 분야를 시작으로 통신, 의료, 유통, 에너지 등으로 점차 확대되어 분야 간 융·복합 서비스가 발전할 전망이다. 장기적으로는 비금융 영역의 데이터도 금융 데이터와 같이 개방되어 금융과 비금융 데이터를 통합해 활용하는 서비스가 개발될 것으로 예측된다. 금융·비금융 데이터의 조합이란 단일 영역의 데이터와는 비교할 수 없을 정도의 거대한 데이터 자산을 의미한다. 이러한 데이터를 토대로 혁신 서비스들이 창출된다면 실질적인 데이터 경제로 이행하는 분수령이 될 것이다.

해외 주요국의 마이데이터 추진 현황

EU는 GDPR 제20조에 정보이동권을 신설하고, '지급결제지침PSD2, payment services directive 2'을 통해 개인정보이동권을 금융산업에 적용해 금융산업 내 오픈뱅킹의 초석을 마련했다. 이러한 마이데이터 개념은 전 세계 주요 국가로 확산해 영국이나 호주 등은 정보이동권을 입법화하기도 했다.

영국은 이미 2011년부터 기업들이 보유하고 있는 데이터를 디지털화해 개인에게 제공하는 정책인 '마이데이터Midata' 프로그램을 시행했고, 마이데이터 혁신연구소Midata Innovation Lab라는 기구를 창립했으며, 2018년부터는 전 세계 최초로 오픈뱅킹을 시행했다.

호주의 경우 2017년에 데이터에 대한 개인의 권리를 보장하는 소비자 데이터 권리consumer data right 정책을 도입했고, 금융 부문을 필두로 에너지와 통신 부문으로 적용 분야를 확대한다는 계획이다.

또 미국은 개인정보에 대한 연방 정부와 주 정부의 관리 권한이 다르기 때문에 연방 정부 차원에서 관리하는 개인정보를 대상으로 하는 마이데이터 정책이 추진되고 있다. 미 행정부는 개인이 보건, 에너지, 교육 분야의 본인 데이터에 접근하고 활용할 수 있도록 '스마트 공시Smart Disclosure' 서비스를 추진한 바 있다. 미국 내 금융 데이터 공유 움직임은 금융데이터협회나 전자결제협회와 같은 민간 조직을 중심으로 자발적으로 추진되고 있는 게 특징이기도 하다.

선도적 해외 마이데이터 사업자들

구글, 애플, 아마존, 페이스북 등과 같은 플랫폼 기업이 데이터 활용을 극대화하는 가운데 해외에서는 혁신적인 마이데이터 사업자들도 주목을 받고 있다. 이들 기업은 뛰어난 데이터 수집·분석·활용 역량을 바탕으로 고객에게 차별화된 서비스를 제공한다는 공통점이 있다.

일례로 미국의 마이데이터 사업자인 민트Mint는 국내의 토스나 뱅크샐러드와 유사한 개인 신용정보 통합 조회 서비스를 주로 제공한다. 후발 주자임에도 경쟁자들과 차별화된 자동 범주화 기반 서비스를 제공함으로써 고객의 고충을 획기적으로 개선해 미국 내 개인 재무 관리 서비스 시장의 흐름을 변화시킨, 가장 성공적인 마이데이터 사업자 중 하나로 평가받고 있다.

또 영국의 디지미Digime는 데이터 생태계에서 공급(개인)과 수요(기업)를 중개하는 개인 데이터 저장소 비즈니스 모델을 표방하며, 데이터 수집·저장·공유 등 플랫폼 내 모든 개인 데이터에 대한 권리를 사용자에게 부여하고 있다. 금융을 비롯해 의료, 소셜네트워크, 헬스, 엔터테인먼트 등 다양한 영역의 개인 데이터를 플랫폼 내에서 통합적으로 취합할 수 있어 데이터 활용 가치가 매우 높다. 개인이 원하는 데이터 서비스를 선택하고 본인 데이터를 전송하도록 해서 실질적인 효용성을 높이는 한편 혁신적인 융·복합서비스 창출도 촉진한다는 점에서 데이터 경제 활성화에 기여하는 성공적인 비즈니스 모델을 구현했다고 할 수 있다.

가장 보수적이라고 할 수 있는 보험업계에서 데이터 활용을 통해 부가가치를 창출하고 고객 지향적인 서비스를 창출하는 중국의 평안보험그룹平安保险도 주목할 만하다. 데이터 활용 여건이 국내 상황과 차이가 있지만, 금융 IT 기업을 표방하는 평안보험그룹은 고객에게 상품을 추천하고 판매할 때 보유한 다수의 금융·비금융 데이터를 통합적으로 분석해 고객 가치를 창출해내는 측면에서 매우 탁월하다. 서로 다른 디지털 플랫폼에서 얻은 데이터를 통합해 고객의 니즈를 파악하고 해당 수요를 흡수함으로써 높은 수익을 자랑하고 있다.

국내 마이데이터 추진 현황

국내에서 가장 선도적으로 마이데이터를 도입하고 있는 분야는 금융산업이다. 2020년 데이터 3법 개정안이 통과되면서 '마이데이터 산업(본인신용정보관리업)'도 명시적으로 도입되었다. 개인 신용 정보에 한정되지만, 데이터 3법은 개인의 정보이동권을 도입해 국내 마이데이터 상용화를 위한 초석을 마련했으며, 데이터를 기반으로 가치를 창출하는 데이터 경제로의 전환을 본격화하는 계기를 마련한 셈이다.

마이데이터 사업자 인가를 위해 금융위원회는 2020년 7월부터 마이데이터 예비 허가 사전 신청을 받았는데, 금융사, 유통사, IT 및 핀테크 기업, 통신사 등 총 63개 기업이 예비 인가를 신청하면서 높은 관심을 드러내기도 했다.

행정안전부 역시 행정정보에 대한 개인의 정보 주권을 강화하기 위해 전자정부법 개정안을 만들어 2020년 9월 입법 예고를 한 상태다. 현재 행정 정보의 제공 범위가 논의되고 있으며, 향후 국민 개개인이 자신의 행정 정보에 자유롭고 편리하게 접근해 다양한 서비스를 받을 수 있을 것으로 기대된다. 의료도 마이데이터를 통해 다양한 활용이 기대되는 분야인데, 이에 보건복지부는 2021년 2월 '마이 헬스웨이(의료분야 마이데이터) 도입방안'을 발표하고, 공공기관에서 보유하고 있는 개인의 건강정보를 스마트폰에서 조회하고 저장할 수 있는 '나의 건강기록' 애플리케이션을 출시했다. 해당 앱을 통해 개인은 진료·건강검진 이력(국민건강보험공단), 투약 이력(건강보험심사평가원), 그리고 예방접종 이력(질병관리청)까지 통합적으로 관리할 수 있으며 해당 정보를 원하는 곳에 전송할 수도 있다.

마이데이터의 과제

사회적 합의를 통한 데이터 관련 법안 정비

정부는 장기적으로 데이터 경제로의 이행과 개인의 정보 권리 강화를 목표로 현재 개인 신용 정보에 한정된 정보이동권을 일반법으로 확대하는 개인정보보호법 개정안을 2021년 1월 입법 예고했다. 그러나 다양한 찬반 의견이 존재하므로 이해관계자라고 할 수 있는 개인, 기업, 정부 간 충분한 논의가 이뤄져야 하며, 무엇보다 국민의 공감이 전제되어야 한다. 이를 통해 개인정보 보호와 개인의 데이터 통제권 강화, 그리고 데이터 활용 간 균형을 모색하는 사회적 합의를 이끌어야 한다.

또 일반법뿐만 아니라 개별법 간 상충이 발생하는 부분에 대한 개정과 정비도 이루어져야 다양한 개인정보에 실질적으로 전송 요구권이 적용될 수 있다. 나아가 점점 늘어날 디지털 정보의 종류와 유형을 일일이 정하기 어렵다는 점을 고려해 마이데이터 적용 대상 정보 범위를 열거주의 방식으로 정하는 현행 입법 체계도 재검토할 필요가 있다.

체계적 데이터 관리 · 유통 체계 구축

마이데이터 사업이 성공적으로 안착하고, 막 태동하기 시작한 데이터 생태계가 활성화하기 위해서는 정보 주체인 개개인의 적극적 참여가 필수다. 따라서 개인이 능동적으로 본인 데이터를 관리할 수 있는 개인정보 관리 체계를 수립하고 이를 활성화해야 한다. 해외 주요국들도 데이디 경제를 준비하는 과정에서 정보 주체인 개인의 적극적 참여가 중요하다는 점을 인식하고 '개인정보 관리 시스템personal information management system'이나 '개인 데이터 저장소personal data store' 같은 관리 툴을 도입하기도 했다. 개인정보 관리 툴은 개인의 주도로 자신의 정보를 안전하고 체계적으로 관리할 수 있도록 해 생태계 참여를 촉진하고 데이터 흐름을 원활하게 하는 핵심 역할을 해내고 있다. 국내에서도 체계적인 개인정보 관리 체계를 위해 이러한 구체적인 정책 방안을 모색해야 할 것이다.

이와 함께 소비자의 정보 자기결정권의 실효성을 보장하기 위한 효과적인 동의 요건 설계에 대해서도 고민해야 한다. 그렇지 않으면 개인이 수동적으로 약관에만 동의하고 개인정보에 대한 실질적 결정권을 행사하지 못하는 '동의 만능주의' 또는 '규제의 역설'이 발생할 수 있기 때문이다. 가입 절차의 간소화나 직관화와 더불어 고객 편의성을 증진하면서도 개인의 통제권을 강화할 수 있는 동의 방식을 고안하는 지속적인 노력이 필요하다.

개인정보 보호 장치 마련

마이데이터 사업의 특성상 예금 · 대출 · 보험 · 온라인 쇼핑몰 주문 정보 같은 개인의 민감한 정보가 한 곳에 집중된다는 점에서 개인정보의 보호는 더욱 중요하다. 해킹이나 개인정보 유출 같은 보안 사고가 단 한 번이라도 발생하면 엄청난 피해로 이어질 수 있다. 따라서 이러한 보안 리스크에 대응하기 위한 고도의 기술적 보안 인프라와 정보 운영 체계가 구축되어야 한다.

외부적 위협에 대한 보안 못지않게 엄격한 내부 보안 체계를 확립하는 것도 중요하다. 과거 금융기관 세 곳에서 막대한 개인정보가 유출되어 큰 파장을 일으켰는데, 이는 내부 인력에 의해 발생한 사건이었다. 따라서 정부는 마이데이터 사업자들에게 향후 잠재적인 보안 위협 요소를 명확히 파악하고 이를 기반으로 강력한 리스크 관리 체계와 내부 보안 시스템을 마련하도록 요구해야 한다. 나아가 마이데이터 사업자의 보안 취약점을 지속해서 점검하고 강화해야 할 것이다.

마이데이터 사업의 확장

데이터 3법 개정안과 금융 부문의 마이데이터 상용화로 우리나라도 데이터 경제로의 이행을 위한 첫발을 내디뎠다. 마이데이터가 장기적으로 전 산업에 걸쳐 확장하고 성공적으로 안착하기 위해서는 편의성 높고 우수한 고객 경험을 제공하는 사용자 친화적인 마이데이터 서비스가 전제되어야 한다. 소비자가 가장 필요로 하는 효용과 가치를 제공해야만 정보의 주체이자 동시에 서비스 사용자인 개인의 능동적이고 주도적인 참여를 끌어낼 수 있기 때문이다. 그렇지 않으면 마이데이터 사업의 원활한 성장 동력을 기대하기 어려울 것이다.

이를 위해 산업별 경계를 넘나드는 데이터 융·복합이 가능한 환경이 우선 조성되어야 한다. 이와 함께 마이데이터 사업의 확장성을 고려한 시도도 다양하게 이뤄져야 한다. 현재 추진되고 있는 마이데이터 사업은 주로 개인을 대상으로 하는 서비스에 집중되어 있지만, 이를 기업으로 확장해 법인세 납부 정보, 법인카드 사용 내역 등 일반 기업에서 필요로 하는 모든 정보를 한데 모아 제공하는 서비스 등도 고려해 볼 필요가 있다. 정부는 다양한 참여자들과의 지속적인 커뮤니케이션을 통해 마이데이터 사업을 고도화함과 동시에 더욱 명확한 가이드라인과 지원 체계를 만들어가야 한다.

혁신적 스타트업
생태계 조성 전략[147]

□ □ ▭ ▪ ▬▬▪▪ 혁신은 산업 생태계에서 성장을 이끄는 주요 조건이다. 그리고 혁신의 성패를 좌우하는 것은 혁신을 낳아 키우는 시스템과 환경, 즉 '혁신 생태계'의 경쟁력이다. 혁신 생태계는 자연 발생적·우연적 요소로부터도 영향을 받지만, 이를 조성하기 위한 인위적인 노력에 따라서도 좌우된다. 혁신 생태계를 조성하고 활성화하기 위해서는 국가 혁신 거버넌스, 과학기술 거버넌스, 창업 지원 체계, 혁신 금융 투자 시스템 등이 혁신 친화적으로 정비되어야 한다. 또 더 근본적으로는 혁신을 이해하고 수용하는 문화가 바탕이 되어야 한다.

한국의 혁신 역량

우리나라도 그간 시행착오를 겪으면서 다양한 '혁신의 경험'을 축적해 왔다. 특히 외환위기 이후 광범위한 경제 개혁 과정에서 역대 정부는 혁신을 정책의 중심에 두어왔다. 세부적인 정책 프로그램은 달랐지만, 혁신 정책의 기조는 항상 유지해왔다. 한국이 국가 차원에서는 세계적 수준의 혁신 역량을 가졌다고 평가받는다는 사실이 이를 방증한다.

국가 차원의 총량적 혁신 지표

블룸버그가 2021년 발표한 혁신 지수에서 우리나라는 가장 혁신적인 국가로 꼽혔다. 제조업 부가가치, R&D 집중도, 첨단기술 집중도, 교육 효율성 등 평가 분야별 획득 점수를 합산한 결과인데, 평가 대상 60개 국가 중에서 1위를 차지했다. 2018년까지 6년 연속 1위를 유지했고, 2019년 코로나19 위기로 제조업 부가가치가 하락하면서 독일에 1위 자리를 내주고 2위로 잠깐 내려왔지만 2020년 다시 1위로 복귀했다. EU 집행위원회가 발표하는 혁신 지수에서도 우리나라는 유럽 국가들을 제치고 1위 자리를 차지했다.[148] 유럽 특허청European Patent Office이 2020년 발표한 4차 산업혁명 관련 특허 등록 순위에서도 한국은 미국, EU, 일본, 중국에 이어 5위에 올라 있다. 경제 규모와 인구 수를 고려하면 EU 전체(6,771)와 비교해도 한국의 특허 등록 수(4,370)는 크게 뒤처지지 않는 수준이다.

한국은 표준 특허essential patent*에서도 선도 국가 반열에 든다. 특허청

---

* 표준 특허는 국제표준화기구ISO와 국제전기기술위원회IEC, 국제전기통신연합ITU 등

에 따르면, 2020년 우리나라는 3대 국제표준화기구(ISO, IEC, ITU)에 신고한 표준 특허가 2016년 519건(세계 5위)에서 약 6.4배 증가한 3,344건(23.5%)으로 세계 1위에 올랐다.

우리나라의 과학기술 클러스터 경쟁력도 높은 수준으로 평가받고 있다. 세계지적재산권기구WIPO, World Intellectual Property Organization가 발표(2020년)한 세계 100대 과학기술 클러스터 경쟁력 조사에서 서울과 대전이 30위 안에 들었다. 특히 서울은 미국과 유럽의 유수 과학기술 도시들을 제치고 3위를 차지했다.

혁신의 편중 현상

이처럼 한국의 국가적 혁신 역량은 매우 높은 평가를 받고 있으나, 총량적 혁신 지수는 경제 전반의 혁신 역량에 대한 착시를 일으킬 수도 있다. 사실 우리나라는 높은 총량적 혁신 지수에 비해 혁신의 저변은 그리 넓지 않다는 한계를 지닌다.

한국 경제에서 혁신은 기업 규모 면에서나 지역적인 측면에서 보면 아쉬운 점이 많다. 혁신 역량과 성과는 대기업과 수도권에 편중되어 있다. 우리 경제의 구조적 특징이 혁신에도 고스란히 반영된 것이다. 가령, 표준 특허 건수는 2016년 4위에서 2020년 1위로 깜짝 상승했는데, 이는 2020년 하반기에 삼성전자의 영상 관련 특허 2,500여 건이 한꺼번에 반영된 덕이다.

에서 제정한 표준규격을 기술적으로 구현해낼 때 필수적으로 실시해야 하는 특허이다. 회피설계가 불가능하기 때문에 해당 특허를 침해하지 않고는 관련 제품을 생산, 판매하기 어렵다.(출처: 네이버 지식백과)

번에 반영된 덕이다. 한 대기업의 역량이 특허 관련 지수 상승에 절대적으로 영향을 미친 것이다. 다른 지표들도 정도의 차이는 있지만 마찬가지다. 삼성과 LG 등 글로벌 기업들의 성과를 제외하면 우리나라의 혁신 관련 지수는 지금과는 매우 다를 수 있다. 혁신 활동의 대기업 편중 현상은 실증 연구에서도 확인된다. 2017~2019년 한국 제조 기업의 전체 혁신율은 20.6% 수준인데, 50인 미만 기업의 혁신율은 17.2%에 불과하고 500인 이상 대기업이 72.6%다.[149] 이런 대기업 주도의 혁신 성과가 총량 혁신 지표에 반영되어 있는 것이다.

혁신 기업은 수도권에 집중적으로 모여 있다. 여러 요인이 있겠지만, 이는 서울을 비롯한 수도권이 과학기술 클러스터에서 상위권을 차지하고 혁신이 대기업에 의해 주도되는 것과 관련 있다. 혁신 활동이 지역적으로 편중되어 있다는 점은 새로운 일자리도 수도권에 편중된다는 의미다.

혁신의 저변이 넓지 않다는 점은 스타트업 생태계 경쟁력 비교에서도 확인할 수 있다. 세계 스타트업 생태계 경쟁력 순위에서 서울은 20위에 불과하다. 4차 산업혁명 클러스터 경쟁력 순위나 과학 클러스터 순위와는 매우 상반된 평가다. 최근 정부가 스타트업 투자를 꾸준히 늘려온 사실에 비추어 보면 이는 꽤 실망스러운 수준이다.

선진국 사례로 보는 혁신적 스타트업 육성 방안

스타트업은 변화하는 산업 환경에서 중요한 역할을 담당한다. 스타트업은 신산업을 창출하는 원천이며 경제 전반에서 혁신의 저변 확대에 기여한다. 일자리는 창업創業과 창직創職을 통하는 것이 가장 본질적인 방법이다. 창업과 창직은 대부분 대기업과 협력 중소기업에서 이뤄진다. 하지만 새로운 기술환경 변화에 맞추어 순발력 있게 일자리를 만들어내는 것은 스타트업들이다. 이런 측면에서 경쟁력 있는 생태계를 만드는 유럽 국가들의 차별적 요소들이 무엇인지 살펴볼 필요가 있다.

공공부문의 적극적인 시장 조성 역할

스타트업 생태계 상위 국가들을 보면, 공공부문이 초기 스타트업 투자의 활성화를 이끈다. 스타트업 투자를 위한 전문 투자 기관을 설립하거나 공공 금융기관이 스타트업 자금 지원 업무를 수행하는 식이다. 영국의 경우 미국의 '실리콘밸리은행Silicon Valley Bank'과 유사한 기능의 '영국기업은행BBB, British Business Bank'을 2012년 설립했다. 스타트업을 포함한 중소기업의 금융지원을 강화하기 위해 만든 것이다. BBB는 산하 투자 회사를 통해 초기 스타트업에 투자가 이뤄지도록 적극적인 투자 유치 활동도 전개하고 있다.

프랑스는 아예 종합적인 투자 은행인 '프랑스 공공투자은행BPI France'을 2012년 창설했다. 프랑스 중소기업 지원 기관Oséo, 기업 지원을 위한 예금공탁금고CDC Entrepries, 프랑스국부펀드FSI 등 기존의 3개 기관을 통합한 것인데, 액셀러레이터·인큐베이터를 파리 시 정부와 공동으로 설립하거나 자금을 지원함으로써 초기 스타트업을 집중적으로 지원하고 있다.

독일의 개발투자은행인 KfW도 스타트업 육성에 적극적 역할을 한다. KfW는 우리나라의 산업은행·수출입은행·기업은행을 합친 것과 유사한데, 특이한 점은 아이디어 단계의 극초기 스타트업 기업들에게도 창업 자금을 대출해준다는 것이다. 과감한 자금 운용은 네덜란드에서도 찾아볼 수 있다. 네덜란드의 '스타트업 초기 자금조달제도VFF'는 새로운 아이디어를 사업화하려는 예비 창업자들에게 필요한 자금을 대출해주는 서비스다.

해외 스타트업 창업자와 두뇌 유치

개방적 태도도 스타트업 생태계 상위권에 자리한 유럽 국가들의 특징이다. 이들은 창업 비자 제도와 외국인 창업 지원 제도를 통해 우수하고 혁신적인 해외 스타트업 창업자들을 적극적으로 유치함으로써 자국의 스타트업 생태계를 활성화하고 일자리도 창출한다. 예를 들어 '프랑스 기술 비자'는 프랑스를 스타트업 중심 국가로 만들기 위해 2018년 만든 것으로 초고성장 중인 업체에 고용된 해외 봉급자나 투자자, 엔젤 비즈니스에 의해 선택된 해외 창업자 등을 대상으로 한다. 비자 관련 모든 절차가 신속하고 간편하게 이뤄진다.

기술 전쟁이 점점 심해지는 상황에서 이러한 속지주의屬地主義 스타트업 생태계 육성 전략은 눈여겨 볼만하다. 자국에 없는 신기술과 아이디어를 들여와 스타트업 생태계의 깊이를 더하고 폭도 넓힐 수 있기 때문이다. 기술보호주의 흐름 속에서 시장 친화적이고 합법적으로 기술 경쟁력을 확보하는 전략이기도 하다.

하지만 이러한 모습은 우리 현실과는 매우 대비된다. 우리나라도 유사한 제도가 없는 것은 아니며 최근 제도 개선도 이뤄지고 있다. 외국인 창업 프로그램 교육 절차가 간소화되고 창업 준비를 위해 6개월간 체류할 수 있는 기술 창업 활동 비자도 우선 발급된다. 국내 법인을 설립하면 2년 기간의 비자가 발급되고 연장도 가능하다. 그러나 실효적 성과는 아직 내지 못했다. "국내 지원도 급한데 해외 창업자까지 지원해야 하나?" 하는 식의 인식이 자리 잡고 있다면 유럽과의 차이를 메우는 데는 상당한 시간이 소요될 것이다.

대기업들의 스타트업 생태계 참여

유럽 선진국에서는 자국 기업 또는 글로벌 기업이 적극적으로 스타트업 액셀러레이터 또는 인큐베이터를 설립해 운영하는 모습도 찾아볼 수 있다. 영국의 바클레이Barclays, 낫웨스트Natwest, 홍콩상하이은행HSBC, 유니레버 등 글로벌 기업과 주요 은행들은 자체적으로 혹은 전문 액셀러레이터 기업과 협력해 스타트업 지원 프로그램을 운영한다. 프랑스에서는 BNP파리바BNP Paribas, 하바스Havas, 페이스북, 마이크로소프트, 유비소프트Ubisoft, 방트프리베Vente-Privee 등, 독일에서는 도이치텔레콤Deutsche Telekom, 마이크로소프트, 노키아 등의 글로벌 기업과 주요 은행들이 스타트업 육성 프로그램을 운영하고 있다.

대기업과 스타트업이 생태계 안에서 서로 협력하지 못하면 경제 전반에서 혁신 생태계는 '파편화'된다. 그런 상황에서는 모두 패자가 될 수밖에 없다. 또 전체 벤처 투자 수준이 낮아짐으로써 초기 스타트업에 대한 투자도 적어져 시장 실패로 이어진다. 아이디어만으로 창업한다는 것은 다른 세상의 이야기일 뿐이다. 창업을 시도하려는 스타트업이 줄어들면, 개방형 혁신은 헛된 꿈이 될 것이다. 또 시장 자생적인 모험투자가 위축되어 결국에는 공적 재원이 필요 이상으로 투입되어야 하는 비효율성이 발생하게 된다.

경쟁력 있는 스타트업 생태계 조성을 위한 방안

유럽 국가들의 성공적 사례에 비추어 볼 때 우리나라가 경쟁력 있는 스타트업 생태계를 조성하기 위해서는 다음과 같은 새로운 정책적 관점을 검토해볼 필요가 있다.

스타트업 전문 투자 은행 설립

스타트업 생태계를 활성화하기 위해서는 우선 공공 금융기관이 적극적으로 나서야 한다. 시장 기능에만 맡겨 두지 말고 해외 사례에서 본 것처럼 초기 스타트업에 대한 투자 및 대출 프로그램을 공적인 금융기관이 직접 실행할 필요가 있다. 현재 우리나라는 간접적 지원 원칙을 고수하고 있다. 공공 재원을 직접 투자하거나 빌려주기보다는 민간의 자산운용사에 재원을 나누어주거나 신용을 보강해주는 형식을 취한다.

그러다 보니 초기 스타트업보다는 이미 '성숙한 스타트업'에게 자금이 집중되는 현상이 반복되고 있다. 영국, 프랑스, 독일, 네덜란드, 스웨덴 등지의 공공 투자 금융 기관에서는 모두 초기 스타트업 지원에 집중하고 있다. 우리나라도 스타트업 전문 투자 은행의 설립을 적극적으로 검토해서 초기 스타트업 지원을 강화하도록 개선해야 할 것이다.

해외 인재의 한국 내 창업 유치

우리나라도 외국인의 한국 내 창업을 적극적으로 독려해야 한다. 이를 위한 유럽식 창업 비자 제도도 도입해야 한다. 해외 인재가 우리나라에서 성공적으로 창업하면 그만큼 우리 경제성장에 도움이 되고 일자리도 늘어난다.

또 세계의 첨단기술 산업의 중심지가 되려면 여러 글로벌 기업들을 우리나라로 유치해야 하는데 이러한 협력관계는 다양한 인재들이 모여 있는 산업 생태계가 활발하게 돌아갈 때 가능하다. 우리나라의 중소기업이나 스타트업만으로 그러한 기반을 조성하는 데에는 한계가 있다. 해외의 기술 두뇌와 창업가들이 우리나라로 몰려들 수 있는 환경을 조성할 수 있도록 다방면의 노력이 필요하다.

대기업의 스타트업 육성 지원 제도 강구

스타트업과 대기업의 혁신 역량에는 어쩔 수 없이 큰 차이가 난다. 스타트업은 아이디어가 뛰어나더라도 재정적·기술적 역량에서 미흡한 경우가 많다. 이러한 비즈니스 시스템을 누구보다 잘 알고 있는 주체가 바로 대기업이다. 기술적 이해도가 높고 상황별로 어떠한 지원이 시급한지도 정확하게 파악할 수 있기 때문이다. 기술 개발부터 테스트베드까지, 대기업은 스타트업에 다양한 방식으로 협력할 수 있을 것이다. 그런 측면에서 대기업이 스타트업 생태계를 육성하는 데 적극적으로 참여할 수 있는 환경을 만들어야 한다. 우선 기업형 벤처 캐피털이 스타트업의 자금 부족 문제를 지원하고 신산업 발굴과 투자를 위해 온전한 형태로 기능할 수 있도록 제도 개선이 검토되어야 한다. 또 개방형 혁신에 관심 많은 대기업이 액셀러레이터·인큐베이터를 직접 설립하거나 파트너십을 구성해 초기 스타트업 육성에 참여할 수 있도록 인센티브를 강화할 필요가 있다.

초불확실성 시대의
글로벌 가치사슬

▫ ▫ ◻◼ ◼◼◼◻　 코로나19와 미중 전략 경쟁은 세계 질서를 더 불확실하게 만들고 있다. 자유무역과 경제 통합에 기반해 지속해서 진전되어왔던 2000년대 세계화의 흐름에 근본적인 변화를 초래하고 있기 때문이다. 코로나19는 그동안 효율성에 초점을 맞춰 형성·운영되던 글로벌 가치사슬global value chains의 취약성을 고스란히 드러냈다. 코로나19의 확산은 소재와 부품에서 최종 제품의 생산과 이후 서비스 제공에 이르기까지 각국의 기업들이 톱니바퀴처럼 유기적으로 맞물려 작동하던 글로벌 가치사슬에 교란을 일으켰다. 코로나19로 일부 국가 또는 일부 지역의 기능이 마비되자 전체 가치사슬이 정체되었고, 생산과 무역이 감소했다. 세계무역기구wto에 따르면 2020년 세계 상품 무역은 5.3% 줄어든 것으로 나타났다.

또 미중 전략 경쟁은 정치적 공백 상태에서는 글로벌 가치사슬이 언제든 가동하지 않을 수 있다는 점을 일깨우는 계기가 되었다. 코로나19라는 미증유의 위기 상황에서 국제 협력은 더 절실했지만, 다수의 국가가 자국 우선주의를 추구했을 뿐 아니라 문제해결을 위해 지구적 리더십을 발휘해야 할 미국과 중국이 오히려 자국의 이익에만 골몰하는 모습을 보였다. 미국과 중국은 또한 코로나19를 계기로 양국 경제가 글로벌 가치사슬로 긴밀히 연계되어 있음을 새삼 인식하기도 했다. 미국 내에서 전략 경쟁을 유리하게 이끌기 위해서는 글로벌 가치사슬을 분리하는 디커플링decoupling(탈동조화)이 필요하다는 목소리가 커지게 된 배경이다.

자유주의적 국제질서의 위기와
초불확실성 시대의 세계 무역

코로나19와 미중 전략 경쟁의 동시 진행은 세계 경제 질서의 불확실성을 획기적으로 높여놓았다. 세계가 불확실성의 시대를 넘어 '초불확실성 시대'로 진입한 것이다. 향후 세계 경제 질서의 변화 방향을 살펴보려면 불확실성을 초래한 근본 원인과 2000년대 이후 진행되어온 무역의 구조적 변화를 먼저 짚어봐야 한다.

세계 경제 질서의 불확실성은 자유주의적 국제질서의 위기와 글로벌 가치사슬의 구조적 변화라는 두 가지 차원의 변화가 합해진 결과다. 제2차 세계대전 이후의 경제 질서는 자유주의를 근간으로 구축되어왔다. 자유주의적 국제질서는 개방성과 다자적 협력 원리를 기반으로 하여 운영되었으며, 이를 뒷받침하는 정치적 기반은 미국의 리더십과 미국 중심의 동맹 체제였다. 자유주의적 국제질서는 규칙 기반의 질서인 동시에 미국 주도의 질서였다. 미국은 자유주의적 국제질서가 위기에 직면할 때마다 다자 협력을 통해 문제를 해결했다. 2000년대 이후만 보더라도 2004년 인도양 지진과 해일 발생 이후 2007년 일본, 호주, 인도와 4자 안보 대화 체제를 출범시켰다. 2008년 글로벌 금융위기 국면에서도 주요 선진국 사이의 거시경세 정책 조정·협의를 위한 협의체인 G7을 G20으로 확대 개편해 대응했다.

그러나 트럼프 행정부의 등장은 자유주의적 국제질서에 과거와는 질적으로 다른 위기 상황을 초래했다. 자유주의적 국제질서의 설계자인 미국이 미국 우선주의와 보호주의를 내세우자 다른 국가들이 연쇄 반응을 일으켰고, 선진국 중심으로 보호주의가 확산한 것이다. 그 결과 전후 경제성장의 견인 역할을 한 무역 증가율이 정체되고 말았다. 또 미중 무역 전쟁 과정에서 드러났듯이 미국이 다자주의에서 이탈하고, WTO를 무력화시키며, 양자적 문제해결 방식을 추구하면서 세계 무역 질서는 혼돈에 빠지게 되었다. 이런 상황에 코로나19의 확산이 세계 무역 질서의 위기를 한층 더 심각하게 만들어버린 것은 두말할 나위도 없다.

글로벌 가치사슬의 구조적 변화

세계 무역은 크게 최종재 중심으로 이뤄지는 전통적 무역과 소재와 부품 등 중간재 중심으로 이뤄지는 글로벌 가치사슬 무역으로 구분된다.

전통 무역 네트워크의 변화

전통 무역 네트워크에서는 연속성과 변화가 모두 나타난다. 연속성 차원에서 보면 역내 국가들 사이의 무역 네트워크가 유지되었고, 그중 허브 국가를 중심으로 지역 간 무역 네트워크가 연결되었다. 한편 아시아에서는 변화가 두드러졌는데, 지역의 허브였던 일본을 2017년 이후 중국이 대체했다. 아시아 전통 무역 네트워크가 중국 중심으로 재편된 것이다.

전통 무역 네트워크의 변화는 어떤 결과를 가져왔을까? 중국이 아시아 무역 네트워크의 허브로 부상하는 변화와 아시아 무역 네트워크 및 북미 무역 네트워크가 한 방향으로 연결되는 연속성이 합해지면서 결국 미중 무역 불균형을 초래해 무역 전쟁을 촉발했다. 중국이 아시아 무역 네트워크의 허브로 부상하는 과정에서 미중 무역 불균형이 본격적으로 확대된 것이다. 한편 중국이 역내 아시아 국가들로부터 부품을 수입해 미국으로 완성품을 수출하는 삼각 무역 구조가 이어진다는 점에서, 미중 무역 불균형이 두 국가만의 문제가 아니라 무역 네트워크에 관계된 모든 국가의 구조적 문제임을 알 수 있다.

글로벌 가치사슬 무역 네트워크의 변화

글로벌 가치사슬 무역 네트워크에서는 전통 무역 네트워크와 전혀 다른 특징이 발견된다. 지역 간 연계가 약해지고 지역 내 집중도와 위계성이 강화되는 것이다. WTO에 따르면 2000년대 초반에는 미국이 전 지구적 차원에서 공급 허브의 역할을 했다. 그러나 2017년부터는 미국과 교역하는 국가의 수가 감소하고 중국이 미국을 부분적으로 대체하는 현상이 나타났다.

이러한 변화는 무엇을 의미할까? 미중 전략 경쟁은 2018년 미중 무역 전쟁을 계기로 표면화되었으나, 저변에서는 공급사슬이 점진적으로 분리되어왔다. 이러한 현상은 위탁 생산 등 단순 조립 생산을 위한 단순 글로벌 가치사슬보다는 가치사슬에 참여하고 있는 국가들 사이에 부품과 모듈의 이동이 빈번하게 이루어지는 복합 글로벌 가치사슬에서 더욱 두드러진다. 다시 말해, 미중 공급사슬의 점진적인 분리는 첨단 산업에서 더 빠르게 진행되고 있었다. 무역 구조의 변화가 미중 전략 경쟁에 선행해 발생한 것이다.

한편 중국의 부상은 아시아 지역 글로벌 가치사슬의 수평적 확장과 수직적 위계화를 초래하고 있다. 수평적 확장은 중국 산업 구조의 고도화에 따라 중국이 수행하던 생산 기지 역할을 아시아의 다른 개발도상국이 대체한다는 것을 의미한다. 다수의 개발도상국이 아시아 지역 글로벌 가치사슬에 참여하면서 지리적 범위가 확대되었다. 수직적 위계화는 복잡성이 증가한 데 따른 것이다. 아시아 지역 글로벌 가치사슬에 참여하는 역내 국가의 수가 증가하면서 1차 허브-2차 허브-3차 허브로 연결되는 수직적 구조가 형성되었다. 정보 통신 기술 산업을 예로 들면 중국이 아시아 지역의 핵심인 1차 허브가 되고, 한국·일본·타이완·말레이시아가 2차 허브의 위치를, 홍콩·태국·브루나이·라오스·필리핀 등이 3차 허브의 위치를 차지하고 있다.

보호주의 강화의 배경

세계 무역 질서의 변화 방향을 전망하기 위해서는 글로벌 가치사슬 무역으로 발생한 국내 정치와 대외 전략의 상호작용에 대해 검토할 필요가 있다. 국내적으로 보호주의가 강화됨에 따라 가치사슬 지역 간 연계가 점차 약해지고, 주요국들이 다자 차원보다는 양자 또는 지역 차원에서 무역 규칙을 수립하는 추세가 강화될 것으로 전망된다.

글로벌 가치사슬 무역을 활성화하기 위해 2000년대 이후 주요국들은 자유무역협정FTA 경주에 뛰어든 바 있다. 다자무역 협상이 국가 간 무역 장벽을 낮추는 데 우선순위를 두는 것과 달리, FTA 협상은 국경 내 장벽 철폐나 완화에 초점을 맞췄다. 더 나아가 미국, 유럽, 일본 등 주요국들은 2010년대 이후 기존 FTA를 통합하는 메가 FTA를 추진했다. 기존 양자 FTA로는 글로벌 가치사슬 무역을 안정적으로 확대하는 데 한계가 있었기 때문에, 메가 FTA에 원산지 규정 등을 반영하고자 한 것이다. FTA가 국내 이해관계자들에게 미치는 영향이 클 수밖에 없는 이유가 여기에 있다. 선진국 기업들이 핵심 역량을 보유한 가운데 생산 공정 대부분을 해외로 이전하면서 선진국 제조업의 공동화가 발생하기 때문이다. 이러한 문제에 대한 해결책은 피해 집단에 대한 보상 체계를 마련하는 국내적 합의에 달려 있다. 문제는 일부 북유럽 국가들을 제외한 대다수 선진국에서 피해 집단에 대한 적절하고 효과적인 보상 시스템을 구축하지 못했다는 점이다.

이러한 보상 문제에 대한 근본적 해결 없이는 보호주의 강화 추세를 단시간에 되돌리기란 어려울 것이다. 제조업 공동화로 고용이 감소하면서 일자리 유지, 더 나아가 일자리 창출에 대한 요구가 국내 산업 보호의 논리로 탈바꿈했기 때문이다. 미국의 경우, 2008년 글로벌 금융위기 이후 감소했던 제조업 생산 규모가 효율성 향상에 힘입어 금융위기 이전의 수준을 회복했으나, 고용 규모는 위기 이전 수준을 회복하지 못했다. '트럼프주의Trumpism'가 등장했던 국내 정치적 배경이다. 경제적 양극화가 해소되지 않자 문제의 원인을 외부로 전가하려는 정치적 편의성이 작용했고, 이는 미중 무역 전쟁의 국내적 기원이 되었다.

새로 출범한 바이든 행정부는 중산층 복원과 이를 위한 통상 정책을 표방하고 있다. 바이든 행정부가 미중 무역 전쟁을 수행하는 방식은 국제 협력과 다자주의를 강조한다는 점에서 트럼프 행정부와 차별되지만, 중산층 복원이라는 국내적 정치 어젠다와 통상 정책을 긴밀하게 연계한다는 점에서는 연속성을 보인다. 바이든 행정부가 추진하는 리쇼어링reshoring과 동맹국을 중심으로 한 공급사슬의 재편은 이처럼 미중 전략 경쟁과 국내 정치적 요구를 동시에 충족하는 해법이다.

상호 의존의 무기화

미중 무역 전쟁이 진행되는 과정에서 나타났듯이, 상호 의존을 무기화하는 현상이 대두하고 있다. '상호 의존의 무기화weaponization of interdependence'에는 두 가지 유형이 있다. 첫 번째 유형은 비대칭적 상호 의존을 활용한 공세적 압박이다. 미국과 중국은 관세와 보복 관세의 부과뿐 아니라 무역에 대한 직접적 제한을 과감하게 실행에 옮겼다. 트럼프 행정부는 중국산 수입품에 대한 고율의 관세 부과와 수입 제한 조치를 전가傳家의 보도寶刀●처럼 휘둘렀다. 이는 양국 사이의 무역 불균형이 존재하기 때문에 가능했다. 양국 간 비대칭적 상호 의존을 무기로 미국이 중국을 공세적으로 압박할 수 있었던 것이다. 그런데 만약 무역 불균형이 해소될 경우 비대칭적 상호 의존 역시 해소되어 미국이 중국을 압박할 수 있는 지렛대를 상실하게 된다.

● 집안에 대대로 내려오는 귀한 칼이라는 뜻으로, 주로 힘을 남용할 때의 부정적인 비유로 쓰인다.

두 번째 유형은 글로벌 가치사슬 내에서 허브의 위치를 활용한 압박이다. 미국 기업들은 ICT 산업 무역 네트워크에서 주요 부품과 운영 체제의 경쟁력에 기반을 둔 허브의 위치를 확보하고 있다. 가령, 화웨이에 대한 거래 제한은 네트워크 내의 위치를 활용한 압박 전략이다. 비대칭적 상호 의존을 활용하는 전략이 상대국에 타격을 가하는 동시에 자국의 피해도 불가피하다면, 네트워크 내의 위치를 활용한 전략은 압박 효과를 극대화하면서도 자국의 피해를 최소화할 수 있다.

글로벌 가치사슬의 취약성이 드러나다

보호주의의 강화와 상호 의존의 무기화는 향후 세계 무역 질서에 어떤 영향을 초래할 것인가? 미중 패권 경쟁의 장기화 가능성을 고려할 때, 미국과 중국은 상호 의존을 더 높이기보다 적절한 수준에서 관리하는 '관리된 상호 의존managed interdependence' 전략을 추구할 것이다. 이 과정에서 미국과 중국은 공급사슬의 연계를 점차 줄여나갈 것으로 전망된다. 코로나19로 글로벌 가치사슬의 취약성을 재인식한 미중 양국은 공급사슬의 재편을 가속할 것이다.

코로나19 이전에는 공급사슬의 재편이 미중 패권 경쟁을 수행하기 위한 국가 전략 차원에서 주로 검토되었다. 그런데 코로나19가 글로벌 가치사슬에 대한 일반 대중의 인식을 바꾸었다. 코로나19로 사람들이 생필품은 물론 마스크·진단 키트·방호복 등 필수 의료 장비가 모두 해외에서 생산되고 있음을 인식하게 되었고, 생필품·의약품·의료 장비 생산을 아웃소싱하는 것은 매우 위험한 선택일 수 있음을 절감하게 된 것이다. 코로나19 이전에는 글로벌 가치사슬의 형성과 관리가 효율성 중심으로 이루어졌는데, 코로나19 이후 그러한 효율성 중심의 글로벌 가치사슬의 운영이 구조적으로 취약할 수밖에 없다는 사실이 드러났다. 이제 우리는 효율성과 안정성을 모두 확보해야 하는 새로운 도전에 직면한 셈이다.

앞으로 글로벌 가치사슬은 두 차원에서 재편을 촉진할 것으로 보인다. 하나는 미중 전략 경쟁으로 촉발된 보호주의의 강화고, 다른 하나는 상호 의존의 무기화와 결합해 글로벌 가치사슬의 거리 축소와 특정국의 의존도를 낮춰 취약성을 보완하려는 다변화로 이어질 것이다. 이는 나아가 다자주의의 위기를 지속시키는 요인으로 작용할 가능성이 있다.

한국의 대응 전략

글로벌 가치사슬의 변화와 관련해 한국은 기업 차원과 국가 차원의 대응 전략을 상호 보완적으로 수립해야 한다. 우선 기업들이 '공급사슬 4.0 supply chain 4.0'을 신속하게 형성할 수 있도록 지원책을 제공해야 한다. 공급사슬 4.0은 디자인-기획-생산-배송-소비에 이르는 단계를 전반적으로 재조직하는 것이다. 특히 공급사슬의 취약성을 완화하기 위해 선형 모델에서 통합된 모델을 구성하는 것을 말한다. 정부는 '취약성을 보완한 공급사슬의 구축'이 국가 전략의 일환임을 인식하고, 다양한 지원책을 모색해야 한다.

둘째, 국가 전략 차원에서 다변화를 추구해야 한다. 한국은 이미 중국의 경제 제재와 일본의 수출 제한 조치 등 경제와 안보 연계를 호되게 경험한 바 있다. 따라서 '중국+α' 전략과 같은 다변화 전략을 추진함으로써 취약성 관리가 필요하다. 다만, 이러한 노력이 '중국 탈출' 또는 '중국 봉쇄'에 동조하는 시도가 아니라는 시그널을 명확하면서도 일관성 있게 보냄으로써 중국과의 관계가 악화하지 않도록 관리해야 한다.

셋째, 세계 무역 질서의 변화와 관련, 다자주의의 동력을 회복하기 위한 리더십을 발휘해야 한다. 미중 양국은 세계 무역 질서가 급변하는 상황에서 필요한 리더십을 행사하지 못하고 있다. 한국은 개방성과 투명성을 바탕으로 다자주의의 동력을 되살리는 데에 리더십을 발휘하는 중견국 외교를 펼쳐가야 한다. 이를 위해 세계 무역 질서의 리더십 공백을 우려하는 다른 국가들과 협력하는 것도 중요하다.

언택트 문화와
공유경제 2.0

□ □ □━■ ■━━■■ 무선인터넷과 사물인터넷의 발달로 물질 세계의 온라인화가 진행되면서 이른바 협력적 생산과 협력적 소비라는 O2O 공유경제가 확대되었다. 그러나 공유경제의 전도사 레이첼 보츠먼Rachel Botsman조차 공유된 정의가 없다고 할 정도로 공유경제의 개념은 아직도 혼돈의 와중에 있다. 공유경제는 급격한 성장으로 몸집을 키워왔으나 계속된 손실로 수익 모델에 대한 우려가 제기되기도 한다. 기존 산업 및 제도와의 갈등은 공유경제의 또 다른 문제를 야기하고 있는데, 우버의 경우 기사의 법적 지위 문제로 소송 중이며, 한국의 타다는 택시업계와의 갈등 끝에 여객자동차법 개정안이 발의되며 서비스가 중단되었다.

여기에 더해 2020년 전 세계를 강타한 코로나19는 접촉 대신 거리두기를 통한 고립의 필요성을 가져오며 '공유'가 핵심 가치인 공유경제에 큰 타격을 주었다. 혁신적 공유경제의 대표 기업으로 주목받던 우버, 리프트Lyft, 에어비앤비Airbnb 등은 급격한 매출 감소 속에 대규모 감원을 하고 마케팅을 중단하기도 했다.[150] 세계 1위의 공유오피스 업체 위워크WeWork는 지난해 연간 32억 달러(한화 3조 6,076억 원) 규모의 손실을 기록했고 전 세계 위워크의 공유 사무 공간 이용률은 2020년 초 72% 수준에서 연말에는 47% 수준으로 급락했다.[151]

그러나 코로나19 백신 접종이 시작되며 공유경제의 반전을 기대하는 목소리도 나오고 있다. 우버는 2021년 3월 월간 차량 이용 건수가 2009년 창사 이래 최고치를 달성했다고 밝혔다.[152] 에어비앤비도 2021년 1분기에 예상을 뛰어넘는 흑자 실적을 기록했다.[153] 하지만 여전히 여러 분야에서 큰 타격을 입고 있는 건 분명하다. 심지어 장밋빛 전망을 구가하던 공유경제의 시대가 가고 고립경제isolate economy의 시대가 올 것이라는 주장도 등장했다.[154] 위드 코로나 시대에 공유경제가 나아가야 할 방향과 방식에 대한 고민이 절박해진 상황이다.

공유경제와 기술혁명

공유경제는 경제활동이 사람보다는 기계(AI, 로봇 등), 물리적 공간보다는 가상공간을 통해 이뤄지는 흐름의 연장선에서 나타난 현상으로 이해할 수 있다. 공유경제에 앞서 인터넷의 등장과 함께 확대되기 시작했던 전자상거래나 전자금융이 가상공간에서 표준화된 공산품이나 금융상품을 거래할 수 있도록 해주었다면, 공유경제는 표준화가 쉽지 않은 서비스까지 가상공간에서 거래할 수 있게 했다. 웹 전략가 제러미아

웡Jeremiah Owyang에 따르면 공유경제는 2014년 교통, 서비스, 음식, 제품, 금융, 공간 등 6개 영역에서 시작되어 2016년에는 무려 16개 영역으로 확대되었으며, 꾸준히 그 범위가 넓어지고 있다.[155]

공유경제에 있어서 자동화와 연결성의 핵심 매개체는 스마트폰 등 정보통신기술ICT 기반 플랫폼이다. 단순히 자동차나 주택을 임대하는 서비스는 이전에도 존재했지만, 대표적인 공유경제 비즈니스 사례로 꼽히는 차량공유 서비스 기업 우버나 숙박 공유 서비스 기업 에어비앤비처럼 물적 자산을 소유하지 않고서도 글로벌 차원으로 사업을 확장한 경우는 이전에 존재하지 않았다. 스마트폰의 보급으로 언제 어디서든 인터넷에 연결할 수 있는 기반이 마련되고, 스마트폰에 탑재된 GPS 등의 센서를 이용해 물리적 정보를 디지털 공간으로 매끄럽게 전송할 수 있게 되었으며, 카카오톡, 트위터, 페이스북 등 소셜미디어의 발달로 실시간 의사소통이 가능하게 되면서 온라인과 오프라인 사이의 새로운 비즈니스 모델이 등장하고 있다. 다만, 최근 코로나19의 유행으로 사회적 이동이 제한되고 공유 차량이나 숙소처럼 상품을 공동으로 이용하려는 고객 수요가 차단됨으로써 위기에 직면한 바 있다.

반면 이러한 위기는 다양한 영역에서 비대면의 새로운 공유 비즈니스를 촉진하기도 한다. 음식 배달을 전문으로 하는 공유주방(음식 배달의 증가와 맞물려 적은 자본으로 창업 가능)이나 근거리 단독 이동이 가능한 공유 킥보드(대중교통 이용을 꺼리는 사용자 및 근거리 사용자 증가) 분야에서는 고객 수요가 늘어나기도 했다. F&B 비즈니스 플랫폼 위쿡이 공개한 자료에 따르면 배달형 공유주방인 '위쿡딜리버리'의 입점 문의와 매출액은 코로나19 확산 전보다 훨씬 더 증가했다.[156] 신동엽 연세대학교 경영학과 교수는 "공유경제는 단순히 물리적 자원의 공유를 뜻하는 것이 아니다"라며 "물리적 접촉이 필요한 공유경제는 분명히 줄어들겠지만, 반대로 디지털 기술이나 플랫폼에 기반을 둔 공유경제는 오히려 더 확대될 것"이라고 전망했다.[157] 결국 접속의 기술로 탄생한 공유경제는 코로나19 여파로 위기를 맞았지만, 근본적인 가치의 경쟁력은 여전히 유효한 채, 다시 기술을 통해 위기를 돌파할지 시험대에 올라 있는 셈이다.

소유권이 아니라 접근권에 기반을 둔 공유경제

공유경제라는 개념은 '소유권ownership'보다는 '접근권accessibility'에 기반을 둔다. 전통 경제에서는 생산을 담당하는 기업들이 상품이나 서비스를 생산하기 위해 원료, 부품, 인력을 사거나 고용했다. 그러나 공유경제에서는 기업뿐만 아니라 개인들도 자산이나 제품이 제공하는 서비스에 대한 '접근권'의 거래를 통해 자원을 효율적으로 활용해 가치를 창출할 수 있다.

공유경제에서는 온라인 플랫폼이라는 가상공간을 통해 접근권의 거래가 이뤄진다. 온라인 플랫폼은 인터넷의 연결성을 기반으로 유휴 자산을 보유하고 있는 공급자나 이를 필요로 하는 소비자가 모여서 소통하는 기반이다. 모든 이용자가 각자 필요한 거래를 위해 일일이 사람을 찾아다니는 것은 불가능한 일이지만, 공유경제 기업들은 고도의 알고리즘을 이용해 검색, 매칭, 모니터링 등의 거래 과정을 자동화해서 처리한다.

공유경제에서 거래되는 유휴 자산의 종류는 자동차와 주택에 국한되지 않는다. 온라인 플랫폼을 통해 거래할 수만 있다면 거의 모든 자산의 거래가 공유경제의 일환이 될 수 있다. 가구, 가전 등의 내구재, 사무실, 공연장, 운동장 등의 물리적 공간, 전문가나 기술자의 지식, 개인들의 여유 시간이나 여유 자금 등도 접근권 거래의 대상이 될 수 있다. 더 나아가 생활용품에서 명품 가방까지도 공유할 수 있을 것이다.[158]

공유경제의 3대 핵심 구성 요소

공유경제에서는 온라인 플랫폼이라는 가상공간을 통해 사람과 사람 사이에서 사회적·물리적 자본이 거래되거나 교환된다. 즉 공유경제는 공유경제가 이루어지는 허브 스테이션 역할을 하는 '플랫폼'과 공유경제의 대상이 될 수 있는 '사회적·물리적 자본'이 존재해야 하고, 거래하는 사람과 사람 사이에 '신뢰'가 존재해야 한다. 여기서 신뢰는 눈에 보이지 않지만 안심하고 공유하기 위한 자원의 역할을 하며, 신뢰성은 도덕적 질서에 대한 기대와 정보 자체에 대한 신뢰로 나누어질 수 있다. 공유경제의 성공은 상호 간의 신뢰 없이는 달성할 수 없다.

저비용의 온라인 플랫폼이 거래를 부른다

다양한 자산의 접근권이 거래될 수 있는 핵심 배경은 온라인 플랫폼이 거래 비용을 크게 낮출 수 있다는 데 있다. 온라인 플랫폼과 관련된 비용은 구성 비용과 거래 비용으로 구분할 수 있다. 구성 비용은 초기 플랫폼 구현에 필요한 비용composition cost과, 이를 유지하기 위한 유지 비용maintain cost이다. 거래 비용에는 거래 상대방을 찾기 위한 탐색 비용search cost, 거래 조건을 협상해 거래를 성사시키기 위한 매칭 비용matching cost, 거래를 제대로 이행하는지 감독하기 위한 모니터링 비용monitoring cost 등이 포함된다. 성공적으로 구성된 온라인 플랫폼은 이러한 거래 비용을 효과적으로 절감할 수 있다.

어떻게 비용을 낮출까? 먼저, 수요자들은 공급자들이 더 많을수록, 공급자들은 수요자들이 더 많을수록 온라인 플랫폼에 참여할 유인이 높아지기 때문에 플랫폼 사업자들은 다양한 방법으로 사용자들을 확보하려고 노력한다. 거래 가능성을 가진 사용자가 많아야 탐색 비용도 자연스럽게 낮아질 수 있다.

둘째, 온라인 플랫폼은 알고리즘을 이용해 거래 상대뿐만 아니라 다른 유사한 거래 조건을 노출하거나 추천함으로써 탐색에서부터 매칭까지 원활하게 이뤄지게 해준다.

셋째, 플랫폼을 통해 거래 당사자들 간의 상호 평점이나 후기(피드백) 데이터를 축적하고 분석함으로써 거래의 신뢰 확보에 필요한 모니터링 비용을 낮춰줄 수 있다. 예를 들어 AI 알고리즘을 이용해 맞춤형 추천율을 높이고, 이용자들이 상호 평가하는 평점 시스템을 기반으로 불량한 이용자를 플랫폼에서 배제함으로써 거래의 신뢰성을 확보할 수 있으며, 고의로 만족도를 조작하는 이른바 '별점 테러'도 걸러낼 수 있다. 이러한 공급자와 사용자 간의 신뢰 네트워크가 공유경제의 핵심 경쟁력이다.

공유경제의 한계

새로운 비즈니스와 서비스를 창출하는 공유경제는 한계점도 적잖다. 무엇보다 플랫폼 규제의 어려움이 크다. 공유경제는 플랫폼에서 이루어지고 있다. 플랫폼이란 전통적인 중개자와 유사하고 거래 주체는 유휴 자산의 소유자와 이용자이기 때문에 문제 발생 시 플랫폼에 책임을 부담시키기는 쉽지 않다. 공유경제의 발달에 따른 법률 문제가 증가하고 있는 만큼 플랫폼 책임의 법적 근거를 마련할 필요성이 커지고 있다.

공유경제의 또 다른 특징은 국경이 없다는 것이다. 해외사업자의 경우 공정거래법이나 외국환관리법 등이 적용되지만 그들을 국내기업과 같이 규제하기는 불가능하다는 어려움이 있다. 소비자 보호에도 한계가 있는데, 공유경제 플랫폼에서는 사업자뿐 아니라 개인도 공급자가 될 수 있지만, 현행법상 소비자 보호는 판매자(사업자)에 대한 규제 중심으로 이루어진다. 그 밖에 범죄에 취약하다는 점도 개선해가야 한다. 플랫폼이 중심이 되는 시스템이기 때문에 신원 조사에 한계가 있고, 소유 관계를 확인하기 어려운 측면이 있다.

공유경제의 경제 혁신 방식과 로드맵

공유경제는 거래 비용의 절감으로 과거에는 불가능했던 새로운 거래 방식을 창출하면서 경제의 생산성을 높이고 있다. 유휴 자산의 효율적 이용은 자원을 보다 효율적으로 배분하는 데 기여한다.

전통적 비즈니스 가치체계에 대한 도전
공유경제 기업들은 전통적 비즈니스의 가치체계를 뒤흔들며 혁신을 자극하는 역할을 한다.

예를 들어, 카셰어링 서비스는 이른바 '자가용'이라고 불리며 소유의 상징과 같았던 자동차를 이동이 필요할 때만 잠깐 이용하는 모빌리티 서비스의 대상으로 바꾸고 있다. 전통적인 자동차 완성차 기업들이 자동차 제조 회사를 탈피해 모빌리티 서비스 제공 회사로 변모하겠다고 선언하며 카셰어링 서비스에 뛰어들고 있는 이유다. 특히 코로나19 이후 구독 모델 중심으로 모빌리티 서비스가 확대되고 있는데, 2017년 구독 서비스 '케어 바이 볼보Care by Volvo'를 시작한 볼보는 2025년까지 구독 서비스가 매출의 50%로 성장할 것으로 예상한다. 현대차 구독 모델 셀렉션도 코로나19를 기점으로 신규 회원 수가 크게 늘었다.[159]

공유경제 기업들은 자동차와 숙박의 공유 외에도 다양한 분야에서 등장하고 있다. 새로운 구직·구인 경로로 기능하면서 노동시장을 변화시키고 있는 온라인 인재 플랫폼, 온라인 원격 근무의 인프라가 되어 주는 공유오피스, 대안적인 금융 수단으로 자리매김하고 있는 크라우드펀딩, 전 세계 대학 강의를 무료로 공개하면서 고등교육의 새로운 패러다임을 만들어가고 있는 온라인 대중 공개 수업MOOC, massive open online course, 배달만 전문으로 하는 요식업자에게 주방 공간을 빌려주는 공유주방, 내게 필요하지 않은 물건을 필요한 사람에게 재분배하는 방식인 중고 거래 플랫폼 등 여러 분야에서 공유경제 서비스가 출현하고 있다.

코로나19로 모든 것이 변한 지금, 공유경제의 미래가 다시 어떻게 변할지 예측하기는 쉽지 않다. 그러나 초기 공유경제 기업들이 공간과 모빌리티와 같은 물리적 자원의 공유에 방점을 뒀다면, 코로나19가 가져온 고립의 필요성은 비대면과 비접촉 기반의 공유를 더 창출하는 방향으로 나아갈 것으로 보인다.

공유경제 로드맵

공유경제 로드맵의 1단계는 정보를 공유하는 오픈소스 단계다. 로렌스 레식Lawrence Lessig 하버드대학교 교수 등은 저작권을 주장하는 카피라이트copyright의 반대 의미인 카피레프트copyleft*를 주장한 바 있다. 그 결과 실리콘밸리 소프트웨어의 상당수가 오픈소스화 되었다. 이로 인해 산업 생태계에서 혁신이 급속도로 확산되었고 개발비는 기하급수적으로 감소했으며 창업이 촉진되었다. 만약 콘텐츠와 소프트웨어 오픈소스의 더 큰 확산이 이뤄진다면 비효율적인 각개약진의 산업 구조가 효율적인 협력 구조로 재편될 것이다.

공유경제 로드맵의 두 번째 단계는 물질과 정보가 연결되는 O2O 공유경제 단계다. 1단계의 온라인 콘텐츠 공유경제에서는 상대적으로 이해관계 충돌이 적었다. 그러나 O2O 공유경제에는 오프라인의 기득권자가 존재한다. 이들의 기득권을 뛰어넘는 사회적 의사결정 구조가 뒷받침되지 않으면 O2O 공유경제는 실현이 어렵다. 그러나 사회 전체로 보면 소비자 편익은 증대되고, 사회적 비용은 감소하며, 환경은 보전된다. 결국, 사회 전체의 이익이냐 기득권자의 이익이냐 하는 논리의 문제로 귀결된다. 물론 플랫폼 사업자와 참여자 간의 이익 분배 문제에는 공정한 게임의 법칙이 적용돼야 한다. 공정한 생태계 형성을 주도하는 것은 정부의 역할이다. 투명성과 개방성이 보장돼야 하고, 공유플랫폼 기업의 과도한 수익과 불공정 거래를 방지해야 한다. 이를 위해서는 공유플랫폼 기업의 복수화 정책 등이 필요하다.

공유경제 로드맵의 3단계는 인간관계의 공유다. 과거 산업혁명 이전

• 지적 창작물에 대한 권리를 모든 사람이 공유할 수 있도록 하는 것.

에는 생산과 소비가 분리되지 않고 일과 놀이가 통합되어 있었으나 저효율 사회였다. 산업혁명이 시작되면서 생산과 소비가 분리되고 일이 분리되면서 효율은 급상승했다. 그러나 영국 시인의 비유 "악마의 맷돌satanic mills"처럼, 다양한 삶의 방식과 가치가 분쇄되고 양극화가 초래되었으며 물질의 낭비가 심각해졌다. 이제 공유경제를 통해 물질 낭비를 줄이고 양극화를 축소할 수 있는 대안을 만들어야 한다. 공유경제가 실현되면 사용되지 않고 놀고 있는 자원을 꼭 필요한 사람에게 연결함으로써 낭비를 줄일 수 있고, 18세기 산업혁명 이래 서로 대립해오던 생산자와 소비자가 함께 협력함으로써 부의 불균형을 바로잡을 수 있다.

아이디어 플랫폼에서 디자인을 내려받은 뒤 나만의 아이디어를 추가해 3D프린터로 나만의 제품을 제작한다고 가정해보자. 이 과정에서 일자리는 일거리로 분해되고 자신이 가장 잘하는 것을 중심으로 일과 놀이가 재결합된다. 이것이 바로 프리에이전트Free Agent의 시대다. 생산자와 소비자를 둘로 나누는 것은 이제 적절하지 않다.

공유경제 활성화를 위해 필요한 실천 전략

공유경제는 혁신의 촉매 역할을 하면서 경제의 효율성을 높이지만, 동시에 기존의 경제 질서에서 정의되지 않았던 새로운 가치 창출 방식으로 인해 기존 규제 및 이해관계자와의 충돌을 가져온다. 대표적 사례가 차량 공유 서비스 '타다'와 기존 택시업계와의 충돌이다. 타다는 새로운 운송 서비스를 소비자에게 제공하고 새로운 일자리를 창출했지만, 기존

택시업계의 강력한 반발로 서비스를 종료할 수밖에 없었다. 명확한 법체제가 마련되지 않은 상태에서 공유경제가 활성화되면 기존의 직종에 종사했던 사람들과 충돌할 가능성이 있다. 사전에 법과 제도를 정비해야 한다.

미국의 사회학자 알렉산드리아 J. 래브넬Alexandrea J. Ravenelle은 자신의 지서 《공유경제는 공유하지 않는다》(롤러코스터, 2020)에서 공유경제를 칭송하는 이들은 원하는 시간에 원하는 일만 골라 하면서 무제한으로 돈을 버는 유토피아가 도래할 것이라고 했지만, 정작 노동자들은 장시간 일하면서도 쥐꼬리만 한 돈을 받고 직업 안정성은 떨어지는 상황에 내몰린다고 지적하기도 했다. 미국의 정치경제학자이자 전 노동부 장관인 로버트 라이시Robert Reich도 공유경제가 불안한 단기 일자리만을 양산하고 큰 수익은 서비스 플랫폼 사업자에게 몰아준다고 비판하기도 했다. 노동자들은 자잘한 부스러기를 나눠 갖는 것일 뿐이라는 '부스러기 경제share-the-scraps economy'라는 그의 비판에도 우리는 귀를 기울여야 한다. 자유로워 보이지만 플랫폼 자본가에 종속돼 피폐해지는 삶을 사는 노동자의 모습은 영국의 켄 로치 감독이 2019년 선보인 영화 〈미안해요, 리키〉에도 잘 그려져 있다.

공유경제의 잠재력을 극대화하고, 갈등을 최소화하기 위해서는 다음과 같은 정책 과제를 고민해볼 필요가 있다.

기술과 제도의 충돌을 흡수할 수 있도록 규제와 협력 체계 마련

- 공유경제가 자동화와 연결성 기술에 바탕을 두고 있는 점을 고려해 관련 법과 제도 정비
- 공유경제가 지닌 일반적·현실적 특성을 반영해 '공유경제' 용어를 법적

으로 정의 필요

- 공유경제에 대한 법적 기반 마련 시 ICT 플랫폼 제공자에 대한 의무 규
  정도 정비
- 기존 사업자와의 이해관계 충돌 및 혼란 방지를 위해 가이드라인 마련
- 온라인 플랫폼 이용자들의 정보를 자동 처리하는 알고리즘에 대한 기술
  적 이해 필요
- 새로운 기술적 흐름에 대한 사회적 수용과 합의에 대한 논의
- 공유경제 서비스들이 글로벌 차원에서 제공되는 점에서 글로벌 차원의
  규제와 협력 필요
- 공유경제에서 발생하는 이익이 사업자·특정 국가에만 귀속되지 않도록
  세계적 공조 필요
- 특정 서비스에 대한 표준화된 가이드라인을 마련함으로써 불필요한 사
  회적 비용 절감

공유경제 온라인 플랫폼의 공적 역할 부여

- 온라인 플랫폼이 생성하는 데이터에 대한 활용뿐 아니라 규제 부분도
  논의
- 온라인 플랫폼에 축적되는 데이터 남용에 따른 개인의 사생활 침해 문
  제 대비
- 거래 당사자 간 발생할 수 있는 정보 비대칭성의 해소 방안 마련
- 특정 기업의 데이터 독과점 방지
- 사생활을 침해하지 않는 데이터를 공공재로 간주, 다양한 사용과 개발이
  이뤄질 수 있도록 오픈
- 과도한 경쟁으로 인한 업체의 도산 방지

- 거래를 주선하는 알고리즘을 통한 담합 가능성 차단
- 기업결합 및 시장독점에 대한 감시 기능 강화
- 플랫폼의 공적 보고 의무를 강화하는 법안 마련
- 온라인에서 비대면으로 이뤄지는 공급자와 소비자에 대한 보호 대책 마련
- 사회적 약자에 대한 공유경제 서비스 접근 보장 대책 미련
- 유휴자원의 경제적 가치를 높일 수 있는 아이템 발굴
- 취약 계층의 디지털 불평등 및 양극화 확대에 대비한 정책 마련 필요[160]

유연성과 안정성을 동시에 고려하는 노동시장 정책 마련

- 전통적인 고용 형태뿐 아니라 공유경제가 촉발하는 새로운 고용 형태를 고려한 정책 필요
- 공유경제 참가 노동자들의 소득 불안정성 완화 방안으로 기본소득 활용 안 강구
- 휴가, 연금, 의료보험 등의 복지 혜택을 새로운 고용 형태에도 적용할 수 있는 방안 도출

위드 코로나 시대에 맞는 새로운 공유경제 모델 검토

- 오프라인과 하드웨어 중심의 자원 공유가 중심이 된 공유경제에서 언택트와 가상 물리 시스템 영역에서의 새로운 공유경제 모델 연구 및 기획 필요
- 무형·지식 자산 등 디지털 공유경제 정책 마련
- 공유재화 이용 시 방역, 위생 등 절차의 법적 규제 및 검증 절차 마련
- 공유경제의 방역 시스템 강화

- 언택트 확산, 가상공간 시장 확대에 따른 메타버스와 연계한 비즈니스
  모델 창출
- 구독경제나 고립경제 등 공유경제 보완 또는 대체 개념 및 새로운 모델
  검토

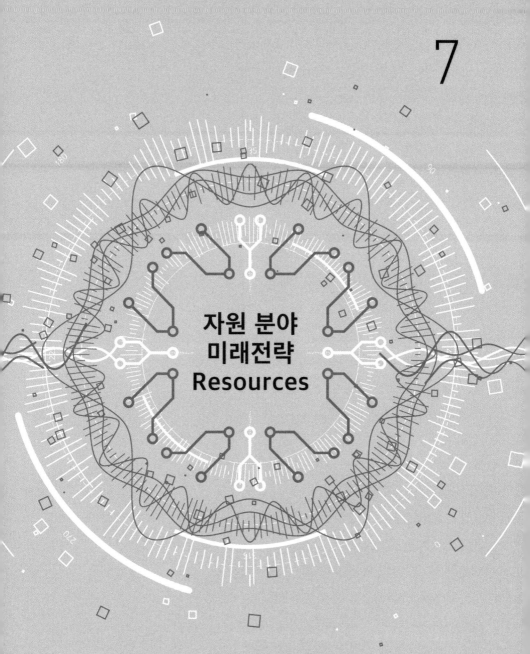

7

자원 분야
미래전략
Resources

KAIST Future Strategy 2022

+ 미래 식량, 유전자 변형을 넘어 유전자 편집으로

+ 미래 에너지 시스템 전망과 전략

+ 지식정보사회의 국부, 지식재산

+ 순환경제 사회의 자원 확보 시스템

+ 농업과 기술의 만남, 어그테크

미래 식량, 유전자 변형을 넘어 유전자 편집으로

▫ ▫ ▭▪ ▬▬▪▪ 무르지 않는 토마토가 1994년 처음 등장했을 때 사람들은 모두 놀라워했다. 일반 토마토보다 값이 비싸도 없어서 못 팔 정도의 인기를 누렸다. 이뿐이 아니다. 지구적 식량 부족 문제까지 해결해줄 '희망의 음식'으로 여겨지기도 했다. 바로 미국의 생명공학 회사 칼젠Calgene이 선보였던 토마토 '플레이버 세이버Flavor savor'다. 세계 최초로 판매가 승인된 유전자 변형 생물GMO, genetically modified organism 농산물이기도 했다. 그러나 '생명공학'이나 '최초'와 같은 수식어만 강조된 플레이버 세이버는 3년 후 시장에서 사라졌다. 맛도 떨어지고 무르지 않는 시간도 일반 토마토와 별반 다르지 않았기 때문이다.

플레이버 세이버 이후에도 GMO 농산물은 계속 등장했다. 병충해에 강한 품종, 단맛과 특정 영양 성분을 추가한 농작물 등 그 종류는 다양하다. 하지만 GMO가 식량 부족 문제를 해결할 것이라는 우호적 입장과 달리 여러 부작용 문제와 불확실성을 제기하는 반대론자들의 비판도 거세다. 그런 와중에 외래 유전자를 끼워 넣어 인위적으로 유전자를 조작하는 GMO와 달리 한 생물체 내에서 유전자 가위 기술을 이용해 특정 유전자를 조절하는 유전자 편집 작물gene editing crops이 등장하면서 '희망의 푸드'에 대한 관심이 다시 커지고 있다. GMO 농작물에 가장 보수적 태도를 보여온 EU와 영국 등지에서도 최근 유전자 편집 작물에 대한 새로운 검토가 진행되고 있다는 소식도 있다. 과연 식량 문제까지 해결하는 유전자 편집 작물 시대는 열릴 수 있을까?

식량 문제와 작물 개량

세계 인구는 2021년 기준 약 79억 명에서 2050년에는 97억 명에 이를 것으로 예측된다. 이에 따라 세계 곡물 수요도 크게 증가할 것이다. 그러나 전 세계적인 기후변화로 농업의 생산성이 감소했고, 산업화에 따라 경작지 면적도 동시에 줄어들었다. 또 코로나19 팬데믹 상황은 곡물 수출입 경로를 교란하며 우리나라와 같이 식량 수입 의존도가 높은 국가에는 더 큰 위기감을 던져주기도 했다. 이렇게 변화된 작물 재배 환경과 계속 늘어날 곡물 수요에 대비하려면 개량된 작물을 만드는 혁신적 육종 기술이 필요하다.

이런 배경 속에서 생산성을 늘리고 재배 용이성을 개선하기 위한 다양한 육종 기술, 즉 품종 개량 기술은 계속 등장해왔다. 1970년대에 다수확 벼인 '통일형' 벼 품종으로 녹색혁명을 달성한 것도 교배 육종을 통한 품종 개량 덕분이었다. 그러나 선발 육종과 교배 육종을 통해 품종을 개량하는 전통적 육종 방법은 오랜 시간과 비용이 소요되고 형질의 개선 효율이 그리 높지 않다는 단점이 있다.

이러한 한계점을 극복하기 위해 방사선이나 화학물질 등을 이용한 인위적 변이로 유용한 변이체를 선발·육성하는 돌연변이 육종 방법도 이용되었으며, 2019년 기준 약 3,300여 품종이 개발되었다. 또 다른 육종 방법인 유전자 변형·재조합 기술을 직용하게 되면 전통 육종의 한계로 여겨졌던 이종 간 교배의 어려움을 극복해 곤충 저항성이나 제초제 저항성 등 새로운 형질을 도입할 수도 있게 된다. 하지만 인위적 유전자 변형 방식에 대한 안전성 논란이 계속되면서 이러한 생명공학 작물에 대한 일반인들의 인식은 여전히 호의적이지 않다.

그런데 유전자 편집 작물은 인위적으로 유전자를 변형시키는 유전자변형생물과는 다르다. 인위적 조작을 통해 새로운 종을 만들어내는 GMO와 달리 유전자 편집 작물은 한 생물의 자체 유전자만을 교정해 개량하는 방식이다. 즉 유전자 가위 기술을 이용해 특정 유전자만 제거하거나 강화함으로써 작물을 개량한다. 이러한 유전자 편집 작물의 안전성이 폭넓게 검증된다면 미래의 식량 문제를 해결하는 데도 큰 도움이 될 것이다.

새로운 식물 육종 기술 및 유전체 신기술

EU의 집행위원회가 2021년 발표한 유전체 신기술 NGT, new genomic techniques에 관한 보고서는 유전체 신기술을 이용한 산물에 대해 GMO 규제를 동일하게 적용하는 것은 적합하지 않은 부분이 있어 새 규제 체계가 필요하다는 내용을 담고 있다. EU의 공동연구센터는 이에 앞서 2011년에 유전자 편집 기술을 포함하는 신육종 기술new plant breeding techniques에 대한 보고서를 발간한 바 있다. 브렉시트 이후 영국도 유전자 가위 기술을 적용한 작물을 GMO 규제에서 제외하려는 논의를 시작했다. 신육종 기술에 관한 보고서에는 1세대 유전자 편집 기술인 징크핑거 뉴클레이즈ZFNs 외에 식물 육종에 적용될 수 있는 여러 가지 기술들이 소개되어 있고, 유전체 신기술 보고서에는 생물체의 유전적 물질 변화를 일으키는 기술이 제시되었으며, 여기에는 크리스퍼CRISPR/Cas9로 대표되는 3세대 유전자 편집 기술도 포함되어 있다.

식물 · 작물 유전체 분석

유전자 편집 기술이 성공적으로 적용되려면 대상 식물 · 작물에 대한 완벽한 유전체 정보와 해독이 전제되어야 한다. 식물 대상의 연구에서 모델 식물로 많이 활용되고 있는 애기장대Arabidopsis의 유전체 해독에 관한 논문이 2000년 발표된 이후 많은 식물의 유전체 정보가 보고되고 있다. 2021년 6월 기준 총 710종의 식물 유전체 정보(녹조류 등 하등 식물 포함)가 보고되었으며, 해독 기술의 발전으로 더 많은 수의 식물 유전체 정보가 분석될 것으로 예측된다.

참조 유전체reference genome 정보를 바탕으로 다양한 식물 자원에 대한 유전체 정보 해독 연구도 진행되고 있는데, 벼의 경우 다양한 품종 또는 자원을 대상으로 유전체 연구가 진행 중이다(국제미작연구소의 'Rice 3K' 프로젝트 등). 이는 대상으로부터 활용할 수 있는 유전자를 발굴하고 활용의 폭을 확대하기 위한 연구이며, 염기서열의 변이나 차이, 그리고 유용 형질을 연계 분석하고 이를 품종 개발에 활용하는 것을 포함한다.

유전자 편집 기술

유전자 편집 기술은 징크핑거 뉴클레이즈를 이용하는 1세대 기술에서 탈렌TALENs을 이용하는 2세대를 거쳐 크리스퍼를 이용하는 3세대 기술로 진화해왔다. 현재 다양한 작물에 유전자 편집 기술을 적용해 목표 형질을 획득하는 품종 개발이 진행되고 있다. 유전자의 무작위적인 변이를 유도한 후 원하는 형질의 개체를 선발하는 것이 아니라 원하는 유전자만을 대상으로 변이를 유도하기 때문에 결과적으로 품종 개발 기간을 단축하고 개발 비용을 절감할 수 있다.

유전자 편집을 위한 대상 서열은 유전체 서열 정보의 해독을 통해 파악되어야 정확성이 담보될 수 있기 때문에 유전자 편집 기술을 적용하는 연구는 유전체 정보가 해독된 식물을 대상으로 한다. 표적 부위를 정확하게 변형시키는 것이 유전자 편집의 장점이지만, 표적이 아닌 부위의 변형 가능성도 존재하기 때문에 이를 제거하거나 배제하는 과정이 필요하다.

식물을 대상으로 하는 유전자 편집의 일반적인 과정은 1) 목표 형질의 편집 위치 선정 및 편집 효소 선택 2) 유전자 편집을 위한 DNA 운반체인 벡터 제작 3) 제작된 벡터의 효율성 검증 4) 식물 세포에 유전자 편집 도구 삽입 5) 조직 배양 기술로 편집된 세포로부터 완전한 식물체 재생 6) 제작된 식물체의 형질 분석으로 편집 결과 확인 등의 단계로 구성된다. 또 식물의 유전자 편집 기술의 효율과 기능을 개선하려는 많은 연구가 진행되고 있는데, 최근에는 DNA 또는 RNA를 대상으로 하는 염기 편집 기술 베이스 에디팅base editing과 이보다 더 정교한 편집이 가능하다고 알려진 프라임 에디팅prime editing 기술이 개발되어 실험연구가 진행되고 있다.

유전자 가위 기술로 갈변을 일으키는 유전자를 제거한 버섯이 2016년 소개되었는데, 이것이 첫 번째 유전자 편집 작물이다. 이후 제초제에 대한 저항성을 갖는 식물체, 전분의 성질이 개선된 벼, 병에 대한 저항성을 높이거나 숙성 기간을 조절한 토마토나 바나나, 지방산의 조성이 변화된 콩, 수확량이 늘어난 옥수수, 형질 개선 밀 등 다양한 유전자 편집 작물이 보고되었다. 최근에는 여러 스트레스에 대한 저항성이 있는 것으로 알려진 야생종 벼 Oryza alta를 대상으로 유전자 편집을 통해 개선된 형질을 부여할 수 있었다. 품종화 과정에 오랜 시간이 걸리는 전통적 방식과 달리 유전자 편집 기술은 단시간 안에 품종화가 가능하다는 것을 보여준다.

유전자 편집 기술의 과제

지금까지는 옥수수와 콩 등이 생명공학 기술이 적용된 대표적 유전자 변형 작물로 재배되어 소비되어왔지만, 미래에는 유전자 편집 기술이 적용된 더 많은 품종이 개발되어 우리 식탁에 오를 것으로 예측된다. 유전자 편집 기술을 포함하는 신육종 기술 또는 유전체 신기술은 정확성이 확장된 형태로 발전될 것이며, 가까운 미래에 전통 육종이나 돌연변이 육종을 통해 개발하기 어려웠던 품종을 개발해 재배하고 소비하는 시대가 올 것이다.

이처럼 유전자 편집 기술은 GMO 때와는 다른, 새로운 농작물 시대를 만들 것으로 기대된다. 그러나 미래 식량 문제를 해결하며 제2, 제3의 녹색혁명으로 이어지려면 아직 풀어야 할 과제도 많다. 기술적 진화는 물론 안심하고 소비할 수 있도록 안전성이 더 철저하게 검증되어야 한다. 유전자 편집 작물 또한 아직은 그 역사가 짧고 부작용이나 생명윤리 등의 문제에서 완전히 벗어난 상태는 아니다. 실제로 환경단체나 동물단체에서는 생산성을 증가시키기 위한 가축의 집단 사육 가능성을 제기하며 유전자 편집 작물의 폐해를 경고하고 있다.

하지만 영국 등의 국가에서 일고 있는 유전자 편집 작물에 대한 규제 완화 움직임은 유전자 편집 작물 연구와 생산이 세계적으로 활성화될 가능성도 시사한다. 미국은 물론 캐나다, 이스라엘, 일본, 호주 등도 유전자 편집 작물 생산을 이미 허용한 바 있다. 반면 우리나라는 유전자 편집 작물에 대한 논의가 그리 활발하지 못했다. 현재 국내법 기준으로는 유전자 편집 작물도 생명공학 기술을 이용한 것이기 때문에 GMO에 해당하는 규제를 받는다. 그러나 최근 산업자원부, 식품의약품안전처, 보건복지부, 과학기술부, 농림축산식품부, 환경부 그리고 해양수산부 등 관련 부처들이 유전자 편집 작물 규제 완화안을 논의하고 있어 변화가 예상된다.

우리나라도 유전자 편집 기술 분야에서 경쟁력을 지닌 만큼 앞으로도 기술력에서 뒤지지 않도록 세계적 흐름을 짚어가며 안전성을 검증하고 보완해가야 할 것이다. 특히 과학적 차원의 안전성 평가와는 별개로 소비자의 인식은 또 다른 차원의 사회적 안전성 판단을 좌우하므로 이러한 부분까지 세심하게 짚어내는 노력이 필요하다.

미래 에너지 시스템
전망과 전략

□ □ ⊏▬ ▬ ▬▬▬ 소위 '전기 먹는 하마'라고 할 수 있는 아마존, 구글, 페이스북, 마이크로소프트 등 세계적 IT 기업들이 2021년 전력을 선구매하는 방식으로 재생 가능 에너지 시장 투자를 늘리기 시작했다. 데이터센터에 필요한 전력을 안정적으로 확보하려는 전략이자 탄소 배출량을 줄이려는 세계적 기후 위기 대응에 맞춘 친환경 전략이다.

이렇듯 기후 위기에 대응해 재생에너지 시장이 확대되면서 에너지 시스템에 구조적 변화가 나타나고 있다. 또 대량 에너지 공급 방식을 대체할 양방향·분산형 에너지 공급 방식 등 다양한 스마트 기술이 발전함으로써 변화도 가속되고 있다. 공급자 중심에서 소비자 중심의 에너지 시장으로, 중앙집중적 에너지 거버넌스에서 분권형 에너지 거버넌스로 변화가 나타나고 있다. 이러한 변화가 친환경적이면서 효율적인 시스템으로 정착되기 위해서는 관련 기술과 정책이 뒷받침되어야 할 것이다.

에너지 시스템의 변화

최근 전 지구적으로 화석연료로부터 재생 가능 에너지로 에너지 전환이 이뤄지고 있다. 국가마다 상황은 다르지만, 장기적으로는 신재생에너지를 확충하려는 흐름에 있다. 활발하게 에너지 전환을 추진하는 독일과 영국의 경우 2018년 전체 전력 소비의 38%, 34%를 새생에너지원으로부터 생산했다.[161] 특히 태양광은 2012년에서 2019년 사이 매년 28%씩 성장했으며, 2020년에는 코로나19에 따른 경제 침체에도 불구하고 142GW의 태양광이 설치되어 최고 기록을 경신하기도 했다.[162] 국내 태양광 시장 역시 2015년부터 2020년까지 평균 30%씩 성장해 2020년 태양광 설치 용량이 15.9GW에 이르고 있다. 이같이 급속한 재생에너지 시장의 성장은 기후변화와 에너지 수급 불안정성 등의 문제를 해결하기 위해 각국 정부가 적극적으로 재생에너지 정책을 도입했기 때문이다. 각 부문의 에너지 시스템 변화를 살펴보자.

전력 시스템: 재생·분산 에너지원의 확대와 소비자 중심의 전력시장

급격하게 진행되고 있는 전력 시스템의 변화 중 가장 주목할 부분은 재생에너지와 분산에너지* 자원의 확대다. 이러한 변화는 기존 전력 시스템의 구조를 바꾸고 전력망 운영의 고도화를 이끌고 있다. 재생에너지와 같은 변동형 자원이 많이 늘어남에 따라 전력의 수급, 주파수 및 전압의 안정성 확보를 위해서는 고도화된 전력망 운영이 필요하기 때

---

* 중소 규모의 재생에너지, 열병합발전, 자가발전 등으로 수요지 인근에서 생산되어 해당 지역에서 소비되는 에너지.

문이다. 재생에너지는 기존 화석연료 발전소와는 달리 태양과 바람의 조건에 따라 출력 변동성이 상대적으로 심하다. 예를 들어 태양광 발전에 상당한 전력량을 의존하고 있는 경우, 늦은 오후 태양광 발전이 급격하게 떨어지면(혹은 개기일식) 수요가 대폭 증가하는 일이 발생한다. 이럴 때 단시간 내에 출력을 높이거나 생산할 수 있는 탄력적 자원이 필요해진다. 반대로 전력 수요가 낮은 봄가을의 주말에는 태양광이나 풍력 발전이 과잉 생산되기도 한다. 이때는 잉여전력을 저장하거나 재생에너지 출력을 줄여야 한다.

전력의 수요와 공급뿐만 아니라 수많은 소규모 발전기가 전력망에 연계되면서 주파수와 전압의 관리도 더욱 중요해졌다. 현재의 배전망은 송전망으로부터 오는 전기를 최종소비자에게 전달하는 일방향 구조로 설계되어 있다. 일단 배전망이 구축되면 배전 계통 내 급격한 수요 증가가 없는 한 유지·보수 외에 손댈 일이 거의 없다. 하지만 배전망에 접속되는 분산에너지자원이 늘어나면 배전 선로 용량 제한, 전력 역조류 문제, 주파수의 불안정성, 보호 설비의 오작동 등 문제가 발생할 가능성이 있다. 따라서 이전과는 다른 정교한 배전망 운영 체계가 필요하다.

배전망의 안정적인 운영과 분산에너지자원의 효과적인 연계를 위해 배전망운영 관리자distribution system operator의 필요성도 커지고 있다. 최근 국내에 도입된 분산 전원 중개 사업이 이러한 그리드 운영에서 중요한 역할을 할 것이다. 분산 전원 중개 사업은 전력망에 연결된 많은 소규모 분산 전원을 묶어 마치 하나의 기존 발전소처럼 운영하는 것이다. 일종의 가상 발전소인 셈이다. 이러한 가상 발전소는 출력 예측과 전압 및 주파수 보조 등과 같은 전력 보조 서비스를 제공함으로써 분산화된 전력망이 안정적으로 운영될 수 있게 한다.

전력 시스템에 등장한 또 다른 중요한 변화는 전력 시장 구조의 변화다. 기존 전력 시장은 생산자와 소비자가 분리되어 있었으며, 특히 공급자 중심의 시장이었다. 대규모 화력 및 원자력 발전소에서 생산된 전기를 원거리 송·배전망을 통해 최종소비자에게 전달하는 구조로서, 소비자는 말 그대로 전력을 구매만 하는 수동적 소비자였다. 하지만 최근에는 에너지 소비자인 동시에 생산자의 역할을 하는 에너지 프로슈머energy prosumer가 등장하고 있다. 집이나 건물 옥상에 태양광과 스마트미터기를 설치한 에너지 프로슈머는 자가 소비 외에 남는 전기를 다른 수요자 혹은 전력회사에 판매할 수 있다. 전력 수요가 많은 오후에 전력 가격이 오른다면 생산된 전기를 자신이 사용하는 대신 전력망에 판매함으로써 수익을 올릴 수 있다. 이처럼 다양한 에너지 공급자가 생기고 소비자의 선택권이 확대되면서 기존의 공급자 중심 체계에서 다양한 소비자와 에너지 프로슈머 중심의 양방향 전력시장으로 바뀔 것으로 예측된다.

소비자 참여 시장 모델은 여러 가지가 있는데, 가장 기본적인 형태는 녹색 요금제green pricing 시장이다. 기존 전력회사가 소비자에게 다양한 녹색 요금제 선택권을 제공함으로써 재생 전력시장을 확대하는 제도다. 현재 우리나라에서는 한국전력공사가 판매 사업을 독점하고 있어 소비자가 한전 외의 공급자를 선택하는 것이 불가능하며, 에너지원을 선택할 수도 없다. 하지만 최근 기업의 재생에너지 100% 캠페인이 확대되면서 국내에도 2019년 녹색 요금제가 시범 사업으로 도입되었고, 2021년에는 재생 가능 에너지의 전력 구매 계약PPA, power purchase agreement이 가능하도록 전기사업법이 개정되었다. 녹색 요금제가 본격적으로 실행되면 보다 경쟁적이고 친환경적인 전력 시장으로 전환될 것이다. 더욱 적극적인 소비자 참여 시장 모델은 미국의 CCA community choice aggregation에서 찾아볼 수 있다. CCA는 지방정부가 기존 전력회사 외에 전력 공급자와 계약을 맺어 해당 지역에 전력을 공급하는 프로그램이다.

재생에너지를 기반으로 다수의 전력 판매자가 생기고 분산에너지자원의 계통 연계와 생산 그리고 수요 관리를 통합적으로 운영할 수 있는 ICT 기술이 발전함에 따라 기존 전력회사의 역할도 크게 바뀔 것이다. 이러한 방식이 도입되면 에너지 효율 투자, 분산에너지자원 계통 연계, 녹색 전력 거래, 전력망 유지 및 운영 등과 같은 분산형 사업 모델을 유인하기 위한 새로운 요금 체계도 필요할 것이다.

열 시스템: 탈탄소화 및 에너지 효율 개선

냉난방은 주로 건물에 사용되며, 에너지 사용처 중 가장 큰 비중을 차지하는 부문 중 하나다. 냉난방 에너지원은 지역에 따라 석탄·석유·가스·폐열·전기 등으로 다양하다. 또 개별 보일러부터 히트펌프와 지역 냉난방에 이르기까지 여러 방식이 사용되고 있다. 우리나라에서는 가스를 연료로 하는 개별 가스보일러와 지역난방이 보편적이며, 최근에는 낮은 전기 요금과 편의성으로 인해 전기 난방도 많이 늘어나는 추세다.

최근 열 시스템에서도 큰 변화가 생기고 있는데, 이는 전력 시스템과 유사한 측면이 많다. 우선 많은 나라에서 기존 화석연료 기반의 냉난방 시스템에서 재생에너지 열원을 확대하기 위한 정책을 적극적으로 시행하고 있다. EU는 2016년 냉난방 전략을 발표하고 냉난방 부문의 탈탄소 방안을 제안했다. 영국은 2014년부터 재생 열에너지 인센티브 제도를 도입했으며, 가정용과 일반 건물로 나누어 지열 히트펌프·바이오매스·태양열 등의 재생에너지원을 설치해 사용하는 경우 지원금을 지급하고 있다.

열 시스템의 중요한 변화 중 하나는 열과 전기의 통합적 운영이다. 수열과 지열을 이용하는 히트펌프 냉난방 시스템과 남는 재생전기를 열(냉수 혹은 온수)로 전환해 저장하는 냉난방 방식이 향후 대폭 증가할 것으로 전망된다. 배터리를 이용하는 에너지서장장치ESS,energy storage system도 재생에너지의 변동성을 보완하는 역할을 할 것이다. 이러한 전기-열 전환은 재생전기의 변동성을 보완하는 동시에 열 부문의 탈탄소화에도 기여할 것이며 반대로 열에너지를 이용해 냉방을 하는 기술인 흡착식(흡수식) 냉동기는 여름철 전력 소비를 줄이는 데 도움이 된다.

지역난방은 냉난방 시스템을 구성하는 요소 중 하나인데, 지금까지는 주로 가스와 석탄을 연료로 하는 열병합발전을 이용해 고압·고온의 온수를 열 네트워크를 통해 공급해왔다. 하지만 최근 덴마크와 독일 등 유럽 국가를 중심으로 저온 냉난방(4세대 지역난방) 시스템이 보급되고 있다. 기존 지역난방 시스템이 100℃ 안팎의 온수를 공급하는 데 반해 4세대 지역난방은 50~70℃의 저온수를 공급수로 사용한다. 이를 통해 열 수송과 사용자 측의 열교환 과정에서 열 손실이 줄어들어 에너지 효율성이 향상되고, 고온 난방에서는 사용하기 어려운 신재생에너지와 미활용 에너지를 이용할 수 있게 된다. 최근 건물의 에너지 성능 기준이 강화됨에 따라 열 수요가 감소하고 있어 향후 저온 난방의 적용 가능성은 더 커질 것이다. 또 소규모 열 프로슈머의 등장도 가능해 광역 열 네트워크에서 분산형 열 네트워크로 전환하게 될 것이다.

교통 시스템: 탈내연기관 자동차와 소유에서 공유 중심의 모빌리티 서비스

교통 시스템은 화석연료 기반의 내연기관 자동차 중심으로 발전해왔다. 하지만 화석연료 기반 내연기관과 자동차 중심 교통 인프라의 사회적·환경적 비용 또한 크다. 차량, 특히 개인 승용차의 증가는 도로의 평균 이동 속도를 감소시켰다. 한국교통연구원에 따르면 교통 혼잡에 의한 사회적 비용은 2017년 기준 약 59조 원에 달한다. 수송 부문은 우리나라 총에너지 소비의 18.5%를 차지하고 있으며(2018년 기준), 석유 수입량 중 22%가 육상 부문에서 소비되고 있다. 비용으로 따지면 약 21조 원에 달한다.[163] 수송 부문은 온실가스뿐만 아니라 미세먼지의 주요 배출원이기도 하다.

이러한 문제점을 해결하는 방안 가운데 하나가 자동차의 탈내연기관 움직임이다. 대표적으로 독일은 2030년에는 모든 내연기관의 등록을 허가하지 않을 것을 법으로 규정했다. 영국과 프랑스는 각각 2035년, 2040년 이후 내연기관 자동차의 판매를 금지하기로 했다. 이에 따라 시장은 전기차로 급격히 이동할 것이 전망된다. IEA는 2030년경 전기차의 시장 점유율이 30%를 넘길 것으로 내다보고 있다. 전기차의 온실가스 감축 효과에 대해 논란이 있긴 하지만, 전기차의 평균 온실가스 배출량은 화석연료 기반 내연기관보다는 낮으며, 향후 재생전기가 확대되면 전기차의 온실가스 감축 효과는 더욱 커질 것이다.

전기차의 증가는 전력 시스템의 변화와도 밀접한 연관이 있다. 전기차 보급을 확대하기 위해 충전 인프라 구축에 정책적 관심이 집중되고 있지만, 향후 전기차의 보급이 늘어나면 전기차 배터리를 분산형 전원으로 활용해 첨두부하를 줄일 수 있을 것이다. 전력의 가격이 싼 시간에 자동차를 충전했다가 수요가 많아져 전력 공급에 어려움이 생길 때 자동차 배터리에 저장해둔 전기를 전력망에 판매하는 것이다(V2G vehicle to grid). 배터리의 수명과 비용, 미터링 및 과금 비용 등 해결할 과제가 있지만, V2G 기술이 발전한다면 향후 변동성 전원의 비중이 높은 전력망을 안정적으로 운영하는 데 기여할 수 있을 것이다.

전기차 외에 자율주행 차량, 공유 차량, 마이크로 모빌리티*의 확산을 통해서도 수송 산업의 구조적 변화가 예측된다. AI와 통신·센서 기술의 향상으로 세계 유력 자동차 회사와 구글 같은 IT 기업들이 자율주행차 개발에 집중적 투자를 해오고 있다. 물론 낙관적 전망에도 불구하고 현재로서는 자율주행 차량의 상용화 시점을 정확히 예측하긴 어렵다. 기술적인 문제뿐만 아니라 기존 자동차 산업의 일자리 감소 문제, 교통법규, 자동차 사고 보험, 윤리적 이슈 등 해결해야 할 문제가 많기 때문이다.

우버나 리프트 같은 라이드 헤일링 ride-hailing (승차호출) 플랫폼에 전기차와 자율주행차가 결합한다면 자동차 산업생태계뿐만 아니라 환경과 도시 공간에 큰 영향을 끼칠 것이다. 자동차를 소유하는 교통 시스템에서 모빌리티 서비스를 공유하는 교통 시스템으로 바뀔 것이기 때문이다. 언제 어디에 있든 필요할 때 최초 출발지 first mile에서 최종 목적지 last mile까지 편리하게 이동할 수 있다면 유지비용이 비싼 개인 승용차를 소유해야 할 이유가 크게 줄어든다. 더구나 자율주행이 상용화된다면 운전의 효율성과 안전성 역시 크게 향상될 것이다. 주차장이나 주유소 같은 교통 인프라도 지금처럼 많이 필요가 없다. 스마트 기술을 이용해 자율주행차를 최적·최단으로 운영한다면 훨씬 적은 주차장과 충전소만

• 친환경 동력을 이용한 소형 이동 수단. 전기자전거, 전동킥보드 등이 있다.

으로도 모빌리티 서비스를 제공할 수 있기 때문이다.

다만, 자율주행차의 확대가 반드시 친환경적이지만은 않다는 의견도 고려해 변화를 도모해야 한다. 편리하고 효율적인 이동 수단의 확대는 자동차의 사용을 더 증가시킬 수도 있고, 자율주행차의 핵심인 머신러 닝을 위해서는 엄청난 양의 전력이 소모되기 때문이다. 자율주행차를 운영하는 데 필요한 라이다LiDAR 시스템과 데이터센터 등 통신 인프라 의 에너지 사용량 또한 상당할 것이라는 예측도 있다.[164]

에너지 시스템 전환을 위한 전략

에너지 시스템의 전환은 이미 세계적으로 진행되고 있고, 기후변화 대 응 정책과 에너지·정보통신 분야의 기술 발전에 힘입어 그 변화는 가 속화될 것이다. 우리가 에너지 시스템의 전환을 적극적으로 수용하고 발전시킬 때 기후변화와 미세먼지 같은 심각한 환경문제를 완화하고, 국가의 산업 경쟁력을 향상할 수 있을 것이다. 물론 이러한 변화가 저절 로 일어나는 것은 아니다. 지난 20여 년간 빠르게 진행된 에너지 구조 의 변화는 많은 국가의 적극적인 에너지 전환 정책이 있었기에 가능했 다. 앞으로 이러한 변화를 더욱 촉진하기 위해서도 정부의 혁신적 정책 이 매우 중요하다.

특히 재생에너지 확대를 위해서는 전력 계통 인프라 증설, 기존 건물 에너지 효율 개선 확대, 녹색 교통 인프라 구축(대중교통 확대, 마이크로 모 빌리티를 위한 도로 구조 개편 등), 그리고 산업 구조 개편 등에 적극적인 정 부 투자가 필요하다. 이미 EU는 물론 미국과 우리나라도 2050년 탄소 중립을 목표로 다양한 에너지 정책과 투자 계획을 내놓고 있다.

하지만 정부의 재정 투자만으로는 장기적인 에너지 전환에 한계가 있다. 그동안 화석연료 기반 에너지 시스템에 맞춰져 있던 정책과 제도의 개선이 필요하다. 가장 중요한 정책은 무엇보다도 에너지 가격체계를 정상화하는 것이다. 연료 비용뿐만 아니라 환경 비용을 가격에 반영해 에너지원별 경쟁이 일어날 수 있도록 해야 한다.

시간과 장소에 따라 에너지 비용을 차등화하는 것도 필요하다. 에너지는 언제 어디서 생산하고 소비하는가에 따라서도 비용 차이가 발생한다. 같은 1kWh의 전기라도 4월 주말 오후에 생산하는 전기와 7월 평일 오후에 생산하는 비용이 다르다. 충남 석탄발전소에서 생산한 전기를 서울에서 사용하는 것보다 서울의 한 옥상에 설치한 태양광 전기를 사용하는 것이 더 저렴할 수 있다. 지금은 이런 지역적·시간적 가격 신호가 거의 없다 보니 자원의 비효율적 사용이 발생하고 있다. 전력시장에서 한전의 독점적 지위도 개선해야 한다. 다양한 에너지 판매자를 허용하고, 한전의 비즈니스 모델을 전력 판매에서 분산에너지자원 연계와 판매 서비스 확대 등으로 전환해야 한다.

에너지 분권화도 에너지 전환의 중요한 요소다. 재생에너지와 분산에너지자원 기술을 확대하기 위해서는 지방정부, 공동체 그리고 국민의 역할이 매우 중요하다. 지방정부는 지역의 에너지 소비와 생산에 대한 정보뿐 아니라 관련 권한도 가지고 있으므로 국민의 직접적 참여를 효과적으로 끌어낼 수 있다. 지방정부에 대한 재정지원, 권한 강화, 그리고 제도 개선을 통해 실질적인 에너지 전환이 일어날 수 있도록 해야 한다.

지식정보사회의 국부,
지식재산

□ □ ▭▪ ▬▮▮ 첨단기술을 둘러싼 미국과 중국의 패권 경쟁, 그리고 코로나19 백신 특허 면제 등에는 모두 지식재산이 얽혀 있다. 지식기반 경제사회에서 지식재산이 국부의 주요 원천이기 때문이다. 세계적인 기업의 자산 가치를 따져볼 때, 무형자산의 비중도 나날이 증가하고 있다. 특허 가치 평가 업체 오션토모Ocean Tomo에 따르면 2020년 11월 기준 S&P500지수 중 무형자산의 가치는 총자산의 90%에 이르는 수준이다. 페이스북·아마존·애플·넷플릭스·구글·마이크로소프트 등 무형자산을 보유한 기업들의 가파른 성장이 이를 방증한다. 이러한 흐름은 5세대 통신 혁명, 원격 의료, 콘텐츠 전쟁 등이 진행됨에 따라 더욱 가속할 것이다. 세계적 화두인 환경·사회·지배구조ESG 투자도 모두 무형자산을 기반으로 하고 있다.[165]

지식재산은 특허와 같은 기술 분야 외에도 음악, 미술, 영화, 게임 등

창조 활동이 필요한 분야에서 그 중요성이 커지고 있다. 한국은행이 2021년 3월 발표한 '2020년 지식재산권 무역수지'에 따르면 문화예술 저작권이 1억 900만 달러에 이르며 통계 집계 이후 사상 최초로 흑자를 기록했다.[166] 또 4차 산업혁명으로 상징되는 변화는 지식재산의 유형에도 다양한 변화를 가져올 전망이다. 새로운 산업 환경에 대처하기 위해서는 우리나라의 지식재산 전략도 추가와 보완을 거듭해야 한다. 지식재산이 국정의 핵심 과제가 되어야 하고, 이를 바탕으로 거래는 물론 질적 차원에서 '지식재산 허브 국가'가 되어야 한다.

지식재산 주요 개념

초연결과 초지능성을 특징으로 하는 4차 산업혁명의 생태계에서는 융·복합 기술의 표준 특허essential patent와 원천 특허original patent 가치의 중요성이 더 커질 것으로 보인다.[167] 이러한 표준 특허와 원천 특허의 선점은 부를 창출할 기회를 의미하며 후발 기업의 진입을 어렵게 할 수도 있다. 표준 특허와 원천 특허의 선점을 위해서는 기술과 산업 환경의 변화 방향과 내용을 이해할 필요가 있다. 먼저 지식재산과 관련한 주요 용어의 개념을 살펴보면 다음과 같다.

지식재산

지식재산IP, intellectual property은 인간의 창조적 지적 활동 또는 경험의 산물을 말한다. 재산적 가치가 법적 보호를 받는 특허patents, 상표trademarks, 디자인designs, 저작권copyrights, 영업비밀trade secrets과 생물

의 품종이나 유전자원遺傳資源 등 인간의 지식과 경험, 노하우 전반으로
서 재산적 가치가 실현 가능한 것을 총칭하는 개념이다.

지식재산권

지식재산권IPR, intellectual property rights은 지식재산이 법적으로 보호되는
권리임을 강조하는 용어로서 학술·실무에서 지식재산과 혼용되고 있
다. 마찬가지로 특허와 특허권, 상표와 상표권, 디자인과 디자인권도 각
각 혼용되고 있다.

무형자산

무형자산intangible asset은 기업의 경제적 가치자산이지만 전통 회계상
포착이 어려운 지식과 비결(노하우)을 총칭하는 개념이다. 문헌에 따라
지식자본intellectual capital, 지식자산intellectual asset 등 다양한 용어로 부르
고 있다. 무형자산의 경제적 정의는 '기업의 시장가치market value · 장부
가치book value'로 표현된다.

IP5

IP5는 특허를 비롯해 세계 지식재산 제도의 운용을 주도하는 한국
KIPO, 미국 USPTO, 중국 CNIPA, 일본 JPO, 유럽 EPO의 5대 특허청
을 지칭하는 말이며 '선진 5개 특허청'이라고도 한다. IP5는 전 세계 특
허출원의 87.3%(2018, Filing Bloc 기준),[168] PCT(특허협력조약) 특허출원의
95%[169] 정도를 담당하며 세계 특허제도와 정책을 주도하고 있다.

지식재산의 미래

지식재산 집약 산업의 가치 부상

지식재산 집약 산업의 중요성은 미래에 더욱 커질 것이다. 2012년 미국 상무부는 미국 특허청 데이터를 기준으로 전체 313개 산업 중에서 특허와 상표 등 지식재산을 가장 집중적으로 활용하고 있는 산업 75개를 선별하고 이를 '지식재산 집약 산업 IP-intensive industries'이라 명명했다. 2019년 기준 EU 총 GDP의 44.8%가 지식재산 집약 산업에서 창출되며, 직접 고용 기준 6,300만 개 일자리(전체의 29.2%)가 지식재산 집약 산업에 의해 제공된다고 한다.[170] 2021년에 발표된 유럽특허청의 보고서에 따르면 지식재산권을 보유한 회사가 그렇지 않은 회사보다 직원당 수익은 20%, 평균 임금은 19% 높다는 결과가 나오기도 했다.[171] 유럽은 2012년부터 단일 특허제도 출범과 통합 특허법원 설립에 합의하고 비준 절차를 진행하고 있다. 영국은 브렉시트로 인해 EU에서 관장하는 EU상표EUTM와 등록공동체디자인RCD, registered communtiy design에서는 제외되었지만, 특허를 관장하는 유럽 특허청은 EU의 기관이 아니므로 영국도 단일 특허제도와 통합 특허법원에는 포함된다.

중국 또한 지식재산권 강국 도약을 목표로 하고 있다. 중국의 특허보호협회에서는 조정위원회를, 사법부에서는 지재권 지방법원을 각각 운영함으로써 특허 분쟁을 해결하고 있으며, 강력한 징벌적 배상 제도도 도입했다.[172] 징벌적 배상 제도는 서구권에 주로 존재하는 제도였는데, 중국이 도입했다는 것은 그만큼 지식재산권의 중요성을 시사한다. 우리나라 특허청 또한 2019년에 징벌적 보상 제도를 도입해 고의적 특허 침해자가 특허권자에게 피해액의 3배까지 보상할 수 있게 했다. 또

2020년에는 실시료까지 포함된 혼합 산정 방식으로 손해배상의 현실화를 명문화했다. 하지만 우리나라의 대다수 기업은 한국에서 특허소송을 제기하지 않고 배상액을 많이 받을 수 있는 미국이나 유럽에서 주로 소송을 진행하는 것이 현실이다.

금융의 변화에 따라 무형자산의 중요성 증대

금융서비스의 수단에 지나지 않았던 IT 기술이 핀테크를 통해 금융 패러다임을 변화시키고 있다. 특허청에 따르면 우리나라 전체 지식재산IP 가운데 금융 부문의 규모는 2016년 5,774억 원에서 2019년 1조 3,504억 원으로 증가했고, 2020년에는 전년 대비 52.8% 급증해 2조 640억 원에 이르렀다. 2016년 202억 원에 불과했던 IP 담보대출의 경우 2020년 1조 930억 원으로 4년 만에 53배나 폭증해 전체 시장의 절반 이상을 차지했다.[173]

이는 지식재산권을 금융거래 대상으로 활용하는 기업이 늘고 있다는 것을 보여준다. 금융기관에서도 지식재산권이 물건 또는 서비스와 결합하거나 라이선스를 통해 현금흐름을 창출할 수 있는 가치가 있다고 판단하기 때문이다.[174] 이에 따라 지식재산이라는 담보물에 대한 가치 평가의 중요성이 커지게 되었고 특허권에 대한 평가(특허의 권리성, 시장에서의 안정성, 특허의 수명, 특허의 활용성 등) 요소가 금융거래의 주요 항목으로 자리매김하였으며, 은행은 자체적인 지식재산의 가치 평가를 위해 각 분야 전문가(변리사, 변호사, 회계사, 금융인, 기술 전문가 등)들과 협업을 도모하고 있다.

4차 산업혁명에 따른 지식재산 환경 변화

빅데이터나 AI 등 4차 산업혁명의 혁신기술들은 기존의 개념으로는 평가할 수 없는 새로운 양상의 보호 가치와 지식재산을 창출하고 있다. 예를 들어, 현재 저작권법에 따르면 저작권으로 보호받는 창작물은 '인간의 사상이나 감정을 표현한 창작물'이라고 규정하고 있다. 인간이 아닌 AI가 창작한 결과물은 인간의 창작물로 볼 수 없다는 것이 다수의 의견이다. 즉 현재의 법으로 보호할 수 없는 새로운 영역에 속한다. 이에 특허청은 2021년 2월 열린 제28회 국가지식재산위원회에서 AI 창작물의 투자자·개발자의 지식재산권 인정 여부를 논의한 뒤 2023년에 민법·형법 개정을 검토한다는 계획을 밝힌 바 있다.[175]

한편 최근 특허청에서는 미국의 한 AI 개발자(스티븐 테일러, 출원인)가 AI 프로그램 '다부스DABUS'를 음식 용기의 발명자로 표시한 국제특허를 국내에 출원하면서 우리 역사상 최초로 AI가 발명자가 될 수 있는지에 대한 첫 특허심사가 진행됐다. 이에 특허청은 자연인만이 발명자가 될 수 있다는 이유로 발명자 수정을 요청한 상태다. 이에 앞서 유럽 특허청이나 미국과 영국 특허청에서도 같은 특허출원 심사에 대해 발명자는 '현재로서는' 자연인만이 가능하다고 결정한 바 있다. 그러나 언젠가는 AI를 발명자로 인정해야만 하는 상황이 올지도 모른다.[176]

지식재산 미래전략

세계지식재산권기구WIPO의 데이터 센터 집계 기준으로 2020년 국제특허출원에서 우리나라가 중국, 미국, 일본에 이어 세계 4위의 위상에 올랐다. 그러나 실제 등록이 되어도 활용이 되지 않는 특허권이 많고, 등록 후 다시 무효가 되는 특허권의 비율이 다른 선진 IP 국가에 비교해 매우 높으며, 기술이전의 규모도 출원 규모와 비교해 작은 편이라는 점도 인정해야 한다. 이제 우리나라도 규모의 차원을 넘어 지식재산의 질적 경쟁력을 키우기 위해 국가적 관심과 지원을 강화해야 한다.

지식재산국가 패러다임 구축

우리나라는 그동안 추격자 전략으로 발전해왔다. 그러는 가운데 지식재산 보호에 소극적이었던 것도 사실이다. 이제는 지식재산 선진국으로서의 역량을 보여야 한다. IP5 및 TM5(상표 분야 선진 5개국 협의체), ID5(디자인 제도 선진 5개청)와 같은 지식재산 선진 5개국의 일원으로서 지식재산권 분야 국제질서 변화를 선도하고, 개도국 지원 사업과 같은 국제 협력 활동도 펼쳐야 한다. 또 국내에서 지식재산권을 실효성 있게 보호하고 우리 기업의 해외 지식재산권 분쟁 피해를 줄여야 하며 국제 사회가 인정하는 진정한 지식재산권 강국이 되어야 한다. 지식재산권을 소홀히 하면 밑 빠진 항아리와 같다. 지식재산 보호에 소극적이었던 과거의 태도를 벗어나 지식재산권 보호의 패러다임을 선도할 때다.

국제적으로 신뢰받는 제도와 리더십 필요

특허를 보유한 사람은 어느 나라에 출원할 것인가도 선택하지만, 분쟁 발생 시 어느 나라 법원에서 재판을 받을 것인가도 선택할 수 있다. 당연히 지식재산권의 보호가 잘 되고 신뢰할 수 있는 나라에 특허출원이 몰리고 분쟁 해결 소송이 몰리게 되어 있다. 국내 대기업 간의 소송이라 하더라도 우리나라가 아닌 미국 또는 유럽에서 소송을 진행하는 것이 그 배경이다. 이러한 신뢰를 얻기 위해서는 국제적인 공조 속에 예측 가능한 제도를 보유하고 있어야 한다.

특허청에 따르면 2018년 기준 국내 전체 특허출원에서 외국인 비율은 전년과 유사한 17.2%로[177] 외국인들의 국내 특허출원이 여전히 소극적임을 보여준다. 이는 우리나라 특허권에 대한 국제적 인식을 보여주는 통계 결과다. 우리나라에서 특허권을 획득하고 권리 행사를 해 침해 소송을 진행한다 해도 손해액 및 소송 비용보다 손해배상금이 매우 작은 것도 주요 이유다. 한국지식재산연구원 자료에 따르면 1997~2017년 국내 특허침해소송 손해배상액의 중간 평균값은 6,000만 원 수준으로 미국(1997~2016년)의 65억 7,000만 원과 비교해 약 100분의 1 수준에 불과했다.[178] 미국, 일본, 유럽처럼 국제적으로 신뢰받는 특허제도를 보강, 구축하는 것도 우리나라가 지식재산 강국이 되기 위해서는 꼭 필요한 부분이다.

지식재산 전문가 양성

우리나라는 지식재산 전문가가 매우 부족하다. 그동안 지식재산에 대한 사회적인 인식이 미흡했던 이유도 있지만, 지식재산의 관리·활용·라이선싱·분쟁 해결 분야의 전문가 양성이 제대로 이뤄지지 못했다. 다행히 특허청이 지원해 2010년에 KAIST와 홍익대에 지식재산대학원이 설립되었고, 다른 학교로도 저변이 확대되어 현재 10개 대학*에서 인력 양성이 이뤄지고 있다. 2020년 여성가족부, 고용노동부, 서울시 등의 주최로 한국특허전략개발원에서 주관하는 지식재산IP-R&D 전략전문가 과

• KAIST, 홍익대, 단국대, 아주대, 고려대, 충남대, 동국대, 연세대, 서울대, 경희대.

정이 개설된 것도 고무적인 일이다.

4차 산업혁명 시대에는 지식재산 관련 이슈들이 더 복잡해지고 고도화될 것이다. 빠르게 변화하는 기술 이슈들에 대해 적절히 대응해 국가의 부를 보호할 지식재산 현장실무 및 이론을 겸비한 지식재산 전문가 인력이 절대적으로 필요하다. 아울러 국제적인 소양을 갖춘 지식재산전문가들을 대거 양성해 아시아 통합 특허청과 아시아 통합 특허법원 시대를 대비해야 한다. 지식재산권 등록과 침해 이슈를 다루는 기관의 공무원들에 대해서도 체계적이고 전문적인 교육이 이뤄져야 한다.

지식재산권은 또한 그 특성상 기술을 개발하는 개발자와 그를 대리하는 변리사나 변호사 간의 협업이 매우 중요하다. 즉, 변리사나 변호사는 지식재산권을 개발하는 사람이 아닌 이에 대한 권리를 확보하고 지켜주는 파수꾼 역할을 하는 것이고, 지식재산권 자체를 창출하는 사람은 기술을 발명하는 발명자에 해당한다. 상호 간의 협력이 잘 이루어지기 위해서는 발명자들에게도 지식재산권에 관한 효율적인 교육이 뒷받침되어야 할 것이다.

지식재산 평가 능력 함양

지식재산권의 사업화 과정이나 각종 분쟁에서 직면하는 문제는 해당 지식재산의 가치를 어떻게 측정할 것인가, 즉 가치 평가에 대한 것이다. 무형의 지식재산을 담보로 대출 및 기업가치를 평가하는 일은 이전보다 훨씬 많아졌다. M&A 시장에서의 기업 자산 평가에서도 유형자산뿐 아니라 무형자산의 비중이 높아졌다.

하지만 지식재산 가치 평가를 위한 관련 정보 DB, 지식재산 가치 평가를 위한 기준과 평가 전문 인력 등의 인프라는 부족한 실정이다. 따라서 무형의 지식재산 평가에 대한 공신력 있는 기관을 비롯해 지식재산 심사 시스템이 마련되고 관련 법제화가 이뤄져야 한다.[179]

4차 산업혁명 시대 지식재산에 대한 전망과 준비

4차 산업혁명의 대표적 기술은 AI 기술이다. 우리나라의 AI 분야 특허출원은 2010년부터 2019년까지 10년간 36.7%의 폭발적 증가율을 보였다. 같은 시기의 미국 내 출원 증가율(27.4%)보다 높은 수치다. 4차 산업혁명 시대에는 새로운 유형의 지식재산도 출현할 것이다. AI가 만들어내는 성과물에 대한 소유권 논쟁도 치열해질 것이다. 앞으로 출현할 지식재산의 유형이나 범위에 대해 새로운 시각으로 접근하고 전망하면서 공유와 글로벌 확산을 특징으로 하는 4차 산업혁명에 부합하는 방향으로 대응체계를 갖춰가야 한다.

한편 IP5는 2000년 발표한 공동선언문을 통해 이러한 변화 속에서 IP5의 역할론을 강조했다.[180] 공동선언문에는 AI 등 신기술 분야에서 협력을 강화하고 특허제도의 조화를 통해 이용자 편의를 향상하고 특허심사의 품질·효율성·예측성을 강화하기로 하는 것 등이 담겨 있다. 특히 코로나19 진단 치료 예방에 관한 특허 정보를 투명하게 공개해 관련 기술을 촉진함으로써 코로나19가 가져온 경기침체를 극복하는 데도 노력한다는 내용을 포함했다.

특허심사 품질 향상을 위한 심사관 확충과 지원

우리나라가 특허 허브가 되려면 먼저 특허심사의 품질이 세계 최고가 되어야 한다. 등록된 특허가 특허심판원에서 무효라고 판정된 통계를 보면 우리나라가 일본이나 미국보다 두 배에 이른다. 또 2018년도 심사관 1인당 연간 심사 건은 미국 심사관이 77건, 일본 심사관이 166건인데 비해 우리나라 심사관은 192건을 처리했다.[181]

우리나라 심사관 인력 구성은 IP5 특허청과 비교할 때 전문 분야별 박사급 비중이 높고, IT 등 주요 산업 분야에서의 한·중·일 선행 문헌 이해와 분석 능력은 최고 수준이다. 그러나 특허청 심사관의 전문성이 높아도 심사관의 인력 부족은 심사 품질을 떨어뜨릴 우려가 있다. 심사관 1인당 특허 처리 건수가 많으면 부실한 심사로 이어질 우려가 있다. 부실한 심사로 이미 등록받은 특허가 무효 판정을 받고 독점권을 부여받지 못하게 된다면 그 피해는 오롯이 투자자가 부담하게 되고 특허청에 대한 신뢰도 떨어지게 된다. 특허청은 2021년 4월 미래차, 시스템반도체, 바이오헬스 등 3대 신산업 분야에서 연구개발과 현장경험이 풍부한 전문 심사 인력을 충원하겠다고 밝혔지만,[182] 심사 품질을 높이려면 인력 확충 등 인프라 구축에 계속 힘을 모아야 한다.

산업 분야별 지식재산 제도와 정책의 세분화

특허제도에 대한 논의 양상은 산업 분야별로 다양해지고 세분화할 것이다. 이는 산업별로 특허를 창출할 가능성과 가치가 다르기 때문이다. 예를 들어, 신약 하나를 개발하는 데에 통상 6.61년의 기간이 소요되고 2조 원[183] 이상의 비용이 투입되지만, 제약업 분야의 특성상 창출되는 특허의 수는 적다. 반면 정보통신기술 분야에서는 상황이 다르다. 스마트폰 하나에 통상 25만 개 이상의 특허가 뒤따른다.

따라서 전통적 산업재산권과 특허제도가 4차 산업혁명으로 불리는 지능화된 디지털 전환 시대에도 똑같이 적용될 수 있을지 논의가 필요하다. 4차 산업혁명의 첨단기술들이 여러 분야에 접목되고 있는데, 다양한 융·복합 기술들이 창출하는 또는 창출 가능한 제품이나 서비스를 기존의 지식재산권 범주 안에서 다루기 어려울 것이 예상되기 때문이다.[184]

지식재산 전문 법원 신설 및 법관 전문성 제고

지식재산권 분쟁을 전담할 수 있도록 지식재산 선문 법원을 신설하고, 특허법원과 지식재산권 전담재판부에 근무하는 법관의 경우 통상적인 순환보직 기간 이상으로 업무를 담당할 수 있도록 해 법관의 전문성을 높이는 등의 대책이 있어야 한다.

한편, 기업 간 특허 분쟁이 전 세계에서 동시다발적으로 진행되는 점을 고려해 외국어를 사용하는 소송 당사자에게도 공정한 재판 기회를 주고자 2018년 국제재판부 관련 법원조직법이 시행되었다. 이에 따라 2019년부터 국제재판부가 도입되어 특허법원에 4개, 서울중앙지방법원에 3개의 국제재판부가 설치되었다. 국제재판부에서는 외국어 변론이 가능하고, 동시통역을 통해 재판이 진행된다. 이에 대한 국제적인 홍보를 통해 이용률을 높여갈 필요도 있다.

지식재산 정책 비서관과 지식재산부 신설

2011년 지식재산 기본법이 제정되고 대통령 '소속'으로 국가지식재산위원회가 설치되었다. 그러나 현재의 국가지식재산위원회의 위상만으로는 지식재산 정책을 종합적으로 주도하기 어렵다는 지적도 있다. 디지털 전환 시대에 유연하고 신속하게 대처하기 위해서는 지식재산 행정 시스템을 체계적으로 구축하는 것이 매우 중요하다.[185] 이를 개선하기 위해서는 첫째, 청와대에 지식재산 정책 비서관을 신설해 대통령의 지식재산 정책을 보좌하고 국가 지식재산 정책에 대한 집행 조정의 임무를 수행할 수 있게 해야 한다. 둘째, 지식재산 관련 컨트롤타워 역할을 할 수 있는 지식재산부도 신설해야 한다. 특허청, 식약처, 문화체육관광부 등 여러 부처에 나뉘어 있는 특허 업무와 관련 정책을 총괄하며 기술 변화에 유연하게 대처하는 것이 시급하다.

특허제도와 반독점 제도의 조화

특허제도와 반독점 anti-trust 제도는 그 방법론에 있어 근본적으로 상반된다. 특허제도는 발명에 일정 기간 독점권을 부여해 권리자를 보호하고 혁신의 동기를 제공하는 반면, 반독점 제도는 자유시장경제 체제의 근간을 무너뜨리는 독과점을 통제한다. 그러나 특허제도도 기술내용 공개를 통한 사회 전체의 이익과 기술 발전을 강조한다는 점, 반독점 제도 역시 독과점을 제한하되 시장에 미치는 영향을 충분히 고려하도록 각종 장치를 마련하고 있는 점에 비추어 두 제도 사이의 조화로운 해석 또한 가능하다. 다시 말해, 자유로운 경쟁을 전제로 한 시장경제를 교란하는 시장지배적 지위의 남용과 과도한 경제력의 집중에 대해서는 적절한 대응 조치가 필요하다.

또 공정거래위원회가 지식재산 보호와 독과점 방지의 균형을 위해 노력해야 하지만, 무엇보다도 관련 부처 간 소통이 중요하다. 기술의 급속한 발전과 산업 환경의 변화에 따라 지식재산권 이슈도 더 복잡해질 것이다. 따라서 관련 부처 간 소통을 통해 주요 이슈에 관한 쟁점을 분석하고 타당한 접근을 발굴하는 등의 논의가 활발히 이루어져야 한다.[186]

국가 핵심 기술 유출 방지를 위한 노력

우리나라는 반도체, 5G 통신, 나노기술, 배터리, 생명공학, 문화콘텐츠 분야에서 세계적 경쟁력을 갖춘 지식재산을 보유하고 있다. 앞으로 이러한 지식재산의 중요성은 계속 커질 것이다. 이런 점에서 지식재산권 확보를 위한 노력도 중요하지만, 이러한 핵심 기술이 유출되지 않도록 방지하는 노력도 해야 한다. 최근 미국과 중국이 첨단기술을 둘러싼 패권 경쟁을 벌이고 있는 가운데 핵심 기술의 유출 사례도 등장하고 있다는 점을 염두에 두어야 한다.

국내에는 물론 기술의 유출을 막기 위해 산업 기술의 유출 방지 및 보호에 관한 법률이 있다. 그러나 법률은 결국 사후적 조치가 될 수밖에 없다. 법적 장치도 중요하지만 동시에 핵심 기술 유출의 심각성에 관한 사회적 차원의 인식과 논의도 뒤따라야 한다.

순환경제 사회의
자원 확보 시스템

□ □ ▭▬ ▬▬▬▬ 부존자원이 적은 우리나라는 어쩔 수 없이 해외 의존도가 높다. 자원 수입국이 일부 국가에 집중되어 있어 세계 자원 시장의 변동에 영향을 많이 받는 취약한 구조이기도 하다. 그러나 자원을 안정적으로 확보하는 것은 순조로운 경제활동을 위한 전제조건이다. 따라서 국내외에서 자원을 개발함으로써 안정적인 공급 체계를 마련해야 하고, 그와 함께 전 세계적인 흐름인 '순환경제circular economy'를 구현해 자원 순환형 사회로 전환해가야 한다.

순환경제는 자원으로 제품을 생산하고 이를 소비한 후 폐기하는 선형경제linear economy에 대비되는 개념이다. 제품 생산 단계에서부터 자원 이용의 효율성을 높이고, 폐기된 제품으로부터 얻은 재생 원료를 다시 제조 단계에 투입해 지속 가능한 생산·사용을 근간으로 하는 친환경적 체계를 말한다. 따라서 순환경제는 자원 빈약의 관점에서 접근하는 것이 아니다. 인류의 활동에 의한 모든 것은 지속가능성을 지녀야 함을 인지하는 데서부터 시작한다. EU는 탄소 중립을 실현하기 위해 '유럽 그린딜'을 발표한 바 있는데, 세부 내용으로 언급한 '청정·순환경제를 위한 산업 편성'이 곧 순환경제를 의미한다. 우리 정부도 2020년 수립한 '2050 탄소 중립 추진 전략'의 10대 추진 과제 중 하나로 '순환경제 활성화'를 제시했고, 투입 에너지 최소화를 통한 생태계 보선과 온실가스 감축의 동시 구현을 목표로 하고 있다.

자원 소비 및 개발 미래 전망

자원 소비는 경제활동과 직결된다. 경제가 성장할수록 1인당 자원 소비도 증가한다. 현재 구리·아연 등 비철금속 수요의 약 40%를 중국이 차지하고 있는데, 중국과 인도의 경제성장 속도를 고려하면 이들 국가의 자원 수요는 더 빠르게 증가할 것으로 전망된다. 우리나라의 자원 수요도 급증하고 있다.

　이에 반해 자원 보유국에 대한 투자 여건은 점점 나빠지고 불확실성도 커지고 있다. 특히 코로나19와 같은 예상치 못한 사건으로 인해 불확실성은 더욱 커졌다. 자원 보유 개도국들은 자원을 기반으로 자국의 산업화를 추구하기 때문에 신규 사업의 진입장벽 또한 계속해서 높아질 전망이다. 또한 과거에는 매장량, 가격, 인프라 현황, 정치적 불안정성 같은 이슈가 자원 개발의 선제적 요건이었다면, 앞으로는 환경문제를 비롯해 지역주민과의 조화와 같은 사회적 요인까지 고려해야 하는 상황이 되고 있다.

자원 개발의 여건도 좋지 않다. 산업통상자원부에 따르면, 호르무즈 해협 등 주요 해상 수송로의 위험이 커지고 보호무역주의가 심화하면서 자원 관련 가격 변동성과 수급의 불확실성이 더 증가했다. 또 예전에는 접근성이 좋은 지역을 중심으로 자원 개발이 진행되었지만 최근에는 고산지대 등 접근하기 어려운 지역에서 개발이 이뤄지고 있는데, 이러한 채굴 조건의 악화는 광산·인프라 건설, 채광, 광석 처리, 운송·판매 비용의 연쇄 상승으로 이어지고 있다.[187]

자원 개발 사업에는 복잡한 이해관계가 얽혀 있어 그 밖에도 다양한 이슈가 계속 발생하고 있다. 최근 미국을 비롯한 OECD 국가들은 자원 개발 자금이 반군 활동 자금으로 연결되는 것을 방지하기 위해 아프리카 지역에서 채굴되는 주석, 텅스텐 등을 '분쟁 광물'로 지정해 사용을 금지하는 법·제도까지 시행하고 있다. 오염 방지 중심이던 환경 관리도 생태계와 노동환경 배려, 투명한 정보 공개 등을 포함하는 복합적 관리로 확대하고 있다.

미래를 대비하는 자원 전략

자원은 무한하지 않다. 자원의 고갈 가능성과 일부 자원의 과점 심화로 자원 소비에 대한 제약은 국가 간 충돌 가능성까지 높였다. 일례로 전기차 등 첨단산업에 두루 사용되는 희토류를 둘러싸고 미국과 중국 간에 긴장감이 고조되고 있다. 조 바이든 미국 대통령이 희토류의 공급망 취약점을 검토하는 행정명령에 서명하자 중국은 환경보호를 이유로 희토류 생산을 일시 중단하는 전략을 구사하고 있다. 실제로 희토류는 정제

과정에서 환경오염 물질을 다량 배출한다. 그러나 첨단기술을 놓고 패권 경쟁을 벌이고 있는 상황을 고려하면 중국의 조치는 전략자원인 희토류의 무기화 전략으로 볼 수 있다.[188]

이처럼 자원의 무기화 등에 따라 자원 제약에서 벗어나기 위해 세계 각국에서는 자원 생산성을 높여 경제성장과 자원 소비 간의 연결고리를 끊자는 기조가 생기고 있고, 자원순환, 지속가능성, 그리고 녹색성장이 새로운 패러다임으로 부상하고 있다. 우리나라도 자원 안보 실현과 새로운 가치 창출의 기회를 찾아야 한다.

해외 자원 개발 사업 활성화

안정적 자원 확보의 관점에서 가장 먼저, 그리고 가장 효과적으로 시행할 수 있는 전략은 해외 자원 개발이다. 가격 불안정성에 대응하고 공급 중단에 대비할 수 있는 일종의 위험 분산 전략인 '헤징hedging 전략'이라고 할 수 있다.

해외 자원 개발은 광산 개발에 그치는 것이 아니라 대규모 플랜트, 전력, 도로 등 인프라 건설과 연계될 수도 있다. 자원 개발 사업은 초기 자원 탐사에서 개발·생산·회수까지 최소 10~15년이 소요되는 사업이다. 또 자금, 기술, 정보 인프라가 뒷받침되어야 하므로, 해외 자원 개발 활성화를 위한 전략은 종합적인 시각에서 장기적인 계획을 세워야 한다. 세계적 기준에서 볼 때, 한국은 아직 양질의 해외 자원 개발 체계를 마련하지 못했다. 자원 개발의 역량을 키우기 위해서는 산업 생태계가 유기적으로 연계되어 있어야 한다. 하지만 현재 해외 자원 개발 사업을 활성화하기 위한 예산은 역대 최저치로 떨어졌다. 산업통상자원부의 '2021년도 해외자원개발 특별융자사업 집행계획'에 따르면, 2021년도 예산은 349억 3,000만 원이다.[189] 2019년보다도 18억 원이나 줄어들었다. 과거 연 4,000억 원대를 넘나들던 지원 규모를 생각하면 엄청나게 줄어든 규모다. 해외 자원 개발 사업을 활성화하기 위해서는 민간 영역의 자발적인 투자도 중요하지만, 투자 위험성을 고려한다면 정부의 지원이 바탕이 되어야 한다.

- 종합적인 시각에서 장기적인 계획 수립
- 투자기업, 서비스 산업, 지원 기관, 기술 및 인력 등 자원 산업 생태계를 구성하는 다양한 주체의 역량을 키울 수 있는 지원정책과 제도 마련
- 한국의 자금력과 기술력에 맞는 자원 개발 프로젝트 발굴
- 사업의 수익성, 투자 대상 광종의 시장구조, 파트너사에 대한 신뢰성을 비롯해 경제, 사회, 기술, 정치 등 다양한 전문지식이 복합적으로 작용하는 투자 결정 방식 시스템화
- 자원 가격 변동, 해당국의 정치적 안정성, 재해 문제 같은 외생적 요소의 제거에는 한계가 있더라도, 매장량 평가, 광산 설계, 대상 광종의 시장성 전망과 기술적 요소에 대해서는 투명한 검토 체계 마련
- 리스크가 높은 탐사 분야 등 전략적 지역에서 공기업의 역할을 회복
- 대출 비율과 이자 감면 비율을 높이는 특별 융자 제도 개선을 통해 민간 투자 활성화

자원기술력 강화를 통한 새로운 성장 동력 마련

불과 몇 년 전만 해도 기술적 제약으로 미래자원의 범주에 속하던 셰일가스와 셰일오일은 수평 시추와 수압 파쇄라는 기술의 개발로 미국을 세계적 원유 생산국으로 탈바꿈시켰다.

자원 기술력이 새로운 성장 동력이 될 수 있는 이유는 이처럼 자원 기술의 보유 여부가 사업권 확보 및 사업의 지속성을 결정하는 핵심 요인이기 때문이다. 그러나 자원 기술의 중요성에도 불구하고 한국의 자원 기술 연구개발은 열악한 편이다. 새로운 성장 동력을 마련하기 위해서는 우리가 경쟁력을 지닌 ICT, 조선, 플랜트 산업 기술들과 연계하는 전략이 무엇보다 필요하다.

또한 환경과 안전 기술 시장이 확대되고 있는 것을 기회로 잡을 수 있다. 대표적인 기술로는 CO2-EOR 기술과 노후화 해상플랜트 해체 기술 등이 있다. 온실가스의 주범인 이산화탄소를 주입해 석유를 회수하는 CO2-EOR 기술은 생산성 증진을 이루는 기술인 동시에 이산화탄소 저장과 처리를 통해 온실가스를 줄일 수 있는 기술이다. 해상플랜트를 해체하는 기술은 한국의 우수한 플랜트 기술을 기반으로 충분히 선점할 수 있는 영역이기도 하다.

나아가 자원 산업과 관련해서 디지털 기술을 접목하는 시도도 이어지면서 그만큼 새로운 기회도 열리고 있기 때문이다. 육상 유전의 고갈로 석유·가스 탐사와 개발은 심해·극지 등에서 이뤄지면서 기술 난이도와 작업의 위험성이 증대된 상황이다. 이에 따라 ICT 등 첨단기술을 활용해서 탐사·개발·생산 과정을 자동화하고 온라인으로 관리하는 디지털 오일 필드digital oilfield 기술이 접목되고 있다. 영국의 최대 정유기업인 BP가 이 기술을 도입해서 운영비의 20~30%를 절감한 사실은 참고할만하다. 광물자원 역시 광산의 내륙화 및 운송의 장거리화로 인해 위험성이 증대된 상황이다. 스마트 마이닝 기술, 즉 ICT 기술을 활용해서 광산 작업공정 전반을 무인화·자동화하는 노력도 필요하다. 호주의 광산업체 리오틴토Rio Tinto는 스마트 마이닝 기술로 운송비의 13%를 절감하고 장비 가동률을 20% 증대시켰다.[190] 우리도 경쟁력 있는 디지털 기술을 자원 개발 기술과 접목하고 융합하는 시도를 이어가야 한다.

- 한국이 경쟁력을 보유한 ICT, 조선, 플랜트 산업 기술들과 연계하는 자원기술 개발
- 해수에서 리튬 광물자원을 확보하는 기술 등 미래세대를 위한 미래자원 기술 개발 병행
- 미래자원의 경우 단기적 성과보다는 장기적 가능성을 염두에 둔 지속적 연구개발 수행

지속 성장을 가능하게 하는 자원 관리 체계 구축

다른 일반적인 재화와 달리 자원은 그 양이 한정되어 있고, 채굴·생산·소비·폐기에 이르는 전주기 동안에도 다른 자원을 소비하며 환경 문제를 유발한다. 따라서 통합적 차원에서 '지속 성장을 가능하게 하는 자원 관리sustainable resource management' 체계가 필요하다. 경제적으로는 효율성과 경제성장을, 환경적으로는 생태계 유지 및 환경보존을, 사회적으로는 세대 간 지역 간 공정성과 형평성, 안전성을 유지할 수 있도록 해야 한다. 현재뿐만 아니라 미래의 기술과 산업에 대비하기 위한 중요한 자원을 관리할 필요도 있다. 유럽 및 미국 등지에서는 미래기술 전망에 따라 주기적으로 특정 광종에 대해서 매장량 조사, 국제 협력, 대체 및 재활용 기술 개발 등을 통해 중장기 확보 전략을 수립하고 있다.

- 자원순환과 폐기물 정책 같은 환경관리 전략, 산업정책, 빈곤과 복지 문제 등과 연계하는 통합적인 관리 정책 수립

- 미래의 기술과 산업에 대비하기 위한 중요한 자원 선정 및 관리
- 미래의 산업구조와 수요 예측을 통해 필요한 자원의 수급 체계 및 공급 다양화 방안 마련
- 선택과 집중을 통해 신산업 원료광물을 중심으로 핵심 광종을 선정하고 비축전략 마련

북한 광물자원 남북 공동개발 및 활용

남북 관계의 예측은 여전히 쉽지 않다. 그러나 향후 경제협력의 가능성을 전망하면서 전략적 계획을 마련해두어야 한다. 남북 경제협력 고려 시 가장 기대되는 분야는 자원 개발 부문이다. 상호 부족한 부분을 채워줄 수 있기 때문이다.

2020년 한국광물자원공사에 따르면 북한에 매장된 광물자원의 자산 가치는 매장량 기준 5,833조 원, 경제성 기준 1,115조 원에 달한다.[191] 북한에 부존된 광물자원은 석탄광 1종, 금속광 22종, 비금속광물 19종 등 42종으로 석탄 광산은 241개, 금속 광산은 260개, 비금속광산은 227개다. 그러나 기술력과 자본의 한계로 더 정밀한 광산 조사는 이뤄지지 못했으므로 실제 매장량은 더 늘어날 수 있다. 향후 남북 자원 교역사업이 성사된다면 석탄, 금, 연, 아연, 동, 철, 중석, 희토류, 마그네사이트, 흑연, 석회석 등의 다양한 광종을 개발할 수 있을 것이다.

한편 북한 광물자원에 대해 중국의 선점이 심화하고 있어 우리 정부의 빠른 대응이 필요하다는 지적도 제기되고 있다. 현재 한국은 자원이 없어 대부분 해외 수입에 의존하고 있다. 그런 측면에서 남북 공동의 번영을 위해 남북 합작의 자원 개발 및 확보가 필요하다. 이전에도 남북 공동개발이 추진된 적은 있다. 남북은 2007년 10·4선언에서 자원 개발

을 적극적으로 추진하기로 하고, 민관 총 4건의 광물자원 개발 사업 추진 성과도 냈지만, 이후 남북 관계가 경색되면서 중단되었다. 현재도 유엔의 대북 제재로 남북 간 광물자원 교류 사업은 어려운 상태다. 하지만 향후 북한의 부존자원에 남한의 4차 산업혁명 기술을 접목한다면 큰 부가가치를 창출할 수 있을 것이다. 북한은 보유 자원을 효과적으로 개발할 수 있게 되고, 한국은 부족한 자원을 장기적·안정적으로 확보할 수 있게 될 것이다.

- 자원의 탐사·개발·생산 및 환경 복원의 전 과정을 추진할 남북 자원 개발 협력 추진체 구성
- 북한 광물자원 매장량의 정확한 산출
- 안정적 전력 공급 등 광산 개발에 필요한 인프라 구축 방안 마련
- 북한의 8대 광산 밀집 지역(정주-운산, 무산, 혜산, 만년, 가무리, 평남 북부 탄전, 안주탄전)의 개발 방향 검토
- 광업의 사양화로 부족해진 고급 광업 기술 인력 양성 및 확보
- 민간기업이 진출할 수 있도록 광산 투자·진출 환경 토대 마련
- 해외 자원 개발과 북한 자원 개발 등의 마스터플랜을 마련해 자원의 가격 상승 즉 '원자재 슈퍼사이클' 상황에 대처

농업과 기술의 만남,
어그테크

□ □ ▭■ ■▬▮ 기상이변뿐 아니라 코로나19로 인한 외국인 노동자의 입국 불가로 노동 인력의 부족이 겹치면서 농가의 어려움이 컸다. 또 코로나19 여파가 세계의 곡물 수출입 네트워크를 혼란에 빠뜨리기도 했다. 세계 주요 식량 수출국들의 수출 제한과 항공과 선박 등의 물류망 마비로 공급 체계에 균열이 생겼기 때문이다. 글로벌 가치사슬로 연결된 식량 네트워크가 원활하게 연결되지 못하면, 식량 수입 의존도가 높은 국가들은 더 크게 위기를 느낄 수밖에 없다. 우리나라 또한 식량자급률이 50%를 밑도는 식량 수입국이다. 기존의 식량 부족 문제에 더해 코로나 여파가 또 다른 숙제를 던져준 셈이다.

사실 농업·농촌은 나름의 변화를 거듭해왔다. 첨단기술들은 농업·농촌 부문에도 크게 활용되고 있기 때문이다. 미래 농업은 사물인터넷, 빅데이터, AI 같은 4차 산업혁명 기술을 토대로 생산과 소비의 최적화가 이뤄지는 스마트농업이 될 전망이다. 또 농촌 생활 면에서도 다양한 서비스 접근성이 개선되어 편리해질 것이다. 귀농·귀촌 증가, 도농 교류 활성화, 그리고 농촌에서 자급자족하며 다른 직업을 병행하는, 이른바 '반농반X' 라이프스타일의 확대도 농촌이 새롭게 도약할 수 있는 요인이다.

국내 농업·농촌의 기반 취약성

그동안 우리나라의 농업·농촌은 다른 분야와 비교했을 때 상대적으로 큰 발전을 이루지 못했다. 농업 GDP는 꾸준히 증가했으나 성장률은 다른 산업 부문보다 저조했다. 우리나라의 식량자급률도 계속 하락해 국민이 소비하는 식량 가운데 절반 정도를 해외에서 조달한다. 식량자급률은 2019년 기준 45.8%로 집계된다. 92.1%인 쌀 자급률을 제외하면 나머지 곡물의 자급률은 낮은 편이다. 2019년 기준 콩이 26.7%, 옥수수가 3.5%, 밀이 0.7%다.[192] 대부분 수입에 의존한다는 의미다. 특히 미국, 호주, 브라질 등 특정 국가에 대한 높은 수입 의존성으로 식량 안보가 매우 취약한 상황이다.[193]

농촌 인구의 감소와 고령화도 문제다. 통계청이 2019년 발표한 '2018년 농림어업조사 결과'에 따르면 농가는 102만 1,000가구로 1년 전보다 2만 1,000가구(2.0%) 감소, 농가 인구는 231만 5,000명으로 역

• 2015년 출간된 시오미 나오키의 책《반농반X의 삶》(더숲, 2015)에서 나온 말로 농업을 통해 정말로 필요한 것만 채우는 작은 생활을 유지하는 동시에, 저술·예술·지역 활동 등 '하고 싶은 일'과 '해야 하는 일(X)'을 하면서 적극적으로 사회에 참여하는 삶의 방식을 의미한다.

시 10만 7,000명(4.4%) 줄었다. 10명 중 6명은 60세 이상이며, 농가 인구의 평균 연령은 59세, 농가 경영주의 평균 연령은 67.5세로 매년 높아지고 있다. 최근 귀농·귀촌 및 외국인 유입에 힘입어 소폭 증가하기도 했던 농촌 인구는 코로나19의 영향으로 외국인 노동자 수급이 어려워지면서 다시 구조적 취약성을 노출하고 있다. 지자체나 농협중앙회 같은 관련 기관을 중심으로 청년 농업인 육성 사업들이 진행되고 있지만, 농업과 농촌의 활력을 높이려면 젊고 유능한 농업인 육성을 더 확대하고 실무 중심으로 전문화해야 한다.

농가 수익성 정체나 하락으로 도농 간 소득 격차가 커지는 것도 심각한 문제다. 농가의 호당 소득은 2009년 이후 농업소득과 비경상소득의 감소로 2012년까지 줄어들었다. 2012년 이후에는 농업소득과 비경상소득이 증가세로 전환되면서 농가소득이 회복세를 보였다. 그러나 실질농업소득은 1994년 1,734만 원을 정점으로 오히려 감소해 2019년에는 1,026만 원으로 1994년 대비 40% 넘게 줄었다. 2020년에는 1,182만 원으로 반등했지만, 이 역시 1994년 대비 30% 넘게 감소한 수준이다.[194] 농가 평균 소득이 2016년 3,720만 원에서 2020년 4,503만 원으로 4년 만에 20% 넘게 상승하기는 했지만, 이를 도시 근로자 가구 (4인 기준) 평균 소득과 비교하면 그 격차는 더 빠르게 벌어지고 있다. 도시 근로자 가구 소득 대비 농가소득 비중은 2000년 80.5% 수준에서 2019년 62.2%까지 하락했다.[195]

농정 패러다임의 변화와 미래전략

농업의 성장 정체와 도농 간 소득 격차는 우리가 풀어야 할 오래된 과제다. 여기에 더해 식량안보, 식품 안전, 환경·에너지·자원 위기 등 새로운 도전 과제가 등장했다. 이를 위해 무엇보다 기술과 환경의 변화를 반영해 농업, 농촌, 식품, 환경, 자원, 에너지 등을 포괄하는 농정 혁신의 틀을 마련해야 한다.

우선 농정의 포괄 범위를 종래의 생산 중심의 접근이 아닌 농업의 전후방 관련 산업과 생명산업 전반을 아우르며 주민의 삶의 질을 고려한 공간 정책으로까지 확대하는 관점이 필요하다. 농정의 추진 방식도 직접적인 시장 개입은 최소화하고, 민간과 지방정부의 역할을 강화해야 한다. 정부는 시장 개입보다 시장 혁신을 유도할 수 있는 제도를 마련하는 데에 치중해야 한다. 정부와 민간, 중앙정부와 지방정부 간의 적절한 역할 분담과 협조 체계를 구축하는 새로운 거버넌스 확립도 필요하다.

또 미래 농정의 비전을 성장, 분배, 환경이 조화된 지속 가능한 농업·농촌으로 삼아야 한다. 발전 목표로는 농업 생산자에게는 안정적 소득과 경영 보장, 소비자에게는 안전한 고품질의 농식품 제공, 후계 세대에게는 매력 있는 친환경 경관과 삶의 질 향상을 제시할 수 있다. 이러한 비전과 목표를 달성하고 농업·농촌의 활력을 유지하기 위해 첨단기술이나 새로운 비즈니스 모델이 도입되어야 한다. 그러나 아직은 4차 산업혁명 기술 적응도가 낮은 상황으로 정부의 고른 지원과 맞춤형 인큐베이팅 시스템이 필요하다.

그 밖에 기후변화에 대응하는 한국의 농업 패러다임의 변화도 생각해 볼 수 있다. 한반도의 온난화가 가속화되고 있는 가운데 새로운 소득 작목으로 아열대 작물이 주목을 받고 있기 때문이다. 아열대 작물 재배로 소득이 높아지면서 재배 면적은 해마다 증가하고 있는데, 2015년 362ha에서 2017년 428.6ha(채소 326.2, 과수 102.4)로 계속 늘어나고 있다.[196] 이러한 변화와 함께 소비자 기호의 흐름도 고려해야 한다.

첨단 과학기술을 활용한 스마트농업의 보편화

4차 산업혁명은 농업 생산, 유통 및 소비 등 농촌 경제에도 두루 영향을 미치고 있다. AI 등 첨단기술을 기반으로 한 스마트농업이 우리 농촌에도 널리 확대되어, 고능률의 작업 쾌적화 기술이 개발·보급되고 있다. '스마트팜'은 농업에 ICT를 접목해 센서, 정보 통신, 제어 기술 등을 갖추고 빛, 공기, 열, 양분 등 작물의 생육 환경을 시공간의 제약 없이 적절하게 제어해 영농의 효율성을 극대화한 네트워크화된 농장이다. 일례로 전북 김제의 '더하우스THE HOUSE 아침에 딸기'는 ICT기술을 적용한 딸기 농장이다. 2013년 'ICT 융·복합 확산사업'에 참여해 스마트팜 시설을 도입한 후 온실 환경을 안정적으로 관리하면서 최적의 생육 환경에서 딸기를 재배함으로써 생산력을 증대시켰다.[197]

이처럼 첨단기술을 이용한 농작물의 생육 환경 최적화로 생산량을 늘리는가 하면 수확량 예측부터 제초, 선별, 수확 과정에 AI 로봇이 활용되고 있으며, 자율 작업 기술을 이용한 무인 자동 농기계가 곧 상용화될 것으로 보인다.[198] 해외에서는 잡초 제거 로봇LettuceBot을 비롯해 수확 로봇, 자동 착유 시스템AMS, Auto Milking System, 위성 송수신 활용 농기계 시스템 등이 개발되어 실제 사람의 노동력을 대체하고 있다.

국내에서도 농업 자동화 기술과 농업용 로봇의 수요가 증가하면서 시장 규모가 연평균 30% 이상 성장할 전망이다.[199] 이러한 변화는 농장

단위의 스마트팜에서 농업 전후방 산업으로 영역이 확장되고 있기도 하다. 또 인공강우가 실용화되고, 기후변화에 대응, 개발되는 품종이 널리 적용됨으로써 농업 생산의 불확실성을 줄일 것으로 예측된다. 농작물의 생육 환경을 자동 제어해 주문형 맞춤 생산과 사계절 전천후 농산물 생산이 가능한 식물공장이나 고층빌딩을 농경지로 활용하는 '수직농장vertical farm'이 그러한 농작의 예다. 서울 지하철 7호선 상도역 지하 1층에는 도시형 수직농장인 메트로팜이 2019년부터 운영되고 있다.[200] 수직농장은 상하로 쌓인 선반을 통해 협소한 공간에서 생산성을 높이는 방식으로 가뭄, 홍수, 병충해 등의 영향을 받지 않고 1년 내내 생산이 가능하며, 농약과 화학비료로부터 안정적인 먹거리를 생산할 수 있다. 도시 내에서 작물을 생산할 수 있으므로 푸드 마일food miles•을 최소화하는 장점도 있다.

또 최근 국내 농산업 시장에서 큰 폭의 성장세를 보이는 것이 드론 시장이다. 다국적 회계 감사 기업 PwC의 시장 조사에 따르면, 2020년 전 세계 드론 시장의 25%를 농업용 드론이 차지했다. 현재 국내에 보급된 농업용 드론은 병충해 방제용이 대다수지만, 앞으로 토양 상태 측정, 파종, 작물 모니터링 등에 두루 활용될 전망이다.

이처럼 사람을 대신할 수 있는 스마트 기계 개발이 활발하다. 국립농업과학원이 2011년 이후 자율주행 농기계 관련 산업 재산권을 출원했거나 기술을 이전한 건수는 26건에 이른다. 물론 아직 상용화 초기 단계여서 많은 한계가 있지만, 여러 산학연 등에서 연구가 계속 진행 중이다. 이러한 스마트 농기계 연구가 진척되면 인력의 공백도 메우고 영농

• 농산물 등 식재료가 생산지에서 소비자의 식탁에 오르기까지의 이동 거리.

진출의 진입장벽도 낮출 수 있을 것이다.

도시와 농촌의 만남, 공유농업

에어비엔비나 카카오택시 같은 공유경제 시스템을 반영한 '공유 농업' 즉 '농업 판 공유경제'도 확대될 전망이다. 공유농업은 농민이 소유하고 있는 농지, 농업 자원, 농업 지식 등을 소비자와 함께 공유하는 새로운 형태의 농촌 프로젝트다. 기존의 주말농장보다 진일보한 방식이라고 할 수 있다. 농업자원을 소유한 생산자와 투자와 소비를 통해 참여하는 소비자가 공유농업 플랫폼 등을 통해 연결되어 생산과 체험 등의 활동을 함께 하게 된다. 이를 통해 소비자는 농촌 활동 참여뿐 아니라 먹거리에 대한 불안감도 해소할 수 있고, 농민은 적정 생산과 공정 가격을 통해 안정된 농업 경영의 기반을 만들 수 있다.[201] 경기도가 플랫폼을 만들어 지원하는 '팜메이트'가 대표적 공유농업의 사례다. 공유농업 프로젝트가 더 활성화되면 공동 경작뿐 아니라 다양한 농촌 체험과 문화예술 활동으로도 접목될 전망이다.

농생명 그린바이오 산업 발전

농업은 농산물을 생산하는 산업인 동시에 동식물 자원 이용 산업으로도 발전할 전망이다. 동식물 자원을 이용한 그린바이오(농생명) 산업은 IT, BT, NT와 융·복합되어 고부가가치를 창출하는 농생명 산업으로 발전할 것이며, 국내 식물 자원을 활용한 식물종자(형질 전환), 바이오에너지, 기능성 제품(천연 화장품, 향료, 의약품), 동물자원을 활용한 가축 개량, 동물 제품(이종 장기, 줄기세포), 동물 의약품, 미생물자원을 활용한 발효식품 등의 산업화도 더 확대될 것이다.

한편 동물과 식물에서 추출된 유효 성분을 바탕으로 만드는 바이오 작물보호제 같은 친환경 제품의 개발에는 큰 비용이 들고 개발 완료까지 상당한 기간이 소요된다. 그런 점에서 정부의 연구개발 지원이 확대되어야 한다. 정부도 생명공학기술 기반의 그린바이오 산업을 미래의 핵심 산업으로 삼아 육성 방안을 발표한 바 있다.[202] 2030년까지 관련 유망 산업을 두 배 이상 성장시킨다는 목표인데, 여기에는 대체 식품, 메디 푸드*, 동물용 의약품 등이 포함되어 있다.

농촌 지역의 6차 산업 활성화

현재까지의 농업은 농산물을 생산하는 1차 산업이었지만, 앞으로는 식품 가공을 통해 부가가치를 창출하는 2차 산업 요소와 서비스 산업이라는 3차 산업 요소가 결합할 것이다. 농촌 체험, 농촌 관광, 휴양, 치유와 힐링, 농식품 전자상거래, 농산물 계약 거래와 선물 거래, 귀농·귀촌(알선, 정보 제공, 교육), 사이버교육, 농업 금융, 농업 정보화, 농업 관측, 외식 서비스, 광고 같은 다양한 비즈니스가 1차 산업인 농업과 연계되는 것이다. 이처럼 1차·2차·3차 산업이 합쳐진 농업을 6차(1×2×3) 산업이라고 부른다. 6차 산업화 개념은 제조 분야의 4차 산업혁명과 궤를 같이하는 개념이다. 농촌 지역의 6차 산업화가 활성화되면, 농업과 연계된 가공, 마케팅, 농촌 관광 등 전후방 연관 산업도 발달하게 된다. 전원 박물관, 전원 갤러리, 테마파크 등이 농촌 지역을 중심으로 발달함으로써 농촌이 문화 콘텐츠 산업의 주요 무대로도 성장할 것이다. 경관 관리사, 귀농 컨설턴트, 문화 해설사, 바이럴 마케터 같은 다양한 신직종

---

* 질병 예방과 건강 증진 및 치료에 도움이 되는 식품.

이 출현할 수도 있다.

이러한 6차 산업 활성화를 위해서는 이종 산업 간 연대가 필요하다. 농업경영의 주체만으로는 신상품 개발이나 국내외 시장 개척, 지역 브랜드화 등에 한계가 발생하므로 신제품 개발 기술을 가진 식품 제조 업체, 유리한 판매망을 가진 소매업체 등과의 연대가 필요하다.

데이터 기반 디지털 농업[203]

농업agriculture과 기술technology을 결합한 어그테크Agtech가 미래 농업의 키워드가 되고 있는 가운데 농업의 생산·유통·소비 전반에서 디지털 농업으로의 전환이 가속화되고 있다.

디지털 농업은 농업 데이터 플랫폼에서 수집된 생산·유통·소비 데이터를 AI가 분석하고 여기서 도출된 최적의 의사결정을 다시 현장에 적용함으로써 농업 전 과정의 효율성을 증대하고 자원 사용의 최적화를 이루는 것을 의미한다.

우선 생산 분야에서는 기후 정보, 환경 정보, 생육 정보를 자동으로 측정·수집·기록하는 '스마트 센싱과 모니터링', 수집된 데이터(영상, 위치, 수치)를 분석하고 영농 관련 의사결정을 수행하는 '스마트 분석·기획', 스마트 농기계를 활용해 농작업(잡초 제거, 착유, 수확, 선별, 포장 등)을 수행하는 '스마트 제어'의 특성들이 구현되고 있다.

유통 분야에서는 4차 산업혁명 기술을 활용해 농산물 유통 정보의 실시간 공유와 대응이 가능해지고 있다. 블록체인 기술을 접목하면 생산 이후 소비자에게 이르기까지 모든 유통 과정을 추적할 수 있고 사물인터넷 기술로 유통 중 온도와 습도 등을 확인해 변질 상태 등 세밀한 부분까지 관리할 수 있다. 실제로 해외에서는 관련 기술을 활용해 농산물 유통 혁신을 이루는 대규모 프로젝트(네덜란드의 더스마트푸드그리드The Smart Food Grid, 이탈리아의 미래형 슈퍼마켓, 호주의 애그리디지털Agridigital 등)가 진행되고 있다.[204]

농산물 소비 분야에서는 수요자가 주도하는, 즉 소비자의 요구 사항을 생산자에게 실시간으로 전달하고 이에 맞춰 생산된 제품을 선택·소비하는 온디맨드on-demand 마켓의 확장을 통해 이전과는 다른 소비 행태가 대두될 것으로 보인다.

한편 디지털 농업의 발전을 위해서는 디지털 농업 기술을 활용할 능력을 갖춘 민간 기업의 적극적 참여가 바탕이 되어야 하고, 디지털 농업을 위한 인프라와 법규(농업용 빅데이터 활용 관련 법령, 농축산물 품질·규격 및 상품 코드 표준화 등), 그리고 거버넌스(주관 부서) 체계를 만들어야 한다. 또 디지털 농업에 종사할 전문 인력 양성과 함께 디지털 농업의 도입으로 발생할 기존 농업인들의 경쟁력 약화를 메울 수 있는 장치를 마련해야 한다.

농촌 주민의 삶의 질 향상 및 농촌 공간의 문화 산업화

귀촌 인구 상당수는 젊은층이다. 이들은 농촌에 살면서 반은 자급적 농업에 종사하고 나머지 반은 저술, 마을 만들기, 자원봉사, 예술 창작 활동, 향토 음식 개발, 지역 자원 보전 활동 같은 자신이 하고 싶은 일을 병행하는 반농반X의 라이프스타일을 가지는 경우가 많다.

따라서 젊은 귀농인들이 다시 도시로 돌아가는 것을 방지하는 차원에서 기존 지역민들과의 융합 및 농촌에서의 소득 활동에 대한 체계적인 지원이 필요할 것이며, 농촌의 정주 환경을 개선하는 동시에 생활 서비스 접근성도 높여 농촌을 국민 전체에게 열린 삶터로 조성해야 한다.

자연환경 보전, 역사문화 자원 보전, 농촌 어메니티 자원의 발굴과 가치 제고 등을 통해 '농촌다움rurality'을 가꾸어 새로운 경쟁력의 원천으로 활용해야 한다. 삶의 질을 중시하는 젊은 세대의 라이프스타일에 부응할 수 있도록 자연, 경관, 문화를 보전해 미래 수요에 대비함으로써 농촌 발전의 잠재력을 증진하는 것이다.

한편 농촌 공간을 관광지 또는 문화 공간으로 확장해가는 시도도 필요하다. 가령, 세종시의 경우 팜카페·아카데미 형태의 농장을 조성해 도시민과 함께 즐기고 참여하는 농업 활성화를 추진하고 있다. 과수 체험장과 파머스마켓 등이 완비된 농촌 테마공원 사업을 통해 농촌 관광 자원을 개발하기 위한 '농촌 관광 중장기 계획(2021~2025년)'을 수립하기도 했다.[205] 또 농촌진흥청도 지역별로 특화된 농촌 관광 프로그램인 '우리 농촌 갈래?'를 소개한 바 있다.[206]

시대의 물음에 답하다

'아시아 평화 중심 창조 국가'를 만들기 위해 추가적 보완을 거듭한 여덟 번째 국가미래전략 보고서를 내놓습니다. 완벽하다고 생각하지 않습니다. 국가의 미래전략은 정적인 것이 아니라 동적인 것이라고 생각합니다. 시대와 환경 변화에 따라 전략도 변해야 합니다. 현재를 바탕으로 미래를 바라보며 더욱 정제하고 분야를 확대하는 작업을 시작했습니다. 해를 거듭하며 온·오프라인으로 열렸던 토론회와 수업 내용을 기반으로 전문가들이 원고를 작성하고 검토했습니다. 코로나19 팬데믹에 따른 변화를 포함해 사회, 기술, 환경, 인구, 정치, 경제, 자원 등 7개 분야를 합쳐 총 50개의 전략을 제시했습니다.

국가의 목적은 국민의 행복입니다. '문술리포트'의 목적도 국민의 행복입니다. 국민의 행복을 생각하며, 시대의 물음에 '선비 정신'으로 답을 찾고자 했습니다. 오늘 시작은 미약하지만, 끝은 창대할 것입니다.

함께한 모든 분이 우국충정憂國衷情의 마음으로 참여해주셨습니다. 함께 해주신 모든 분께 진심 어린 감사와 고마움의 마음을 고개 숙여 전합니다. 감사합니다.

기획·편집위원 일동

《카이스트 미래전략 2022》
발간에 함께한 사람들

■ 직함은 참여 시점 기준입니다.

□ □ ◼◻■ ◼◼◼◼ 《카이스트 미래전략》은 2015년 판 출간 이후 계속해서 기존 내용을 보완하고, 새로운 과제와 전략을 추가해오고 있습니다. 또한 '21세기 선비'들의 지혜를 모으기 위해 초안 작성자의 원고를 바탕으로 토론 의견을 덧붙이고, 다수의 검토자가 보완해가는 공동 집필의 방식을 취하고 있습니다. 2015~2021년 판 집필진과 2022년 판에 참여하신 집필진을 함께 수록합니다. 참여해주신 '21세기 선비' 여러분께 다시 한번 깊이 감사드립니다.

기획·편집위원

이광형 KAIST 총장(위원장, 연구책임자), 곽재원 가천대 교수, 김경준 전 딜로이트컨설팅 부회장, 김광석 삼정KPMG 수석연구원, 김원준

KAIST 교수, 김형준 KAIST 교수, 김홍중 서울대 교수, 박성필 KAIST 교수, 박승빈 KAIST 교수, 서용석 KAIST 교수, 양재석 KAIST 교수, 윤정현 과학기술정책연구원 선임연구원, 이명호 (재)여시재 솔루션 디자이너, 이상윤 KAIST 교수, 이상지 전 KAIST 연구교수, 이종관 성균관대 교수, 임명환 한국전자통신연구원 책임연구원, 전우정 KAIST 교수, 전주영 KAIST 교수, 정재민 KAIST 교수(KAIST 문술미래전략대학원장), 정재승 KAIST 교수, 차지호 KAIST 교수, 최연구 전 한국과학창의재단 연구위원, 최윤정 KAIST 연구교수, 한상욱 김앤장 변호사, 한지영 KAIST 교수

2022년 판 추가 부분 초고 집필진

국경복 KAIST 겸직교수, 곽호경 삼정KPMG 경제연구원 수석연구원, 권석윤 한국생명공학연구원 책임연구원, 김민석 중앙일보 논설위원, 김용삼 한국생명공학연구원 책임연구원, 김우영 한국건설산업연구원 연구위원, 김익재 한국과학기술연구원 소장, 박한선 정신건강의학과 전문의, 배달형 한국국방연구원 책임연구위원, 배희정 케이엠에스랩㈜ 대표이사, 백순영 가톨릭대 명예교수, 손준우 ㈜소네트 대표이사, 송태은 국립외교원 연구교수, 신태범 성균관대 교수, 안병옥 전 환경부 차관, 위승훈 삼정회계법인 부대표, 이명호 한샘드뷰연구재단 자문위원, 인호 고려대 교수, 임두빈 삼정KPMG 경제연구원 수석연구원, 임창환 한양대 교수, 전병조 (재)여시재 대표 연구위원, 전봉근 국립외교원 교수, 정해식 한국보건사회연구원 연구위원, 조재박 삼정회계법인 전무, 조희정 서강대 사회과학연구소 책임연구원, 차현진 한국은행 연구조정역, 최연구 전 한국과학창의재단 연구위원, 허재준 한국노동연구원 선임연구위

원, 홍승아 한국여성정책연구원 선임연구위원

2015~2021년 판 초고 집필진

강희정 한국보건사회연구원 실장, 고영회 대한변리사회 회장, 공병호 공병호경영연구소 소장, 곽재원 가천대 교수, 국경복 서울시립대 초빙 교수, 김건우 LG경제연구원 선임연구원, 김경준 딜로이트컨설팅 부회장, 김광석 삼정KPMG 수석연구원, 김남조 한양대 교수, 김대영 KAIST 교수, 김동환 중앙대 교수, 김두환 인하대 연구교수, 김명자 전 환경부 장관, 김민석 뉴스1 기자, 김상윤 포스코경영연구원 수석연구원, 김소영 KAIST 교수, 김수현 서울연구원 원장, 김연철 인제대 교수, 김영귀 대외경제정책연구원 연구위원, 김영욱 KAIST 연구교수, 김용삼 한국생명공학연구원 책임연구원, 김원준 KAIST 교수, 김원준 건국대 교수, 김유정 한국지질자원연구원 실장, 김익재 한국과학기술연구원 책임연구원, 김익현 지디넷코리아 미디어연구소 소장, 김종덕 한국해양수산개발원 본부장, 김준연 소프트웨어정책연구소 팀장, 김진수 한양대 교수, 김진향 개성공업지구지원재단 이사장, 김현수 국민대 교수, 김형운 천문한의원 대표원장, 김희집 서울대 초빙교수, 남원석 서울연구원 연구위원, 문영준 한국교통연구원 선임연구위원, 박남기 전 광주교대 총장, 박두용 한성대 교수, 박상일 파크시스템스 대표, 박성원 과학기술정책연구원 연구위원, 박성호 YTN 선임기자, 박성필 KAIST 교수, 박수용 서강대 교수, 박승재 한국교육개발원 소장, 박원주 한국인더스트리4.0협회 이사, 박인섭 국가평생교육진흥원 박사, 박중훈 한국행정연구원 연구위원, 박진기 동아시아국제전략연구소 소장, 박한선 정신건강의학과 전문의, 배규식 한국노동연구원 선임연구위원, 배일한 KAIST 연구교수, 배희정 케이엠에스랩㈜ 대표이사, 서용석 KAIST 교수, 설동훈 전북대 교수, 소재현 한국교통연구원 부연구위원, 손선홍 전 외교부 대사, 손영동 한양대 교수, 송미령 농촌경제연구원 선임연구위원, 송태은 국립외교원 연구교수, 시정곤 KAIST 교수, 신보성 자본시장연구원 선임연구위원, 신상규 이화여대 교수, 심상민 성신여대 교수, 심재율 심북스 대표, 심현철 KAIST 교수, 안병옥 선 환경부 차관, 안상훈 서울대 교수, 양수영 더필름컴퍼니Y 대표, 양승실 전 한국교육개발원 선임연구위원, 엄석진 서울대 교수, 오상록 KIST강릉분원장, 오윤경 한국행정연구원 연구위원, 오태광 한국생명공학연구원 원장, 우운택 KAIST 교수, 원동연 국제교육문화교류기구 이사장, 유범재 KIST 책임연구원, 유승직 숙명여대 교수, 유정민 서울연구원 부연구위원, 유희열 부산대 석좌교수, 윤기영 FnS 컨설팅 대표, 윤영호 서울대 교수, 윤정현 과학기술정책연구원 선임연구원, 이광형 KAIST 교수, 이 근 서울대 교수, 이동우 연세대 교수, 이동욱 한국생산기술연구원 수석연구원, 이명호 ㈜여시재 솔루션 디자이너, 이민화 KAIST 초빙교수, 이병민 건국대 교수, 이삼식 한국보건사회연구원 단장, 이상준 국토연구원 부원장, 이상지 KAIST 연구교수, 이상훈 ㈜녹색에너지전략연구소 소장, 이선영 서울대 교수, 이소정 남서울대 교수, 이수석 국가안보전략연구원 실장, 이승주 중앙대 교수, 이 언 가천대 교수, 이원부 동국대 교수, 이원재 희망제작소 소장, 이재관 자동차부품연구원 본부장, 이재우 인하대 교수, 이재호 한국행정연구원 연구위원, 이종관 성균관대 교수, 이혜정 한국한의학연구원 원장, 임만성 KAIST 교수, 임명환 한국전자통신연구원 책임연구원, 임정빈 서울대 교수, 임창환 한양대 교수, 임춘택 GIST 교수, 장준혁 한양대 교수, 정구민 국민대 교수, 정용덕 서울대 명예교수, 정재승 KAIST

교수, 정제영 이화여대 교수, 정지훈 경희사이버대 교수, 정해식 한국보건사회연구원 연구위원, 정홍익 서울대 명예교수, 조동호 KAIST 교수, 조명래 한국환경정책평가연구원 원장, 조성래 국무조정실 사무관, 조영태 LH토지주택연구원 센터장, 조 철 산업연구원 선임연구위원, 주대준 전 선린대 총장, 짐 데이토Jim Dator 하와이대 교수, 차미숙 국토연구원 연구위원, 차원용 아스팩미래기술경영연구소㈜ 대표, 천길성 KAIST 연구교수, 최병삼 과학기술정책연구원 연구위원, 최슬기 KDI국제정책대학원 교수, 최연구 한국과학창의재단 연구위원, 최은수 MBN 산업부장, 최항섭 국민대 교수, 한상욱 김앤장 변호사, 한표환 충남대 교수, 허민영 한국소비자원 연구위원, 허재용 포스코경영연구원 수석연구원, 허재준 한국노동연구원 선임연구위원, 허태욱 KAIST 연구교수, 홍윤철 서울대 교수, 황덕순 한국노동연구원 연구위원

2015~2022년 판 자문검토 참여자

강상백 한국지역정보개발원 글로벌협력부장, 강윤영 에너지경제연구원 연구위원, 경기욱 한국전자통신연구원 책임연구원, 고영하 고벤처포럼 회장, 공훈의 위키트리 대표이사, 구은숙 리앤목특허법인 파트너 변리사, 권오정 해양수산부 과장, 길정우 통일연구원 연구위원, 김건우 LG경제연구원 선임연구원, 김경동 서울대 명예교수, 김계환 위특허법률사무소 변리사, 김광석 삼정KPMG 수석연구원, 김광수 상생발전소 소장, 김국희 동국대학교 산학협력단 변리사, 김내수 한국전자통신연구원 책임연구원, 김대중 한국보건사회연구원 부연구위원, 김대호 사회디자인연구소 소장, 김동원 인천대 교수, 김동현 한국경제신문 기자, 김두수 사회디자인연구소 이사, 김들풀 IT NEWS 편집장, 김민석 경상북도

미래전략기획단장, 김민성 국무조정실 과장, 김부병 국토교통부 사무관, 김상배 서울대 교수, 김상윤 포스코경영연구원 수석연구원, 김상협 KAIST 초빙교수, 김석종 육군 소령, 김선우 한국특허전략개발원 전문위원, 김선화 한국특허전략개발원 주임연구원, 김세은 강원대 교수, 김소영 KAIST 교수, 김소희 이투데이 기자, 김승권 전 한국보건사회연구원 연구위원, 김아영 강남세브란스병원 국제진료소 과장, 김연철 인제대 교수, 김영우 KBS PD, 김영이 서울고등법원 국선전담변호사, 김영태 특허청 심사관, 김용삼 한국생명공학연구원 책임연구원, 김우철 서울시립대 교수, 김우현 정신건강의학과 전문의, 김원석 전자신문 부장, 김원준 건국대 교수, 김익재 한국과학기술연구원 책임연구원, 김인주 한성대 겸임교수, 김인채 GC녹십자 상무, 김재욱 특허정보진흥센터 전임조사원, 김정섭 KAIST 겸직교수, 김정훈 법무부 교정관, 김종호 이데일리신문 기자, 김지원 한국노인인력개발원 대리, 김지원 이연제약 선임, 김진솔 매경비즈 기자, 김진훈 해군전력분석시험평가단 중령, 김창섭 가천대 교수, 김창욱 보스턴컨설팅그룹 과장, 김충일 ㈜엘지씨엔에스 책임, 김태연 단국대 교수, 나황영 법무법인(유한) 바른 변호사, 노재일 변리사, 류준구 판사, 류한석 기술문화연구소 소장, 문명욱 녹색기술센터 연구원, 문민주 전북일보 기자, 문영준 한국교통연구원 선임연구위원, 문해남 전 해수부 정책실장, 박가열 한국고용정보원 연구위원, 박경규 전 한국광물자원공사 자원개발본부장, 박기현 특허청 주무관, 박문수 한국생산기술연구원 수석연구원, 박병원 경총 회장, 박보배 해양수산과학기술진흥원 연구원, 박상일 파크시스템스 대표, 박선영 인사혁신처 주무관, 박설아 서울중앙지방법원 판사, 박성민 ㈜LG 홍보팀 책임, 박성필 KAIST 교수, 박성하 전 한국광물자원공사 운영사업본부장,

박성호 YTN 선임기자, 박수영 특허그룹 제이엔피 대표 변리사, 박연수 고려대 교수, 박영재 한반도안보문제연구소 전문위원, 박유신 중앙대 문화콘텐츠기술연구원 박사, 박은정 하나생명 Innovation Cell 팀장, 박정택 ㈜델바인 기술보호 책임자, 박종현 현대자동차 책임매니저, 박준규 헤럴드경제 기자, 박준홍 연세대 교수, 박지윤 ㈜엔딕 대리, 박진하 건국산업 대표, 박헌주 KDI 교수, 박희연 특허청 사무관, 배기찬 통일코리아협동조합 이사장, 배달형 한국국방연구원 책임연구위원, 서복경 서강대 현대정치연구소 연구원, 서용석 KAIST 교수, 서지영 과학기술정책연구원 연구위원, 서훈 이화여대 초빙교수, 선종률 한성대 교수, 설동훈 전북대 교수, 손수정 과학기술정책연구원 연구위원, 손영동 한양대 교수, 손종현 대구가톨릭대 교수, 송다혜 LG에너지솔루션 팀장, 송미령 농촌경제연구원 선임연구위원, 송보희 인토피아 연구소장, 송 영 현대자동차 책임매니저, 송영재 육군 대위, 송유승 한국전자통신연구원 책임연구원, 송종규 법무법인 민율 변호사, 송준규 Easygroup 대표, 송태은 국립외교원 연구교수, 송향근 세종학당재단 이사장, 송혜영 전자신문 기자, 신동근 ㈜파라투스인베스트먼트 공인회계사, 신태범 성균관대 교수, 심영식 해움특허법인 파트너 변리사, 심재율 심북스 대표, 안광원 KAIST 교수, 안병민 한국교통연구원 선임연구위원, 안병옥 전 환경부 차관, 안현실 한국경제신문 논설위원, 양승실 전 한국교육개발원 선임연구위원, 양재석 KAIST 교수, 오상연 MBC 기자, 오영석 전 KAIST 초빙교수, 오윤경 한국행정연구원 연구위원, 우천식 KDI 선임연구위원, 우희창 법무법인 새얼 변호사, 유은순 인하대 연구교수, 유정민 서울연구원 부연구위원, 유희인 전 NSC 위기관리센터장, 윤정현 과학기술정책연구원 전문연구원, 윤호식 과총 사무국장, 이경숙 전 숙명여대 총장, 이광형 KAIST 교수, 이동욱 한국생산기술연구원 수석연구원, 이민화 KAIST 초빙교수, 이봉현 한겨레신문 부국장, 이삼식 한국보건사회연구원 단장, 이상룡 대전대 겸임교수, 이상윤 KAIST 교수, 이상주 국토교통부 과장, 이성훈 육군대학 소령, 이소정 디어젠㈜ 변리사, 이수석 국가안보전략연구원 실장, 이승주 중앙대 교수, 이시식 현대자동차 상무, 이온죽 서울대 명예교수, 이용원 삼성전자 수석연구원, 이원복 이화여대 교수, 이윤석 한국특허전략개발원 전문위원, 이장원 한국노동연구원 선임연구위원, 이장재 한국과학기술기획평가원 선임연구위원, 이재영 삼성전자 연구원, 이정현 명지대 교수, 이정희 ㈜올리브헬스케어 대표이사, 이종권 LH토지주택연구원 연구위원, 이준경 육군&UN PKO Military Observer 소령, 이진석 서울대 교수, 이창훈 한국환경정책평가연구원 본부장, 이철규 해외자원개발협회 상무, 이춘우 서울시립대 교수, 이헌규 한국과학기술단체총연합회 전문위원, 이 환 대주회계법인 공인회계사, 임만성 KAIST 교수, 임명환 한국전자통신연구원 책임연구원, 임우형 SK텔레콤 매니저, 장용석 서울대 통일평화연구원 책임연구원, 장창선 녹색기술센터 연구원, 전영희 JTBC 기자, 정경원 KAIST 교수, 정상천 산업통상자원부 팀장, 정석호 한국특허정보원 대리, 정영훈 삼성바이오에피스 수석변호사, 정용덕 서울대 명예교수, 정진호 더웰스인베스트먼트 대표, 정학근 한국에너지기술연구원 본부장, 정해성 JTBC 기자, 정해식 한국보건사회연구원 연구위원, 정현덕 KBS 기자, 정홍익 서울대 명예교수, 조기성 ㈜만도 책임, 조덕현 한국관광공사 단장, 조봉현 IBK경제연구소 수석연구위원, 조영탁 육군미래혁신연구센터 중령, 조영태 LH토지주택연구원 센터장, 조은강 논픽션 작가, 조 철 산업연구원 선임연구위원, 조충호 고려대 교수, 조혜원

JTBC 기자, 주강진 창조경제연구회 수석연구원, 지수영 한국전자통신연구원 책임연구원, 지영건 차의과대학 교수, 채윤경 JTBC 기자, 최성은 연세대 연구교수, 최승일 EAZ Solution 대표, 최연구 한국과학창의재단 연구위원, 최용성 매일경제 부장, 최윤정 KAIST 연구교수, 최정윤 중앙대 문화콘텐츠기술연구원 박사, 최준호 중앙일보 기자, 최지혜 신협중앙회 변호사, 최진범 ㈜바오밥파트너즈 대표이사, 최창옥 성균관대 교수, 최호성 경남대 교수, 최호진 한국행정연구원 연구위원, 편정현 중소벤처기업진흥공단 부장, 한상욱 김앤장 변호사, 허재용 포스코경영연구원 수석연구원, 허재철 원광대 한중정치외교연구소 연구교수, 허태욱 KAIST 연구교수, 홍규덕 숙명여대 교수, 홍성조 해양수산과학기술진흥원 실장, 홍인석 국토교통부 주무관, 홍창선 전 KAIST 총장, 황빛남 한국기초과학지원연구원 관리원, 황 욱 서울대학교 지식재산전략실 연구원, 황호택 서울시립대 석좌교수, KAIST 문술미래전략대학원 석사 과정생: 2019년도 강수경, 강희숙, 고경환, 김경선, 김재영, 노성열, 석효은, 신동섭, 안성원, 윤대원, 이민정, 이상욱, 이영국, 이재욱, 이지원, 임유진, 정은주, 정지용, 조재길, 차경훈, 한선정, 홍석민, 2020년도 강선아, 곽주연, 권남우, 김경현, 김서우, 김승환, 김영우, 김재명, 김정환, 김지철, 김현석, 김형수, 김형주, 박종수, 박중민, 박태준, 배민주, 배수연, 백승현, 서일주, 성보기, 손래신, 송상현, 심재원, 오정민, 윤지현, 이아연, 이연수, 이정아, 이준우, 이태웅, 조정윤, 최영진, 홍기돈, 홍창효, 황수호, 2021년도 강병수, 김봉현, 김순희, 김조을, 김필준, 김현주, 김희진, 류승목, 박은빈, 신수철, 윤채우리, 이민우, 이수연, 이승종, 이지현, 정대희

카이스트 국가미래전략
정기토론회

- 주최: KAIST 문술미래전략대학원·미래전략연구센터
- 일시·장소: 매주 금요일 17:00~19:00, 서울창조경제혁신센터(2015~2017), 서울시청 시민청(2018)/매주 토요일 19:00~20:30, KAIST 도곡캠퍼스(2019~2021)
- 코로나19 감염 방지를 위해 2020~2021년도 토론회는 온라인으로 진행했습니다.
- 직함은 참여 시점 기준입니다.

2015년

회차	일시	주제	발표자	토론자
1회	1/9	**미래 사회 전망**	박성원 과학기술정책연구원 연구위원	서용석 한국행정연구원 연구위원
2회	1/16	**국가 미래 비전**	박병원 과학기술정책연구원 센터장	우천식 KDI 선임연구위원
3회	1/23	**과학 국정 대전략**	임춘택 KAIST 교수	
4회	1/30	**인구 전략**	서용석 한국행정연구원 연구위원	김승권 한국보건사회연구원 연구위원 설동훈 전북대 교수

회차	날짜	전략	발표자 1	발표자 2
5회	2/5	아시아 평화 대전략	이수석 국가안보전략연구원 실장	장용석 서울대통일평화연구원 책임연구원
			김연철 인제대 교수	조봉현 IBK경제연구소 연구위원
6회	2/13	문화 전략	정홍익 서울대 명예교수	정재승 KAIST 교수
7회	2/27	복지 전략	김수현 서울연구원 원장	이진석 서울대 교수
8회	3/6	국민 행복 대전략	정재승 KAIST 교수	정홍익 서울대 명예교수
9회	3/13	교육 전략	이선영 서울대 교수	손종현 대구가톨릭대 교수
10회	3/20	미디어 전략	김영욱 KAIST 연구교수	김세은 강원대 교수
				이봉현 한겨레신문 부국장
11회	3/27	보건의료 전략	강희정 한국보건사회연구원 실장	지영건 차의과대학 교수
12회	4/3	노동 전략	배규식 한국노동연구원 선임연구위원	이정현 명지대 교수
13회	4/10	행정 전략	김동환 중앙대 교수	최호진 한국행정연구원 연구위원
		정치제도 전략	김소영 KAIST 교수	서복경 서강대 현대정치연구소 연구원
14회	4/17	외교 전략	이근 서울대 교수	허재철 원광대 연구교수
15회	4/24	창업 국가 대전략	이민화 KAIST 초빙교수	고영하 고벤처포럼 회장

16회	5/8	**국방 전략**	임춘택 KAIST 교수	선종률 한성대 교수
17회	5/15	**사회 안전 전략**	박두용 한성대 교수	류희인 삼성경제연구소 연구위원
18회	5/22	**정보 전략**	주대준 전 선린대 총장	서훈 이화여대 초빙교수
19회	5/29	**금융 전략**	신보성 자본시장연구원 선임연구위원	정진호 더웰스인베스트먼트 대표
20회	6/5	**국토교통 전략**	차미숙 국토연구원 연구위원	안병민 한국교통연구원 선임연구위원
		주택 전략	남원석 서울연구원 연구위원	이종권 LH토지주택연구원 연구위원
21회	6/12	**창업 전략**	박상일 파크시스템스 대표	이춘우 서울시립대 교수
22회	6/19	**농업 전략**	임정빈 서울대 교수	김태연 단국대 교수
23회	6/26	**자원 전략**	김유정 한국지질자원연구원 실장	이철규 해외자원개발협회 상무
24회	7/3	**기후 전략**	김명자 전 환경부 장관	안병옥 기후변화행동연구소 소장
25회	7/10	**해양수산 전략**	김종덕 한국해양수산개발원 본부장	문해남 전 해양수산부 정책실장
26회	7/17	**정보통신 전략**	조동호 KAIST 교수	조충호 고려대 교수
27회	7/24	**R&D 전략**	유희열 부산대 석좌교수	안현실 한국경제신문 논설위원

28회	7/31	에너지 전략	임만성 KAIST 교수	강윤영 에너지경제연구원 박사
29회	8/21	지식재산 전략	고영회 대한변리사회 회장	이원복 이화여대 교수
30회	8/28	경제 전략	김원준 KAIST 교수	김광수 상생발전소 소장
31회	9/4	환경생태 전략	오태광 한국생명공학연구원 원장	이창훈 한국환경정책평가연구원 본부장
32회	9/11	웰빙과 웰다잉	김명자 전 환경부 장관	서이종 서울대 교수
33회	9/18	신산업 전략 1: 의료 바이오·안전 산업	정재승 KAIST 교수	
34회	9/25	신산업 전략 2: 지적 서비스산업	김원준 KAIST 교수	
35회	10/2	한국어 전략	시정곤 KAIST 교수	송향근 세종학당재단 이사장 정경원 KAIST 교수
36회	10/16	미래 교육 1: 교육의 새 패러다임	박남기 전 광주교대 총장	원동연 국제교육문화교류기구 이사장 이옥련 거화초 교사
37회	10/23	미래 교육 2: 행복 교육의 의미와 과제	문용린 전 교육부 장관	소강춘 전주대 교수 송태신 전 칠보초 교장
38회	10/30	미래 교육 3: 창의와 융합을 향하여	이규연 JTBC 국장	천주욱 창의력연구소 대표 이선필 칠성중 교장

39회	11/6	미래 교육 4: 글로벌 창의 교육	박세정 팬아시아미디어 글로벌그룹 대표	신대정 곡성교육지원청 교육과장
				김만성 한국문화영상고 교감
40회	11/13	미래 교육 5: 통일 교육 전략	윤덕민 국립외교원 원장	오윤경 한국행정연구원 연구위원
				이호원 염광메디텍고 교감
41회	11/20	미래 교육 6: 전인격적 인성 교육	원동연 국제교육문화교류기구 이사장	윤일경 이천교육청 교육장
				이진영 인천교육연수원 교육연구사
42회	11/27	서울대·KAIST 공동 선정 10대 미래 기술	이도헌 KAIST 교수	
			이종수 서울대 교수	
43회	12/4	미래세대 전략 1: -미래세대 과학기술 전망 -교육과 우리의 미래	정재승 KAIST 교수	김성균 에너지경제연구원 연구위원
			김희삼 KDI 연구위원	김희영 서울가정법원 판사
44회	12/11	미래세대 전략 2: -청소년 세대 정신 건강 -이민과 문화 다양성	송민경 경기대 교수	정재승 KAIST 교수
			설동훈 전북대 교수	서용석 한국행정연구원 연구위원
45회	12/18	미래세대 전략 3: -한국 복지국가 전략 -기후변화 정책과 미래세대	안상훈 서울대 교수	김희삼 KDI 연구위원
			김성균 에너지경제연구원 연구위원	서용석 한국행정연구원 연구위원

2016년

회차	일시	주제	발표자	토론자
46회	1/8	한국 경제의 위기와 대안	민계식 전 현대중공업 회장	
			박상인 서울대 교수	
47회	1/15	국가미래전략 보고서 발전 방향	우천식 KDI 선임연구위원	
			김대호 (사)사회디자인연구소 소장	
48회	1/22	한국 산업의 위기와 대안	김진형 소프트웨어정책연구소 소장	김형욱 홍익대 교수
49회	1/29	리더와 선비 정신	김병일 도산서원선비문화수련원 이사장	
50회	2/5	한국 정치의 위기와 대안	정세현 전 통일부 장관	장용훈 연합뉴스 기자
51회	2/12	한국 과학기술의 위기와 대안	유희열 부산대 석좌교수	박승용 ㈜효성 중공업연구소 소장
52회	2/19	국가 거버넌스 전략	정용덕 서울대 명예교수	이광희 한국행정연구원 선임연구위원
53회	2/26	양극화 해소 전략	황덕순 한국노동연구원 연구위원	전병유 한신대 교수
54회	3/4	사회적 경제 구축 전략	이원재 희망제작소 소장	김광수 상생발전소 소장
55회	3/11	국가 시스템 재건 전략	공병호 공병호경영연구소 소장	
56회	3/18	사회 이동성 제고 전략	최슬기 KDI국제정책대학원 교수	정해식 한국보건사회연구원 연구위원
57회	3/25	알파고 이후의 미래전략	이광형 KAIST 교수	안상훈 서울대 교수
				김창범 서울시 국제관계대사

58회	4/1	교육 수용성 제고 전략	원동연 국제교육문화교류기구 이사장	이옥주 공주여고 교장
59회	4/8	교육 혁신 전략	박남기 전 광주교대 총장	김재춘 한국교육개발원 원장 김성열 경남대 교수
60회	4/15	공공인사 혁신 전략	서용석 한국행정연구원 연구위원	민경찬 연세대 명예교수
61회	4/22	평생교육 전략	박인섭 국가평생교육진흥원 박사	강대중 서울대 교수
62회	4/29	지방분권 전략	한표환 충남대 교수	박헌주 KDI국제정책대학원 교수
63회	5/6	한의학 전략	이혜정 한국한의학연구원 원장	김재효 원광대 교수
64회	5/13	글로벌 산업 경쟁력 전략	김경준 딜로이트 안진경영연구원 원장	모종린 연세대 교수
65회	5/20	부패 방지 전략	박중훈 한국행정연구원 연구위원	최진욱 고려대 교수
66회	5/27	뉴노멀 시대의 성장 전략	이광형 KAIST 교수	최준호 중앙일보 기자
67회	6/3	서비스산업 전략	김현수 국민대 교수	김재범 성균관대 교수
68회	6/10	게임 산업 전략	장예빛 아주대 교수	강신철 한국인터넷디지털 엔터테인먼트협회장
69회	6/17	치안 전략	임춘택 KAIST 교수	최천근 한성대 교수

70회	6/24	**가상현실·증강현실 기술 전략**	우운택 KAIST 교수	류한석 기술문화연구소 소장
71회	7/1	**자동차 산업 전략**	조철 산업연구원 주력산업연구실장	최서호 현대자동차 인간편의연구팀장
72회	7/8	**로봇 산업 전략**	오상록 한국과학기술연구원 강릉분원장	권인소 KAIST 교수
73회	7/15	**웰다잉 문화 전략**	윤영호 서울대 교수	임병식 한국싸나톨로지협회 이사장
74회	7/22	**한류 문화 전략**	심상민 성신여대 교수	양수영 더필름컴퍼니Y 대표
75회	8/12	**FTA 전략**	김영귀 대외경제정책연구원 연구위원	정상천 산업통상자원부 팀장
76회	8/19	**저출산 대응 전략**	이삼식 한국보건사회연구원 단장	장형심 한양대 교수 / 신성식 중앙일보 논설위원
77회	8/26	**관광산업 전략**	김남조 한양대 교수	조덕현 한국관광공사 창조관광사업단장
78회	9/2	**고령화사회 전략**	이소정 남서울대 교수	이진면 산업연구원 산업통상분석실장
79회	9/9	**세계 1등 대학 전략**	김용민 전 포항공대 총장	김성조 전 중앙대 부총장
80회	9/23	**소프트웨어 산업 전략**	김준연 소프트웨어정책연구소 팀장	지석구 정보통신산업진흥원 박사
81회	9/30	**군사기술 전략**	천길성 KAIST 연구교수	배달형 한국국방연구원 책임연구위원

82회	10/7	**통일 한국 통계 전략**	박성현 전 한국과학기술한림원 원장	정규일 한국은행 경제통계국장
83회	10/14	**국가 재정 전략**	국경복 서울시립대 초빙교수	박용주 국회예산정책처 경제분석실장
84회	10/21	**권력구조 개편 전략**	길정우 전 새누리당 국회의원	
			박수현 전 더불어민주당 국회의원	
85회	10/28	**양성평등 전략**	민무숙 한국양성평등진흥원 원장	정재훈 서울여대 교수
86회	11/4	**미래세대를 위한 공정사회 구현**	최항섭 국민대 교수	정재승 KAIST 교수
87회	11/11	**한중 해저 터널**	석동연 원광대 한중정치외교 연구소 소장	권영섭 국토연구원 센터장
88회	11/18	**트럼프 시대, 한국의 대응 전략**	길정우 통일연구원 연구위원	
			김현욱 국립외교원 교수	
			선종률 한성대 교수	
89회	11/25	**실버 산업 전략**	한주형 (사)50플러스코리안 대표	서지영 과학기술정책연구원 연구위원
90회	12/2	**미래세대를 위한 부모와 학교의 역할**	최수미 건국대 교수	김동일 서울대 교수
91회	12/9	**미래세대를 위한 문화 전략**	김헌식 문화평론가	서용석 한국행정연구원 연구위원
92회	12/16	**미래세대와 미래의 일자리**	박가열 한국고용정보원 연구위원	김영생 한국직업능력개발원 선임연구위원

2017년

회차	일시	주제	발표자	토론자
93회	1/20	수용성 회복을 위한 미래 교육 전략	원동연 국제교육문화교류기구 이사장	이상오 연세대 교수
94회	2/3	혁신 기반 성장 전략	이민화 KAIST 초빙교수	김기찬 가톨릭대 교수
95회	2/10	외교 안보 통일 전략	길정우 통일연구원 연구위원	김창수 한국국방연구원 명예연구위원
96회	2/17	인구구조 변화 대응 전략	서용석 한국행정연구원 연구위원	최슬기 KDI국제정책대학원 교수
97회	2/24	4차 산업혁명과 교육 전략	박승재 한국교육개발원 소장	최경아 중앙일보 기획위원
98회	3/3	스마트정부와 거버넌스 혁신	이민화 KAIST 초빙교수	이각범 KAIST 명예교수
99회	3/10	사회안전망	허태욱 KAIST 연구교수	김진수 연세대 교수
100회	3/17	사회통합	조명래 단국대 교수	정해식 한국보건사회연구원 연구위원
101회	3/24	기후 에너지	김상협 KAIST 초빙교수	안병옥 기후변화행동연구소 소장 김희집 서울대 초빙교수
102회	3/31	정부구조 개편	배귀희 숭실대 교수	이재호 한국행정연구원 연구위원
103회	4/7	대중소기업 상생 전략	이민화 KAIST 초빙교수	이춘우 서울시립대 교수

104회	4/14	**사이버 위협 대응 전략**	손영동 한양대 교수	김상배 서울대 교수
				신용태 숭실대 교수
105회	4/21	**혁신도시 미래 전략**	남기범 서울시립대 교수	허재완 중앙대 교수
106회	4/28	**법원과 검찰 조직의 미래 전략**	홍완식 건국대 교수	손병호 변호사
107회	5/12	**4차 산업혁명 트렌드와 전략**	최윤석 한국마이크로소프트 전무	
			이성호 KDI 연구위원	
108회	5/19	**4차 산업혁명 기술 전략: 빅데이터**	배희정 케이엠에스랩(주) 대표	안창원 한국전자통신연구원 책임연구원
109회	5/26	**4차 산업혁명 기술 전략: 인공지능**	양현승 KAIST 교수	정창우 IBM 상무
			김원준 건국대 교수	
110회	6/2	**4차 산업혁명 기술 전략: 사물인터넷**	김대영 KAIST 교수	김준근 KT IoT사업단장
111회	6/9	**4차 산업혁명 기술 전략: 드론**	심현철 KAIST 교수	
		4차 산업혁명 종합 추진 전략	이광형 KAIST 교수	
112회	6/16	**4차 산업혁명 기술 전략: 자율주행 자동차**	이재관 자동차부품연구원 본부장	이재완 전 현대자동차 부사장
113회	6/23	**4차 산업혁명 기술 전략: 증강현실·공존현실**	유범재 KIST 책임연구원	윤신영 과학동아 편집장
114회	6/30	**4차 산업혁명 기술 전략: 웨어러블 기기**	정구민 국민대 교수	이승준 비앤피이노베이션 대표
115회	7/7	**4차 산업혁명 기술 전략: 지능형 로봇**	이동욱 한국생산기술연구원 수석연구원	지수영 한국전자통신연구원 책임연구원

116회	7/14	**4차 산업혁명 기술 전략: 인공지능 음성인식**	장준혁 한양대 교수	임우형 SK텔레콤 매니저
117회	8/18	**4차 산업혁명과 에너지 전략**	김희집 서울대 초빙교수	이상헌 한신대 교수
118회	8/25	**4차 산업혁명과 제조업 혁신**	김승현 과학기술정책연구원 연구위원	
			박원주 한국인더스트리4.0협회 이사	
119회	9/1	**4차 산업혁명과 국방 전략**	천길성 KAIST 연구교수	권문택 경희대 교수
120회	9/8	**4차 산업혁명과 의료 전략**	이언 가천대 교수	김대중 한국보건사회연구원 부연구위원
121회	9/15	**4차 산업혁명과 금융의 미래**	박수용 서강대 교수	김대윤 피플펀드컴퍼니 대표
122회	9/22	**4차 산업혁명 시대의 노동**	허재준 한국노동연구원 선임연구위원	김안국 한국직업능력개발원 선임연구위원
123회	9/29	**4차 산업혁명 시대의 문화 전략**	최연구 한국과학창의재단 연구위원	윤주 한국문화관광연구원 연구위원
124회	10/13	**4차 산업혁명과 스마트시티**	조영태 LH토지주택연구원 센터장	강상백 한국지역정보개발원 부장
125회	10/20	**4차 산업혁명 시대의 복지 전략**	안상훈 서울대 교수	정해식 한국보건사회연구원 부연구위원
126회	10/27	**4차 산업혁명 시대 행정 혁신 전략**	엄석진 서울대 교수	이재호 한국행정연구원 연구위원
127회	11/3	**4차 산업혁명과 공유경제**	김건우 LG경제연구원 선임연구원	이경아 한국소비자원 정책개발팀장

128회	11/10	**4차 산업혁명과 사회의 변화**	최항섭 국민대 교수	윤정현 과학기술정책연구원 전문연구원
129회	11/17	**4차 산업혁명과 문화 콘텐츠 진흥 전략**	이병민 건국대 교수	박병일 한국콘텐츠진흥원 센터장
130회	11/24	**4차 산업혁명과 인간의 삶**	이종관 성균관대 교수	
131회	12/1	**5차원 수용성 교육과 적용 사례**	원동연 국제교육문화교류기구 이사장	
			강철 동두천여자중학교 교감	
			이호원 디아글로벌학교 교장	
132회	12/8	**자동차 산업의 미래전략**	권용주 오토타임즈 편집장	박재용 이화여대 연구교수

2018년

회차	일시	주제	발표자	토론자
133회	3/9	**블록체인, 새로운 기회와 도전**	박성준 동국대 블록체인연구센터장	이제영 과학기술정책연구원 부연구위원
134회	3/16	**암호 통화를 넘어 블록체인의 현실 적용**	김태원 ㈜글로스퍼 대표	임명환 한국전자통신연구원 책임연구원
135회	3/23	**블록체인 거버넌스와 디지털크러시**	허태욱 KAIST 연구교수	이재호 한국행정연구원 연구위원
136회	3/30	**신기술의 사회적 수용과 기술 문화 정책**	최연구 한국과학창의재단 연구위원	이원부 동국대 경영정보학과 교수
137회	4/6	**ICT 자율주행차 현황과 미래 과제**	손주찬 한국전자통신연구원 책임연구원	김영락 SK텔레콤 Vehicle-tech Lab장

138회	4/13	자율주행 시대 안전 이슈와 대응 정책	소재현 한국교통연구원 부연구위원	신재곤 한국교통안전공단 자동차안전연구원 연구위원
139회	4/20	커넥티드 카 서비스 현황과 미래 과제	이재관 자동차부품연구원 본부장	윤상훈 전자부품연구원 선임연구원
140회	4/27	미래 자동차 산업 방향과 과제	조철 산업연구원 선임연구위원	김범준 LG경제연구원 책임연구원
141회	5/11	한반도 통일과 평화 대계	김진현 전 과학기술정보통신부 장관/세계평화포럼 이사장	
142회	5/18	한반도 통일 준비와 경제적 효과	국경복 전북대 석좌교수	
143회	5/25	남북 과학기술 협력 전략	곽재원 서울대 초빙교수	
144회	6/1	독일 통일과 유럽 통합에서 배우는 한반도 통일 전략	손선홍 전 외교부 대사/충남대 특임교수	
145회	6/8	통일 시대 언어 통합 전략	시정곤 KAIST 교수	
146회	6/15	통일의 경제적 측면: 금융 통화 중심으로	김영찬 전 한국은행 프랑크푸르트 사무소장	
147회	6/22	남북 간 군사협력과 통합 전략	선종률 한성대 교수	
148회	7/6	통일 준비와 사회통합 전략	조명래 한국환경정책평가연구원 원장/단국대 교수	
149회	7/13	남북 경제협력 단계별 전략	김진향 개성공업지구지원재단 이사장	
150회	8/24	에너지 전환과 미래 에너지정책	이상훈 한국에너지공단 소장	노동석 에너지경제연구원 선임연구위원

151회	8/31	에너지 프로슈머와 ESS	손성용 가천대 교수	김영환 전력거래소 신재생시장팀장
152회	9/14	4차 산업혁명과 융복합형 에너지 기술 전략	김희집 서울대 교수	김형주 녹색기술센터 정책연구부장
153회	9/21	기후변화와 저탄소 사회	유승직 숙명여대 교수	허태욱 KAIST 연구교수
154회	10/12	유전자 가위 기술과 미래	김용삼 한국생명공학연구원 센터장	
155회	10/19	4차 산업혁명과 생체인식	김익재 한국과학기술연구원 책임연구원	
156회	11/2	지능형 로봇의 진화	이동욱 한국생산기술연구원 수석연구원	
157회	11/16	긱 이코노미의 확산과 일의 미래	김경준 딜로이트컨설팅 부회장	
158회	11/23	커넥티드 모빌리티 2.0 시대, 초연결의 일상화	이명호 (재)여시재 선임연구위원	
159회	12/7	디지털 일상과 스마트시티	이민화 KAIST 초빙교수	

2019년

회차	일시	주제	발표자
160회	2/16	2020 이슈: 과학기술 분야	최윤석 한국마이크로소프트 전무
161회	2/23	2020 이슈: 경제사회 분야	김경준 딜로이트컨설팅 부회장
162회	3/9	공유 플랫폼 경제로 가는 길	이민화 KCERN 이사장

163회	3/16	기계와 인간의 만남: 인공 뇌	임창환 한양대 교수
164회	3/23	데이터와 인간의 만남	배희정 케이엠에스랩(주) 대표
165회	3/30	유전자 가위와 맞춤형 인간	김용삼 한국생명공학연구원 책임연구원
166회	4/6	가상 세계와 인간의 만남	우운택 KAIST 교수
167회	4/20	블록체인의 활용	임명환 한국전자통신연구원 책임연구원
168회	4/27	미래 사회 모빌리티	문영준 한국교통연구원 선임연구위원
169회	5/4	신기술 시대 기후와 환경	안병옥 전 환경부 차관
170회	5/11	공유사회와 미래 문화	최연구 한국과학창의재단 연구위원
171회	5/18	생체인식 기술의 미래	김익재 한국과학기술연구원 책임연구원
172회	5/25	AI와 인간의 만남	김원준 건국대 교수
173회	6/1	과학기술의 잠재력과 한계	최병삼 과학기술정책연구원 신산업전략연구단장

2020년

회차	일시	주제	발표자
174회	3/14	인간과 기계의 공진화	임창환 한양대 교수
175회	3/15	데이터 알고리즘과 확증편향	배희정 케이엠에스랩(주) 대표
176회	3/21	바이오헬스케어 미래 동향	이동우 연세대 교수

177회	3/22	미래 기술과 사회 변화 전망	이명호 (재)여시재 솔루션 디자이너
178회	3/29	미래 기술 트렌드와 이슈	정구민 국민대 교수
179회	4/4	블록체인 기술과 경제	임명환 한국전자통신연구원 책임연구원
180회	4/11	자율주행 모빌리티의 미래	소재현 한국교통연구원 부연구위원
181회	4/18	유전자 리프로그래밍 시대의 인간	김용삼 한국생명공학연구원 책임연구원
182회	5/2	미래 에너지 전망과 전략	유정민 서울연구원 부연구위원
183회	5/9	인공지능과 포스트휴먼	신상규 이화여대 교수
184회	5/16	사이버 위협과 대응 전략	손영동 한양대 교수
185회	5/23	사회 혁신으로 가는 기술 혁신	이승규 한국과학기술기획평가원 사회혁신정책센터장

2021년

회차	일시	주제	발표자
186회	2/20	인공지능 주도 사회의 연결과 위험	배희정 케이엠에스랩(주) 대표
187회	2/27	브레인칩 대중화와 지능 증폭 사회	임창환 한양대 교수
188회	3/13	인지적 해킹과 민주주의의 붕괴	송태은 국립외교원 연구교수
189회	3/20	디지털 자산과 부의 미래	인호 고려대 교수
190회	3/27	팬데믹과 도시 문화	최연구 전 한국과학창의재단 연구위원

191회	4/3	**유전자 가위 기술과 계층적 미래 사회**	김용삼 한국생명공학연구원 책임연구원
192회	4/10	**빈곤한 노인 인구의 급증과 연금**	정해식 한국보건사회연구원 연구위원
193회	5/1	**자율주행차와 AI 시스템**	손준우 ㈜소네트 대표이사
194회	5/8	**기후위기와 탄소 중립**	안병옥 전 환경부 차관
195회	5/15	**바이오 인증과 딥페이크**	김익재 한국과학기술연구원 소장
196회	5/22	**디지털 기술과 공간의 재구성**	이명호 한샘드뷰연구재단 자문위원
197회	5/29	**기술과 미래 전쟁**	배달형 한국국방연구원 책임연구위원
198회	6/5	**진화적 불일치: 마음, 환경, 팬데믹**	박한선 정신건강의학과 전문의

문술리포트 연혁

- 2014년 1월 10일: 정문술 전 KAIST 이사장이 미래전략대학원 발전기금 215억 원 출연(2001년 바이오및뇌공학과 설립을 위한 300억 원 기증에 이은 두 번째 출연). 미래전략 분야 인력 양성과 국가 미래전략 연구 요청

- 2014년 3월: KAIST 미래전략대학원 교수회의에서 국가 미래전략 연간 보고서(문술리포트) 출판 결정

- 2014년 4월: 문술리포트 기획위원회 구성

- 2014년 4~8월: 분야별 원고 집필 및 검토

- 2014년 10월: 국회 최고위 미래전략과정 검토의견 수렴

- 2014년 11월:《대한민국 국가미래전략 2015》(문술리포트-1) 출판

- 2015년 1~2월: 기획편집위원회 워크숍. 미래사회 전망 및 미래비전 토론

- 2015년 1~12월: 국가미래전략 정기토론회 매주 금요일 개최(서울창조경제혁신센터, 총 45회)

- 2015년 9~12월: '광복 70년 기념 미래세대 열린광장 2045' 전국 투어 6회 개최

- 2015년 10월:《대한민국 국가미래전략 2016》(문술리포트-2) 출판

- 2015년 10~11월: '광복 70년 기념 국가미래전략 종합학술대회' 4주간 개최

(서울 한국프레스센터)

- 2015년 12월 15일: 세계경제포럼·KAIST·전경련 공동주최 'WEF 대한민국 국가미래전략 워크숍' 개최
- 2016년 1~2월: 문술리포트 2017년 판 기획 및 발전 방향 논의
- 2016년 1월 22일: 아프리카TV와 토론회 생중계 MOU 체결
- 2016년 1~12월: 국가미래전략 정기토론회 매주 금요일 개최(서울창조경제혁신센터). 2015~2016년 2년간 누적 횟수 92회
- 2016년 10월:《대한민국 국가미래전략 2017》(문술리포트-3) 출판
- 2017년 1~2월: 문술리포트 2019년 판 기획, 발전 방향 논의 및 새로운 과제 도출
- 2017년 3월 17일: 국가미래전략 정기토론회 100회 기록
- 2017년 1~3월: 국가핵심과제 12개 선정 및 토론회 개최
- 2017년 4~11월: 4차 산업혁명 대응을 위한 과제 선정 및 토론회 개최
- 2017년 1~12월: 국가미래전략 정기토론회 매주 금요일 개최(서울창조경제혁신센터), 2015~2017년 3년간 누적 횟수 132회
- 2017년 10월:《대한민국 국가미래전략 2018》(문술리포트-4) 출판
- 2018년 1월: 문술리포트 2019년 판 기획 및 발전 방향 논의, 2019 키워드 도출
- 2018년 3~12월: 월별 주제(3월 블록체인/4월 미래 모빌리티/5~7월 통일전략/8~9월 에너지와 기후/10월 생명공학/11~12월 디지털 미래) 집중토론
- 2018년 5~7월: '통일비전 2048-단계적 통일 미래전략 토론회' 개최
- 2018년 8월 24일: 국가미래전략 정기토론회 150회 기록
- 2018년 1~12월: 국가미래전략 정기토론회 매주 금요일 개최(서울시청 시민청). 2015~2018년 4년간 누적횟수 160회

- 2018년 10월:《카이스트 미래전략 2019》(문술리포트-5) 출판 (보고서 이름 변경)
- 2019년 1월: 문술리포트 2020년 판 기획 및 발전 방향 논의, 2020 키워드 도출, KAIST 문술미래전략대학원 과목으로 추가, 일반인도 참여할 수 있는 '열린 수업' 형태로 개설
- 2019년 2~6월: 국가미래전략 정기토론회 매주 토요일 개최(KAIST 도곡캠퍼스). 2015~2019년 5년간 누적 횟수 173회
- 2019년 10월:《카이스트 미래전략 2020》(문술리포트-6) 출판
- 2020년 1월: 문술리포트 2021년 판 기획 및 발전 방향 논의, 2021 키워드 주제 토론
- 2020년 3~5월: 국가미래전략 토론회 발표(코로나19 감염 방지 및 예방을 위해 온라인으로 개최, 유튜브를 통해 실시간 중계). 2015~2020년 6년간 누적 횟수 185회
- 2020년 10월:《카이스트 미래전략 2021》(문술리포트-7) 출판
- 2021년 1~2월: 문술리포트 2022년 판 기획 및 발전 방향 논의, 2022 키워드 주제 토론
- 2021년 2~6월: 국가미래전략 특강 진행(코로나19 감염 방지 및 예방을 위해 KAIST 문술미래전략대학원 봄학기 온라인 수업 형식으로 진행)
- 2021년 10월:《카이스트 미래전략 2022》(문술리포트-8) 출판

참고문헌

- 고용노동부, 〈고용형태별 근로실태조사 보고서〉, 2019

- 과학기술정책연구원, 〈사회·기술시스템 전환 전략연구〉, 2015

- 과학기술정책연구원, 〈국내 디지털 사회혁신 현황분석과 시사점〉, 《STEPI Insight》192호, 2016

- 구본권, 《로봇 시대, 인간의 일》, 어크로스, 2015

- 국방부, 〈국방백서〉, 2019

- 국세청, 〈국세통계연보〉, 2020

- 국회예산정책처, 〈대한민국재정〉, 2021

- 기획재정부, 〈장기재정전망〉, 2015, 2020

- 권양주, 《남북한 군사통합 구상》, KIDA Press, 2014

- 김경동, 〈왜 미래세대의 행복인가?〉, 미래세대행복위원회 창립총회, 2015

- 김관호, 《한반도 통합과 갈등해소 전략》, 선인, 2011

- 김기호, 《현대 북한 이해》(증보 2판), 탑북스, 2018

- 김미곤 외, 〈복지환경 변화에 따른 사회보장제도 중장기 정책방향 연구〉, 한국보건사회연구원, 2017

- 김민식·최주한, 〈산업혁신의 관점에서 바라보는 제4차 산업혁명에 대한 이해〉, 정

보통신정책연구원, 2017

- 김병권, 《기후위기와 불평등에 맞선 그린뉴딜》, 책숲, 2020

- 김상배, 《정보화시대의 표준경쟁》, 한울아카데미, 2007

- 김상배, 〈미중 플랫폼 경쟁으로 본 기술패권의 미래〉, 《Future Horizon》 35권, 2018

- 김상배, 《4차 산업혁명의 국제정치학: 주요국의 담론과 전략, 제도》, 사회평론 아카데미, 2018

- 김상배·김흥규 외, 《신국제질서와 한국외교전략》, 명인문화사, 2021

- 김수현·김창훈, 〈유럽 그린딜의 동향과 시사점〉, 에너지경제연구원, 2020

- 김완기, 《남북 통일, 경제통합과 법제도통합》, 경인문화사, 2017

- 김유선, 〈한국의 노동〉, 《현안과 정책》 117호, 2016

- 김인춘 외, 〈생산적 복지와 경제성장〉, 아산정책연구원, 2013

- 김종일·강동근, 〈양극화 지표를 통해 본 대·중소기업의 생산성 격차 추이〉, 《사회과학연구》 19권 2호, 2012

- 김한준, 〈4차 산업혁명이 직업세계에 미치는 영향〉, 한국고용정보원, 2016

- 김흥광·문형남·곽인옥, 《4차 산업혁명과 북한》, 도서출판 수인, 2017

- 남기업, 〈부동산소득과 소득불평등, 그리고 기본소득〉, 《현안과 정책》 158호, 2016

- 노광표, 〈노동개혁, 원점에서 다시 시작하자〉, 《현안과 정책》 104호, 2015

- 농촌진흥청, 〈3D 프린팅 기술로 식량작물의 새로운 가치를 만들다〉, 2019.10.15

- 뉴 사이언티스트, 김정민 역, 《기계는 어떻게 생각하고 학습하는가》, 한빛미디어, 2018

- 니코 멜레, 이은경·유지연 역, 《거대 권력의 종말》, RHK, 2013

- 독일연방노동사회부, 〈노동 4.0 백서〉, 2017

- 로렌스 프리드먼, 조행복 역, 《전쟁의 미래》, 비즈니스북스, 2020

- 로마클럽, 〈성장의 한계The Limits To Growth〉, 1972
- 로버트 D. 퍼트넘, 정승현 역, 《나 홀로 볼링》, 페이퍼로드, 2009
- 리멤버, 〈코로나19가 미친 영향 직장인 설문조사〉, 2020.3.31
- 리처드 리키·로저 르윈, 황현숙 역, 《제6의 멸종》, 세종서적, 1996
- 마크 라이너스, 이한중 역, 《6도의 악몽》, 세종서적, 2008
- 모이제스 나임, 김병순 역, 《권력의 종말》, 책읽는수요일, 2015
- 박병원, 〈기술 패러다임의 전환과 글로벌 기술패권 경쟁의 이해〉, 《Future Horizon》 35권, 2018
- 박영숙·제롬 글렌, 《일자리 혁명 2030》, 비즈니스북스, 2017
- 박영현 외, 《집단에너지 기술 및 미래 발전방향》, 반디컴, 2018
- 박정숙 외, 〈블록체인의 세대별 기술 동향〉, 《ETRI 전자통신동향분석》 33권 6호, 2018
- 박진한, 《O2O》, 커뮤니케이션북스, 2016
- 박혜섭, 〈AI가 저지른 과실은 AI에게 책임을 물어야 한다… 'AI 과실법' 만들어야〉, AI타임스, 2020.12
- 방태웅, 〈에너지와 4차 산업기술의 융·복합, 에너지 4.0〉, 《융합연구정책센터》 59호, 2017
- 배기찬, 《코리아 생존 전략》, 위즈덤하우스, 2017
- 백장균, 〈자율주행차 국내외 개발 현황〉, KDB 미래전략연구소, 2020.2
- 법무부, 〈출입국·외국인정책 통계연보〉, 2021
- 보건복지부, 〈통계로 보는 사회보장〉, 2019, 2020
- 산림청, 〈생물다양성과 산림〉, 2011
- 산업연구원, 〈4차 산업혁명이 한국제조업에 미치는 영향과 시사점〉, 2017
- 삼정KPMG 경제연구원, 〈4차 산업혁명과 초연결사회, 변화할 미래산업〉, 2017

- 삼정KPMG경제연구원,〈블록체인이 가져올 경영 패러다임의 변화: 금융을 넘어 전 산업으로〉, 2016

- 서용석,〈세대 간 형평성 확보를 위한 미래세대의 정치적 대표성 제도화 방안 연구〉, 한국행정연구원, 2014

- 서용석,〈지속가능한 사회를 위한 '미래세대기본법' 구상 제언〉,《Future Horizon》 22호, 2014

- 서용석,〈첨단기술의 발전과 미래정부의 역할과 형태〉,《Future Horizon》28호, 2016

- 설동훈,〈한국의 인구고령화와 이민정책〉,《경제와사회》106호, 2015

- 성명재,〈인구·가구특성의 변화가 소득분배구조에 미치는 영향 분석 연구〉,《사회과학연구》22권 2호, 2015

- 성지은·조예진,〈시스템 전환과 지역 기반 전환 실험〉,《과학기술정책》23권 4호, 2013

- 손선홍,《독일 통일 한국 통일》, 푸른길, 2016

- 손선홍,〈독일 통일 외교의 시사점과 우리의 통일외교 전략〉,《외교》124호, 2018

- 손선홍,《분단과 통일의 독일 현대사》, 소나무, 2005

- 손선홍·이은정,《독일 통일 총서 18 & 19-외교 분야》, 통일부, 2016

- 손수정,〈제4차 산업혁명, 지식재산 정책의 변화〉,《STEPI Insight》197호, 2016

- 송민경,〈북한의 산림부문 기후변화 대응 동향 및 시사점〉, 국립산림과학원, 2017

- 송태은,〈디지털 허위조작정보의 확산 동향과 미국과 유럽의 대응〉, 국립외교원, 2020

- 송태은,〈하이브리드 위협에 대한 최근 유럽의 대응〉, 국립외교원, 2020

- 송태은,〈사이버 심리전의 프로퍼갠더 전술과 권위주의 레짐의 샤프파워: 러시아의 심리전과 서구 민주주의의 대응〉,《국제정치논총》59집 2호, 2019

- 송태은, 〈인공지능의 정보생산과 가짜 뉴스의 프로파간다〉, 조현석·김상배 엮음, 《인공지능, 권력변환과 세계정치》, 삼인, 2018
- 신광영, 〈2000년대 한국의 소득불평등〉, 《현안과 정책》 159호, 2016
- 신우재·조영태, 〈영국 정부의 스마트시티 구축 노력과 시사점〉, 《국토》 416호, 2016
- 신춘성 외, 〈모바일 증강현실 서비스 동향과 지속 가능한 콘텐츠 생태계 전망〉, 《정보과학회지》 28권 6호, 2010
- 아이뉴스24, 〈韓 신성장 헬스케어: 2025년 600조 시장…해묵은 규제 개혁 절실〉, 2020.5.28
- 아이뉴스24, 〈K-헬스케어, 글로벌 시장 점유율 1%…갈 길 멀다〉, 2020.6.24
- 안종범·안상훈·전승훈, 〈복지지출과 조세부담의 적정 조합에 관한 연구〉, 《사회보장연구》 26권 4호, 2010
- 앤드류 퍼터, 고봉준 역, 《핵무기의 정치》, 명인문화사, 2016
- 앨빈 토플러, 장을병 역, 《미래의 충격》, 범우사, 2012(1986)
- 앨빈 토플러, 원창엽 역, 《제3의 물결》, 홍신문화사, 2006
- 앨빈 토플러·정보통신정책연구원, 〈위기를 넘어서: 21세기 한국의 비전〉, 정보통신정책연구원, 2001
- 앨빈 토플러·하이디 토플러, 김원호 역, 《전쟁 반전쟁》, 청림출판, 2011
- 어제이 애그러월 외, 이경남 역, 《예측 기계: 인공지능의 간단한 경제학》, 생각의힘, 2019
- 에너지경제연구원, 〈에너지통계연보〉 2019, 2020
- 에릭 브린욜프슨·앤드루 맥아피, 정지훈·류현정 역, 《기계와의 경쟁》, 틔움, 2013
- 에릭 브린욜프슨·앤드루 맥아피, 이한음 역, 《제2의 기계 시대》, 청림출판, 2014
- 여시재, 〈이슈리포트: 디지털 기술의 발달에 따른 일과 직주공간의 미래〉, 2017.9

- 여시재, 〈대한민국 스마트시티 백서〉, 2020
- 오세현·김종승, 《블록체인노믹스》, 한국경제신문, 2017
- 온실가스종합정보센터, 〈국가 온실가스 인벤토리 보고서〉, 2015
- 우해봉, 〈미래 인구변동의 인구학 요인 분해와 시사점〉, 《보건복지 Issue & Focus》 352호, 2018
- 유정민, 〈분산에너지자원의 확대와 시장구조 개선 과제〉, 서울에너지공사, 2018
- 유종일, 〈한국의 소득불평등 문제와 정책대응 방향〉, 《현안과 정책》 152호, 2016
- 윤석명, 〈인구고령화를 반영한 공적연금 재정전망과 정책과제〉, 보건복지포럼, 2011
- 윤성이, 〈정보사회의 민주주의와 e-거버넌스〉, 미래전략포럼, 2009
- 윤영관, 《외교의 시대: 한반도의 길을 묻다》, 미지북스, 2015
- 윤주, 《도시재생 이야기》, 살림, 2017
- 이건범, 한국의 소득이동: 현황과 특징, 경제발전연구, 15권 2호, 2009
- 이대열, 《지능의 탄생: RNA에서 인공지능까지》, 바다출판사, 2017
- 이대호, 〈디지털제조의 이해와 정책 방향〉, 정보통신정책연구원, 2013
- 이명호, 〈미래의 일자리와 도시 공간〉, 여시재, 2018.1
- 이명호, 〈디지털이 미래다: 기업과 노동의 미래〉, 여시재, 2020.2
- 이명호, 《디지털 쇼크 한국의 미래》, 웨일북, 2021
- 이병희 외, 〈한국형 실업부조 도입 방안〉, 한국노동연구원, 2013
- 이삼식 외, 〈2015년 전국 출산력 및 가족보건·복지실태조사〉, 한국보건사회연구원, 2015
- 이삼식 외, 〈고령화 및 생산가능인구 감소에 따른 대응전략 마련 연구〉, 보건복지부·한국보건사회연구원, 2015
- 이삼식·이지혜, 〈초저출산현상 지속의 원인과 정책과제〉, 한국보건사회연구원,

2014

- 이수연·문용필, 〈국민건강보험의 노인의료비 지출추계 및 장기재정 전망-EU의 '건강한 고령화' 적용을 중심으로〉,《비판사회정책》58, 2018

- 이승주, 〈미래의 기술패권을 위한 일본의 국가전략〉,《Future Horizon》35권, 2018

- 이영석·김병근, 〈사회-기술 전환이론 비교 연구: 전환정책 설계와 운영을 위한 통합적 접근〉,《한국정책학회보》23권 4호, 2014

- 이장원·전명숙·조강윤, 〈격차축소를 위한 임금정책: 노사정 연대임금정책 국제비교〉, 한국노동연구원, 2014

- 이재호,《스마트 모빌리티 사회》, 카모마일북스, 2019

- 이주헌,《미래학, 미래경영》, 도서출판 청람, 2018

- 이창호·오성배·정의철·최승희,《소수집단 청소년들의 생활실태 및 지원방안 연구》, 한국청소년정책연구원, 2007

- 이춘근·김종선, 〈과학기술분야 대북현안과 통일준비〉,《STEPI Insight》137호, 2014

- 이춘근, 〈남북한 과학기술협력과 전망〉,《과학기술정책》25권 9호, 2015

- 이춘근 외, 〈통일이후 남북한 과학기술체제 통합방안〉, 과학기술정책연구원, 2015

- 인호·오준호,《부의 미래, 누가 주도할 것인가》, 미지biz, 2020

- 일 예거, 김홍옥 역,《우리의 지구, 얼마나 더 버틸 수 있는가》, 길, 2010

- 임명환, 〈블록체인 기술의 영향과 문제점 및 시사점〉,《IITP 주간기술동향》 1776호, 2016.12

- 임명환, 〈디지털산책-블록체인 철학에 대한 단상〉, 디지털타임스, 2018.5.10

- 임명환, 〈국민 생활문제 해결을 위한 블록체인 R&D의 효과분석 및 추진전략〉, ETRI, 2018.8

- 임재규, 〈산업부문의 전력수요관리정책 추진방향에 대한 연구〉, 에너지경제연구원, 2013
- 임정선, 〈IoT-가속화되는 연결의 빅뱅과 플랫폼 경쟁의 서막〉, KT경제경영연구소, 2015
- 임창환, 《브레인 3.0》, MID, 2020
- 자크 엘루, 박광덕 역, 《기술의 역사》, 한울, 2011
- 장승권·최종인·홍길표, 《디지털 권력》, 삼성경제연구소, 2004
- 장재준·황은경·황원규, 《4차 산업혁명, 나는 무엇을 준비할 것인가》, 한빛비즈, 2017
- 장필성, 〈다가오는 4차 산업혁명에 대한 우리의 전략은?〉, 《과학기술정책》 26권 2호, 2016
- 전국경제인연합회, 〈코로나19로 약진 중인 K-헬스케어, 아직 갈 길 멀다〉, 2020.6.24
- 전병유, 〈한국 노동시장에서의 불평등과 개선방향〉, 《현안과 정책》 153호, 2016
- 전봉근, 〈미중 경쟁시대 한국의 중간국 외교전략 모색〉, 국립외교원 외교안보연구소 정책연구시리즈, 2019
- 전봉근, 〈동북아 지정학과 한국 외교전략: 강중국과 중추국 정체성을 중심으로〉, 국립외교원 외교안보연구소 정책연구시리즈, 2021
- 전태국, 《사회통합과 한국 통일의 길》, 한울아카데미, 2013
- 정경희 외, 〈2014년도 노인실태조사〉, 보건복지부·한국보건사회연구원, 2014
- 정경희 외, 〈신노년층 출현에 따른 정책과제〉, 한국보건사회연구원, 2010
- 정용덕, 〈바람직한 문명 발전을 위한 국가 행정 제도화 시론: 공익 개념을 중심으로〉, 《행정논총》 53권 4호, 2015
- 정제영, 〈지능정보사회에 대비한 학교교육 시스템 재설계 연구〉, 《교육행정학연구》

34권 4호, 2016

- 정제영, 〈4차 산업혁명 시대의 학교제도 개선 방안: 개인별 학습 시스템 구축을 중심으로〉,《교육정치학연구》24권 3호, 2017
- 정제영·강태훈·김갑성·류성창·윤홍주, 〈미래 교육환경 변화에 따른 교원정책의 시사점 탐색 연구〉, 한국교육개발원, 2013
- 정제영·선미숙, 〈지능정보사회의 미래 학교교육 전략 수립 연구〉, 전국시도교육감협의회, 2017
- 정충열,《남북한 군사통합 전략》, 시간의 물레, 2014
- 정해식 외, 〈사회통합 실태진단 및 대응방안(Ⅲ)-사회통합 국민인식〉, 한국보건사회연구원, 2016
- 제러미 리프킨, 이희재 역,《소유의 종말》, 민음사, 2001
- 제러미 리프킨, 이명호 역,《노동의 종말》, 민음사, 2005
- 제리 카플란, 신동숙 역,《인간은 필요 없다》, 한스미디어, 2016
- 제정관,《한반도 통일과 군사통합》, 한누리미디어, 2008
- 조병수·김민혜, 〈고용의 질적 수준 추정 및 생산성 파급효과 분석〉,《조사통계월보》69권 10호, 2015
- 조영태, 〈스마트시티 국내외 현황〉,《도시 문제》52권 580호, 2017
- 조화순,《디지털 거버넌스-국가·시장·사회의 미래》, 책세상, 2010
- 조희정·이상돈·류석진, 〈디지털 사회혁신의 정당성과 민주주의 발전: 온라인 청원과 공공문제 해결 사례를 중심으로〉,《정보화 정책》23권 2호, 2016
- 최병삼·양희태·이제영, 〈제4차 산업혁명의 도전과 국가전략의 주요 의제〉,《STEPI Insight》215호, 2017
- 최성은·양재진, 〈OECD 국가의 여성 일-가정양립에 대한 성과〉,《한국정책학회보》23권 3호, 2014

- 최연구, 《4차 산업혁명시대 문화경제의 힘》, 중앙경제평론사, 2017

- 최연구, 《과학기술과 과학문화》, 커뮤니케이션북스, 2021

- 최연구, 〈4차 산업혁명시대의 일자리와 일거리 정책〉, KISTEP, 2021

- 최은수, 《4차 산업혁명 그 이후 미래의 지배자들》, 비즈니스북스, 2018

- 크리스 앤더슨, 윤태경 역, 《메이커스》, RHK, 2013

- 클라우스 슈밥, 송경진 역, 《클라우스 슈밥의 제4차 산업혁명》, 새로운 현재, 2016

- 클라우스 슈밥 외, 김진희 외 역, 《4차 산업혁명의 충격》, 흐름출판, 2016

- 돈 탭스콧·알렉스 탭스콧, 박지훈 역, 《블록체인 혁명》, 을유문화사, 2017

- 토머스 대븐포트·줄리아 커비, 강미경 역, 《AI 시대, 인간과 일》, 김영사, 2017

- 토비 월시, 이기동 역, 《생각하는 기계》, 프리뷰, 2018

- 통계청, 〈경제활동인구조사〉, 2020

- 통계청, 〈통계로 보는 북한〉, 2019

- 통계청, 〈장래인구추계〉, 2020

- 한경혜 외, 〈한국의 베이비부머 연구〉, 서울대학교 노화·고령사회연구소, 2011

- 한국고용정보원, 〈AI-로봇-사람, 협업의 시대가 왔다!〉, 2016.3

- 한국고용정보원, 〈미래의 직업연구〉, 2014

- 한국교통연구원, 〈교통 혼잡비용 추정의 패러다임 변화와 교통 혼잡비용 추정결과〉, 2019

- 한국농촌경제연구원, 〈식품산업 경제적 파급효과 분석결과〉, 2020

- 한국보건사회연구원, 〈빈곤통계연보〉, 2020

- 한국보건사회연구원, 〈사회통합 실태진단 및 대응 방안 연구〉, 2019

- 한국생명공학연구원, 〈나고야 의정서 주요국 현황: (제1권) 아시아와 중동〉, 2015

- 한국생명공학연구원, 〈바이오산업과 나고야 의정서〉, 2011

- 한국에너지공단, 〈에너지 분야의 4차 산업혁명, Energy 4.0〉, 2017

- 한국에너지공단, 〈신재생에너지 보급 통계〉, 2018, 2019, 2020, 2021
- 한국정보통신기술협회, 〈FIDO 표준 기술 동향〉, 2016
- 한국정보화진흥원, 〈ICT를 통한 착한 상상: 디지털 사회혁신〉, 2015
- 한용섭, 《한반도 평화와 군비통제》, 박영사, 2015
- 허재준, 〈산업 4.0시대 노동의 변화와 일자리 창출〉, 한국노동경제학회 정책세미나 발표문, 2017
- 허재준, AI와 노동의 미래: 우려와 이론과 사실. 한국경제포럼, 12권 3호, 2019
- 홍일선, 세대간 정의와 평등: 고령사회를 대비한 세대간 분배의 불균형문제를 중심으로, 헌법학연구, 16권 2호, 2010
- 황덕순·이병희, 〈활성화 정책을 통한 근로빈곤층 지원 강화 방안〉, 한국노동연구원. 2011

- C.P. 스노우, 오영환 역, 《두 문화: 과학과 인문학의 조화로운 만남을 위하여》, 사이언스북스, 2001(1996)
- Deloitte, 〈The future of work in technology〉, 2019
- MBN 일자리보고서팀, 《제4의 실업》, 매일경제신문사, 2018
- KAIST 미래전략연구센터, 《KAIST, 미래를 여는 명강의 2014》, 푸른지식, 2013
- KAIST 문술미래전략대학원·미래전략연구센터, 《RE-BUILD 코리아》, MID, 2017
- KAIST 문술미래전략대학원, 《인구 전쟁 2045》, 크리에이터, 2018
- KDI, 〈4차 산업혁명 시대의 일자리 전망〉, 2017.6
- KIST 융합연구정책센터, 〈바이오와 보안의 융합, 생체인식 기술〉, 2018
- TTimes, 〈재택근무 없던 시절로 돌아가긴 어려울 것〉, 2020
- TTimes, 〈스티브 잡스는 왜 재택근무를 미친 짓이라 했을까?〉, 2020
- UNEP, 〈생태계와 생물다양성의 경제학 보고서〉, 2010

- Accenture, 〈The Future of Fintech and Banking: Digitally disrupted or reimagined?〉, 2014
- Alibaba Group, 〈Data Synchronization Quick Start Guide〉, 2016
- Alibaba Group, 〈GS1 & GS1 China GDSN Project Joint Announcement〉, 2016
- Alpert, D., 《The age of oversupply: Overcoming the greatest challenge to the global economy》, Penguin, 2013
- Alvin Toffler, 《Third Wave》, Bantan Books, 1991
- Alvin Toffler, 《War and Anti-War》, Little Brown&Company, 1993
- Arkin, R. C., 《Behavior-based Robotics》, The MIT Press, 1998
- Ascher, W., 《Bringing in the Future》, Chicago University Press, 2009
- Bae, Dal Hyeoung, 〈The Hybrid Threat in the Korean Peninsula Theater and a Comprehensive Developmental Direction for the Korean Armed Forces〉, KJDA, 29(1), 2017
- Bloomberg, 〈How ambitious are the post-2020 targets?〉, Bloomberg New Energy Finance White Paper, 2015
- Boston, J. & Lempp, F., 〈Climate Change: Explaining and Solving the Mismatch Between Scientific Urgency and Political Inertia, Accounting〉, Auditing and Accountability Journal, 24(8), 2011
- Boston, J. & Prebble, R., 〈The Role and Importance of Long-Term Fiscal Planning〉, Policy Quarterly, 9(4), 2013
- Boston, J. and Chapple, S., 《Child Poverty in New Zealand Wellington》, Bridget Williams Books, 2014
- Boston, J., Wanna, J., Lipski, V., & Pritchard, J. (eds), 《Future-Proofing the

State: Managing Risks, Responding to Crises and Building Resilience⟫, ANU Press, 2014

- Cathy O'Neil, ⟪Weapons of Math Destruction: How Big Data Increases Inequality and Threatens Democracy⟫, Broadway Books, 2017

- Clasen, J. & Clegg, D. (eds), ⟪Regulating the Risk of Unemployment: National Adaptations to Post-Industrial Labour Markets in Europe⟫, Oxford University Press, 2011

- Cocchia, Smart and Digital City: A Systematic Literature Review, ⟪Smart City⟫, Springer International Publishing, 2014

- Dan Hill, ⟨The Secret of Airbnb's Pricing Algorithm⟩, IEEE, 2015

- Ekeli, K. S., ⟨Constitutional Experiments: Representing Future Generations Through Submajority Rules⟩, Journal of Political Philosophy, 17(4), 2009

- EU, ⟨Biodiversity Strategy to 2020: towards implementation⟩, 2011

- European Commission, ⟨Growing a Digital Social Innovation System for Europe⟩, 2015

- Federal Trade Commission, ⟨The "Sharing" Economy–Issues Facing Platforms, Participants & Regulators⟩, An FTC Staff Report, 2016.11

- Gartner, ⟨Hype Cycle for Blockchain Technologies⟩, 2017

- Gartner, ⟨Top 10 Strategic Technology Trends for 2017: Virtual Reality and Augmented Reality⟩, 2017

- Gertrude Chavez-Dreyfuss, ⟨Honduras to build land title registry using bitcoin technology⟩, Reuters, 2015.5.15

- Germanwatch & CAN Europe, ⟨The Climate Change Performance Index Results⟩, 2015

▪Giddens, A., 《The Constitution of Society: Outline of the Theory of Structuration》, Polity, 1984

▪Glickman, C. D., Gordon, S. P., & Ross-Gordon, J. M., 《SuperVision and Instructional Leadership》, Pearson, 2010

▪Goodin, R., 〈Enfranchising All Affected Interests, and Its Alternatives〉, Philosophy and Public Affairs, 35(1), 2007

▪Gordon, R. J., 〈Is US economic growth over? Faltering innovation confronts the six headwinds〉, National Bureau of Economic Research, 2012

▪Greenmatch. 〈Renewable Heat Incentives〉, 2020

▪Hannah Arendt, 《Thinking Without a Banister: Essays in Understanding》, Schocken books, 2018

▪Hasib Anwar, 〈Consensus Algorithms: The Root Of The Blockchain Technology〉, 101 Blockchains, 2018.8.25

▪Helliwell, Layard & Sachs, 〈World Happiness Report 2016〉, Sustainable Development Solutions Network, 2016

▪Holmes, W., Bialik, M., & Fadel, C., 《Artificial intelligence in education: Promises and implications for teaching and learning》. Boston, MA: Center for Curriculum Redesign, 2019

▪Howard, P. N., 《Pax Technica: How the Internet of Things May Set Us Free or Lock Us Up》, Yale University Press, 2014

▪IDC Research, 〈Analyst Paper: Adoption of Object-Based Storage for Hyperscale Deployments Continues〉, 2016

▪IEA, 〈World Energy Outlook〉, 2019

▪IEA, 〈Renewables〉, Launch Presentation, 2019

- IEA, 〈Global EV Outlook〉, 2019

- IEA, 〈World Energy Investment〉, 2018

- IMF, 〈World Economic Outlook Database〉, 2016

- IMF, 〈Virtual Currencies and Beyond: Initial Considerations〉, 2016

- Institute for 21st Century Energy, 〈International Energy Security Risk Index〉, US Chamber of Commerce, 2015

- ITU-T Focus Group on Smart Sustainable Cities, 〈Smart Sustainable Cities: An Analysis of Definitions〉, 2014

- Jackson, T., 《Prosperity without Growth: Economics for a Finite Planet》, Earthscan, 2009

- James, C., 〈Making Big Decisions for the Future?〉, Policy Quarterly, 9(4), 2013

- Karen Hao, 〈Should a self-driving car kill the baby or the grandma? Depends on where you're from〉, MIT Technology Review, 2018.10

- Klaus, S., 〈The Fourth Industrial Revolution〉, World Economic Forum, 2016

- Majaj, N. J., & Pelli, D. G. Deep learning-Using machine learning to study biological vision. Journal of vision, 18(13), 2018

- Margetts, H. et al., 《Political turbulence: How social media shape collective action》, Princeton University Press, 2015

- McKinsey, 〈The Internet of Things: Mapping the value beyond the hype〉, 2015.6

- Murphy, R., 《Introduction to AI Robotics》, The MIT Press, 2000

- Natural Capital Committee, 〈The State of Natural Capital: Restoring our Natural Assets London〉, 2014

- Nesta, 〈Digital Social Innovation: What it is and what we are doing〉, 2014

- OECD, ⟨Biodiversity Offsets⟩, 2014
- OECD, ⟨Divided We Stand: Why Inequality Keeps Rising?⟩, 2011
- OECD, ⟨Health Data-Demographic Reference⟩, 2016
- OECD, ⟨Looking to 2060: long-term global growth prospects⟩, 2012
- OECD, ⟨OECD Survey on Digital Government Performance⟩, 2014
- PwC, ⟨The Sharing Economy: Sizing the Revenue Opportunity⟩, 2014
- Ralph, J., ⟨China Leads The U.S. In Patent Applications For Blockchain And Artificial Intelligence⟩, Forbes, 2018.5.17
- Rao, D. B., ⟪World Assembly on Aging⟫, Discovery Publishing House, 2003
- REN21, ⟨Renewables 2020: Global Status Report⟩, 2020
- Rifkin, Jeremy, ⟪The green new deal: why the fossil fuel civilization will collapse by 2028, and the bold economic plan to save life on earth⟫, St. Martin's Press, 2019
- Robert Reich, ⟨Covid-19 pandemic shines a light on a new kind of class divide and its inequalities⟩, The guardian, 2020.5.26
- Rutter, J. & Knighton, W., ⟪Legislated Policy Targets: Commitment Device, Political Gesture or Constitutional Outrage?⟫, Victoria University Press, 2012
- Ryan, B. & Gill, D. (eds), ⟪Future State: Directions for Public Management Reform in New Zealand⟫, Victoria University Press, 2011
- Sunstein, C., ⟪Why Nudge: The Politics of Libertarian Paternalism⟫, Yale University Press, 2014
- Tyack, D. B., & Cuban, L, ⟪Tinkering toward utopia⟫, Harvard University Press, 1995
- UBS, ⟨Extreme automation and connectivity: The global, regional, and

investment implications of the Fourth Industrial Revolution⟩, 2016

■UN, ⟨Global Biodiversity Outlook 3⟩, 2010

■UN, ⟨Millennium Ecosystem Assessment⟩, 2005

■UN, ⟨World Population Prospects⟩, 2017

■UNEP, ⟨Global Environment Outlook 4⟩, 2007

■UNEP, ⟨Global Environment Outlook 5⟩, 2012

■UNEP, ⟨Global Trends in Renewable Energy Investment⟩, 2016

■UNEP, ⟨Payments for Ecosystem Services: Getting Started⟩, 2008

■UNWTO, ⟨Climate change: Responding to global challenge⟩, 2008

■Venture Scanner, ⟨Financial Technology Q2 Startup Market Trends and Insights⟩, 2017

■WEF, ⟨The Global Risks Report⟩, 2016

■Welsh Government, ⟨Future Generations Bill?⟩, 2014

■Welsh Government, ⟨Well-being of Future Generations⟩, 2014

■World Economic Forum, ⟨A vision for the Dutch health care system in 2040⟩, 2013

■World Economic Forum, ⟨Sustainable Health Systems Visions, Strategies, Critical Uncertainties and Scenarios⟩, 2013

■World Economic Forum, ⟨The Travel & Tourism Competitiveness Report⟩, 2015

■World Energy Council, ⟨Energy Trilemma Index⟩, 2015

■World Future Council, ⟨Global Policy Action Plan: Incentives for a Sustainable Future⟩, 2014

주

1 송태은, 〈디지털 허위조작정보의 확산 동향과 미국과 유럽의 대응〉, 국립외교원, 2020

2 IMF, 〈World Economic Outlook Update〉, 2021.1

3 World Bank, 〈Global Economic Prospects〉, 2021.1

4 National Intelligence Council, 〈Global Trends 2040〉, 2021.3

5 Nicola Giammarioli, Christiane Nickel, Philipp Rother and Jean-Pierre Vidal, 〈Assessing Fiscal Soundness〉, European Central Bank, 56, 2007.3

6 국회예산정책처, 〈2020 NABO 장기 재정전망〉, 2020.9

7 기획재정부 보도자료, 〈재정혁신과 미래 성장동력 확충을 통해 60년 국가 채무 비율 60%대로 관리〉, 2020.9.2

8 국회예산정책처, 〈2016~2060년 NABO 장기 재정전망〉, 2016

9 국회예산정책처, 〈2020 NABO 재정전망〉, 2020.9

10 김준기의 《국가 채무》(박영사, 2020) 참조

11 국회예산정책처, 〈2020 조세수첩〉, 2020

12 OECD, 〈Addressing the Tax Challenges Arising from the Digitalisation of the Economy〉, 2020

13 김낙회, 《세금의 모든 것》, 21세기북스, 2019

14 Financial Times, 〈IMF proposes 'solidarity' tax on pandemic winners and wealthy〉, 2021.4.7

15 국경복의 《재정의 이해》(나남, 2015) 참조

16 국경복의 앞의 책

17 국회기획재정위원회 수석전문위원, 〈재정준칙 도입근거 마련을 위한 국가재정법 일부개정법률안 검토보고〉, 2021.2

18 UNFCCC, 〈Nationally determined contributions under the Paris Agreement〉, 2021

19 Pickl, M. J. 〈The renewable energy strategies of oil majors – From oil to energy?〉, Energy Strategy Reviews, 26, 2019

20 WMO, 〈State of the Global Climate 2020〉, WMO-No. 1264, 2021

21 Lenton, M. T. et al., 〈Tipping elements in the Earth's climate system〉, PNAS, 105, 2008

22 Steffen W. et al., 〈Trajectories of the Earth System in the Anthropocene〉, PNAS, 2018.8.14

23 Zhong Z-P. et al., 〈Glacier ice archives fifteen-thousand-year-old viruses〉, bioRxiv.org preprint platform, 2020

24 Boris A. R. & Marina A. P., 〈Thawing of permafrost may disturb historic cattle burial grounds in East Siberia〉, Global Health Action, 4(1), 2011

25 Steffen W. et al., 〈Trajectories of the Earth System in the Anthropocene, Supporting Information: Holocene variability and Anthropocene rates of change〉, 2018

26 환경보건시민센터, 〈코로나19 사태 관련 긴급 국민의식조사 결과〉, 2020

27 David R. and Weisbrot M., 〈Are Shorter Work Hours Good for the Environment? A Comparison of U.S. and European Energy Consumption〉, Center for Economic and Policy Research, 2006.12

28 미 육군성, 〈Army Multi-Domain Transformation〉, 2021.3.16

29 조혜경, 〈디지털 기술혁신과 은행업의 미래〉, 금융산업포럼 기조 발제문, 2019.9

30 인호·오준호, 《부의 미래 누가 주도할 것인가》, 미지biz, 2020

31 IEA, 〈World Energy Outlook〉, 2019

32 조선일보, 〈프랑스, 재생에너지와 양날개 전략으로〉, 2021.6.21

33 브릿지경제신문, 〈김종서의 환경교육 이야기-탄소중립위원회 출범에 즈음해서〉, 2021.6.1

34 손휘민·이형창·손영주·김윤호, 〈대정전 사태 초비상-지능형 전력망(Smart Grid)을 활용한 블랙아웃 대응방안〉, 《국방과 기술》 423호, 2014

35 매일경제신문, 〈제로 에너지로 만드는 균형〉, 2021.5.24

36 Holmes, Bialik, & Fadel, 2019

37 중앙일보, 〈서울대·카이스트 총장, 한국 AI교육 강화 안하면 낙오〉, 2021.7.18

38 서울시교육청, 〈코로나19가 교사의 수업, 학생의 학습 및 가정생활에 미친 영향〉, 2021.3.15

39 정제영, 〈지능정보사회에 대비한 학교교육 시스템 재설계 연구〉, 《교육행정학연구》 34권 4호, 2016

40 정제영, 〈4차 산업혁명 시대의 학교제도 개선 방안: 개인별 학습 시스템 구축을 중심으로〉, 《교육정치학연구》 24권 3호, 2017

41 정제영·선미숙, 〈지능정보사회의 미래 학교교육 전략 수립 연구〉, 전국시도교육감협의회, 2017

42 조선일보, 〈글로벌 교육 혁신의 현장 ① 공교육 살리는 AI〉, 2021.5.10

43 조선일보, 〈글로벌 교육 혁신의 현장 ② 대학 경쟁력 좌우하는 AI〉, 2021.5.11

44 정제영, 〈미래 인재를 양성하는 AI 융합교육의 방향〉, 전자신문, 2021.4.8

45 Adner, R., Puranam, Pl, and Zhu, F, 〈What Is Different About Digital Strategy? From Quantitative to Qualitative Change〉, Strategy Science, 4(4), 253-261, 2019

46 ILO, 〈ILO Monitor: COVID-19 and the world of work〉, 2020.5

47 배상률·이창호, 〈청소년 미디어 이용 실태 및 대상별 정책대응방안 연구〉, 한국청소년정책연구원, 2020

48 한국경제, 〈맥도날드도 배달이 성장 견인… 작년 1분당 40개 팔린 빅맥〉, 2021.3.16

49 한국은행, 〈코로나19 이후 경제구조 변화와 우리 경제에의 영향〉, 2020.6.29

50 World Bank, 〈Poverty and Shared Prosperity 2020: Reversals of Fortune〉, The World Bank, 2020

51 서울신문, 〈코로나發 '부의 양극화'… 1% 향한 '민중 봉기' 일어날 수 있다〉, 2020.10.8

52 조선Biz, 〈미래학자에게 듣는 포스트 코로나 ③ 짐 데이토 "부의 양극화 심화에 따른 경제적 분노 커질 것"〉, 2020.5.14

53 Edmond Awad et al, 〈The Moral Machine experiment〉, Nature, 563, 2018

54 Stuart Russell, 〈Robotics: Ethics of artificial intelligence, Take a stand on AI weapons〉, Nature, 521, 2015

55 파이낸셜뉴스, 〈덩치만 커지고 실속 없는 K-헬스케어〉, 2021.4.6

56 중앙일보, 〈R&D 2위 한국, 장롱 특허만 쏟아낸다〉, 2021.6.21

57 통계청, 〈인구지표〉, 2021.7

58 Deloitte Insights, 〈Tech Trends 2021〉, 2020.11.15

59 Bain & Company, 〈Ten Technology Trends Moving into 2021〉, 2021.2.12

60 CB Insights, 〈12 Tech Trends To Watch Closely In 2021〉, 2021.2.11

61 이지형 외, 〈국가 지능화 비전과 전략〉, 한국전자통신연구원, 2020.11

62 UN Department of Economic and Social Affairs

63 Morgan Stanley, 〈Are Flying Cars Preparing for Takeoff?〉, 2019

64 KPMG, 〈Getting mobility off the ground〉, 2019

65 Lyndsey Gilpin, 〈10 ways technology is fighting climate change〉, TechRepublic, 2014.8.6

66 녹색성장위원회, 〈제3차 녹색성장 5개년 계획(2019~2023)〉, 2019.5

67 IPCC, 〈Global Warming of 1.5℃〉, 2018

68 UNFCCC, 〈The global coalition for net-zero emissions is growing〉, 2021, https://www.un. org/en/climatechange/net-zero-coalition(2021.6.20)

69 IEA, 〈Energy Technology Perspectives 2020〉, 2020

70 Heck V. et al., 〈Biomass-based negative emissions difficult to reconcile with planetary boundaries〉, Nature Climate Change, 10, 151-155, 2018

71 Trisos C. H. et al., 〈Potentially dangerous consequences for biodiversity of solar geoengineering implementation and termination〉, Nature Ecology & Evolution, 2, 475-482, 2018

72 World Economic Forum, 〈Harnessing Artificial Intelligence for the Earth〉, 2017

73 안병옥, 〈섭씨 2도와 인류의 미래: 기술낙관론을 비판하며〉, 《창작과 비평》 175호, 2017

74 McLaren D. & N. Markusson, 〈The co-evolution of technological promises, modelling, policies and climate change targets〉, Nature Climate Change, 10, 392-397, 2020

75 뉴시스, 〈WHO "더 치명적인 바이러스 온다"… 팬데믹 국제조약 촉구〉, 2021.5.25

76 Chassagne, Natasha, 〈Here's what the coronavirus pandemic can teach us about tackling climate change〉, The Conversation, 2020.3.27

77 https://www.who.int/news-room/q-a-detail/one-health (2020.5.20)

78 Gruetzmacher, K., Karesh, W.B., Amuasi, J.H. et al., 〈The Berlin principles on one health – bridging global health and conservation〉, Science of the Total Environment, 2020, https://doi.org/10.1016/j.scitotenv.2020.142919

79 로널드 아틀라스·스탠리 말로이, 장철훈·김영아·김현수 역, 《원헬스: 사람·동물·환경》, 범문에듀케이션, 2020

80 중앙일보, 〈中 숨겨도 캐나다 AI는 알았다…한달 전 우한폐렴 예측한 의사〉, 2020.1.28

81 이데일리, 〈신종감염병 2~3년 주기로 온다… 행동, 생태백신 만들자〉, 2020.5.8

82 메디컬 옵저버, 〈코로나19 덕분에? 1~4월 각종 감염병 발생 확연한 감소〉, 2020.5.22

83 한겨레21, 〈감염병 역사, 인류는 '질병공동체'〉, 2020.5.29

84 The Nation, 〈Science Will Not Come on a White Horse With a Solution〉, 2020.4.6

85 영남일보, 〈코로나 위기에서 국민건강보험의 큰 역할〉, 2020.5.26

86 윤강재, 〈코로나바이러스감염증-19 대응을 통해 살펴본 감염병과 공공보건의료〉, 《보건복지 ISSUE & FOCUS》 377호, 2020

87 임송식, 〈코로나19로 본 공공의료 확대 필요성〉, 《산은조사월보》 773호, 2020

88 Rodin, Judith, 《the Resilience Dividend》, New York: Public Affairs, 2014

89 미셸 부커, 이주만 역, 《회색 코뿔소가 온다》, 비즈니스북스, 2016

90 Robert M. B. et al., 〈Shifts in global bat diversity suggest a possible role of climate change in the emergence of SARS-CoV-1 and SARS-CoV-2〉, Science of The Total Environment, 2021

91 FAO, 〈Global Forest Resources Assessment〉, 2015

92 강호정, 《다양성을 엮다》, 이음, 2021

93 월간퓨처에코, 〈기후변화에 따른 생태계 파괴, 결국 우리에게 돌아온다〉, 2018.12.27

94 연합뉴스, 〈인간 탓 척추동물 수난시대… 50년간 개체 수 68% 격감〉, 2020.9.10

95 한국환경산업기술원, 〈기후변화에 따른 생태계 변화와 대응〉, 2010

96 데일리안, 〈변화하는 바다〉, 2020.6.1

97 환경부, 〈제4차 국가생물다양성전략 수립공고〉, 2018.12.14

98 통계청, 〈2020년 인구동향조사 출생·사망통계 잠정 결과〉 2021.2.24

99 조선비즈, 〈출생아수 30만명 붕괴·'합계출생률' 0.84명… 인구 자연감소 시작〉, 2021.2.24

100 통계청, 〈3월 인구동향〉, 2021.5

101 한국은행, 〈포스트 코로나 시대 인구구조 변화 여건 점검〉, 2020

102 이희주 외, 〈저출산 정책변동의 효과에 관한 실증적 분석〉, 《한국사회와 행정연구》, 2021.2

103 유진성 외, 〈거주유형이 결혼과 출산에 미치는 영향〉, 한국경제연구원, 2020.10.28

104 주휘정 외, 〈청년층의 결혼 이행 여부에 대한 경제적 배경 요인의 영향〉, 2018.6

105 매일경제, 〈"엄마, 회사 안가면 안 돼?" 독박육아 30대 韓여성, 고용률 처참〉, 2021.3.28

106 통계청, 〈비경제활동인구조사〉, 2020.8

107 한국개발연구원, 〈코로나19 고용충격의 성별격차와 시사점 보고서〉, 2021

108 남금정·김경제, 〈한국 이민처의 설립 방안〉, 《다문화콘텐츠연구》 36, 2021.4

109 이문숙, 〈프랑스 사회당의 동수법을 통해 본 여성의 정치세력화〉, 《사회이론》 24호, 2005

110 보건복지부, 〈제3차 저출산·고령사회 기본계획(수정)〉, 2019

111 중앙일보, 〈고령화 속도 가장 빠른 한국…노인빈곤율도 OECD 1위〉, 2021.2.17

112 국회입법조사처, 〈국제통계 동향과 분석 제3호-OECD 통계에서 나타난 한국 노인의 삶과 시사점〉, 2019

113 통계청, 〈2020 고령자통계〉, 2020.9.28

114 세계일보, 〈韓 '삶의 질 지수'는 OECD 조사 40개國 중 30위… '제자리'〉, 2019.6.23

115 보건복지부, 〈2020 자살예방백서〉, 2020.5

116 조선일보, 〈이런 미래를 넘겨주고 있다〉, 2019.9.30

117 동아일보, 〈한국, 30년 뒤 가장 늙은 나라〉, 2021.1.5

118 박보람, 〈다양한 가족형태에 대한 이해와 포용이 필요한 시대〉, 저출산고령사회 위원회, 2020.11.13

119 여성가족부, 〈가족실태조사〉, 2020

120 통계청, 〈인구주택조사〉, 2019

121 통계청, 〈혼인·이혼통계〉, 2019

122 OECD, 〈Doing Better for Families〉, 2011

123 Chandler, J., M. Williams, M. Maconachie, T. Collett & B. Dodgeon, Living Alone: its place in household formation and change〉, Sociological Research Online, 9(3), 2004

124 홍승아 외, 〈가족변화 대응 가족정책 발전방향 및 정책과제 연구〉, 한국여성정 책연구원, 55-101, 2015의 내용을 요약함

125 통계청, 〈사회조사〉, 2020

126 Ogden, P. E., & R. Hall, 〈Households, reurbanisation and the rise of living alone in the principal French cities, 1975~90〉, Urban Studies, 37(2), 2000

127 Chandler, J., M. Williams, M. Maconachie, T. Collett & B. Dodgeon, 〈Living Alone: its place in household formation and change〉, Sociological Research Online, 9(3), 2004

128 홍승아·성민정·최진희·김진욱·김수진, 〈1인가구 증가에 따른 가족정책 대응 방안 연구〉, 한국여성정책연구원, 2017

129 통계청, 〈2021년 1월 고용동향〉, 2021.2

130 이데일리, 〈지속 증가 청년 1인 자영업자⋯ 도피 아닌 도전으로 봐주길〉, 2021.4.30

131 통계청, 〈사회복지 지출규모〉, 2020.11

132 통계청, 〈주요인구지표〉, 2019.3.28

133 통계청, 〈장래인구특별추계〉, 2019

134 통계청, 〈체류 외국인 현황〉, 2020.7.24

135 통계청, 〈2020 혼인 이혼 통계〉, 2020.3.18

136 통계청, 〈2020 혼인·이혼통계〉, 2020.3.18

137 머니투데이, 〈한국 떠나는 인재들, 돌아오지 않는다〉, 2019.12.4

138 뉴스1, 〈코로나19에 '역이민' 열풍 불까?⋯잇단 '귀국 러시'〉, 2020.4.7

139 한국일보, 〈4차 산업혁명 인력 부족 심각, 5년 후 전 분야 중국에 밀릴 것〉, 2020.8.11

140 Robert A. Dahl, 《Democracy and Its Critics》, New Haven: Yale University Press, 1989

141 송태은, 〈영토명칭 논쟁에 대한 대중의 집단지성 전략과 집합행동: 동해표기 오류시정운동 사례〉, 《세계지역연구논총》 33권 3호, 2015

142 송태은, 〈디지털 허위조작정보의 확산 동향과 미국과 유럽의 대응〉, 국립외교원, 2020

143 마누엘 카스텔, 《네트워크 사회의 도래》, 한울, 2014

144 행정안전부, 〈국제연합(UN), 2020년 UN 전자정부평가 발표〉, 2020.7.13

145 민주평화통일자문회의, 〈통일여론조사〉, 2021.6

146 저자의 저서 《부의 미래 누가 주도할 것인가》의 일부 내용을 토대로 재구성, 재작성됨

147 저자가 (재)여시재 인사이트에 2020.9.23. 게재한 '개방적이고 협력적인 스타트업 생태계를 조성하자'를 재구성하고 재작성하였음

148 European Commission, 〈European Innovation Scoreboard〉, 2019.9

149 이정우, 〈국내 제조업 기업혁신 현황 및 시사점〉, 과학기술정책연구원, 2021.4

150 The Wall Street Journal, 〈Uber, Lyft Cut Costs as Fewer People Take Rides Amid Coronavirus Pandemic〉, 2020.5.6

151 조선일보, 〈위워크 손실 3조원대… 재택근무 확산에 우는 공유오피스〉, 2021.3.23

152 매일경제, 〈우버 "기사님 급구합니다"… 美경기회복에 3월이용 최대〉, 2021.4.13

153 이데일리, 〈에어비앤비, 1분기 예약 껑충… 코로나19 회복 신호탄?〉, 2021.5.14

154 Forbes, 〈Welcome To The Isolation Economy (Goodbye Sharing Economy)〉, 2020.3.23

155 한국조세재정연구원, 〈공유경제활동에 대한 과세체계 연구〉, 2018.6

156 서울경제, 〈코로나에 공유주방 휘청? 아니 쾌청!〉, 2020.5.25

157 글로벌경제신문, 〈신년기획: 코로노믹스-新 경제질서 앞당긴다〉, 2021.1.3

158 박강민, 〈코로나19에 맞서는 공유경제의 현재와 미래〉, 소프트웨어정책연구소, 2020.11

159 차두원, 〈코로나19가 촉발한 모빌리티 산업 혁신 전망〉,《Future Horizon》29– 30, 2020

160 배영임·신혜리, 〈코로나19, 언택트 사회를 가속화하다〉,《이슈&진단》416호, 2020

161 REN21, 〈Global Status Report〉, 2020

162 Reuters, 〈New global solar PV installations to increase 27% to record 181GW this year〉, 2021

163 에너지경제연구원, 〈2019 에너지통계연보〉, 2020

164 김병권,《기후위기와 불평등에 맞선 그린뉴딜》, 책숲, 2020

165 한국경제, 〈무형자산시대 도래했다 S&P 500 기업가치의 90%가 무형자산〉, 2020.11.20

166 조선일보, 〈'BTS효과' 문화예술저작권 첫 흑자에도… '코로나 여파' 지식재산권 적자 폭 커져〉, 2021.3.23

167 손수정, 〈제4차 산업혁명, 지식재산 정책의 변화〉,《STEPI Insight》197호, 2016

168 〈IP5 Statistics report〉, 2019, https://www.fiveipoffices.org/wcm/connect/ fiveipoffices/028422df–4ec8–4d16–870d–0ef8ac7886f9/2019+IP5+Statisti cs+Report_chapter3_worldwide.pdf?MOD=AJPERES&CVID=

169 특허청, 〈통계로 보는 특허 동향〉, 2019

170 한국지식재산연구원, 〈국가지식재산 전략 수립을 위한 모델 연구〉, 2020.12.31

171 EPO·EUIPO, 〈Intellectual property rights and firm performance in the European Union〉, 2021.2

172 오승범, 〈美 특허법 개정·EU 통합특허법원 출범 속도·中 징벌적 배상제 도입〉, 제9회 국제 지식재산권 및 산업보안 컨퍼런스, 2019.6.16

173 파이낸셜뉴스, 〈IP 금융, 디지털 경제 혁신성장 견인차〉, 2021.6.10

174 특허뉴스, 〈실전 특허경영 ④ 지식재산권 금융과 담보대출〉, 2019.4.27

175 특허청, 〈디지털 시대, 지식재산 혁신으로 산업 경쟁력을 갖춘다〉, 2021.2.23

176 특허청, 〈인공지능(AI)은 에디슨이 될 수 있을까?〉, 2021.6.4

177 특허청, 〈통계로 보는 특허 동향〉, 2019

178 한국지식재산연구원, 〈한·중 징벌적 손해배상제도 비교 분석〉, 2020. 12. 23

179 특허청, 〈2021년 특허청 업무보고자료〉, 2021.3

180 특허청, 〈세계 지식재산 5대강국(IP5)코로나19위기 공동대응키로!〉, 2020. 7. 22

181 신현주, 〈특허무효 심판 절반은 '무효' 결정… 심사 수준 높여야〉, 서울경제, 2019.9.23

182 뉴스1, 〈특허청, BIG3 전문 심사인력 충원…일반직 6급 25명 채용〉, 2021.4.20

183 메디포뉴스, 〈높아진 신약개발 '리스크', 낮아진 '리턴'〉, 2019.7.11

184 손수정, 〈신지식재산의 인식과 성장〉, 정보통신정책연구원, 2019.7.16

185 한국공학한림원, 〈변화의 시대, 혁신과 성장의 순환사슬 지식재산〉, 2021.3.19

186 강경남, 〈경제적 관점에서의 특허권의 부당한 권리행사에 대한 논의〉, 한국지식재산연구원, 2015.10.23

187 산업통상자원부, 〈자원개발 기본계획(2020~2029) 확정〉, 2020.5.12

188 서울신문, 〈김규환 기자의 차이나 스코프- 전략자원 희토류 둘러싸고 미중 정면 충돌〉, 2021.4.15

189 산업통상자원부, 〈2021년도 해외자원개발 특별융자사업 집행계획〉, 2021.2.19

190 산업통상자원부, 〈자원개발 기본계획(2020~2029) 확정〉, 2020.5.12

191 이투뉴스, 〈6천조 원 가치 북한자원, 발전 가능성 무궁무진〉, 2020.7.23

192 경향신문, 〈확 쪼그라든 국내 식량자급률〉, 2021.5.18

193 농민신문, 〈韓 식량안보 '취약'… 자급 능력 키워야〉, 2020.8.31

194 통계청, 〈2020년 농가 및 어가 경제조사 결과〉, 2021.5.26

195 농민신문, 〈더 벌어진 도농간 소득격차… 해소방안 시급하다〉, 2020.8.5

196 농업인신문, 〈미래 농업 패러다임, '아열대작물' 주목〉, 2017.9.1

197 한국농어민신문, 〈스마트농업기술, 어디까지 왔나-핵심기술 R&D 현황·상용화 앞둔 기술〉, 2020.4.7

198 KISTEP, 〈스마트농업〉, 2021

199 TDB, 〈농업용 로봇〉, 2020.9.2

200 한국경제신문, 〈서브웨이·버거킹 양상추 공급업체, 수백억 '잭팟' 비결〉, 2021.1.7

201 경기도뉴스포털, 〈미래 농업의 패러다임, 공유농업이 뜬다〉, 2018.1.31

202 제3차 혁신성장전략회의 겸 제36차 경제장관회의, 2020.9.21

203 한국농촌경제연구원, 〈농업전망 2021〉, 2021.1.20

204 애그리디지털, www.agridigital.io

205 뉴스티앤티, 〈세종시, 세종형 농업을 통한 도농 상생발전 도모〉, 2021.1.21

206 한국농촌경제신문, 〈농촌체험·힐링 관광상품 '우리 농촌 갈래?'〉, 2020. 7. 28

찾아보기

KAIST
Future
Strategy